AF362366

10,000 lettres d'impression pour **1** centime

BIBLIOTHÈQUE POUR TOUS
ILLUSTRÉE
ROMANS, HISTOIRE, VOYAGES, LITTÉRATURE, SCIENCES, ETC.

Chaque ouvrage complet : 50 centimes

LA

LINGÈRE

PAR

ALPHONSE SIGNOL

Prix : 50 centimes

60 CENTIMES POUR LES DÉPARTEMENTS ET L'ÉTRANGER

LIBRAIRIE MODERNE
19, BOULEVARD DE SÉBASTOPOL (RIVE GAUCHE) ET RUE DE LA HARPE

GUSTAVE HAVARD, ÉDITEUR

BIBLIOTHÈQUE POUR TOUS

LA LINGÈRE

ou

LA VIE DE PARIS EN 1830

ROMAN POPULAIRE

PAR ALPHONSE SIGNOL

PROLÉGOMÈNES

LA LINGÈRE, ou les Juifs en 1830, tel était d'abord l'intitulé de mon livre : mais j'ai cru devoir retrancher le sous-titre qui paraissait indiquer une généralité ; et certes il n'entrait pas dans mes intentions de dire que tous les juifs de notre temps sont aussi fanatiques que Rabbi Wurtzmann, aussi poltrons et aussi lourdement stupides que le marchand de lorgnettes Jéricho. Car on ne doit pas s'en prendre aux masses des fautes ou des passions des individualités, et quand même la majorité d'une classe de la société pourrait être regardée comme vicieuse, dès l'instant où il serait possible qu'il se trouvât dans cette classe plusieurs personnages recommandables, il ne faudrait pas en attaquer l'ensemble sans faire préalablement une exception large et franche ; et il est un grand nombre d'hommes honorables parmi les israélites de notre époque.

Mais s'il existe des juifs aussi fanatiques que Wurtzmann, et il en en est beaucoup, et j'en ai vu, et de tels hommes sont plutôt dignes de pitié que de mépris ou de haine ; tous les citoyens nés juifs ne sont pas toujours juifs.

Ici ma pensée a besoin peut-être d'être expliquée pour ceux qui n'ont pas vécu au milieu des mosaïstes. Il est des gens qui ont hérité du titre d'israélite du chef de leurs ancêtres et qui ne sont pas plus israélites que l'empereur de la Chine. Ils ont été circoncis !... qu'est-ce que cela prouve ?... le couteau du *Mòhl* ne constitue que la judaïsation physique et nullement la judaïsation morale. Ces hommes-là ont compris tout ce qu'avait d'injurieux pour nos institutions l'omnipotence d'une religion législatrice, toute politique, et dont les conséquences naturelles ne sont rien moins que de continuer dans la nation décrépite, il est vrai, mais avec son code, sa force et ses abus à elle. Or, ils n'ont pas voulu que le juif subsistât avant le citoyen ; ils ont, au contraire, soumis l'homme-juif à l'homme citoyen. Ils ne se sont pas fait baptiser parce qu'en tout état de cause ils pensent que l'apostasie est une niaiserie, une lâcheté et presque toujours une friponnerie ; mais se concentrant dans une sage neutralité, ils ont prudemment abandonné au malheureux sort qui les attend un culte qui dés harmonise l'instrument social, et des préjugés qui faussent nos mœurs.

Honneur à ces gens-là, car ils ont reçu le baptême de liberté !... Je suis fier de dire que je compte quelques amis dans leurs rangs.

I. — LE MAGASIN.

Arrivé à cet endroit de la rue Vivienne, où l'arcade Colbert vient lui faire solution de continuité, et forme un angle de quatre-vingt-dix degrés, vous tournez : prenez la première porte cochère à main gauche, vous verrez une vieille portière qui vous recevra en rechignant ; vous n'y ferez pas attention, attendu que vous serez amplement dédommagé plus tard : montez douze marches devant vous, c'est l'entre-sol ; vous lirez sur une porte : *Magasin de lingerie* ; tournez le bouton, faites résonner vos bottes sur le plancher, relevez votre col, et si le talon de votre chaussure est armé d'un éperon, si vous avez des gants glacés, des moustaches de chat, une touffe de poils appelée *républicaine*, et ornant la lèvre inférieure ; plus quelques pièces de vingt francs à user en cravates de fantaisie ou en chemisettes, vous serez bien reçu. C'est là le magasin de mademoiselle Dufrény, soi-disant sœur d'un *coronel* mort il y a quelque vingt ans au passage du *mont Bernard*... c'est ainsi que parle mademoiselle Dufrény; elle a vu les orages de la révolution, a gémi de ses excès!... mais selon elle, ces fougueux révolutionnaires, qu'elle prétend avoir connus intimement et à qui elle doit beaucoup, ne furent pas tous des monstres comme quelques-uns veulent nous le faire croire; car à quinze ans elle avait aimé passionnément le beau Barbaroux et avait été intimement liée avec Tallien, qui la quitta pour madame Caylus. Comme la sensible Irma Saint-Edme, elle avait connu la grandeur de nos plus grands capitaines, et par reconnaissance pour cette même révolution qu'elle adora et dont elle se fit adorer, mademoiselle Dufrény resta fort indépendante, et continua à supprimer le mot *saint* partout où il se trouve : ainsi elle dit toujours le *faubourg Antoine* et la *rue Honoré*, tout en conservant quelque respect pour le *de* aristocratique, par considération pour la mémoire de son pauvre grand-père, gentilhomme fort distingué dans son temps, et qui remplit, sous le règne de Sa Majesté Louis XV, dit le *Bien-Aimé*, les hautes fonctions de langueyeur de porcs et de juré jaugeur du commerce de charbon.

Mademoiselle Dufrény a quarante-neuf ans, mais elle en paraît tout au plus quarante-cinq, attendu qu'elle passe au moins trois ou quatre heures par jour à réparer les outrages d'un demi-siècle; en outre, on trouve chez mademoiselle Dufrény de fort beaux cachemires et des mœurs, de la vraie mousseline des Indes, un excellent ton, du madapolam de toute beauté, et une politesse obséquieuse; elle tient à avoir pour demoiselles de magasin les plus jolies grisettes de la capitale, non pas qu'elle facilite le désordre ou en donne l'exemple : comme je l'ai dit, la respectable matrone a des principes; elle est même très-forte sur l'article morale, au moins telle est sa prétention; mais elle est marchande avant tout et sait parfaitement que cinq ou six jolis minois ne gâtent rien aux affaires d'une marchande de lingerie et de nouveautés. Et en effet, c'est chose ravissante d'entrer dans cet atelier, sanctuaire de la mode, où vous remarquez une nuée de jolies filles qui toutes manient l'aiguille avec une vélocité surprenante, promènent leurs petits doigts sur le foulard, la batiste ou la percale, avec cette insouciance et cette gaieté de la folle et première jeunesse. — Eh bien! tant pire, moi je ne fais plus rien, voici mon *Pierrot* fini! — Voyons, petite fille... Ah! mon Dieu! comme c'est fait! mais, ma chère, vos points sont longs d'une aune... Dieu! que va dire la princesse!... Je vous avais pourtant bien recommandé cet ouvrage. — Quoi donc qu'il y manque? — Oh! quoi donc qu'il y manque? Elle a dit quoi donc qu'il y manque! — Est-ce que c'est mal? — Sûrement que c'est mal, petite sotte. Adrienne, vous avez un bien mauvais genre... vous êtes bien ennuyante, allez! Vous ne savez donc pas qu'une demoiselle lingère doit avoir de la tenue! En vérité, vous avez le ton d'une modiste... fi donc! Je ne peux vous envoyer nulle part, tant je crains que vous ne compromettiez la réputation du magasin! — C'est bon! dit tout bas Adrienne... Casimir, il m'aime comme ça. — Ah çà, mesdemoiselles, tandis que je vais porter cette pointe et ces manchettes à l'hôtel de la princesse, rue Florentin, et que de là je passerai rue Denis, chez mon marchand de tulle, j'espère que vous allez finir cette demi-douzaine de peignoirs... et pas trop de distractions, je vous prie, s'il vient de jeunes clients.

Ici, mademoiselle Dufrény prit son chapeau, retapa son tour en passant les doigts dans les boucles, drapa son châle et sortit. — Ah! la voilà enfin partie, s'écria Adrienne; il est six heures et demie, donnons-nous du bon temps... — Et les peignoirs? — Elle est excellente, Sara... elle croit bonnement qu'il faut employer tout son temps à travailler... pas mal, j'vas m'échiner... J'ai fait au moins pour trente sous d'ouvrage aujourd'hui... j'me repose. — Nous en aurons le temps dimanche. — Ça lui est bien aisé à dire à elle qu'est juive!!! faut pas rougir, va! il n'y a pas de quoi!... elle ne fait rien le samedi d'après convention faite entre madame et son grand-père qui l'a placée ici pour apprendre le commerce! — Tiens, elle est israélite, Sara?...

Et Sara rougit encore davantage!... — C'est facile à deviner, *Sara!* c'est bien un nom juif... Casimir m'a dit qu'on ne voyait que ça dans l'histoire romaine!

Ici un sourire, mais un sourire sans amertume, sans ironie, vint errer sur les lèvres de la juive, sur les joues de laquelle passa comme un nuage écarlate; puis son teint, naturellement très-blanc, reprit sa couleur habituelle, et bientôt, la rougeur qu'avaient causée l'exclamation d'Adrienne et l'étonnement de ses compagnes en apprenant que Sara était israélite fit place à cette pâleur et à cette quiétude romanesque, qui, sous les de-

hors les plus froids, indiquent souvent une âme tendre et passionnée.

— Le voici! le voici! — Qui donc? s'écrièrent les jeunes filles, se levant toutes à la fois et courant à la croisée. — Eh bien, Casimir! Et toutes, excepté Adrienne, revinrent s'asseoir et reprirent leur ouvrage avec une espèce de dépit.

Casimir est un beau brun de cinq pieds quatre pouces : l'œil vif, le teint tant soit peu basané, les pommettes saillantes et le front élevé... tout, enfin, annonce en lui un amour désordonné des plaisirs, et son allure vive et dégagée laisse deviner au bout de deux minutes d'entrevue toutes les habitudes du mauvais sujet de mauvaise compagnie, du roué de la Chaumière du Mont-Parnasse et du bal de Sceaux. Et Casimir fut reçu, car il était gai, jovial, et mettait toujours les demoiselles au fait de toutes les anecdotes grivoises de la ville et du théâtre. On lui pardonna bien vite d'avoir trompé une douce attente, et mille questions s'entre-croisant en tous sens vinrent assaillir le fashionable du faubourg Saint-Jacques. — Ce n'est pas pour dire, mes charmantes, mais il faut avoir terriblement le désir de vous voir pour accourir de la rue Saint-Hyacinthe-Saint-Germain, au quartier de la rue Vivienne. — Heureusement que nous avons les omnibus. — Les omnibus? fi donc... mauvais genre! — Et puis dans les omnibus, tout le monde y monte! — Ah! en parlant d'omnibus, vous savez, cette fameuse actrice... la vertu personnifiée? — Eh bien? — Eh bien!...c'est fini. — Pas possible! — C'est comme j'ai l'honneur... — Ah! mon Dieu, qu'est-ce que c'est que de nous! — Hélas! oui, ma pauvre demoiselle Adrienne, votre vertu à vous autres femmes ne tient vraiment qu'à un fil. — Ah! monstre!!! — Ça veut dire aimable!... Mais ce n'est pas tout... son médecin (un de nos professeurs, par parenthèse), homme d'esprit et d'invention, a supposé qu'elle avait fait une chute et tout a été mis sur le compte d'un certain noyau de pêche, qui n'est assurément pas la véritable cause du faux pas... Mais je m'aperçois que je m'émancipe un peu trop... Mesdemoiselles, rappelez-moi à l'ordre. — Et pourquoi donc? s'écrièrent-elles, à l'exception de Sara, dont la contenance sérieuse déconcerta le croustilleux conteur. — C'est que mademoiselle est une nouvelle et qu'elle n'est pas encore au fait. — Ça viendra! — A propos de mes aventures... vous savez que nous publions une nouvelle feuille littéraire. — Vraiment! — *Le Journal des grisettes!* — Des grisettes! Il n'y sera pas question des lingères. — Ah! par exemple, est-ce que les lingères sont des grisettes?... La rédaction a fait momentanément élection de domicile au café de la Rotonde... Notre premier numéro est bien soigné, allez! C'est moi qui suis *le chargé* de la Gaîté et du Cirque; Adolphe Franconi et M. Guilbert de Pixérécourt, avec lesquels je suis très-bien, et qui me craignent parce que j'ai une férule de fer, ont promis de me donner autant de billets que j'en voudrais. — Ah! bien, je veux aller voir l'Aérienne, moi! — Vous la verrez, Adrienne. — Adrienne! vous êtes bien familier... est-ce que vous ne pourriez pas dire mademoiselle Adrienne? — C'est vrai, ma tout aimable, je vous en fais mille excuses!... Mesdemoiselles, je ne m'ennuie pas avec vous, mais je dois vous quitter. — Déjà, monsieur Casimir! — Oui, mademoiselle Adrienne, il le faut! J'ai un rendez-vous avec un de mes amis, pour assister à un cours d'anatomie comparée et à une dissection... et il y a encore loin... Ah! je dois vous prévenir que vous recevrez *gratis* un exemplaire de notre journal. — *Gratis*... pour rien, n'est-ce pas? — Sans doute. — Ah! c'est charmant! — Je vous en promets une épreuve!

Casimir releva ses cheveux, caressa sa barbe, prit son chapeau, lui donna un coup de brosse avec la manche de sa redingote, salua avec une grâce tout ultrapontaine, fit une pirouette et s'éloigna : Adrienne le reconduisit jusqu'à la porte de l'escalier qu'elle tint à demi ouverte, afin que ses compagnes n'entendissent pas la conversation. — Ah çà, je te verrai dimanche? — Je l'espère bien! je n'ai que ce jour-là dans la semaine. — Grande fête extraordinaire au Vauxhall. — Ah! quel bonheur! j'aurai un chapeau neuf. — Amène donc quelqu'une de tes camarades; mon ami viendra, nous ferons partie carrée. — Dis donc, ça se trouve joliment bien : mademoiselle Dufrény qui croit que je n'ai pas de connaissance. — Pauvre bonne femme! — Elle m'a priée de sortir de temps à autre avec Sara. — Ah! la nouvelle?... elle se nomme Sara... elle a l'air d'être un peu bégueule, Sara! mais bast! nous l'apprivoiserons, l'air du Vauxhall lui fera du bien. — Je ne sais pas trop si elle consentirait à venir au bal, mais elle doit me mener chez une de mes parentes qui est marchande d'indienne, rue Beaubourg... Si par hasard vous vous trouviez sur notre chemin... — Revenez par le boulevard du Temple, nous serons au café de l'Ambigu-Comique attablés au dehors et j'arrangerai le reste. — Adieu! — Adieu! — Un vigoureux baiser couvrit d'un pourpre momentané la joue de la jeune fille, et Casimir dégringolant lestement l'escalier en fredonnant un air de *la Donna del Lago*, chanté la veille à l'Odéon par mademoiselle Lemoule, envoya encore de loin quelques baisers à la jeune lingère, et disparut.

— Tu as été bien longtemps, Adrienne, à reconduire M. Casimir, lui dit en souriant mademoiselle Hélène, la fille de confiance de mademoiselle Dufreny. — Ah! ne m'en parlez pas, répondit-elle en rougissant, ce M. Casimir, il est si farce !... il ne finit jamais de me dire des bêtises.

II. — LE VAUXHALL.

Cinq heures venaient de sonner ; et les rues, qu'une chaleur de vingt-cinq degrés avait rendues désertes une partie de la journée, commençaient à présenter un coup d'œil plus animé : une longue file d'individus des deux sexes et de tout âge suivait deux à deux, quatre à quatre et quelquefois en plus grand nombre, bras dessus bras dessous, le côté sur lequel la rangée de gauche des hautes maisons de la rue Saint-Martin répandait une ombre protectrice, tandis que la partie opposée, encore frappée par les rayons d'un soleil ardent, présentait une solitude complète et l'aspect d'un cadavre lié à un être vivant : nulle âme ne s'y montrait, et le filet d'eau fangeuse qui roulait avec peine dans la rigole formée au milieu de la rue, par le plan incliné des deux parties latérales, semblait offrir aux paisibles citadins qui se rendaient aux boulevards une barrière redoutable. Or, à travers cette foule, qui n'osait s'exposer aux ardeurs d'un soleil de la fin de juillet, marchaient rapidement deux jeunes gens qui venaient de dîner au *Veau qui tète*, et qui semblaient très-pressés d'arriver au lieu de leur destination. L'un des deux, surtout, la tête haute, le regard assuré, la poitrine ouverte et le jarret tendu, coudoyait, sans cérémonie, ceux qui n'avaient pas la précaution de se ranger assez promptement, sans paraître s'inquiéter le moindrement des murmures, des apostrophes véhémentes et même des injures qu'on lui adressait de temps à autre ; seulement l'épithète de mauvais carabin, que lui décocha une espèce de fashionable de la rue des Marmousets, dont il avait heurté la femme, lui fit froncer le sourcil et opérer un mouvement rétrograde, dont la vivacité aurait probablement amené une scène fâcheuse, sans la prudence de son compagnon, qui lui fit observer que l'homme avec lequel il allait se commettre ne pourrait sûrement lui offrir qu'une réparation à la *John Bull*, mais indigne de lui, et dont les résultats pourraient encore, par-dessus tout, ne pas être à son avantage. — Tu as parbleu raison, mon cher Octave, s'écria en riant le coudoyeur impitoyable ; ne compromettons pas la dignité d'un membre futur de la grave Faculté. Ne sommes-nous pas plus pressés d'arriver au rendez-vous que m'a donné Adrienne que de procurer une scène de boxe aux badauds qui feraient volontiers le sacrifice de leur partie de Romainville ou des Prés Saint-Gervais, pour voir deux hommes se casser le nez à coups de poing, on s'enfoncer les côtes en se jetant sur la devanture d'une boutique, dont il faut ensuite payer le dégât dix fois au-dessus de sa valeur. Oh! ce n'est pas que je tienne à mes côtes que j'ai déjà plus d'une fois raccommodées moi-même ; mais on se fait déchirer son habit, crever son chapeau, réduire sa cravate en charpie : et alors il est impossible, dans un pareil état, d'aller en partie fine et surtout au Vauxhall. — Et je serais désolé que nous manquassions celle qui nous attend, car d'après ce que tu m'as dit... — Ah! mon cher, tu peux t'en rapporter à moi !... charmante ! parole d'honneur ! la petite lingère !... un air de candeur... d'innocence... Ah ! ah !... si ce n'était pas une demoiselle de magasin et l'amie d'Adrienne... moi qui suis connaisseur, comme tu sais, je parierais ma trousse neuve contre la recette d'une tragédie classique, que la petite personne, toute lingère qu'elle est, n'en est encore qu'aux rêves et aux langoureux soupirs... — Et pourquoi veux-tu qu'une lingère n'ait pas tout autant de vertu qu'une autre? — Pourquoi !... je n'en sais rien, mais demande cela à Adrienne... elle en sait long sur l'article.

En ce moment ils arrivaient sur le boulevard en face du café de l'ancien Ambigu, devant la porte duquel ils se placèrent. Casimir frappa vigoureusement sur la petite table verte qui se trouvait près de lui et demanda au garçon, qui lui sourit en l'apercevant, deux cruchons de bière et des échaudés. Casimir était un habitué, il fut servi à la minute. Après s'être versé deux verres de la détestable décoction d'orge et de buis, Casimir se leva, jeta à droite et à gauche un coup d'œil investigateur sur le boulevard et s'écria : — Allons, nous sommes en mesure, elles ne sont pas encore passées, car je verrais Adrienne, elle n'est pas fille à se rebuter pour un quart d'heure de plus ou moins. — Attendons, attendons! répéta Octave, mais si la foule les empêchait de nous apercevoir? — Je réponds d'Adrienne... du diable si elle manque notre piste.

Cependant une multitude de promeneurs encombraient le boulevard ; les théâtres s'ouvraient de tous côtés ; on se ruait, on se foulait à la porte des plus petits... les amateurs se partageaient entre les fureurs de la Melpomène du faubourg du Temple et les spirituels lazzi de M. Debureau, le paillasse par excellence et premier sujet des Funambules... Le bateleur, avaleur de lames de sabre, de barres de fer et de souris blanches, rassemblait autour de lui les enfants du Limousin et de l'Auvergne, nombreux et fidèles admirateurs de son étonnant appétit ; tandis que le crieur d'un cabinet de figures de cire braillait d'une voix de stentor : « Entrez messieurs, mesdames, prenez vos billets, suivez la foule, voyez le monde comme il abonde... » Et si lorsque, repoussant rudement quelques polissons qui gênaient le passage, on l'entendait tout à coup crier avec une nouvelle vigueur : « Place ! place à M. le colonel et à madame son épouse ! » on pouvait être sûr que c'était un tambour-major et une *demoiselle* d'une vertu non équivoque, qui s'avançaient fièrement pour prendre des entrées à deux sous ; et le banquiste, se rengorgeant de plus belle, reprenait son récitatif, constamment accompagné du timbre argentin de la clochette du marchand de coco et des cris harmonieux du débitant de pain d'épice et de sucre d'orge.

Après avoir traversé la route, en face de la rue d'Angoulême, s'avançaient alors deux jeunes filles, dont l'une était mise avec plus de coquetterie que de bon goût ; une robe de *côte-pali* dessinait avec plus de recherche que de décence des formes prononcées et quelque peu hardies. Mais l'autre, brune à l'œil noir et mélancolique, paraissait avoir apporté dans sa toilette une recherche qui n'excluait pas la modestie, et quoiqu'il fût facile de juger à l'ensemble de leur tournure, à leur mise, à leurs habitudes, qu'elles appartenaient à la même classe, néanmoins une différence bien frappante se faisait remarquer entre elles : le teint coloré, l'œil actif, l'allure décidée de la première, dénotaient une femme dont l'éducation était faite, à peu de chose près, et qui ne paraissait pas disposée à reculer devant ses débuts, sans cependant qu'un air de prétention à un certain pudibondisme de comptoir fût exclu de cette fusion des manières d'une grisette du boulevard Saint-Martin et de l'élégante ouvrière du quartier de la Bourse. La seconde offrait le coup d'œil le plus séduisant ; son premier aspect parlait moins aux sens peut-être que celui de sa compagne, mais que de suavité il y avait dans tout son être ! Une douce timidité, que l'on est presque étonné de trouver chez elle lorsque l'on a vu sa compagne ; un regard furtif et qui se baisse quand il rencontre l'œil hardi de l'étudiant ou du commis marchand ; la précaution avec laquelle elle abaisse quelquefois, sur son charmant visage, le grand chapeau de paille qui couvre sa tête ; la vivacité qu'elle met à réparer le désordre que cause dans sa parure le coup de vent qui vient tout à coup dessiner et trahir des formes que l'on ne doit pas soupçonner : tout répand sur elle un charme inexprimable, et si l'on parvient à saisir l'ensemble de cette physionomie un peu pâle, mais se rosant de temps à autre, on est encore tout surpris d'y rencontrer ces traits délicats, déliés et majestueux qui caractérisent les femmes de l'Orient ; et l'on ne peut s'empêcher de ressentir cette compression, ce serrement de cœur, cette sensation indéfinissable, qui vous dit : « Détourne ton regard, imprudent, fuis, ou tu vas aimer. » — Mon Dieu ! Sara, que tu es désagréable avec ton châle et ton chapeau que tu rajustes à tout moment ! nous n'en finirons pas d'arriver, s'écria avec humeur la première de nos deux héroïnes. — Ma bonne Adrienne, ne te fâche pas... mais ce maudit vent... et puis il est si fatigant d'être regardée comme ça par tous les passants ; aussi, pourquoi as-tu voulu prendre les boulevards ? — Tiens ! moi j'aime à voir le monde... et je ne suis pas fâchée d'être vue... Est-ce que nous avons des tournures à rester dans un fond de magasin !... allons donc !... mais vois donc ce grand factionnaire qui nous regarde si fixement !... là, à cette porte... Casimir m'a menée là dedans dimanche dernier... ah ! c'est fameux !

Et Adrienne montre du doigt à Sara le brave soldat qui, depuis quinze ans, monte la garde devant le cabinet de Curtius sans se plaindre de la longueur de la faction, puis elle continue avec sa volubilité ordinaire : — C'est là qu'il y a de fières curiosités... On y voit les fameux politiques qui se sont distingués dans les congrès, les scélérats des cours d'assises, des têtes couronnées de toutes les façons et qui vous ont des mines aristocratiques, comme dit Casimir, que tout voir ! et jusqu'à Sa Majesté l'empereur Napoléon, qui est représenté s'arrêtant dans une revue devant un vieux soldat pour lui dire : « Bonjour, grognard ! comment te portes-tu ? » et l'autre qui répond sans hésiter : « Oui, sire ! » Et puis *Borixard* qui a l'air d'un farceur et d'un pince sans rire... et le général *Suque*, son confrère, que l'on dirait qui va fondre sur vous avec sa mine doucereuse ; et tant d'autres qui sont là droits comme des particuliers de cire.

Et Adrienne allait continuer sa description sans un nouveau coup de vent qui lui poussa dans les yeux un nuage de poussière, au milieu duquel tourbillonnaient quelques feuilles déjà desséchées, incident qui l'obligea de porter vivement la main à ses paupières ; tandis que Sara faisait tout son possible pour ne pas laisser apercevoir plus haut que la cheville la plus jolie jambe qui, depuis longtemps, se fût montrée au café Turc. Mais tandis que l'une se frottait les yeux et que l'autre essayait de dérober ses charmes aux curieux, le jeune sans-souci que nous avons laissé s'humectant le larynx avec la bienfaisante combinaison de l'orge, de l'eau et du buis en guise de houblon, s'élança tout à coup de son siége, et d'un bond, traversant la contre-allée qui le séparait des deux amies, saisit Adrienne par le bras et ne put s'empêcher de partir d'un éclat de rire en entendant le petit cri d'effroi qu'elle jeta lorsqu'elle se sentit arrêter avec cette familiarité dont usent si largement envers les provinciaux les cochers de coucou, les marchands des piliers des Halles, et les chastes filles dont le petit écu allait naguère, chaque mois, alimenter les excellents principes du dévot préfet de police Delavau. — Dieu ! que vous m'avez fait peur, monsieur Casimir ! s'écria Adrienne en reconnaissant l'étudiant dont la vue anima ses yeux d'un éclair de plaisir... Je ne m'attendais pas à vous rencontrer ici.

Ce petit mensonge était, comme on le sait, nécessaire à cause de Sara. — Je n'espérais pas non plus, ma toute belle, le bonheur de vous voir... j'ai déserté aujourd'hui le quartier latin avec un de mes amis, et ma foi, c'est notre bon génie qui nous a poussés de ce côté... —Toujours aimable, monsieur Casimir. —Mais comment se fait-il, mesdemoiselles, que vous vous trouviez ici? — Nous venons de faire une visite chez une parente de Sara..., Nous n'avons pas trouvé cette dame et nous retournons au magasin. —Comment, déjà rentrer!... vous n'y pensez pas... vous ne trouverez personne au magasin... mademoiselle Dufrény est certainement sortie avec son estimable lieutenant de pompiers. — Mauvaise langue ! — D'honneur, mesdames, ce serait un meurtre de ne pas faire un tour de promenade, il fait si beau...—Au fait, ce n'est pas tous les jours dimanche... ensuite nous avons le temps d'arriver. — A la bonne heure! Alors veuillez prendre un moment de repos et faites-moi le plaisir d'accepter le modeste rafraîchissement de la saison; puis, si le bras d'un cavalier peut vous être agréable, le mien et celui de mon ami sont tout à votre disposition. —Une pression un peu vive de la main de Sara annonça à Adrienne qu'il fallait refuser et continuer à gagner la rue Vivienne, mais Adrienne n'eut pas l'air d'y faire attention et continua en minaudant : — Vous êtes bien obligeant, monsieur Casimir, mais vraiment nous ne pouvons pas... Deux jeunes personnes... si l'on nous voyait avec des... —Avec de mauvais sujets, allez-vous dire... Bah ! vous ne courez que la moitié de cette chance... car mon respectable compagnon, comme moi disciple de Saint-Côme et de M. Broussais, ne doit pas partager la réputation que l'on a faite aux élèves en médecine... C'est un sage, un philosophe, un... que diable sais-je? il a mille qualités pour une... ainsi... — Cependant, si vous nous répondez, reprit Adrienne en faisant un mouvement en avant... Mais il faut si peu se fier aux vains discours des étudiants... C'est égal... allons, je vous confie ma réputation... Et toi, Sara, hésites-tu à confier la tienne à un sage, à un... philosophe, comme dit M. Casimir... vous serez bien ensemble, car toi aussi tu philosophes de temps en temps.

Un silence improbateur et une nouvelle pression témoignèrent l'embarras de Sara; mais Adrienne, usant de l'espèce d'ascendant qu'elle avait sur sa compagne, l'entraîna, et l'on fut au bout d'une seconde en face du sage, qui, tout en ruminant à je ne sais quoi, émiettait un échaudé qu'il avait pris dans une tout autre intention. Octave se leva brusquement à l'approche des arrivants et faillit renverser la table et les cruchons dont Adrienne prévint la chute avec cette précipitation d'instinct que possède une femme d'ordre qui ne veut rien perdre, et mademoiselle Adrienne n'entendait jamais raison sur le déficit; Casimir en savait quelque chose. Octave balbutia une excuse et offrit avec une gaucherie toute particulière un siége à la pauvre Sara, dont l'attitude n'avait rien de très-rassuré et contrastait singulièrement avec l'air dégagé d'Adrienne qui prit lestement un tabouret. — Quand je vous disais, mesdemoiselles, que mon ami Octave était un homme à réflexions profondes!... Voyez avec quelle grâce il fait les honneurs de la table... comme il est prévenant pour mademoiselle, qu'il laisse là, tout debout... Parlez-moi d'un bon garçon, d'un vivant comme moi, Casimir, qui ne reste jamais à court devant un joli minois... mais voyez donc, Adrienne!... les voilà qui rougissent tous deux... c'est ma foi de la sympathie ou je ne m'y connais pas... Garçon, de la groseille... de l'orgeat !

On était parvenu à s'asseoir, et Sara, quoique mécontente de la fausse position, où ce qu'elle croyait une simple étourderie d'Adrienne venait de la mettre, ne put cependant s'empêcher de jeter un regard furtif sur le jeune homme auprès duquel elle se trouvait et dont l'embarras lui avait beaucoup moins déplu que l'assurance si peu cérémonieuse de Casimir : elle ne vit point un grand et beau garçon aux formes athlétiques, aux énormes favoris ou aux cheveux bouclés comme ceux d'un danseur de l'Opéra, mais son œil rencontra une physionomie animée, un œil bleu rempli de feu, l'expression générale d'une vigueur de pensée et de sentiment qui se trouve bien difficilement chez nos Alcides de bonne compagnie, dont les moyens moraux sont presque toujours en raison inverse des facultés physiques: ce rapide examen ne fut pas au désavantage d'Octave, et Sara crut entendre vibrer à son oreille les derniers sons du mot *sympathie* que venait de prononcer Casimir. Oui, il y avait sympathie : jamais Octave n'avait éprouvé la sensation saccadée qu'il ressentit tout à coup en voyant Sara. Un nuage lui passa devant les yeux, un heurt d'émotion indéfinissable ébranla chez lui le système tout entier... il devait aimer Sara jusqu'à son dernier soupir. Quant à Casimir, comme chez lui la réaction du sentiment était déjà quelque peu émoussée par l'habitude et la facilité de contempler à son aise le catalogue des beautés de mademoiselle Adrienne, il s'occupa de la distribution des rafraîchissements : il offrit un carafon de groseille à Sara et de l'orgeat à la vive lingère; mais celle-ci, toujours par esprit d'économie, s'apercevant qu'il restait encore de la bière et des échaudés, déclara qu'il ne fallait rien laisser perdre, et en effet, au bout d'une minute, il ne resta rien sur la table verte : Adrienne avait bon pied, bon œil, bon cœur et bon estomac.

Octave, avec tout son esprit, son savoir et son jugement, était encore un instant ou deux à Sara; et je crois même qu'il allait partir d'une observation sur l'état du baromètre, lorsque Casimir, qui avait ses raisons pour cela, dit tout à coup, comme par réflexion : — Mais, mesdemoiselles, vous deviez, dites-vous, passer la soirée rue Beaubourg... en vérité, c'eût été une horreur d'aller s'enterrer ainsi par une si belle soirée... dans la rue Beaubourg surtout!... sale rue, où l'on ne trouve que des teinturiers et des juifs... fi donc !

Un coup de genou qu'il reçut d'Adrienne lui apprit qu'il venait de dire une sottise ; il vit Sara rougir jusqu'au blanc des yeux : la pauvre enfant faillit perdre contenance.

— Au reste, reprit Casimir, ce n'est pas de cela que je voulais vous parler... Tenez, mesdemoiselles, la journée est magnifique, profitons-en... faisons quelques tours de boulevard; le Vauxhall est tout près d'ici, et... — Ah ! le Vauxhall !... le Vauxhall !... que je m'y suis amusée la dernière fois... tu ne connais pas cela toi, Sara? — Non, je n'y suis jamais allée, et je ne me sens pas disposée à manquer de parole à ma cousine pour la connaître... — Voyez donc, messieurs, comme sa vertu s'effarouche... ah! ah! pauvre Sara, il faudra changer ou renoncer au magasin... Allons, monsieur Octave, vous qui êtes là en contemplation comme un académicien devant un livre chinois, dites donc quelque chose. — Si je pensais que mon opinion pût avoir la moindre influence sur celle de mademoiselle , je m'empresserais de l'émettre... mais je ne serai pas assez heureux pour obtenir ce qu'elle refuse à votre amitié... — Savoir! savoir! elle aime les belles phrases !... vous êtes sentimental... elle ne résistera pas. Tenez, la preuve, c'est qu'elle rougit encore. — Adrienne, tu n'es pas raisonnable... Pourquoi veux-tu me tourmenter?... tu sais que ma cousine pourrait parler à mademoiselle Dufrény... — N'est-ce que cela?... laisse donc! est-ce que je suis jamais embarrassée, moi!... j'en rais mon affaire... Monsieur Octave, Sara est à vous... à moi je veux dire... va pour le Vauxhall. — Mais je n'ai pas dit... je n'ai pas consenti... — Oh ! la peureuse !... prenons notre dernier verre de groseille et partons...

Et le cœur de Sara, malgré la jolie petite moue qu'elle faisait, disait déjà probablement, aussi malgré elle : Partons!

On se leva, on paya, et l'on se dirigea lentement du côté du Vauxhall; Octave s'était tout à fait remis ; il adressait quelques propos flatteurs, mais sans prétention, à Sara ; il hasarda quelques mots sur les sujets dont la connaissance n'est pas ordinairement du ressort d'une grisette ; il fut étonné de la justesse des réponses de la jeune juive, de la tournure originale de son esprit, et le tendre intérêt qu'il ressentait déjà pour elle s'accrut de la découverte qu'il fit chez sa modeste et séduisante compagne, d'un degré d'instruction que bien souvent on ne rencontre pas chez une femme du grand monde. Adrienne et Casimir marchaient en avant : tout à coup Adrienne pousse une exclamation qui ressemblait à de la peur, fait volte-face, et entraîne rapidement Casimir auprès d'Octave :

— Nous sommes perdus, leur dit-elle ; mademoiselle Dufrény nous a vues, je crois... — Où donc est-elle? dit en tremblant

Sara. — Là, dans cette citadine couleur tourterelle... tenez, voyez-vous cette tête qui s'allonge hors de la portière ? — Ah ! mon Dieu, que dirons-nous ? — Qu'elle s'est trompée... elle a la vue un peu basse, et puis, d'ailleurs, nous avons des chapeaux et des robes qu'elle ne connaît pas. — Vous voyez, mesdemoiselles, qu'il n'est pas prudent de rester ici, dit timidement Octave, gagnons le Vauxhall ! Et il regardait Sara d'un air tout humble, qui signifiait : auriez-vous la cruauté de refuser !... La jeune fille laisse tomber sur lui un timide regard équivalent à un oui ! ils s'entendaient déjà... et pourtant une demi-heure auparavant, ils ne se connaissaient pas encore !...

Au bout de quelques minutes, on était à la porte du Vauxhall... la brise du soir, doux zephyr arrivé des bords du canal Saint-Martin, apportait sur ses ailes les modulations harmonieuses d'un orchestre, où dominait la brillante et suave exécution de Collinet... L'impatiente Adrienne entraîna Casimir... Sara sentit ses genoux fléchir sous elle... tout est sensation extrême pour un cœur qui reçoit les premières commotions de l'amour. Les danses étaient établies dans le jardin ; là s'évertuaient à l'envi une mille sortes : commis, étudiants, employés, garçons tailleurs, sous-officiers de la garde et quelques chefs de claqueurs qui ne se mettent en goguettes que le dimanche, parce que ce jour-là les premiers sujets ne jouent pas, et qu'il est inutile de faire soutenir des doubles que le public siffle, si bon lui semble, ce qui n'ôte rien à la recette forcée d'un jour férié. Une contredanse à huit venait de se former ; on demandait encore deux figurants, Adrienne se jeta tout à travers ; Octave se contenta de regarder Sara : un sourire presque imperceptible lui répondit à l'instant. A la contredanse succéda une valse... Octave renouvela son regard invitateur ! Sara parut hésiter... elle prêta un instant l'oreille aux premiers sons de l'orchestre, puis elle accepta... Une valse pour deux cœurs si bien disposés, c'était beaucoup trop ! On fit une pause... et quelques minutes après, un prélude très-vif annonça une sauteuse. On sait avec quel emportement certains amateurs se livrent à cette danse ; c'est chez eux comme une espèce de frénésie : le mouvement de la mesure à deux temps emporte les valseurs avec une rapidité effrayante ; quelquefois on voit les plus intrépides tourbillonner avec une vitesse de rotation qui semble devoir embraser le parquet... il arrive cependant peu d'accidents : seulement on sait souvent à quoi s'en tenir sur la couleur de bien des jarretières... mais les dames du Vauxhall ne s'occupent pas de si peu de chose. Cependant Sara y songeait : Octave allait la consulter, elle le prévint. — Je suis fatiguée, lui dit-elle, et puis cette valse... veuillez en faire le sacrifice. — Oh ! de tout mon cœur !...

Octave parut soulagé d'un grand poids ; sa physionomie s'éclaircit : une expression mêlée de respect et de tendresse apprit à Sara qu'elle avait été comprise.

Déjà l'orchestre avait joué les premières mesures, déjà Adrienne se balançait mollement sur le bras de Casimir et frémissante d'impatience se préparait à partir avec la rapidité de la flèche, lorsqu'une vision, qui la déconcerta complètement, s'offrit de nouveau à sa vue ; c'était mademoiselle Dufrény qui s'avançait avec un ancien capitaine de cuirassiers et deux ou trois autres personnes : la jeune lingère ne fit qu'un saut comme au boulevard, entraîna Casimir, Octave et Sara, et leur cria presque en étouffant : — Mademoiselle ! mademoiselle ! là... là.., sauvons-nous dans les bosquets... tout au fond. Puis elle s'élança vers l'extrémité du jardin en tirant par le bras Casimir qui s'écriait, en se retournant vers mademoiselle Dufrény : — Tiens, ce n'est pas le lieutenant de pompiers, aujourd'hui.

Il faisait déjà nuit : l'illumination de ce temple de Terpsichore était plus favorable aux couples qui avaient à redouter les indiscrets au Vauxhall ; Adrienne ne s'aperçut pas qu'elle était au bord du bassin dont le jardin est décoré : elle posa son pied sur la pierre lisse et arrondie qui en forme le pourtour, glissa, chancela, tomba dans l'eau bourbeuse et verdâtre avant que Casimir eût pu la retenir, et poussa en tombant un cri que l'écho répéta avec tous les habitués qui se trouvaient autour de la pièce d'eau : Casimir s'était précipité, il tenait déjà Adrienne dans ses bras. Mais la valse avait été interrompue : chacun accourait, s'interrogeait... — Qu'est-ce ? qu'est-il arrivé? et déjà mille contes circulaient. — Bah ! dit de l'air le plus sot et le plus suffisant un grand drôle en bottes, aux talons desquelles on remarquait les branches d'éperons dont les molettes étaient dévissées, bah ! ce n'est rien !... Une femme qui se noie?... c'était bien la peine d'interrompre la contredanse !... En effet, tout était en révolution dans le jardin ; les militaires cherchaient à leur côté le sabre qu'ils avaient laissé au bureau des parapluies... les claqueurs, par un mouvement d'instinct qui leur est propre, criaient de toutes leurs forces : Silence! silence ! à la porte! Deux ou trois petites filles faisaient de leur mieux pour se trouver mal ; le premier violon était resté au milieu d'une mesure ; la basse, qui démanchait un passage de doubles croches, demeurait immobile les quatre doigts et le pouce suspendus d'un demi-pied au-dessus de son instrument ; la clarinette avait fait un canard ; la grosse caisse était crevée ; et le flageolet-solo, frappant du pied, se bouchait les oreilles, et criait à l'assassin ! en entendant le désordre sans exemple des exécutants.

Cependant le vigoureux Casimir a déposé sur le gazon le précieux fardeau qu'il a retiré de l'eau. Adrienne, pour éviter la confusion, suite nécessaire de son accident, feint un évanouissement qui ne l'empêche pas de voir du coin de l'œil mademoiselle Dufrény qui s'approche et s'écrie : — Ah ! mon Dieu ! c'est Adrienne ! quand je disais qu'elle finirait par compromettre ma maison... Mais voyez donc l'état où elle... quelle horreur ! et vous aussi, mademoiselle Sara... vous ici... c'est bien... très-bien... nous en rendrons compte à qui de droit... J'ai traversé des époques bien orageuses... et assurément ni sous le Directoire, ni sous le Consulat, ni sous l'Empire, il ne m'en est arrivé autant... Voulez-vous bien vous relever, mademoiselle? Pendant ce flux de paroles, quelques sémillants garçons tailleurs lâchaient force propos bien crus, bien graveleux sur la position d'Adrienne, dont la robe, collée sur toutes les parties du corps, décelait une infinité de charmes dont Casimir ne se souciait pas du tout que le public fît l'inventaire ; il s'empressa de dire aux personnes qui l'entouraient, et surtout à l'homme aux bottes éperonnées, qu'il reconnut pour un figurant du Cirque, qu'il était imprudent de gêner la circulation de l'air dont la dame évanouie pouvait avoir besoin ; qu'il les engageait en conséquence à ne pas s'inquiéter davantage de ce qu'elle deviendrait... Les garçons tailleurs, suffisamment avertis par le regard courroucé de Casimir, cessèrent leurs plaisanteries ; le figurant s'éloigna majestueusement en relevant son col de carton, et le jardin reprit son premier aspect. Toutefois, débarrassée des curieux, Adrienne avait repris connaissance, et se disposait même à tenir tête à l'orage qui devait nécessairement fondre sur elle ; mais Casimir n'était pas d'humeur à la laisser maltraiter, et mademoiselle Dufrény réfléchit qu'un sermon, au milieu du Vauxhall, pourrait la ridiculiser : elle dit à Adrienne qu'elle consentait à oublier son imprudence, et lui offrit de la ramener dans un fiacre. Malgré le dépit qu'éprouvait Adrienne de voir se terminer aussi tristement une partie dans laquelle les sombres bosquets du Vauxhall devaient jouer un rôle, elle se résigna ; on fit un détour pour éviter les mauvaises plaisanteries, et bientôt on fut dans la rue.

Octave n'avait pas quitté Sara. Il avait vu une larme couler sur sa joue à la menace que lui avait faite mademoiselle Dufrény de prévenir *qui de droit*... Par un mouvement involontaire, il avait saisi le bras passé dans le sien, et serré contre lui sa compagne affligée, comme s'il eût voulu la défendre... Sara avait vu combien il la plaignait ; en se quittant, leurs mains se rencontrèrent, une douce pression lui apprit qu'elle était aimée... Était-ce bien nécessaire ? les jolis doigts de la jeune juive, bien contre son gré, sans doute, ne restèrent pas muets... ils dirent peu de chose cependant... mais Octave avait tant de perspicacité !

Le maigre phaéton qui reconduisait les lingères roulait depuis un quart d'heure... Octave était cloué à la place que venait de quitter Sara : il y serait resté longtemps, si Casimir, qui avait employé ce temps à réparer autant que possible le désordre de ses vêtements, en pestant dans toutes les langues contre la Dufrény, ne l'eût à son tour poussé dans un cabriolet à la minute, qui, tout fier de trouver pratique, les voitura avec toute la célérité de l'omnibus, jusqu'au quartier latin.

III. — LE BON GARÇON.

— Au diable votre potage au pain et vos juliennes... je veux des pâtes d'Italie... — Mais je n'en ai pas. — Vous en trouverez... Il faut aujourd'hui sortir de l'ornière, il me faut un extra soigné. — Allons, vous aurez cela... après ? — Après ! ça va tout seul, des biftecks, un plat de résistance pour essuyer le premier choc... et il sera rude le premier choc, je vous en réponds ! — Ah ! mon Dieu... ce sera comme la dernière fois... ma pauvre vaisselle ! — Soyez tranquille, j'aurai des gaillards qui la nettoieront ! nous disons donc... ah ! un vol au vent à la Béchamel... Karik à l'indienne... des côtelettes à la Soubise... à la Soubise, entendez-vous ? — Un rôti ! — Assurément ! la salade de rigueur... j'oubliais... une frangipane... une charlotte russe... puis le dessert... Heini ! de mémoire d'homme l'hôtel de Boulogne n'aura vu pareil festin ! — C'est vrai... mais... — Mais... quoi... qu'est-ce ? — C'est que... je serais bien aise de voir un peu à combien tout cela se monte... parce que vous savez bien... la dépense du mois dernier... une partie de celle de l'avant-dernier sont là... et... — Mademoiselle Cotineau ! — Monsieur Casimir ! — Vous me manquez ! — Dieu m'en garde, monsieur ! — Vous me manquez ! combien y a-t-il que je suis chez vous ? — Trois ans. — Et je vous redois ? — Cent seize francs ! — Et pour cent seize francs... ah !... mademoiselle Cotineau, je vous donne congé pour la quinzaine ! — Ah ! monsieur Casimir, comme vous prenez ce que je viens de vous dire !... si vous saviez, c'est demain le 30, et mon marchand de vin a tiré sur moi... je suis perdue si je n'y fais pas honneur ! voilà pourquoi... vous voyez que j'en suis bien mortifiée... — Vous êtes dans l'embarras ? mademoiselle Cotineau, je retire mon congé !... et voici !

Deux poignées de pièces de cinq francs aussitôt suivies de deux autres poignées tombèrent sur la table déjà encombrée de livres, de pipes, d'ossements, de papiers et d'instruments de chirurgie... Mademoiselle Cotineau ouvrait de grands yeux tout en étendant les mains pour empêcher le métal arrondi de rouler sous les meubles... Quelques pièces néanmoins se promenèrent à travers la chambre et s'arrêtèrent contre la muraille, en rendant sur le carreau ce son qui vous produit une espèce de titillation et vibre comme l'écho d'un bruit se perdant dans le lointain. Mademoiselle Cotineau courait après comme le fait un enfant poursuivant l'oiseau qui s'est échappé de sa cage.

— Il y a là deux cents francs, mademoiselle Cotineau, prenez vos cent seize francs, plus le montant présumable de mon dîner, et restons bons amis ! — Oh ! monsieur Casimir, je vous reconnais bien là !... vous n'êtes plus fâché, n'est-ce pas ? — Pas du tout... si vous eussiez été moins occupée ce matin à bavarder avec le grand étalier boucher qui vous apportait la provision du jour, vous eussiez vu entrer dans votre allée cette petite femme à l'œil gris, au nez pointu, qui fait les commissions du conducteur de la diligence d'Avalon... elle m'apportait les deux cents francs que m'envoie chaque mois mon respectable père. C'est ce qui vient de me donner l'idée succulente de traiter cinq ou six amis, et si je ne m'y prenais pas aujourd'hui, qui sait si demain je le pourrais ! j'ai fait une étude particulière de la circulation du sang... mais ce n'est rien à côté de celle que j'ai faite sur la circulation de l'argent... enfin à cinq heures précises ! — Dans votre chambre ? — Cinq heures précises... heure militaire ! — Vous serez content.

C'était le jeudi d'après l'aventure du Vauxhall, que cette petite scène d'intérieur avait lieu à l'hôtel de Boulogne, au second sur le devant, rue de la Harpe, entre notre ami M. Casimir et mademoiselle Cotineau, fille majeure de trente-huit ans, encore fraîche, forte, brune, et taillée pour faire face aux soins qu'exige une maison peuplée de trente étudiants en médecine... Mademoiselle Cotineau, qui exploitait son hôtel sous les auspices de madame sa mère, qui lui donnait un certain maintien, mademoiselle Cotineau, dis-je, était en grande vénération parmi les disciples des Richerand et des Marjolin... ses complaisances pour eux n'avaient pas eu de bornes, et si elles commençaient à diminuer, on peut affirmer que ce n'était pas sa faute. — La pauvre fille !... disait Casimir, en bourrant sa pipe d'écume et en prêtant l'oreille au bruit des pas de son hôtesse qui ne formaient plus qu'un léger bruissement dans les sinuosités de l'escalier ; la pauvre fille ! je lui ai fait de la peine... en vérité, je mérite presque que l'on me retire la réputation de bon enfant, que j'ai jusqu'à présent acquise à si juste titre ! mais j'ai réparé autant que possible... et je suis toujours le bon garçon. En effet, telle était la dénomination particulière sous laquelle Casimir était généralement connu ; tous ses amis la lui donnaient, et ses simples connaissances, des étrangers même, ne pouvaient la lui refuser presqu'au premier coup d'œil. Non pas qu'il faille entendre par là que Casimir était un homme faible, sans volonté à lui, se laissant aller à la première influence venue, tout au contraire ; il était chef de parti parmi les siens ; champion intrépide des privilèges et des habitudes du corps des étudiants, il n'avait jamais souffert qu'un gendarme, un commissaire, un agent quelconque de l'autorité se permît la moindre vexation blairant l'arbitraire : une rixe s'élevait-elle à la Chaumière, dans un amphithéâtre, Casimir montait sur un tabouret, sur une table à dissection, et là, à travers les cris, le tumulte, les bouteilles brisées, les lambeaux d'un *sujet* avec les membres duquel les mutins cherchaient à se faire des armes, il adressait à ses camarades une vigoureuse allocution, sa voix dominait le hourra général, et ses apostrophes tantôt énergiques, tantôt bouffonnes, finissaient par calmer les esprits et ramener le sourire sur ces figures où on lisait auparavant l'âpre amère ironie, la colère et même la fureur. D'un regard il calmait ces regards irrités qui brillaient comme la prunelle du loup rôdant autour des habitations, la nuit par un beau temps de neige... puis tout rentrait dans l'ordre...

Quoique assez insouciant sur les choses générales de la vie,

il s'était cependant livré avec ardeur à l'étude de sa profession, il s'y distinguait, et ses professeurs le désignaient déjà comme un sujet qui leur ferait honneur. Aussi, quelquefois des jours, des semaines entières se passaient sans qu'il sortît de sa chambre ; quand un objet frappait son attention, il le saisissait, s'acharnait sur lui comme si c'eût été son ennemi mortel ; il dévorait la difficulté, et lorsqu'il avait pénétré dans les profondeurs où se tenait cachée la difficile vérité, tout à coup il jetait livres, instruments, tout ce qui était de science et de travail ; il endossait l'habit de cérémonie, et reprenant l'allure et la manière que nous lui avons vues, lorsqu'il se rendait au café de l'Ambigu, il gagnait rapidement la rue Vivienne, grimpait en deux sauts l'escalier de mademoiselle Dufrény, glissait un rendez-vous à Adrienne, et restait aussi longtemps livré à une complète dissipation qu'il l'avait été à ses recherches scientifiques. Du reste, obligeant, gai, sans souci, vivant au jour le jour, sa personne et sa bourse ne lui semblaient pas sa propriété individuelle... tout cela était à ses amis. Pour de la philosophie spéculative, jamais il n'en faisait ; si la pensée lui en était venue, il se serait cru malade, aurait consulté son pouls, se serait mis à la diète et fait appliquer trente sangsues : il était éclectique par instinct, sans le savoir, ni s'être jamais assis, là, en face d'un grand diseur, pour écouter ces sortes de choses et n'y rien comprendre ; il faisait de l'intuition, du spiritualisme à sa manière, et si par hasard vous le voyiez à moitié couché dans son vieux et décrépit fauteuil d'Utrecht, les pieds en l'air, posés sur le bord de sa table, n'imaginez pas qu'il pensait de Newton, de Leibnitz ou de Cousin... quelque idée folle ou bizarre passait devant son imagination, comme ces éclairs de chaleur, ou ces lutins phosphoriques qui vous éblouissent ou vous fascinent pendant une brûlante nuit d'été. Il rêvait de jeunes filles... du premier amour... d'Adrienne, quand un soir dans le même fauteuil... Et tout à coup le tableau changeait... il se voyait comme le matin, dans la cour de l'amphithéâtre, devant la salle de dissection. Cent élèves sont aussi là... ils attendent... Leurs regards impatients interrogent la porte d'entrée... ils prêtent l'oreille... Un bruit lugubre comme celui de la pelletée de terre qui tombe sur un cercueil fait briller le plaisir dans leurs yeux. Les voici ! s'écrie-t-on, les voici !... Qui ? de jeunes mariés... Ah ! peut-être les ordonnateurs d'un banquet civique ? Non... regardez... un tombereau... des cadavres... ceux que l'Hôtel-Dieu a vomis ce matin... comme ils se précipitent tous vers cette proie !... on dirait d'un festin où les conviés craignent de manquer de place, ou d'enfants au sortir de l'école se ruant autour d'un marchand de gâteaux... Mais Casimir, le premier, il a posé son pied sur le moyeu tacheté de rouge et de jaune de la hideuse voiture... il a saisi par les cheveux... quoi ? oh ! la belle tête ! une jeune fille qui paraît seize ans... morte dans la nuit ! On la lui dispute... mais il l'enlève... il l'enlace de ses bras nerveux... il la serre contre sa poitrine... Cette tête de jeune fille tombe aussi sur son épaule... leurs joues se touchent... mais point de cri aigu... pas de mouvement convulsif... il vient de la déposer sur la pierre gluante et fétide de la salle d'anatomie... Que ce corps inanimé est beau pour lui !... comme il le contemple !... quelle source féconde en riches découvertes !... avec quelles délices son scalpel va parcourir ces articulations, ces nerfs, ces muscles si délicats, si harmonieusement distribués !... Adrienne serait là... près de lui... sur un lit de voluptés, qu'il ne la verrait pas.

Puis, toute cette fantasmagorie le faisait partir d'un grand éclat de rire. Il faisait un bond à l'extrémité de sa chambre, prenait ses bottes, son habit, et disait : — Allons inviter nos dîneurs ; et en quatre sauts il était dans la rue.

IV. — UNE SOIRÉE D'ÉTUDIANTS.

Il faudrait ne s'être jamais trouvé sur la place de l'École-de-Médecine au sortir d'un cours, ou rue de Vaugirard, vers quatre heures, à la porte de M. Clément, *restaurateur*, ou du respectable M. Delaunay, successeur du célèbre Flicoteaux, ou bien encore un jeudi soir sur le boulevard de l'Hôpital, pour ne pas reconnaître, à leur marche assurée, à leur mise dont une partie a toujours une odeur de négligé, à cet air mutin et turbulent qui les quitte si peu, à quelle position sociale appartiennent ces deux jeunes gens qui viennent d'entrer dans la rue des Mathurins par celle Saint-Jacques. Incontestablement ce sont deux étudiants en médecine ; ils donnent le bras à deux femmes de tournure agaçante, d'allure leste et dégagée, mises avec une certaine élégance, mais élégance sentant un peu le hasard, l'oripeau, le marché du Temple ; de même que leurs regards laissent deviner cette sorte de femmes qui ne sont pas encore descendues au coin de rue, mais qui ont déjà quitté depuis longtemps le rang de grisettes pour vivre au jour le jour d'une bonne fortune de bal champêtre ou de spectacle ; de ces femmes que l'on invite pour une contredanse à sept heures, que l'on fait rafraîchir à huit, avec un verre de bière, qu'à dix on fait monter dans un fiacre, et que l'on quitte le lendemain sans songer à leur demander leur adresse, pas plus qu'à leur assigner un autre rendez-vous... Et ces deux couples débouchaient lestement de la rue de la Harpe, lorsqu'un troisième couple, exactement taillé sur le patron des deux premiers, arriva sur la place Saint-Michel, et s'arrêta subitement en poussant une acclamation de reconnaissance et de bonne humeur. Les trois jeunes gens se prirent la main et se la serrèrent cordialement : — Bon jour, Adrien, Paul, Jules et Clarisse, Maria et Victorine ! — Ah ! c'est divin ! — Il est inutile de demander où nous allons ? — Parbleu, si c'est inutile !... Casimir n'est-il pas en fonds ? — Et cela peut se traduire ainsi : Casimir va traiter les amis jusqu'à extinction de chaleur pécuniaire. Ces réflexions éminemment justes n'empêchaient pas les trois princesses de s'examiner de la tête aux pieds avec un scrupuleux dédain : et Clarisse, se penchant à l'oreille de Paul, lui disait : — Vois donc Maria, avec son chapeau neuf et sa robe fanée... Dieu ! quel goût ! Et Maria disait à Jules, en le poussant du coude : — Regarde donc la chaussure de Clarisse !... Peut-on se fagoter de la sorte !... Et les trois jeunes gens, qui se souciaient fort peu de tout cela, s'écriaient, comme d'inspiration : — En avant ! Le bon garçon nous attend.

Et comme ils arrivaient à la porte de l'hôtel de Boulogne, trois autres personnages se montraient à l'autre bout de la rue. La bande joyeuse fit une halte, tous les index se dirigèrent vers les nouveaux personnages, et chacun de s'écrier : Casimir, Casimir ! En effet, c'était lui, accompagné d'Octave et d'une figurante de l'Ambigu, qui était en service extraordinaire auprès de lui toutes les fois que les occupations d'Adrienne ne lui permettaient pas de vaquer à certaines parties de son emploi, qu'elle croyait exercer exclusivement, et pour lesquelles Casimir avait néanmoins jugé convenable de lui donner une double. Les deux groupes s'étaient réunis ; on faisait déjà quelques folles cérémonies pour se céder réciproquement le pas d'entrée dans la modeste allée de mademoiselle Cotineau, lorsqu'un gare ! vigoureux et une énorme éclaboussure refoulèrent vers la muraille les imprudents qui faisaient une antichambre du milieu de la rue. Ce mouvement subit arracha aux femmes un cri d'effroi, et aux jeunes gens un jurement énergique. Casimir surtout se retourna, l'œil étincelant, la canne levée, et prêt à s'élancer sur le malencontreux phaéton, lorsque quelqu'un, se montrant à la portière, lui lança un regard foudroyant, accompagné d'un geste non moins significatif, qui sembla le pétrifier... Il resta dans la belle attitude du gladiateur... Etait-ce la tête de Méduse ? non, mais celle d'Adrienne qu'il venait d'apercevoir le surprenant en flagrant délit ; il avait encore sous le bras la danseuse de l'Ambigu.

Adrienne se démenait comme un petit diable, et voulait faire arrêter le fiacre ; mais le cocher était sourd apparemment, car il ne répondit à aucun des appels de la jeune fille : seulement par hasard, il se retourna un instant, et la colère qui animait les jolis traits d'Adrienne lui fit croire, assourdi qu'il était par le bruit des voitures, qu'elle lui faisait un reproche assez mérité de sa lenteur ; et caressant tout à coup avec la lanière de son fouet les côtes de ses rosses haletantes, il prit un temps de galop, et entraîna la colérique Adrienne qui disparut en continuant ses signes menaçants à son infidèle amant et à sa rivale. Mais une autre vision avait aussi frappé un autre personnage : une seconde tête s'était aussi montrée à la portière ; pourtant quelle différence d'expression dans cette délicate et belle physionomie !... Quelle timide et délicieuse rougeur vient de passer tout à coup sur ce visage enchanteur, qui, après s'être presque involontairement avancé, s'est subitement rejeté au fond de la voiture ! à qui s'est adressé ce sourire si doux, à travers un léger nuage de confusion ?... Octave ne l'a demandé à personne !... Il a senti tout à coup tout son sang refluer vers le cœur ; il a tressailli... Il avait reconnu Sara !

Un éclat de rire universel salua de la manière la plus comique, et la stupéfaction inattendue de Casimir et l'extase séraphique d'Octave... Puis on les entraîna en faisant retentir l'allée et l'escalier des plus joyeuses et des plus bruyantes exclamations. Mademoiselle Cotineau les attendait au second, debout, au haut de la table, et jetant un coup d'œil de satisfaction sur les pâtes d'Italie, dont le fumet, se jouant au-dessus de la soupière en légères ondulations, répandait dans l'appartement un arôme d'une suavité tout à fait insolite en pareil lieu !... Les quatre princesses en poussant un cri de joie... les jeunes gens un ah ! d'admiration... Casimir se rengorgeait, et Octave, qui n'avait pas fait la moindre attention à ce qui se passait, marchait droit à la cheminée sur laquelle brillait un énorme bouquet déposé dans un vase d'une nature tout à fait

étrange... Il allait en demander l'explication à Casimir, lorsque Clarisse, s'approchant avec vivacité, s'écria : — Oh ! la belle rose !... elle est à moi !... Et elle se disposait à y porter la main ; mais Casimir la prévint, et l'arrêtant précipitamment, lui dit : — Ne touchez pas à ces fleurs, nulle main ne doit les profaner. — Les profaner ? vous êtes galant aujourd'hui. — Vous n'y tenez pas. — Vous croyez... Mais c'est donc quelque chose de bien précieux ? — C'est un hommage que j'ai juré de rendre chaque année à pareil jour à la fidélité et à la constance. — Oh ! oh ! la constance... Est-il bon enfant, avec ses vieux mots ! Allons, pas tant de phrases... qu'est-ce que c'est ? — Je ne fais pas de phrases, princesses ! Cependant je ne suis pas étonné que vous ne me compreniez pas quand je vous parle de constance et de fidélité... ce n'est pas là votre côté faible, chères petites... — Malhonnête ! — Voyons donc ton histoire ? — Cette coupe incrustée avec tant de soin dans ces branches d'argent qui la supportent est... un crâne !! — Crâne !!... Ah ! quelle horreur ! — Celui d'une jeune fille qui ne fut cependant pas ma maîtresse... mais celle d'un ami qui ne lui a pas survécu, et qui m'a laissé ce triste souvenir... Et une teinte de mélancolie se répandit sur la physionomie ordinairement si gaie de Casimir. — Oh ! tu vas nous raconter cela ? s'écrièrent tous ses amis. — Volontiers. — Pas à présent, repartit la danseuse. Cela nous ôterait l'appétit ; car ce doit être bien noir. — Oui... bien noir. — Alors ce soir... tard... nous éteindrons les lumières, et tu nous diras... — En attendant, à table. — A table ! à table !

Et chacun se place suivant son goût ou le bon plaisir du hasard.

Les mets disparurent avec une rapidité qui faisait honneur à l'appétit des convives, tout autant qu'aux connaissances culinaires de mademoiselle Cotineau ; puis, après le café, et quand la flamme bleuâtre du gloria commença à donner aux visages cette teinte livide à laquelle les espiègles francs-maçons ont recours dans leurs mystères pour effrayer le néophyte, on demanda à Casimir son histoire terrible, et Casimir commença :

V. — LA TÊTE DE LA FIANCÉE.

— Oscar était un beau jeune homme de vingt ans qui plaisait à tout le monde par sa franchise et sa gaieté. Il était chéri de ses camarades d'études qui le regardaient comme promettant d'être un jour un homme remarquable. Et Oscar travaillait beaucoup, car il n'avait pas d'argent à dépenser pour des frivolités, et quand on est oisif, il faut tuer le temps, et pour tuer le temps d'une manière un peu passable, il faut s'amuser, et les plaisirs coûtent si cher à Paris !... sans reproches, petites femmes.

Il allait promener tous les dimanches aux environs de la capitale sa douce mélancolie et ses projets ambitieux. Un beau jour, il dansa à Saint-Cloud avec la plus jolie fille du monde... Figurez-vous dix-huit ans, une taille svelte, élancée comme celle du chamois, deux beaux yeux bleus comme l'azur, avec des cils qui en voilaient la moitié, une bouche par laquelle une cerise aurait eu de la peine à passer, un teint un peu pâle, des traits irréguliers peut-être, mais respirant la tendresse, la bonté et l'amour ; un bras qui semblait dessiné par David, un cou d'albâtre dont un signe charmant faisait ressortir la blancheur, et en aperçu une gorge qui paraissait sortir palpitante de dessous le ciseau de Canova... c'était Anna ! Et cependant Anna n'était que la fille d'un pauvre tailleur de la rue Saint-Martin, qui avait bien de la peine à élever sa famille, en travaillant depuis six heures du matin jusqu'à onze heures du soir avec sa femme et sa fille aînée...

Quelques semaines après, Anna, en travaillant, était toute rêveuse : elle paraissait attendre quelqu'un... son imagination semblait absorbée par une pensée dominante... ses jolis doigts erraient à l'aventure sur son ouvrage, et sa mère lui reprochait les trop fréquentes bévues qui provenaient de cette préoccupation... Anna l'attendait !

— Oui, je t'aime plus que la vie, disait Oscar, que tes parents y consentent, et Oscar sera ton mari... et ne viens pas me parler de fortune ! nous travaillerons... la misère n'est faite que pour les paresseux ; quand on est jeune et qu'on a l'amour du travail, on peut être pauvre, mais jamais misérable ! — Toi, mon mari, cher Oscar ! c'est le comble de mes vœux... Comme je vais être fière... la femme d'un médecin ! parle ! parle !... oh ! que mon père sera content ! et ma mère !... tu les honores en épousant leur fille !

Oscar parla, et les parents d'Anna consentirent à l'union des deux jeunes gens... Le futur passait toutes ses soirées auprès de celle qu'il aimait, et Anna disait tout haut : « C'est mon mari ! » Bientôt les bans furent affichés à la porte de la mairie.

Un matin Oscar reçoit une lettre de bien loin... c'est un héritage... Un vieil oncle en mourant lui lègue toute sa fortune. Il se dit d'abord : — Anna partagera mon opulence... puis il réfléchit... Anna ne possède rien... moi j'ai de l'or... beaucoup d'or maintenant... Grâce à cet héritage j'obtiendrai facilement une compagne qui m'apportera une riche dot... ma fortune sera doublée, triplée peut-être... Cette pensée fut prompte comme l'étincelle électrique... Anna fut oubliée!

Et elle pleura! elle pleura! elle appelait Oscar tout le jour, toute la nuit... et Oscar ne venait pas... il ne pensait plus à sa douce Anna. Et bientôt les larmes de la jeune fille se tarirent, l'orbite de ses yeux se creusa, leur lumière s'éteignit peu à peu... ses joues se cavèrent, son front se sillonna... un désespoir, mais un désespoir sec, sans fin, un désespoir sans espoir succéda au torrent fougueux de la première douleur: une maladie de langueur mina peu à peu la jeune fille. Et l'on disait dans le quartier en voyant Anna dont la beauté était flétrie comme la fleur brûlée par les ardeurs d'un soleil d'été : « Qu'elle était belle! » et quand on l'entendait d'une voix éteinte murmurer le nom d'Oscar, on disait: « Qu'elle est malheureuse! »

Son état empira. Bientôt elle ne dépassa plus le seuil de la porte du petit appartement que la pauvre famille occupait au sixième étage... bientôt elle ne quitta plus son lit de souffrance. Mais les parents d'Anna, dont l'indignation avait jusque-là lutté contre l'horrible nécessité, furent obligés de faire conduire la pauvre jeune fille dans un de ces asiles destinés au malheur et où n'entre pas encore qui veut.

Il y avait là d'habiles médecins; mais tous les remèdes, tous les soins furent infructueux! elle dépérissait chaque jour, et la mort ne pouvait être pour elle que le plus grand des biens! son dernier jour approchait... il arriva!

Cependant Oscar n'avait pas ignoré les tristes résultats de sa lâche conduite... mais la cupidité, une fausse honte, l'empêchaient de faire un honorable retour... Il avait éprouvé quelques remords, car on ne fait pas impunément le malheur d'une fille jeune, belle, aimante et qu'on a idolâtrée de toutes les forces de son âme. Mais il s'était livré à la dissipation, et le souvenir d'Anna ne s'offrait à lui que vaguement, dans ses moments perdus, et il en perdait beaucoup depuis qu'il était riche.

Un soir, entre autres, qu'il était resté à table fort avant dans la nuit avec quelques jeunes étudiants, il songea à Anna, à la douce et tendre fille de la rue Saint-Martin, à celle dont il avait brisé le cœur avec tant d'insouciance!... Une morne langueur s'empara de son âme... il crut un instant qu'il avait des remords pour ces sortes de crimes : il voulut absolument se retirer! — Tiens, lui dit un de ses compagnons, puisque tu es indisposé, voici ma clef... il fait si mauvais temps et tu demeures si loin!... tu seras mon hôte pour cette nuit... va... tu trouveras société... Oscar partit, et l'autre lui cria en riant : *Soigne la marmite.*

Quand Oscar fut arrivé chez son ami, il avait le frisson... Il voulut se réchauffer; le feu, d'abord mal allumé ou entretenu avec des branches humides, s'était éteint... Un énorme chaudron était sur un trépied... quelque chose d'un blanc livide se voyait au fond du vase... Oscar voulut le déplacer pour raviver le feu... Le chaudron heurta la barre du foyer... une tête roula sur le plancher... un signe bien connu frappa les yeux d'Oscar... Cette tête... c'était celle d'Anna!...

Et quelques moments après, quand l'autre étudiant rentra, il trouva dans sa chambre un cadavre et une tête épars sur le plancher... Et cet autre étudiant, c'était moi!!

Un assez long silence succéda au lamentable récit de Casimir... chacun des auditeurs avait le cœur serré... Les femmes, qui avaient plaisanté sur la constance et la fidélité de celle dont elles venaient d'ouïr la triste fin, n'osaient plus lever la tête du côté de la cheminée... Mais des idées noires et lugubres ne pouvaient longtemps dominer ces imaginations jeunes et échauffées... On proposa un écarté... ce fut une fureur durant une partie de la nuit : Casimir y perdit tout ce qui lui restait d'argent, ce qu'il put emprunter à Octave... Deux autres y laissèrent jusqu'à leurs instruments de chirurgie, un troisième jusqu'à sa redingote neuve. Puis, quand on n'eut plus rien à jouer, on souffla les chandelles!

Le lendemain matin, quand Octave, qui s'était échappé au plus fort de l'orgie, revint voir Casimir, le tableau qu'offrait la chambre de son ami lui parut digne des pinceaux d'un grand maître... Deux matelas avaient été jetés au milieu de la chambre... Trois couples y reposaient pêle-mêle... Partout des débris du festin, des éclats de vaisselle et de bouteilles, des vêtements épars... un désordre qui eût fait honte au chaos.

VI. — LA COALITION.

—Ouvrez... ouvrez donc la fenêtre... de l'air, il lui faut de l'air! — Quelques gouttes d'offmann; coupez aussi les lacets.

— Elle va étouffer. — Dieu! quelles convulsions! — Et savez-vous ce qui l'a mise dans cet état? — Non!... Tantôt, c'est-à-dire vers huit heures et demie, elle s'est esquivée du magasin, a pris une voiture, à ce que dit le portier, puis, quand elle est revenue tout à l'heure, le cocher a été obligé de la descendre dans ses bras... Elle pleurait comme une Madeleine; et, sans rien dire à personne, elle est montée ici, et si Sara ne l'eût pas suivie, on n'aurait pas su qu'elle s'était trouvée mal. — C'est bien drôle! aucune de vous ne sait pourquoi? — Non. — Que c'est vexant de ne pas pouvoir savoir... — Mais on dirait qu'elle se calme... Ses dents se desserrent. Vite un peu de sucre et de fleur d'oranger. — Bien... bien, elle ouvre les yeux.

Et cinq ou six têtes, fraîches comme des matinées de mai, mutines comme le caprice, toutes animées d'une expression d'intérêt et de curiosité, se penchent sur le lit où l'on venait de déposer Adrienne, et suivent, d'un œil inquiet et malicieux tout à la fois, tous les mouvements de la jeune lingère, qu'une violente attaque de nerfs torturait sur sa couche. Elles épient l'instant où elles pourront connaître la cause de son indisposition... Enfin Adrienne ouvre et referme deux ou trois fois les yeux, de longs soupirs s'échappent de sa poitrine haletante; une dernière convulsion roidit ses membres; elle paraît chercher à reconnaître ceux qui l'entourent... puis, tendant à Sara une main encore tremblante, elle lui dit, en l'attirant à elle et à travers un torrent de larmes : — Oh! le scélérat!... oh! que je suis malheureuse! —Ah! nous y voilà, s'écrièrent toutes les lingères... nous y voilà... pauvre Adrienne! c'est encore un trait qu'il lui a fait... Tu vas nous conter ça.

Mais Adrienne n'était pas encore en état de parler; de fréquentes suffocations faisaient expirer la parole sur ses lèvres, elle étouffait toujours. Sara lui prodiguait les plus tendres soins, détournait les questions indiscrètes, et lui disait à l'oreille, tout en lui baisant la joue : —Calme-toi donc, ma bonne Adrienne, calme-toi; tu me diras ton chagrin à moi toute seule. Pourquoi faire tes confidences à tout le monde? Mais Adrienne ne l'écoutait pas, et continuait la litanie de ses lamentations entrecoupées de sanglots et de gémissements, qui formaient un singulier accompagnement au déluge de questions qu'on lui adressait, et aux chuchotements qui en formaient le commentaire. Pourtant l'éther et la fleur d'oranger finirent par avoir le dessus; Adrienne n'éprouvait plus que quelques légers frémissements : on la plaça sur des oreillers, et malgré le brisement, la douleur sourde qu'elle ressentait dans toutes les articulations, elle se décida à satisfaire la curiosité de ses compagnes. — Vous savez bien, mes bonnes amies, que Sara et moi nous sommes allées ce matin dans le faubourg Saint-Jacques chez M. Oudot, le linger du roi, pour y compléter cette grosse commande qui nous a été faite pour ce jeune pair qui se marie dans huit jours; ce grand garçon que mademoiselle dit qui est *inviolabe.* — Ah! c'est donc *inviolabe* ça, un pair de France? — Tiens, c'te bêtise... sûrement; tu ne savais pas ça?— Qu'est-ce qui me l'aurait appris?... — Moi, c'est Casimir qui me l'a expliqué. — Ah! pardi, il t'a expliqué bien d'autres choses. — Est-elle méchante, cette petite Héloïse!... qu'est-ce qui dirait ça, avec son petit air sainte nitouche. — Ne l'écoute donc pas, Adrienne, et continue. — Et quand notre assortiment a été *faite*, nous sommes remontées dans notre sapin, qui nous a conduites par la rue de la Harpe, ainsi que je le lui avais recommandé, parce que j'avais une idée de passer devant la porte de Casimir; je puis bien vous le dire, il n'y a pas de mystère entre nous, puisque c'est pour le bon motif, et certainement c'est un parti relevé. — On sait bien que tu n'es pas dégoûtée, toi! — Voyez-vous! tu ferais bien mieux de me donner un verre d'eau que de me dire des désobligeances. — Oh! elles ne la laisseront pas finir. — C'est tout au plus si j'en ai le courage. Ciel! quand j'y pense; avec ça que je suis d'une susceptibilité de nerfs... Ah! là... là... la crampe!... Eh bien! Qu'est-ce que vous croyez que j'ai vu en arrivant vers l'hôtel de Boulogne?... Oh! si je le tenais, il ne périrait que de ma main!... Il avait sous le bras, et ils étaient cinq à six poissons de médecins comme lui, il avait sous le bras, dis-je, une femme, une horreur, d'une effronterie!... j'en suis demeurée toute *putriflée*... quoi! Les autres en avaient aussi, jusqu'à ce M. Octave, auquel on donnerait le bon Dieu sans confession. — Ah! par exemple, tu te trompes, Adrienne. M. Octave était tout seul.

C'est Sara qui vient de faire cette observation avec une vivacité dont elle n'a pas été la maîtresse, et dont elle ne peut s'empêcher de rougir. — Ah! tu as vu cela!... Je ne m'étonne plus maintenant si tu as un air si sentimental depuis deux ou trois jours.

Et toutes les autres s'écrièrent :—Qu'est-ce donc que M. Octave? — Oh! je vous dirai ça... C'est un ami de M. Casimir qui était avec nous au Vauxhall le jour que mademoiselle m'a fait prendre ce bain... Il a fait le tourtereau toute la soirée auprès de Sara, qui ne s'en trouvait pas mal, à ce que j'ai vu... Mais laissez-moi donc arriver au *dénûment* de mon histoire. Voilà donc que lorsque je l'ai vu avec cinq à six horreurs de femmes et d'étudiants, ça m'a mis les sens en révolution, j'ai été toute bouleversée... Je lui ai fait des gestes... des gestes !... et des yeux... comme des yeux de basilic, au point qu'il en est resté à *baba* ; enfin, si la voiture ne nous avait pas entraînées, comme Dieu est mon maître, je faisais un malheur... Pourtant je n'ai rien dit en rentrant, je me suis remise à l'ouvrage comme si de rien n'était, mais je suffoquais ; et à la fermeture, j'ai repris une voiture que j'ai envoyé chercher par la portière, et je suis retournée rue de la Harpe. Me voilà donc une seconde fois à cet hôtel de Boulogne : j'entre par le restaurant, je m'adresse à la maîtresse de la maison : — M. Casimir est-il chez-lui, madame ? — Mais ça dépend, mademoiselle. — Comment, ça dépend... il est donc bien grand seigneur ! — Mais, mademoiselle, M. Casimir est en affaires... — Je m'importe peu que M. Casimir ait des affaires... il faut que je lui parle tout de suite. — Pardon, mademoiselle, vous êtes peut-être une des dames invitées... et en effet je me rappelle qu'ils sont cinq messieurs et qu'il n'y a que quatre dames... Mademoiselle, je vous fais mes excuses, je vais vous conduire. — Ne vous donnez pas la peine, je sais où c'est. — C'est que l'escalier est bien mauvaise. — Si mademoiselle veut prendre mon rat, dit le garçon de cave en ricanant... Je ne répondis rien et m'esquivai pour éviter les quolibets : j'arrivai à la porte de Casimir... Là, les jambes me tremblaient... Dieu ! ce que c'est que la jalousie ! Je n'eus pas besoin d'écouter à travers la serrure... c'était un tintamarre, une bacchanale... les malheureuses qui étaient là criaient encore plus haut que les hommes... une sueur froide me coulait du front... j'étais clouée sur le carreau... c'était comme si que cent mille aiguilles me perçaient le cœur... tout à coup Casimir s'écria : — Eh bien ! où en sommes-nous ?... faut-il rallumer la chandelle ?... J'étais si honteuse, j'avais si peur d'être vue dans une position si ridicule, que je résumai toutes mes forces pour redescendre l'escalier... je me trouvai dans la rue où je courais comme une folle sans savoir où j'allais, et si le cocher ne m'eût rattrapée, je crois que je serais à présent dans les filets de Saind-Cloud. — Ah ! bén, tu serais joliment niaise de te noyer pour un carabin qui fait des siennes, dit une des assistantes. — Tu en parles à ton aise, réplique une autre, parce que ton *monsieur* est un homme mûr, qui veut bien se contenter de ce que tu fais pour lui. — Mais, dit Héloïse l'ingénue, pourquoi donc qu'ils faisaient des exclamations comme ça... c'est drôle. — Dieu ! est-elle insipide ! Maintenant, mesdemoiselles, que vous savez ce qui m'est arrivé, combien que M. Casimir m'a vexée et méprisée, qu'est-ce qu'il faut que je fasse ?

Il s'éleva une rumeur semblable au bruit d'abeilles sortant en foule d'une ruche aux premiers rayons du soleil du printemps. La prima donna de comptoir prit la parole : — Ma petite Adrienne, dit-elle, ce qui vient de t'arriver est, comme tu le dis, assurément très-vexatoire ; surtout pour la classe des demoiselles lingères que ces petits messieurs paraissent confondre avec celle des modistes et des chamarreuses, lesquelles jouissent d'une fort mauvaise réputation ; mais fais attention que dans notre faible condition de femmes c'est une sujétion à laquelle nous sommes exposées à chaque instant de la part des hommes dont le meilleur, le plus sage, a toujours, vois-tu, un vieux fonds de magasin en fait d'infidélité... — Eh bien ! qu'est-ce que ça fait ? est-ce qu'on ne peut pas leur rendre une fève pour un pois ?... Crois-moi, j'ai de l'expérience dans la chose... contente-toi de faire une scène à ton Casimir ! fais semblant de vouloir te suicider toi-même, volontairement, avec les ciseaux ou tout autre instrument contondant, en prenant bien garde pourtant de ne pas faire un accroc à la robe... et si peu que tu puisses recommencer ton attaque de nerfs, dans le genre de tout à l'heure, tu verras s'il ne revient pas à toi... et puis si tu peux l'attraper dans un bon moment pour la cérémonie municipale, c'est à toi de ne pas lâcher prise... voilà ! — Eh bien ! moi je dis que ce n'est pas ça, s'écria avec chaleur une petite brune, grosse comme une poupée et vive comme un salpêtre, je dis que ce n'est pas ça... On a trompé Adrienne... on l'a insultée dans ce que nous avons toutes de plus précieux... ça crie vengeance, et il faut qu'elle se venge... et comme nous devons nous soutenir toutes, sans quoi on nous victimera sans miséricorde, rassemblons-nous pour faire un exemple... Il faut nous servir de la loi du talion, comme dit mademoiselle Dufreny, et faire à nos amants ce qu'ils nous font... D'ailleurs je suis lasse du mien et je suis bien aise d'avoir un prétexte ; que celles qui sont de mon avis lèvent la main !

Et vingt mains dont les propriétaires répétaient en chœur :

« Césarine a raison ! Césarine a raison ! » se levèrent, se réunirent en faisceau pour jurer vengeance ; et toutes les lingères, à l'exception de Sara, prêtèrent sur la tête d'Adrienne, qui souriait à travers ses larmes, le serment que plus d'une se proposait bien de tenir plus d'une fois, et l'on allait peut-être le renouveler, quand une grande figure blanche apparut... une lampe de nuit à la main.— Qu'est-ce que c'est qu'une existence comme celle-là, mesdemoiselles ?... prenez-vous ma maison pour un club ?... tenez, ne dirait-on pas des Danaïdes avec les eustaches du père Sournois... Allons, que l'on décampe et que demain on ne manque pas à l'heure !

C'était mademoiselle Dufreny qui, de sa chambre, avait entendu le bruit que l'on faisait dans celle d'Adrienne, et venait y remettre ordre... Une demi-heure après, le plus grand silence avait succédé à cette scène tumultueuse, et l'on n'entendit bientôt plus sous la mansarde d'Adrienne que la douce respiration de Sara qui s'endormait en pensant que sûrement Octave n'avait pas pris part à l'orgie de Casimir ; et quelques gros soupirs de l'amie si désolée de ce dernier, qui lui était encore trop attachée pour suivre le conseil de sa camarade Césarine.

VII. — LE RACCOMMODEMENT.

— Enfin nous voilà seuls, dit Octave à Casimir, lorsque les convives de la veille furent partis ; ne pourrions-nous pas récapituler les fruits de la séance d'hier, et savoir où tout cela va nous conduire ? D'abord... — D'abord, je te préviens que si tu me sermonnes, je te laisse là, au milieu des débris de mon dîner, pérorant et ruminant à ton aise comme Marius sur les ruines de Carthage... Vois si cela te va.—Pas le moins du monde, comme il s'agit ici d'affaires sérieuses, fais-moi l'amitié de m'écouter un instant, ou bien j'estimerai que tu fais de moi le même cas que de simples connaissances qui viennent de nous quitter, et alors je les imiterai ; tu ne me reverras plus que si l'occasion s'en présente... un de ces jours, peut-être... aux cours. — Allons, ne vas-tu pas te fâcher pour une plaisanterie ?... Voyons, je t'écoute... Tiens, suis-je bien comme cela ? manquai-je de dignité, de gravité ?... parle. — C'est bien heureux... Parlons finances d'abord... Tu n'as plus le sou. — Oh ! mon Dieu ! pas un denier... Mes pauvres deux cents francs ! ! —Tu as payé mademoiselle Cotineau, c'est bien... il le fallait... Mais qui t'obligeait à jouer ton argent... le mien ? et nos inscriptions qu'il faut prendre après-demain !—Malédiction ! je n'y songeais plus : où diable avais-je la tête ?...—Il est bien temps ! comment allons-nous faire ? — Comme dans les grandes occasions... N'avons-nous pas notre respectable tante qui ne nous a jamais rien refusé toutes les fois que nous avons pu lui donner un gage de notre exactitude à nous libérer ? — Toujours le Mont-de-Piété. — Encore fort heureux ! Allons, de la philosophie... C'est dommage pourtant... une si belle répétition... — Et vingt-cinq pour cent ! — C'est la moindre des choses ; il faut être reconnaissant envers les gens qui nous obligent ! — Et comme nos deux montres, ainsi que nous, doivent être inséparables, il faudra que la mienne accompagne la tienne ! — Parfaitement raisonné. — Ah ! mon Dieu !... Allons, habille-toi, et partons.

En ce moment, deux coups frappés à la porte attirèrent l'attention des deux amis. — Entrez, dit Octave, et une tête de commissionnaire se fit voir dans l'ouverture de la porte entre-bâillée. — Monchieu Cagimir ? — C'est ici. — Ch'est une lettre pour lui. — Voyons... d'Adrienne ! ah ! ah ! diable ! — Monchieu, y a-ti une répouche ? —Non... non... je verrai. — Monchieu, y a la commichion. — C'est juste... donne-lui vingt sous. — Je n'ai pas de monnaie... (*Bas.*) Que le diable l'emporte !... tu sais qu'il ne me reste pas un centime... Peste soit de l'écarté !—C'est ma foi vrai... eh bien ! je vais changer vingt francs ; et Casimir s'avançait vers son vieux secrétaire plaqué de figures chinoises. — Bonhomme, avez-vous de la monnaie ?—Non, mon brave monchieu ; mais chi vous voulez, j'irai... — Non... ne vous donnez pas la peine... Toutes réflexions faites, descendez au restaurant, et dites au comptoir que l'on vous paye. — Bien des remerchiments... V'là, disait l'Auvergnat en descendant pesamment l'escalier, v'là des cheunes gens... que ch'est heureux... cha roule sur l'or !

— En voici bien d'une autre ! s'écria Casimir, qui, après avoir parcouru la lettre qu'il venait de recevoir, demeurait tout stupéfait, malgré son sang-froid ordinaire : en voici bien d'une autre ! Adrienne connaît, depuis *a* jusqu'à *z*, notre partie de cette nuit... Elle est furieuse... malade... Qui diable a pu l'informer ?... Elle a vu, dit-elle, entendu... Je m'y perds... Mais avec tout cela ne puis-je la laisser souffrante, inquiète, désolée comme elle me paraît l'être... Je veux aller la voir à l'instant. — C'est-à-dire lorsque nous nous serons procuré des espèces... d'ici là je ne te quitte pas. — Crois-tu que je vais m'enterrer une demi-journée dans un mont-de-piété... attendre une éternité? — Arrange-toi. — Ah!... une idée sublime!... M. Sainte-Panse, mon parent et notre nouveau député, vient d'arriver. Mon père me l'annonce... Tu sais combien il est libéral le député! — De libéralisme... mais de sa bourse? — Allons donc, il n'oserait me refuser une centaine d'écus... à moi, le fils d'un électeur influent... un homme qui siège à côté de nos plus grands financiers, aux banquettes de l'extrême gauche! — C'est que, mon bon ami, je connais quelques-uns de ces messieurs, dont la personne, comme tu le dis, siège aux banquettes de la gauche, mais dont l'opinion, les écus sont diablement aristocrates. — Enfin nous verrons : allons toujours chez l'honorable M. Sainte-Panse.

Et pourtant l'idée de Casimir avait été excellente; en sortant de la maison du cousin député, vingt napoléons meublaient sa poche tout étonnée de voir pareille compagnie à laquelle il s'en fallait de beaucoup qu'elle fût habituée. — Maintenant, s'écria Casimir en s'avançant joyeusement du côté de la rue Vivienne, maintenant me voilà en mesure d'offrir une réparation à Adrienne... Je la lui dois éclatante, succulente... La chère enfant... il faudra que je noie son chagrin dans le champagne... et puis je lui ferai croire qu'elle s'est trompée... en grande partie, du moins... Elle m'aime, et tout ce que je lui dirai sera parole d'Evangile : nous serons bons amis dans une heure.

Ils arrivèrent chez mademoiselle Dufrény. La portière leur apprit qu'Adrienne n'était pas au magasin, mais dans sa chambre où la retenait encore son indisposition. Ils se glissèrent tout doucement dans le grand escalier, puis dans un autre plus petit qui conduisait aux mansardes, et ils furent auprès de la malade. Adrienne, en les voyant entrer, fit un soubresaut sur sa couchette, et jeta un cri. Elle préparait depuis le matin la grande scène de l'évanouissement, des reproches et des attaques de nerfs... mais aussitôt tout fut oublié! La pauvre enfant aimait Casimir; aussi son premier, son seul mouvement fut-il de lui tendre les bras et de verser un torrent de larmes. Casimir courut à elle : la jeune lingère lui saisit la tête avec ses deux mains, la pressa contre son sein, toujours en sanglotant, le baisa et le rebaisa cent fois sans dire un mot; puis, tout à coup, quand elle l'eut bien tenu, bien caressé à son aise, elle le repoussa avec violence, et alors vinrent les cris, les colères, les lamentations, et tout ce qui peut passer par la tête d'une femme irritée et jalouse. En vain Casimir essayait de la calmer par des caresses, la digue était brisée, c'était une véritable inondation : il fallait que le torrent s'écoulât.

Une autre scène se jouait pendant ce temps dans un autre coin de la mansarde. En arrivant, Octave s'était approché de Sara qui se trouvait au chevet d'Adrienne. L'accueil qu'on lui avait fait était glacial! il vit bien qu'il se trouvait compromis par l'escapade de Casimir; mais il ne savait comment se justifier. Il n'en était point avec Sara au point où son ami en était avec Adrienne; il n'avait aucun prétexte pour s'excuser d'une chose sur laquelle on ne lui faisait à lui aucun reproche : cependant il voyait clairement qu'on lui faisait une fort jolie moue, et comme il voulait néanmoins avoir une explication, il fut s'asseoir auprès de Sara, qui s'était éloignée afin de laisser Adrienne et Casimir s'expliquer plus facilement. — Serait-il vrai, mademoiselle, que votre amie se trouvât assez indisposée pour être obligée de garder le lit? — Oui, monsieur. elle est peut-être plus malade qu'on ne l'imagine. — Ce serait assurément bien fâcheux... mais je ne crois pas que la cause de son indisposition soit de nature à la faire durer longtemps.—Vous croyez?... cependant je lui sais assez de chagrin... — Ah! c'est de chagrin... les peines de cœur ne sont pas bien dangereuses. — Pour vous, messieurs, nous le savons bien! — Oh! vous, mademoiselle, vous n'êtes pas destinée à les connaître... Qui pourrait avoir la cruauté de vous affliger? — J'essayerai de ne jamais m'exposer à cette humiliation... je vois ce qu'il en coûte. — C'est une légèreté de Casimir à laquelle il ne faut pas attacher d'importance.—Vous plaidez votre propre cause.— Moi?... non, je vous jure; car... — Vous ne voudriez pas vous disculper par un mensonge? — J'aimerais cent fois mieux avouer mes torts, si j'en avais... mais, je le répète, je suis pour si peu de chose dans tout ceci. — Je gagerais même que vous n'y êtes pour rien!... Vous n'auriez pas voulu vous trouver à pareille fête! — Vous me persiflez... mais, mademoiselle, je vous jure encore, et je tiens beaucoup à ce que vous me croyiez... — Et que vous fait mon opinion? — Je n'ose pas vous dire tout le prix que j'y attache. — Quand une autre fois vous tiendrez à l'opinion des gens, il faudra au moins vous cacher d'eux.— Vous m'avez vu... n'étais-je pas seul?

Sara devint confuse, embarrassée. — Mais au reste, monsieur, je ne sais pourquoi vous voulez me rendre dépositaire de vos secrets... — Et cependant il en est un, un seul que je voudrais pouvoir... vous... confier ; je ne sais si j'en aurai jamais la hardiesse !

La confusion de Sara s'accrut visiblement ; elle voulut répondre, elle balbutia, rougit, pâlit. n'osa plus relever ses grandes paupières qu'elle tenait baissées... Il se fit une pause assez longue ; enfin elle se hasarda à jeter à la dérobée un regard sur Octave... Elle le vit plongé dans une douce extase... il jouissait, de toutes les facultes de son âme, du délicieux embarras de la jeune juive, et s'il n'eût craint de faire une scène qui de nos jours commence à passer pour ridicule, il se serait jeté aux genoux de la gente damoiselle comme l'eût fait un preux des temps héroïques... Sara rompit le silence la première : — Et pourquoi avez-vous souffert que M. Casimir causât à Adrienne le chagrin qui l'a rendue si malade ? — Je n'ai pu empêcher une folie dont on ne m'avait pas prévenu... — Vous avez préféré la partager! — Vous le croyez encore! si vous saviez combien j'y étais peu disposé, et quel talisman me protégeait contre une telle sorte de tentation !

Et ses yeux disaient à Sara que son image était le précieux talisman. Un sourire plein de candeur et d'une douce joie qu'elle ne pouvait dissimuler vint effleurer les lèvres de la jeune fille. — Allons, je vous crois. répliqua-t-elle en balbutiant, j'aurais été fâchée de... d'être obligée de penser...

Un éclat de rire, qui partait des rideaux d'Adrienne, vint au secours de Sara. — Je gage, s'écria la malicieuse amie de Casimir, je gage qu'il se fait aussi un raccommodement. — Un raccommodement! es-tu folle, Adrienne? répondit Sara en se levant avec précipitation, je n'ai ni raisons ni motifs... — Ah bah! crois-tu donc que je n'ai pas des yeux ? est-ce que je ne me suis pas aperçue de tes petits airs de bouderie, des soupirs que tu étouffais cette nuit?... J'étais comme ça moi dans le commencement ; allons! conviens que M. Octave ne t'a pas déplu ! — Je te répète, Adrienne, que tu es folle ; je connais trop peu M. Octave, pour qu'il m'ait donné des sujets de déplaisir, ou qu'il m'ait inspiré d'autres sentiments que ceux de l'estime, que je crois qu'il mérite. — Ah ! tu prends cela pour de l'estime, toi !... moi je dis que c'est... Mais finis donc !

La main de Sara s'était appuyée sur la bouche d'Adrienne. Celle-ci se débarrassa, et continua en riant comme une folle : — Je te dis moi que ton estime, c'est tout bonnement de l'amour... *laponique*, ou... ou *patronique*... Comment dit-on ça, Casimir? — Platonique. — Eh bien ! va pour platonique, ça m'est égal...; mais pour sûr, Sara en tient pour monsieur. — Mais, mademoiselle, où donc allez-vous? dit Octave à Sara qui gagnait la porte. — Au magasin, où je pense que l'on peut avoir besoin de moi... et quand Adrienne aura fini ses extravagances, je reviendrai. Et elle sortit malgré les instances des deux jeunes gens qui voulaient excuser les plaisanteries de sa compagne.

Lorsqu'elle remonta au bout d'une demi-heure elle trouva Adrienne tout à fait remise. — Ma chère petite Sara, je ne suis plus malade! — Tant mieux. — Et la preuve que je me porte bien, c'est que nous allons ce soir dîner aux *Vendanges de Bourgogne.* — Mais que dira mademoiselle? — Ce qu'elle voudra... Est-ce que quand elle a quelque chose, elle ne va pas se consoler avec son grand cuirassier; et puis tu viens avec nous. — Non assurément! — Oh! que si ! tu ne voudrais pas que M. Octave restât là, seul, les bras ballants. — Je prie ces messieurs de ne pas compter sur moi. Au surplus, qu'est-ce que tes *Vendanges de Bourgogne?*

Et Casimir, qui ne doutait jamais de rien, se mit à faire le tableau assez grivois de l'endroit, et lâcha quelques plaisanteries sur l'usage des *cabinets particuliers*. Sara refusa alors tout net et le plus sérieusement du monde; en vain Casimir et Adrienne lui dirent-ils que l'on venait d'exagérer les dangers que l'on pouvait courir en pareil lieu, Sara fut inébranlable. Octave, qui n'avait pas dit un mot jusque-là, mais qui admirait *in petto* la prudente défiance de Sara, proposa un moyen d'accommodement. — Tu sais, dit-il à Casimir, que l'un des auteurs de la pièce nouvelle que l'on donne demain a mis à notre disposition une loge de six places; pourquoi ne l'offririons-nous pas à mademoiselle Dufrény? elle emmènerait avec elle ces demoiselles qui préféreront peut-être cette partie à celle que tu proposes. — Pour moi, s'écria Adrienne, moi je les préférerais toutes deux; mais comme vous n'avez votre loge que pour demain et que les *Vendanges* sont ouvertes tous les jours... va pour la loge. — Mais, dit Casimir presque décontenancé, tu sais aussi... que diable vas-tu proposer là... Je ne voudrais pas... ce jour-là. — Quoi! qu'est-ce? Monsieur, dit Adrienne déjà toute prête à se fâcher, est-ce que vous auriez encore quelque danseuse à y conduire? je le parierais; mais que je vous y prenne!... Ah! mon Dieu! que je suis malheureuse... je vais encore me trouver mal... Voulez-vous bien parler, monsieur? — Ah! ouiche! il s'agit bien de danseuse!

au reste, je m'en moque, si mademoiselle Sara veut accepter... — Quant à cela, je n'ai pas d'objections raisonnables à faire si mademoiselle Dufrény est de la partie... La leçon du Wauxhall m'a profité. — Eh bien! voilà qui est entendu! nous allons passer chez la patronne pour lui proposer notre loge, car il faut faire la chose convenablement... Adieu, Adrienne! à demain! — Adieu, Casimir!

On échangea deux baisers bien tendres et bien solides, et Adrienne disait tout bas à Casimir, en lui chiffonnant la tête dans ses mains : — Mais tu me promets bien de ne me plus faire de traits... car je te tuerais, et puis moi après, entends-tu?... Allons, va voir mademoiselle.

Octave et Sara se saluèrent presque avec cérémonie; mais Octave, arrivé au pied de l'escalier, leva les yeux et vit la jolie tête de Sara qui s'avançait sur la rampe : elle suivait de l'œil les deux jeunes gens, et se retira toute confuse d'avoir été aperçue.

VIII. — LE MARCHAND DE LORGNETTES.

Parmi les rues sales, étroites, fangeuses de l'ancien Paris, du Paris classique, se distingue éminemment par son odeur fétide, son obscurité, sa privation absolue du moindre rayon de soleil et la malpropreté de ses habitants, la rue des Ménétriers, aboutissant d'un côté à la rue Beaubourg et de l'autre à celle Saint-Martin; elle peut, avec avantage, lutter d'insalubrité avec les rues Tirechappe, Ognard et des Cinq-Diamants... C'est, dans toute la pureté de son antique origine, une rue du bon vieux temps, telle que ne s'avisent pas d'en construire ces enragés révolutionnaires, qui ont bouleversé les marais de la Chaussée-d'Antin et l'inculte faubourg Poissonnière pour faire de chaque maison un autel, un palais... Mais que voulez-vous? ce sont les malheurs du nouveau régime, les progrès de cette damnable civilisation qui enfantent ces œuvres sataniques, œuvres qui arrachent chaque jour tant de larmes à la *Gazette* et à la *Quotidienne*... Désinfecter une ville, et en expulser les jésuites! ô impiété! aussi la fin du monde approche-t-elle tous les jours d'une manière effrayante! En attendant la comète qui doit nous enlever dans son tourbillon enflammé, comme une hirondelle emporte une mouche, qu'elle a saisie dans son vol rapide, chaque soir, depuis deux ans, vers cinq heures, on voit sortir de cette rue des Ménétriers un homme d'une trentaine d'années, ayant le corps grêle, le teint olivâtre, l'œil vif et perçant, la taille légèrement inclinée, une de ces figures que l'on reconnaîtrait dans cent mille à ses traits et à ses habitudes caractéristiques et dont on dit tout de suite : « Voilà un juif! » Cet homme portait constamment sous son bras une boîte de chagrin fermée par de petits crochets en cuivre argenté, ses courses étaient toujours dirigées sur le même point; il remontait la rue Saint-Martin, tournait à gauche, et suivait les boulevards, il stationnait sous le péristyle d'un de nos petits théâtres. Et là, comme tout le long du chemin, si quelque passant, frappé de l'expression originale de sa physionomie, jetait sur lui le moindre regard, soudain notre homme s'arrêtait, son œil interrogateur se fixait sur ce passant, sa main, par un de ces mouvements d'habitude qui n'attendent pas l'impulsion de la volonté, se portait sur les fermoirs de la boîte, et le cou tendu, les muscles en jeu, il semblait dire : « Voulez-vous quelque chose? j'ai là quelque chose d'excellent! achetez-moi quelque chose! » Et sans se décourager par le peu d'attention que l'on accordait à ce langage expressif quoique muet, il recommençait sur de nouveaux frais jusqu'à l'heure où les portes de la salle s'ouvraient et où il pouvait aller dans l'intérieur se livrer à ses spéculations d'une manière plus positive, plus fructueuse.

Et tandis que notre marchand de lorgnettes, car c'en était un, prenait un soir sa route accoutumée, tout était en révolution chez mademoiselle Dufrény; c'était le lendemain du raccommodement de Casimir et d'Adrienne; les deux étudiants, vêtus de noir comme s'il se fût agi de recevoir le bonnet de docteur, s'étaient rendus, dès quatre heures, rue Vivienne, et se promenaient de long en large dans les magasins de la lingère, Octave en réfléchissant suivant son habitude, et Casimir en riant et faisant l'agréable auprès des ouvrières, pendant que mademoiselle Dufrény, Adrienne et Sara s'occupaient de leur toilette; bientôt elles parurent en grande tenue; la maîtresse de la maison était dans ses atours et brillante presque comme aux beaux jours du Directoire ou du Consulat; Adrienne était charmante, mais Sara! avec sa modeste robe de florence, son chapeau de gros de Naples bleu, sa pèlerine plissée, son écharpe rose et son humble Ternaux, elle était adorable! On n'attendait plus pour partir qu'un personnage essentiel : c'était l'ami de mademoiselle Dufrény, l'ancien capitaine de cuirassiers; il avait été prévenu pour cinq heures; il fut exact; un

tel rendez-vous, comme celui d'une manœuvre, était pour lui d'heure militaire. — Arrivez donc, arrivez donc, lui criait l'impatiente marchande, arrivez donc! — Vous verrez, dit Adrienne, que nous ne trouverons plus de places qu'aux loges du *centre*... comme ce serait agréable... manquer une première représentation, surtout quand on a des billets d'auteur! Et elle faisait sonner ces mots *billets d'auteur* avec une importance qui la grandissait de quatre pouces, et toutes les petites filles du comptoir disaient en se piquant les doigts de dépit : — Sont-elles heureuses d'aller comme ça au spectacle, avec des billets d'auteur encore! puis un gros soupir accompagnait ces réflexions.

Une voiture dont s'était précautionné le capitaine l'emmena avec sa respectable compagne; les jeunes gens préférèrent aller à pied : on se donna rendez-vous au café du théâtre. Pendant le court trajet qu'ils avaient à faire, Adrienne et Casimir, qui ne songeaient déjà plus ni à leur brouille ni à leur raccommodement, parlaient de pluie et de beau temps; Casimir avait toutefois un air soucieux qui paraissait étrange chez lui; Adrienne lui en chercha quelque peu querelle, mais, selon son habitude, il répondit par des balivernes, et sa compagne n'y fit pas autrement attention. Octave et Sara firent au moins la moitié du chemin sans se dire un mot; ils semblaient tous deux craindre de s'adresser la parole; ils avaient enfin tout l'embarras de gens qui s'aiment, qui n'osent pas se l'avouer à eux-mêmes et qui redoutent encore bien davantage de le laisser apercevoir. Enfin, Octave se décida à rompre ce silence qui lui pesait; il entama la conversation d'une manière neuve et piquante : — Quel beau temps!... Aimez-vous le spectacle, mademoiselle? — Oui, monsieur. — Y allez-vous souvent? — Non!... bien des raisons s'y opposent! — Mais encore... — D'abord, vous le savez, une femme ne peut pas toujours, comme un homme, faire telle ou telle démarche sans inconvénient... Aujourd'hui, par exemple, avec mademoiselle Dufrény c'est bien... mais c'est si rare... puis je n'ose à peine... à cause de mes parents... Elle rougit en disant ces derniers mots. — Et pourquoi le trouveraient-ils mauvais? — Vous savez aussi que les différences... de religion... les préjugés... et puis l'extrême sévérité de mon grand-père en ce qui touche tout rapport avec ceux qui... ne pensent pas comme lui... — Mais alors comment a-t-il pu se décider à vous placer chez mademoiselle Dufrény?... — Il a beaucoup connu mon père... et puis c'est qu'il n'a pu trouver chez aucun des nôtres... — Il tient donc beaucoup à ses principes religieux? — Plus que je ne saurais vous le dire; le rang qu'il occupe parmi nous, car il est le plus ancien de nos rabbins; ensuite son grand âge, et les vieillards tiennent si fort à leurs opinions, tout concourt à lui donner une inflexibilité de volonté dont vous ne pourriez vous former une juste idée!...

Octave ne répondit rien; il pensait profondément... La jeune juive imitait son exemple... un soupir leur échappa à tous deux en même temps : Octave jetait les yeux sur sa compagne... une émotion visible l'agitait... — Enfin, reprit-il, pour détourner les idées pénibles qui semblaient l'occuper, j'espère que rien ne troublera aujourd'hui l'innocente distraction que vous avez bien voulu accepter. — Je l'espère aussi, répéta Sara en soupirant de nouveau... Et, pourtant sans savoir pourquoi, elle ne paraissait pas l'espérer beaucoup.

Ils arrivèrent : la foule assiégeait déjà les avenues du théâtre; on se disait que la pièce nouvelle était d'un des grands faiseurs de l'endroit que l'on nommait tout haut, d'un fournisseur dramatique qui s'était adjoint *un nouveau* et dont la réputation croissait chaque jour en raison du nombre de ses collaborateurs. On comptait sur un énorme succès; quelques-uns disaient bien, et ils paraissaient assez au fait des habitudes locales, que, dans la pièce que l'on allait donner, le grand entrepreneur n'avait fait que très-peu de chose, rien peut-être, mais qu'en sa qualité de monopoleur, de fournisseur privilégié, il avait tout simplement mis son nom en tête de l'ouvrage, l'avait fait recevoir, et se contenterait modestement pour cela d'une moitié dans les recettes et de la totalité de la gloriole, si la pièce réussissait : nous ne déciderons pas la question, seulement nous ferons observer que le *Sic vos non vobis* est encore plus vieux qu'Hérode! Grâce aux coupons dont Casimir était porteur, nos six personnages entrèrent sans être obligés de faire *suite* : Adrienne, tout émerveillée de voir un billet gratis entrer plus facilement qu'un billet payant, ne cessait de répéter : — Dieu! que c'est distingué des billets d'auteur! quand je reviendrai au spectacle je n'en prendrai jamais d'autres. Et comme ils arrivaient au haut de l'escalier qui conduit au corridor des premières, l'individu avec lequel nous avons fait connaissance au commencement de ce chapitre, l'homme à la boîte de chagrin, qui, en ce moment, poursuivait un jeune homme auquel il voulait à toute force vendre une lorgnette, cet homme s'arrêta tout à coup en apercevant Sara;

achat et vente, il parut tout oublier; sa boîte, sa précieuse boîte, qui ne le quittait jamais, faillit échapper à sa main tremblante : un *mein gott* qui voulait dire plus que tout un discours s'échappa de ses lèvres : il était pétrifié; Sara qui, de son côté, l'avait reconnu, cherchait à lui dérober sa figure; mais elle avait fait un mouvement qui tenait si bien de la frayeur qu'Octave se retourna tout à coup et ne put s'empêcher d'en apercevoir le motif : sans nul doute il serait allé demander à l'homme à la boîte ce qu'il voulait, si la singulière pose de cet individu, l'étrangeté de son ébahissement et surtout sa mine si piteusement comique, ne lui eussent pas donné plutôt envie de rire que de se fâcher : il crut tout simplement que Sara avait eu peur de cette bizarre figure, et comme ils étaient à la porte de leur loge que l'on venait d'ouvrir, il ne songea bientôt plus à ce léger incident.

Quand mademoiselle Dufrény se fut bien installée à la première place, qu'elle eut bien cinq ou six fois remué, avancé, reculé son fauteuil, lorsque Adrienne et Sara se furent, non sans quelque peine, casées à côté d'elle, et que les hommes se furent agencés sur les dernières banquettes, Casimir prit son chapeau, et s'excusant assez légèrement auprès des dames, il annonça qu'il avait affaire un moment dans la salle, mais qu'il ne tarderait pas à revenir. — Je gage, dit mademoiselle Dufrény, qu'il va courir au café, en attendant que ça commence?... — Oh! non, s'écria Adrienne dont les yeux s'enflammaient déjà, oh! non, parce que monsieur est une espèce de journaliste, il va courir dans les coulisses... et elle ajoutait tout bas en le pinçant de toute sa force : Je n'entends pas que vous sortiez!... Casimir se contenta de hausser les épaules et s'éloigna.

Cependant les loges se garnissaient, l'orchestre s'accordait, et la première pièce allait commencer : le balcon seul était désert. Les habitués auraient eu honte d'y paraître avant la seconde pièce, et un *dandy*, un *fashionable*, se seraient crus perdus d'honneur s'ils y avaient devancé l'heure de convention; pourtant ce jour-là, par extraordinaire, quelques minutes après le lever du rideau *un beau*, *un merveilleux*, *un étonnant* y parut, vêtu d'une redingote du matin comme s'il fût allé voir ses chevaux. Il entra le chapeau sur la tête et, s'appuyant le dos contre le mur qui sépare le balcon de la scène, il braqua son binocle sur les loges, puis, tout en bâillant et en mâchant des pastilles, il se mit à examiner avec une rare fatuité toutes les femmes qui se trouvaient à sa portée. En face de lui, à peu près, se trouvait la loge de nos lingères. Ses regards s'y portèrent, et dès cet instant son lorgnon ne quitta presque plus cette direction. Le minois agaçant d'Adrienne rendu encore plus piquant par la petite moue que lui faisait faire l'absence de Casimir, et la figure charmante de Sara fixèrent d'abord son attention et finirent par le captiver entièrement. Mademoiselle Dufrény remarqua par hasard la ténacité du lorgneur, et l'ayant à son tour examiné, dit au capitaine avec une certaine importance : — Je ne m'étonne pas si ce jeune élégant du balcon nous lorgne avec tant de persévérance... je le connais... c'est un de mes clients... je le marie dans huit jours... c'est une affaire qui me fera infiniment d'honneur.

Et elle se mit à saluer à trois ou quatre reprises le fat qui n'y fit pas la moindre attention et continua à lorgner, à mâcher sa menthe et à bâiller. — Mais qu'avez-vous donc? avait déjà dit Octave plusieurs fois à Sara; qui peut vous causer l'inquiétude dont vous paraissez agitée? — Rien... rien... je vous assure... je suis fort tranquille... — Cependant, au lieu de regarder la scène, vos yeux se dirigent souvent vers la porte de la loge... Désirez-vous quelque chose? — Non... je vous en prie, ne faites pas attention.

En ce moment elle tressaillit, et Octave, se retournant tout à coup, aperçut collée sur la vitre de la porte la singulière figure qu'il avait déjà remarquée dans le couloir. Il se leva brusquement et tourna le bouton pour sortir et s'assurer du motif qui poussait l'étranger à l'espionner; mais il avait disparu, et Casimir entra : il paraissait de mauvaise humeur. — As-tu vu, lui dit Octave tout en émoi, as-tu vu cet homme qui était là? — Où?... là... je n'ai rien vu... — A cette porte, te dis-je... à l'instant même... il regardait par cette vitre! — Allons, tu rêves... — Il y était pourtant! — Ah!... j'y suis... tu veux dire un marchand de lorgnettes... un juif! — Tu l'as vu... Où est-il allé? — Et que t'importe? qu'en veux-tu faire? qu'as-tu à démêler avec lui? — Mais... mais... c'est que...

Et Octave ne savait que répondre. En effet, il ne savait quel motif donner à l'impatience que lui causait l'apparition de cet individu. Il se tut et se rassit assez mécontent de lui-même. — Enfin vous voici, dit à son tour Adrienne que ce colloque impatientait, enfin vous voici! allez-vous rester en place, ou allez-vous continuer à courir comme un chat maigre?... Ça ne laisse pas que d'être honnête! — Ce n'est pas pour mon plaisir

que je cours. — A propos, dit Octave, comment vont les choses? — Est-ce que je sais? j'en ai la tête rompue... Quel métier!... je veux être pendu si l'on m'y reprend. — Eh mon Dieu! encore des mystères... Est-ce qu'on ne pourrait pas savoir?... — Ah! vous ne tarderez pas... mais pour Dieu! laissez-moi en repos un moment!—Quelle humeur! Monsieur Casimir, est-ce là ce que vous m'aviez promis hier matin? j'ai bien envie de vous faire une scène... — Ça ne m'irait pas mal, ma chère amie, une bonne scène.

Et il se mit à fredonner en regardant le lustre; puis il murmurait quelques paroles inintelligibles et se mordait la lèvre inférieure : Adrienne, voyant qu'elle n'en pouvait rien tirer, prit le parti de le laisser tranquille.

Mais le rideau allait se lever une seconde fois : c'était le tour de la pièce nouvelle; déjà des trépignements d'impatience se faisaient entendre au parterre; quelques sons aigus annonçaient que les *jugeurs* étaient à leur poste; les instruments s'accordèrent, et les trois coups furent frappés... Une crispation qui parcourut Casimir, de la tête aux pieds, comme le jet d'une machine électrique, effraya Adrienne. — Est-ce que vous allez avoir une attaque de nerfs? lui dit-elle; mais asseyez-vous donc! comme vous êtes pâle!

Et elle lui prenait la main pour le forcer à s'asseoir; et lui qui songeait à toute autre chose, et dont l'anxiété paraissait croître à chaque instant, serrait tellement fort la petite main qu'il tenait, que la pauvre Adrienne s'écriait : — Mais finissez donc!... vous m'écrasez les doigts!... est-ce bête ça... voyez! j'ai la main toute disloquée!

Quant à mademoiselle Dufrény, elle ne s'occupait nullement de ce qui se passait derrière elle : elle s'entretenait tout haut avec le capitaine; mais rien de ce qu'il y avait de spirituel, de saillant dans la pièce qui venait de finir ne l'avait frappée; elle n'avait vu sur la scène que la coupe des robes des actrices, leurs garnitures, les étoffes dont elles étaient faites; c'était sur ce point que se dirigeaient toutes ses observations, et l'aplomb, l'importance avec lesquels elle les faisait, les expressions *conséquentes*, les liaisons dangereuses dont elle les assaisonnait, avaient attiré l'attention des habitants de la loge voisine qui n'en perdaient pas un mot et s'en divertissaient bien plus que de ce qui se passait au théâtre; mais mademoiselle Dufrény était loin de s'en douter. Les acteurs étaient en scène : un petit chœur d'ouverture avait été assez bien accueilli; une douzaine de répliques passèrent! ; mais un acteur manqua tout à coup de mémoire; il lui échappa un *couac* épouvantable au milieu d'un couplet qui n'avait déjà rien de bien merveilleux : dix sifflets partirent à la fois. — Voilà qui est bien mauvais, dit le capitaine; qui aurait trouvé la chose excellente si au lieu d'un sifflet malveillant, il eût entendu un applaudissement salarié, voilà qui est bien mauvais. — Et voyez donc, ajouta mademoiselle Dufrény, le fichu à la duchesse de cette actrice, comme c'est confectionné!... Je ne m'étonne pas si l'on siffle! — Parbleu, ni moi non plus, murmura Casimir en passant la main sous son gilet, et en lacérant de rage sa chemise de batiste, ni moi non plus, si la salle est remplie de connaisseurs de votre force...

Mais une conversation assez vive qui s'était engagée entre deux spectateurs voisins, malgré la sombre préoccupation de Casimir, fixa son attention et celle d'Octave; l'on discutait sur l'œuvre nouvelle. — Pauvre garçon, s'écria le plus jeune des deux personnages, car on dit que l'un des deux procréateurs de cet ouvrage est *vierge* encore, pauvre garçon! il doit être sur des charbons ardents... — Cela est vrai, dit tout bas Casimir. — Parbleu, répliqua le second interlocuteur, vous m'avouerez que tout ceci est réellement d'une stupidité... — Je ne suis pas positivement de votre avis... il y a là dedans quelques bonnes choses... — Des niaiseries!

— Il est vrai que vous vous connaissez en niaiseries... — Que voulez-vous dire? — Ma foi, monsieur l'auteur, depuis une heure que je vous vois, vous et madame votre épouse, influencer ceux qui vous entourent en gesticulant, en hurlant contre la pièce nouvelle, vous me forcez à vous faire remarquer que vous êtes bien peu indulgent quand il ne s'agit pas de vos œuvres! — Et vous, monsieur le journaliste, bien sévère quand on les joue. — Puisque les qualités sont connues, je vous dirai que je crois faire mon métier en sifflant dans ma feuille vos mauvais vaudevilles. — Vous le faites toujours d'une manière trop acerbe! — Eh! monsieur, la vérité, quel que soit l'art avec lequel on déguise son acidité, emporte toujours le palais de ceux à qui on veut en faire avaler la moindre dose; le système des personnalités fut toujours loin de moi, et je ne vous ai jamais attaqué que dans votre qualité de fabricant de pièces. — N'est-ce pas assez? c'est mon industrie à moi. — Soit.. mais alors fournissez-nous de bonnes marchandises ou nous crierons... Quant au jeune confrère pour lequel vous, monsieur,

Vous montrez si peu d'indulgence quand vous devriez vous rappeler modestement la platitude des patriotiques à-propos que vous rimiez en 98, en 1805 et en 1815, permettez-moi de lui conseiller de ne pas se laisser abattre par un léger revers qui ne prouve rien, puisque vous, son ancien, fûtes si horriblement *travaillé* à vos vingt premières pièces. D'ailleurs le premier pas est fait, il serait niais à lui de reculer, car ici l'obstination est presque tout... Qu'il persiste donc sans être effrayé par les cris de fureur de ses adversaires, et qu'il se persuade bien qu'il en est du coquinisme littéraire comme du coquinisme politique; avec de la persévérance et surtout une certaine dose de férocité de volonté, on en triomphe tôt ou tard.

Et le discoureur se tut... et le vaudevilliste ne répondit pas un mot, atterré qu'il était... et Casimir jeta à la dérobée sur le véhément journaliste un regard où se peignait la reconnaissance ; puis il se tourna vers Octave, et parut s'écrier dans un langage muet : — Voilà un brave garçon ! pourtant il a beau dire... j'en ai assez... la leçon de ce soir me suffit. — Ne reconnais-tu pas cet homme là? dit Octave. — Attends donc !... il me semble en effet... au reste peu importe, mais il me fait l'effet d'être un bon diable, le journaliste.

De nouveaux sifflets se firent entendre au bout de cinq minutes : la pièce marchait comme une voiture rapidement lancée, dont la roue vient de heurter un pavé détaché du chemin, mais que la violence du choc n'empêche pas de continuer; seulement elle penche, tantôt d'un côté, tantôt de l'autre, jusqu'à ce que culbute s'ensuive... Ainsi roulait l'œuvre nouvelle entre les bravos des lustriens et le mécontentement du public. — Ah! c'est comme cela, s'écria tout d'un coup Casimir... eh bien ! je vais les aider... Je leur ferai voir que si je ne suis pas content, au moins je suis philosophe... et il se saisit d'une clef forée, et fit retentir la salle d'un coup de sifflet qui attira tous les regards. — Es-tu fou? lui dit Octave. — Laisse-moi... Je fais comme le chien qui porte le dîner de son maître... Je veux avoir ma part de la curée... —Ah ciel! s'écriait Adrienne, qui s'était fourré les doigts dans les oreilles... vous m'avez crevé le *tampon!* — Mais, monsieur Casimir, dit Sara, voilà qui n'est pas généreux... Vous sifflez un homme qui vous a donné une loge dans une tout autre intention probablement... — Oh! je m'arrangerai bien avec lui... C'est un sot qui s'est mêlé de ce dont il n'avait que faire... Je veux l'en corriger pour longtemps.

Et il continua de siffler de plus belle jusqu'à la fin de la pièce : le rideau tomba au milieu d'un vacarme diabolique. Un instant après il se releva, et un acteur annonça au public que la pièce était de M. Casimir... — Qu'est-ce? s'écria Casimir furieux... Quel est le misérable qui me joue ce tour abominable! Oh! pour le coup, j'aurai raison de celui-là... Et il s'élança de la loge en se précipitant vers le théâtre. — Comment, dirent alors mademoiselle Dufrény et le capitaine, est-ce que cette pièce est de M. Casimir? — Hélas! oui, répondit Octave, c'est un essai qui ne lui a pas réussi et qu'il ne sera sûrement pas tenté de renouveler. — Alors, je suis fâché, dit le capitaine, d'avoir manifesté... — Vous voyez qu'il en est tout consolé... seulement on lui a fait une mauvaise plaisanterie en le nommant... — C'est joliment farce, dit Adrienne qui ne comprenait pas grand'chose à tout cela... C'est donc ça qu'il était si bourru... Oh bien! je lui dirai de n'en plus faire de pièces... — Et moi, je lui conseillerai d'engager ses actrices à ne pas se fagoter comme elles le font... Du reste, allons prendre un peu l'air... je serai bien aise de voir les toilettes au foyer.

On sortit. Le capitaine, mademoiselle Dufrény et Adrienne formaient un groupe dont Octave et Sara s'éloignèrent insensiblement : un peu de solitude leur devenait nécessaire; Octave désirait renouer l'entretien sur le compte du grand-père de Sara; il était déjà trop vivement épris pour qu'il ne prît pas tous les renseignements qui se rattachaient à l'existence de Sara : il revint donc sur ce sujet. — Et vous pensez, lui dit-il, que si votre grand-père savait qu'aujourd'hui vous êtes ici avec moi, avec des chrétiens enfin, il serait mécontent? — Je ne puis en douter... et malheureusement je suis presque sûre maintenant qu'il n'ignore pas ma démarche. — Qui pourrait l'en instruire?... Vous paraissez le redouter beaucoup... Est-il donc bien sévère? — Il m'aime bien tendrement... il me chérit comme l'image d'une fille qu'il adorait et qu'il a perdue lorsque je reçus le jour; mais je vous l'ai dit, il a conçu pour tout ce qui est hors de notre religion un éloignement insurmontable! — Et si, pourtant, hors de cette religion, hors de ces conventions dogmatiques qui toutes aboutissent à un même but, au culte d'un Dieu père commun de tous les hommes; si vous trouviez un cœur qui répondît au vôtre, qui voulût votre bonheur, qui pût le faire... Hélas! je le crois! — Peut-être même a-t-il déjà disposé de votre main.... s'est-il lié par quelque promesse à quelqu'un des vôtres ? et vous-même...

Il s'arrêta et ses yeux interrogeaient la jeune juive avec anxiété.

— Moi! répondit-elle, oh! non, je ne suis engagée en rien... je n'ai jamais rien promis à personne! Quant à mon aïeul, il est possible... je crois même... mais cela est loin, bien loin encore...

Leur entretien fut interrompu par un individu qu'ils n'avaient pas encore aperçu, qui, pourtant, rôdait depuis un quart d'heure autour d'eux, et qui, ne sachant probablement comment s'y prendre pour les aborder, avançait, reculait, hésitait, et finit par s'écrier d'une voix assez mal assurée : — C'hai de bonnes lorgnettes ; foulés-vous des lorgnettes? agetés-moi des lorgnettes... Et il avançait sa boîte remplie de conserves, de besicles et de lorgnettes de toute espèce.

Au son de cette voix qui lui était bien connue, Sara sentit un frisson parcourir tous ses membres : Octave se retourna et voulut repousser l'importun brocanteur ; Sara le retint.

— Ne l'affligez pas, lui dit-elle, je vous en prie! — Pourquoi?... le connaîtriez-vous? — Oui!... et elle rougit jusqu'au blanc des yeux. — Sara! dit le juif avec l'accent d'une douleur profonde, Sara!! — Stéphane! répliqua la jeune fille, Stéphane, que me voulez-vous? laissez-moi!

Octave écoutait attentivement : le mystère des frayeurs de sa compagne commençait à se dévoiler.

— *Allmachtiger Gott!* avec des *goï!*... murmura le juif... Sara, s'il le savait! — Stéphane, le direz-vous? — Avec des *goï*, répéta-t-il, et s'exprimant soudain dans une langue tout à fait inconnue à Octave, il semblait gourmander Sara, qui lui répondit : — *Sagt ihr an meï été dass ihr mish gesehen hett?* — *Ish muss .. welt ihr eich denn shmatten in der shul...* (Direz-vous à mon père que vous m'avez vue? — Je le dois... on devrait afficher votre apostasie à la porte de la synagogue.)

Puis paraissant continuer à adresser à Sara de vifs reproches, des plaintes douloureuses, mais toujours cependant avec un sentiment de tendresse et de respect qui intéressait en sa faveur, il s'écriait en soupirant : — *Sie lieben a goï...* ihr seid ka *Jid mehr.* Ihr thet eich abgeben mit *chadesem...* (Vous aimez un infidèle... vous abandonnez la loi de Moïse; vous vous liez avec des mécréants...)

Casimir, Adrienne, ainsi que le capitaine et mademoiselle Dufrény, vinrent alors les rejoindre et formèrent autour du marchand de lorgnettes un groupe extrêmement intrigué de la vivacité de ce dialogue auquel on ne comprenait rien : Octave était sur les épines, mais il n'osait dire un mot à cause de Sara. Deux jeunes gens (un d'eux était le dandy qui, pendant le spectacle, n'avait cessé de braquer son binocle sur Sara), deux jeunes gens qui, depuis dix minutes, se parlaient avec chaleur, en jetant de temps à autre des regards animés sur Octave et sa compagne, vinrent aussi se joindre à ce groupe : ils paraissaient éprouver une maligne joie de l'embarras de la jeune juive, et du bizarre colloque établi entre elle et son co-religionnaire ; puis, pour mettre ce dernier dans la nécessité de s'occuper de deux choses à la fois, le fashionable lui demanda tout à coup le prix de l'une de ses lorgnettes.

— *Fünf und zwanzig franken, meinherr!* répondit dans son trouble le marchand. — Voyons, qu'est-ce que tu me baragouines là? repartit le fat... je te demande... — Ah! pien des bardons, monsié, ché foulais tire vingt-cinq francs! — Tu te moques.... — Ah! meinherr... une excellente ouvrache ! la pli meilleure, la pli distinguée que je havre chamais fendue... — Au diable ta lorgnette, je n'y vois rien... en as-tu d'autres? — *Wahrlich! wahrlich!* che veux tire... certainement, meinherr... beaucoup des autres...

Et tout en fouillant dans son amas de lunettes, tout en répondant à son acquéreur, il ne cessait d'adresser à Sara, avec une volubilité extrêmement originale, les propos qu'il avait entamés et qu'il entremêlait à tout instant d'éloges de sa marchandise, en allemand et en mauvais français; puis, à la moindre observation du dandy qui se plaisait à le tourmenter par mille observations désobligeantes sur la nature des objets qu'il lui offrait, il se retournait de son côté et avec la même vivacité, il faisait tout ce qu'il pouvait pour le déterminer à acheter. Mais l'autre qui ne s'en souciait nullement rejetait dans la boîte tous les verres qu'il avait essayés, disant qu'ils étaient détestables, et que cependant il aurait acheté, s'il se fût trouvé quelque chose de bon; puis il lui tournait le dos comme s'il eût voulu s'éloigner, et le pauvre juif, partagé entre le désir de vendre et celui de continuer sa conversation, courait à lui et disait : — Meinherr... meinherr... Vous n'avre pas tout vu... foici fotre affaire... c'est un ouvrache pour un prince... Foyez... foyez...

Et alors il tirait d'une petite poche de dessous un petit sac de peau bien crasseux, bien sale, renfermant une lorgnette contenue elle-même dans un second sac de peau comme un objet précieux, quoiqu'il valût peut-être encore moins que les autres; et il la présentait à l'homme qui le persiflait, avec autant d'ardeur et de patience que s'il n'eût pas été ballotté par lui depuis une heure; et tandis que celui-ci feignait de l'essayer, il revenait avec un nouvel acharnement renouveler auprès de Sara les doléances qui semblaient si fort lui peser sur le cœur. Mais mademoiselle Dufrény, que cette scène impatientait, déclara qu'elle voulait rentrer dans sa loge, et elle se mit en marche tout en murmurant contre les connaissances de Sara qui la donnaient en spectacle, se promettant bien de ne plus s'exposer à l'avenir à pareille aventure. On rentra : le jeune élégant rendit au juif sa lorgnette, et le malheureux, désappointé de toutes parts, laissant échapper de gros soupirs, posait sa boîte sur une banquette, essuyait ses verres et rajustait le désordre de ses marchandises avec ce calme, cette résignation qui sont le partage presque exclusif de ses pareils, et qui sont un mérite dont en vérité on ne leur tient pas assez compte. — Combien je suis désolée de ce qui vient de se passer! disait Sara à Octave... Cette rencontre a dû vous être désagréable... — Mais seulement à cause de vous qui m'en avez paru vivement contrariée!... Quel est donc cet homme? — Un de mes parents... auquel mon père veut beaucoup de bien... — Serait-ce par hasard ... — Oh! je vous expliquerai plus tard, si vous le désirez... — Plus que vous ne sauriez le croire... Mais s'il allait dire qu'il vous a vue... — Non... il m'aime trop pour me faire cette peine...

Il l'aime trop ! pensait Octave.

Le spectacle venait de finir; ils descendaient l'escalier, pressés par la foule qui s'écoulait lentement : tout à coup Sara jeta un cri de surprise, Octave se retourna rapidement; il vit le dandy à la lorgnette qui, après s'être permis un geste indécent, que n'aperçut pas cependant Octave, essayait de glisser un billet dans la main de Sara. Son premier mouvement fut d'appliquer à l'impudent personnage une preuve frappante du ressentiment que lui faisait éprouver sa hardiesse; celui-ci, se voyant découvert, se dégagea de la foule, et mit dans l'impossibilité de le joindre son adversaire, qui continua de descendre en rassurant Sara de son mieux. Mais à la porte était encore debout, immobile, toujours comme une vision fatigante, l'inévitable marchand de lorgnettes, dont le regard lamentable les suivit jusqu'à leur voiture; et il s'écriait dans son jargon germanico-hébraïco-grotesque : — Ihr thet ich machiné sein mit *chadesem*!... Ah! Sara, Sara ! fous oubliez que moi defoir être pientôt foire *Rkausenn* (fiancé)... Comment osez-vous aller bromener avec ce *Rhatess* (mauvais sujet)?

IX. — LA MAISON DE CHAILLOT.

Le lendemain, vers dix heures et demie du matin, un élégant tilbury s'arrêta devant la porte de mademoiselle Dufrény : un merveilleux en descendit et se dirigea vers l'escalier conduisant *aux ateliers* de la lingère; depuis longtemps les jeunes ouvrières étaient à leur poste; toutes firent un mouvement en voyant entrer le brillant personnage qu'elles reconnurent aussitôt pour le fils du pair de France, dont on préparait l'immense et lucratif trousseau. Plusieurs d'entre elles rougirent ou du moins en firent semblant, s'imaginant par cette petite manœuvre attirer l'attention du nouveau venu; mais celui-ci, sans paraître y prendre garde, s'adressa à la première demoiselle et lui dit qu'il désirait parler à mademoiselle Dufrény : on le pria de vouloir bien attendre un instant, car mademoiselle Dufrény s'habillait, et il était rare qu'elle se dérangeât lorsqu'elle était occupée à *réparer du temps l'irréparable outrage*. L'important personnage jura qu'il n'était nullement pressé, et qu'en si jolie compagnie il oublierait facilement l'attente qu'on lui imposait. Puis jetant comme par hasard un coup d'œil sur la place qu'occupait Sara, et se levant tout à coup, il lui dit en s'approchant d'elle : — Mais, mademoiselle, si je ne me trompe, j'ai eu le plaisir de vous voir hier au spectacle? je ne m'attendais pas au bonheur de vous rencontrer ici.

A ce propos moitié sentimental et moitié persifleur, Sara balbutia une réponse à peu près inintelligible, en levant les yeux sur celui qui lui adressait la parole; elle reconnut seulement alors qu'elle avait devant elle le personnage qu'elle avait tant examiné la veille, qui l'avait suivie dans les corridors du foyer, et qui avait eu l'audace de porter sur elle, dans la foule, une main outrageante. Le jeune fat, à demi penché sur le comptoir et les jambes négligemment croisées, jouissait de l'embarras de son interlocutrice; puis il se rapprocha tellement d'elle, que celle-ci fit un mouvement pour reculer sa chaise, ensuite il continua en jouant avec son lorgnon : — Assurément si j'eusse présumé que d'aussi belles mains s'occupassent d'un travail qui m'est destiné, je n'aurais pas manqué d'en venir chaque jour surveiller l'exécution... et toutes ces choses,

dont la possession m'eût été très-indifférente, vont acquérir à mes yeux un prix inestimable, pour avoir été touchés par des doigts aussi jolis, aussi délicats.

Et sa main hardie s'était avancée vers celle de Sara, qui rougit de dépit et fit un geste prononcé d'impatience. L'homme de qualité laissa échapper un malin sourire, et sûrement il allait continuer ses fades compliments lorsque mademoiselle Dufrény parut. — Vous me voyez, dit-elle au jeune législateur, vous me voyez, monsieur le marquis, dans une confusion inexprimable de vous avoir fait attendre... Puis-je savoir ce qui me procure l'honneur de votre visite? — Oh! mon Dieu... je ne sais pourquoi je suis monté... une idée! un caprice... Ah! c'est-à-dire... si fait... Ma mère disait hier devant moi qu'elle regrettait de ne pas avoir pris les malines que vous lui avez fait voir dernièrement, et je crois que si un prétexte se présentait, elle le saisirait!... — Ah! que d'*obligeance* je vous ai, monsieur le marquis... Mais comment? — Tenez, pour que la chose ait une tournure naturelle... envoyez tantôt quelques colifichets... des cravates de fantaisie... ce que vous voudrez... je le prendrai... Joignez-y les malines, et dites à ma mère que puisqu'elles lui ont plu, vous faites le sacrifice de vos intérêts... que vous venez les offrir... Je vous tiendrai compte de la différence... Vous comprenez? — Que de bonté! Ah! si ma clientèle n'était composée que de gens comme il faut! mais la classe commune... détestable! Cela marchande, c'est une pitié!... A quelle heure, monsieur le marquis? — Ma mère est à Chaillot, à sa petite maison... à trois heures elle sera de retour. — A trois heures on sera à l'hôtel. J'ai l'honneur d'être la très-humble servante de monsieur le marquis.

Et mademoiselle Dufrény reconduisait jusqu'à l'escalier son client aristocratique; celui-ci, en la quittant, lui dit sans affectation : — Ah ça, puisque je suis en train de conspirer avec vous contre ma mère, je ne veux pas m'arrêter en chemin... Tenez, elle a un faible pour une de vos ouvrières... une assez jolie figure, je crois... Envoyez-la-lui... rien ne force la vente comme un joli minois. — Mais laquelle, monsieur le marquis? — Laquelle? Je ne sais trop... attendez. Et il donna un coup d'œil à travers la porte vitrée.—Ten z, ajouta-t-il, la troisième de ce côté... — Sara! oh! je ne suis pas surprise, elle a fait la conquête des bonnes grâces et des amitiés de plusieurs grandes dames du faubourg Germain, mes clientes. C'est elle qui aura l'honneur de porter à madame la marquise les articles qu'elle désire.

Deux heures venaient de sonner à la pendule de mademoiselle Dufrény, et celle-ci, sortant de son *cabinet*, disait à Sara : — Mademoiselle, vous vous tiendrez prête pour aller en ville. Prenez le carton vert; mettez y ces dentelles, ces cravates et ces foulards. — Oui, mademoiselle. — Et portez-les tout de suite à l'hôtel de madame la marquise de Rennefeuille, rue de l'Université... Madame la marquise fera son choix — Mais, mademoiselle, ces cravates ne sont pas pour madame la marquise, et... — Eh bien, ce sera pour M. son fils... Est-ce qu'il y a là de quoi vous effrayer? — Je ne dis pas; mais si mademoiselle était assez bonne pour me dispenser de cette course... je suis sûre qu'une de ces demoiselles ne demanderait pas mieux que de me remplacer. — Ah! mon Dieu, moi la première, s'écrie Adrienne. — Non! il faut que soit Sara. Madame la marquise l'a prise en affection, et c'est elle qui doit aller à l'hôtel. — C'est toujours comme ça, murmurèrent trois ou quatre ouvrières, qui toutes étaient jalouses de l'ascendant que Sara avait acquis dans le magasin : c'est toujours comme ça... S'il y a une bonne occasion, c'est pour elle.

Puis elles se communiquaient, autant par signes que par demi-mots, leur dépit, tandis que Sara arrangeait à contre-cœur dans le carton vert les élégants chiffons destinés à la noble dame. Trois heures moins un quart sonnaient à l'horloge de cet hôtel, lorsqu'un domestique en sortit avec un cabriolet qu'il fit avancer au delà de la porte cochère, en recommandant à un groom qui l'accompagnait de maintenir le cheval. Puis il s'avança quelques pas derrière le cabriolet, en examinant attentivement l'extrémité de la rue qui donne du côté de celle du Bac. Il semblait attendre quelqu'un. Un instant après sortit également de l'hôtel le fils de la maison, celui qui, le matin, s'était montré chez mademoiselle Dufrény. — Joseph, dit-il au domestique, n'aperçois-tu rien? — Non, monsieur, pas encore. — Prends-y garde : je ne te pardonnerais pas de manquer à ta consigne! — Monsieur peut être tranquille ; j'ai de bons yeux... comme les épaules, et monsieur sait qu'elles sont d'une trempe excellente. — Je pourrai m'en assurer encore si tu fais une maladresse. — Ah! monsieur, monsieur ! rentrez un peu... sous la porte ! je crois apercevoir... Eh! oui. Voici notre princesse qui détourne le coin de la rue du Bac... C'est bien cela : le carton, le petit bonnet, l'air aussi honnête que possible. Dans cinq minutes, elle sera ici... Il est temps de faire avancer votre tilbury. La voilà qui regarde si cet hôtel est celui qu'elle cherche... Retirez-vous tout à fait, ajouta-t-il en baissant la voix.

Pendant les deux dernières répliques de ce colloque, un jeune homme, qui remontait la rue de l'Université avec un air de préoccupation et de mauvaise humeur, faillit se casser le nez contre les brancards du cabriolet qu'il n'avait pas aperçu. L'obstacle qui lui barrait le passage et le ricanement du groom lui firent lever les yeux ; il put jeter un coup d'œil sur les individus auprès desquels il se trouvait ; et son regard n'eut pas plutôt rencontré la figure du maître du cabriolet, qu'il fit un mouvement de surprise auquel succéda une crispation qui ressemblait tout à fait à de la colère. Il s'arrêta tout court, et les derniers mots du domestique ne lui échappèrent pas. Puis il chercha quel en était l'objet, et tout à coup, à dix pas de lui, il aperçut Sara qui parlait à l'individu dont la voix venait de frapper son oreille. Un singulier pressentiment, une idée vague, que quelque chose de la plus haute importance pour lui allait avoir lieu, vint subitement l'assaillir ; il prêta l'oreille, et pour ne pas avoir l'air suspect, il feignit de lire avec beaucoup d'attention quelques affiches annonçant des ventes du Mont-de-Piété, qui se trouvaient placardées en face du noble hôtel. — Madame la marquise est-elle visible ? demande la jeune lingère au domestique. — Non, mademoiselle, car elle n'est pas à l'hôtel en ce moment... elle est encore à Chaillot. — Cela est fâcheux ; car M. son fils nous avait dit qu'elle désirait beaucoup certains objets que je lui apportais ; mais je reviendrai... — Si vous voulez parler à M. Alfred, il doit être chez lui ; vous lui expliquerez... — Non, non ! je reviendrai... Ayez la bonté de dire à madame...

En ce moment une porte s'ouvrit une seconde fois, et le jeune marquis sortit avec son tilbury. Il joua la surprise en voyant Sara. — Je suis vraiment désolé, mademoiselle, lui dit-il, de la course que vous avez faite. On a dû vous dire que ma mère n'était pas encore de retour. — Oui, monsieur ; mais demain... — Non, je vous prie... Il n'y a pas très-loin d'ici à Chaillot... voilà un cabriolet que j'y envoie, veuillez y monter, et je suis sûr que la surprise sera fort agréable à ma mère ; on aura soin de vous reconduire rue Vivienne, et je m'en serais chargé moi-même avec le plus grand plaisir si je n'étais obligé de me rendre au Luxembourg.

Sara hésitait, une course à Chaillot l'effrayait, mais la crainte de faire manquer à mademoiselle Dufrény une vente importante l'emporta sur sa répugnance : elle consentit à monter dans le cabriolet, et le petit groom, saisissant les guides avec une adresse et une force qu'on ne lui aurait d'abord pas supposées, fit partir le cheval comme un trait et disparut au bout d'une minute. — Nous la tenons, monsieur, s'écria Joseph, en voyant le cabriolet s'éloigner, nous la tenons : maintenant que faut-il faire ? — Monte à côté du moi ! le reste me regarde.

Joseph s'élança, et le tilbury disparut de son côté.

Octave, car c'était lui qui commentait les affiches du Mont-de-Piété, Octave resta un instant cloué à la place où il s'était arrêté. — Voilà, s'écria-t-il, quelque infâme machination ; mais je la déjouerai, toutes les puissances de l'enfer dussent-elles se liguer contre moi ! Un cabriolet de la régie passait. — Vingt francs, dit-il, vingt francs, si tu peux joindre le cabriolet qui vient de se croiser avec toi. — Vous m'en donneriez cent, bourgeois, que ce me serait impossible ! il a trop d'avance ! à moins qu'un embarras de voitures... ou que Robinson veuille bien dire... Robinson c'est mon cheval, une crâne bête, qui dégoterait toute la place. — Nous allons voir !

Et en vérité Robinson stimulé par deux vigoureux coups de fouet, comme son maître par le napoléon qu'on lui avait promis, partit sur les traces du groom avec une impétuosité et une ardeur dignes d'un théâtre et d'un sort plus élevés.

— Asseyez-vous là, mademoiselle, asseyez-vous là, disait une espèce de virago à la jeune lingère en lui présentant un fauteuil ; la personne pour laquelle vous êtes venue ne tardera pas à paraître. — Mais, madame, vous avez bien compris, c'est à madame la marquise de Rennefeuille que je désire avoir l'honneur de parler, et il me semble... — Eh ! mon Dieu, ne pouvez-vous attendre quelques instants... croyez-vous que l'on doive se déranger tout exprès pour vous !

En disant ces mots la femme dont la figure équivoque, rude et fausse, avait frappé Sara en entrant, ferma la porte en se retirant, et la pauvre enfant se disait : — Voilà qui est bien singulier ; je ne vois ni n'entends personne ici... madame la marquise serait-elle partie ?... peut-être se promène-t-elle dans le jardin ; voyons, cette fenêtre donne sur un parterre... comme cette maison est isolée... et je n'entends rien... rien ? que signifie ?...

Le frisson d'une terreur panique parcourut subitement tous ses membres... elle regarda autour d'elle... elle vit une alcôve qu'elle n'avait point encore remarquée... ses yeux s'y fixèrent avec une angoisse de terreur... il lui semblait que derrière les magnifiques rideaux de soie bleue qui la décoraient était caché quelque être malfaisant, homme ou démon, prêt à la saisir, prêt à la frapper... Elle se sentait défaillir, lorsqu'un bruit de pas se fit entendre dans l'escalier, la clef tourna dans la serrure, Sara s'était avancée avec précipitation, elle croyait voir entrer la marquise... ce fut son fils qui se présenta. — Vous êtes sans doute fort étonnée, charmante Sara, lui dit-il en lui prenant une main que le saisissement qu'elle éprouvait empêchait qu'elle ne retirât, vous êtes sans doute bien étonnée de ne pas voir ici ma mère que vous comptiez y trouver, et de m'y voir, moi que vous supposiez bien loin ?

La jeune fille était pétrifiée, elle ne répondit pas. — Il faut que je vous avoue une chose, continua son interlocuteur, une chose qui vous fâchera d'abord contre moi ; c'est que j'ai employé un innocent subterfuge pour vous attirer ici... J'avais à vous parler... à vous dire que je vous aime, que je vous adore, depuis l'instant où je vous ai vue pour la première fois... Eh bien ! que faites-vous donc ? — Je m'en vais, monsieur, je m'en vais, s'écria Sara qui avait repris ses sens ; au nom du ciel, ne me retenez pas ! — Oh ! vous ne me quitterez pas ainsi... écoutez-moi, Sara, je vous l'ai dit, je vous le répète : je vous aime... avec fureur... il faut que vous m'écoutiez : restez là... ne me forcez pas à employer la violence ! — O ciel ! que prétendez-vous... non ! non ! laissez-moi ! laissez-moi ! — Écoutez-moi jusqu'à la fin ! — Mais que me voulez-vous ? — Vous allez le savoir ! Il est inutile que je vous dise une troisième fois combien je vous aime, combien vous êtes nécessaire à mon bonheur, vous devez déjà l'avoir deviné, mais cela ne me suffit pas, il faut que vous soyez à moi, à moi seul, à moi tout entière, et si vous me payez de retour, si vous voulez partager cet amour qui me dévore, je suis riche, puissant, je vous comblerai de biens ; cette maison sera la vôtre, tout ce que le luxe et l'opulence peuvent inventer pour centupler les jouissances de la vie sera mis à vos pieds ; vous serez plus heureuse, bien plus heureuse que ma femme, il ne vous en manquera que le titre ! — Quoi ! monsieur, lui répondit Sara qui avait eu le temps de se remettre un peu, quoi ! c'est à la veille d'épouser une femme que l'on dit charmante, douée de toutes les qualités que peut désirer un mari, que vous venez me faire une pareille proposition ? mais, monsieur, par respect pour vous-même... — Ah ! ah ! le *par respect* est excellent... Et qu'a de commun, je vous prie, mon mariage avec ce que je vous propose ? je prends une femme, c'est vrai, mais qu'est-ce que cela veut dire ? est-ce un arrangement qui doit nuire à mes plaisirs ?... Dans votre classe, on peut, je le conçois, s'épouser encore quelquefois par sentiment ; mais chez nous ce serait un ridicule que l'on n'est pas tenté de se donner ; et puis on s'arrange d'une femme comme on ferait d'une terre, d'un hôtel : on la fait estimer par les gens d'affaires, on sait ce qu'elle apporte en dot et en espérances, et si l'évaluation est confortable, on la prend ; mais si pour la régularité de l'opération on n'était pas obligé de se rencontrer quelquefois à l'hôtel, dans le monde, il y en a beaucoup d'entre nous qui seraient fort étonnés quand on leur dirait aux Bouffes, au Bois, dans un cercle, voilà madame de ***. — Ma femme ! — Oui, sans doute. — Bah ! elle est charmante !... est-elle de mode ?... — Elle fait fureur ! — Vraiment ! Alors, parole d'honneur je me mettrai un de ces jours sur les rangs... ainsi vous voyez, ma chère et scrupuleuse enfant... — Qu'il est temps que je sorte de cette maison ; je vous en conjure, ne m'arrêtez pas davantage. — Vous ne sortirez pas ! — Je crierai, j'appellerai à mon secours ; on empêchera une pareille infamie. — Personne ne vous entendra. — Et vous oseriez employer la violence ! — Allons, mauvaise !... — Ne m'approchez pas ! je vous frappe avec ces ciseaux... je me frappe moi-même !... — Nous allons voir !...

Les ciseaux furent arrachés des mains de la pauvre enfant, et volèrent à l'extrémité de la chambre ; elle sentit une étreinte vigoureuse qui l'enlaçait : ses membres délicats ne purent opposer de resistance à ceux qui la pressaient ; la guimpe de mousseline qui couvrait son sein fut arrachée ; une main insolente osa profaner des charmes que nul œil n'avait jusqu'alors parcourus. En vain l'infortunée criait, se débattait, demandait grâce. — Non ! lui répondait l'infâme séducteur qui, malgré ses efforts, la poussait, la portait du côté de l'alcôve ; non, pas de grâce, il faut que tu sois à moi, je l'ai juré ; non, pas de grâce ! — Non, pas de grâce ! s'écria d'une voix terrible un homme qui se précipitait dans l'appartement ; pas de grâce pour le misérable qui commet l'attentat le plus lâche et le plus cruel ; pas de grâce pour lui ! !

Et une main vigoureuse saisit par les cheveux le bourreau de Sara ; cette main, dont la fureur décuplait la force, l'envoya rouler au pied d'une console, sur la saillie angulaire de laquelle sa tête frappa. Le séducteur resta étourdi du coup... Il gisait sur le plancher. — Octave ! Octave ! s'était écrié la malheureuse victime! mon ange tutélaire! mon sauveur! Et elle l'étreignait de toutes ses forces... Et lui, la voyant défaillir, l'avait saisie dans ses bras : — Viens, Sara, viens, lui dit-il, le monde entier ne saurait t'arracher à mon amour!... Et toi, criait-il blessé que la douleur clouait sur le parquet, je te réserve une une leçon qui sera sûrement la dernière... Misérable! tu me reverras! Puis il entraînait Sara, et disait aux gens du marquis, qui n'osaient l'approcher : — Allez, allez secourir votre maître; j'ai besoin qu'il vive encore! je ne suis pas vengé!!!

X. — UN COUP DE PISTOLET.

— Monsieur, il est sept heures! — Déjà, Joseph!... C'est pourtant vrai, s'écria le jeune fashionable, en prenant avec insouciance une montre ornée de brillants qu'il laissa retomber lourdement sur son somno... Allons, encore une heure pour déjeuner, m'habiller et me rendre à la barrière du Trône... Encore une seule heure à vivre, peut-être!... A propos, est-ce bien à la barrière du Trône que ce rustre m'a donné rendez-vous? Oui, sa lettre me l'indique! va pour la barrière du Trône... Joseph! tu as remis ce matin ma lettre à Saint-Hippolyte? — Oui, monsieur, il vous attendra chez lui... Il m'a demandé avec qui vous vous battiez; il croyait que c'était avec le petit duc que vous avez si spirituellement mystifié, jeudi dernier, dans les salons du ministre de l'intérieur, au sujet du dernier volume qui a paru sous son nom et qu'il s'est fait écrire par son secrétaire; mais je l'ai détrompé, et lui ai dit que vous-même ne connaissiez pas votre adversaire. — C'est vrai au fait, je ne le connais pas, mon adversaire... parole la plus sacrée! Voyons donc cette signature!... Octave Commerci. Qu'est-ce que cela, Joseph? as-tu dans tes intimités un Octave Commerci? — Non, monsieur. — C'est bien capable d'être de tes connaissances, une espèce comme celle-là... Enfin, nous verrons si ça vaut la peine!... Dis à Georges de m'apporter mon déjeuner, et fait mettre les chevaux à mon droski... Ah! donne-moi mes pistolets, ceux que j'ai gagnés au prix chez Gosset.

Tandis qu'un autre domestique servait tout ce qui était nécessaire pour prendre le thé, la conversation continua entre le maître et le valet. — Joseph! combien y a-t-il de temps, à peu près, que je ne suis allé au tir? — Huit jours, au plus, monsieur. — Ai-je fait beau jeu cette dernière fois? — Jeu superbe. — Flatteur! — Non, d'honneur, monsieur, dix mouches de suite et pas un seul écart. — Bien vrai? allons, tant mieux! Au fait, j'ai déjà vingt et un ans, et je n'ai pu mettre la main sur un pauvre petit duel, c'est stupide, en vérité! Joseph, fais-moi une tartine de beurre!... Tu crois donc, mon garçon, que je ne manquerai pas la poitrine du drôle qui m'a si violemment heurté hier? — Impossible! — Mets un peu de sucre... bien... Parbleu, je ne suis pas fâché d'avoir une petite affaire. — Ah! monsieur, permettez-moi de vous dire que j'aurais désiré que cette première affaire eût lieu avec tout autre que ce petit bourgeois. — Tu as bien quelque peu raison, mon cher confident mélodramatique; mais, que veux-tu? comme dit notre ami le vicomte de Rolleville, ces maudits aristocrates tiennent à leurs os, que cela fait pitié... presque jamais moyen d'amener à bien un duel avec eux. Tu le sais, je suis allé jusqu'à la chiquenaude avec ce pauvre petit duc de Blincourt... Il y avait là au moins cinquante personnes! eh bien! cela s'est arrangé. — C'était vraiment jouer de malheur!... — C'est d'un fastidieux à mourir! Aussi, puisqu'il me tombe sous la main un homme de rien, faisons ce que l'on appelle *experimentum in anima vili*... Ça m'ennuyait de ne tirer que sur un magot en plâtre... J'aurai donc au moins un but vivant!... — Pauvre jeune homme! c'est une poupée que son père vous a élevée à la brochette. — Sept heures et demie! trève de réflexions, mon Joseph, et habillez-moi.

Le valet apporta tout ce qui était nécessaire pour la toilette de son maître, donna un coup de peigne à sa chevelure, dont il arrangea artistement l'édifice, tandis que celui-ci jouait avec ses armes, dont il faisait craquer les ressorts et dont il admirait la riche monture : cela fait, le fashionable échafauda sa cravate avec soin, cira les moustaches et la républicaine qu'il portait pour obéir à la mode, mit ses gants beurre frais, prit un fouet des mains de son groom qui le lui présenta, monta en voiture après lui, et le char léger partit aussi rapide que le vent.

A huit heures précises deux jeunes gens étaient à la barrière du Trône, sur le boulevard extérieur... Ils paraissaient attendre avec impatience... A quelques pas de là stationnait le fiacre qui les avait voiturés... L'un d'eux portait deux épées sous sa redingote. — Tiens, Casimir, dit le plus petit, si je succombe, voici mon père, voici pour Sara... Et il lui remit deux lettres. — Laisse-moi donc tranquille, repartit l'autre, avec tes précautions... Ne te crois-tu pas déjà mort et enterré... Ton adversaire entendra peut-être raison... car au fait, c'est lui qui

a eu tort... Et puis s'il faut dégainer, bien que tu sois loin d'être un Bertrand ou un Lozès, tu passes promptement un dégagement, tu as de l'aplomb, du sang-froid, et...

Ici la conversation fut interrompue par l'approche du droski, d'où s'élancèrent aussitôt deux jeunes élégants, l'adversaire d'Octave et son témoin. Après avoir gratifié Octave d'un léger mouvement de tête et l'avoir lorgné assez impudemment pour que Casimir commençât à s'échauffer, il dit : — Vous êtes exact, monsieur; mais je ne suis pas trop en retard, car il n'est que cinq minutes au delà de l'heure fixée. — Je ne me plains pas, répondit Octave. — Et vous auriez tort d'en agir autrement, répliqua insolemment le témoin du jeune pair... Voyons, messieurs, finissons-en. — Un instant, dit Casimir qui sentait la nécessité de se contraindre, un instant!... Les fonctions de témoin sont une véritable magistrature. — Allons donc, mon cher. — Il paraît que monsieur ne comprend pas parfaitement la nature de sa mission? Cela ne m'empêchera pas de faire mon devoir. — Où en voulez-vous venir? — J'en veux venir, monsieur, à demander à vous et à votre ami, s'il n'est aucun moyen d'arranger... — Allons, encore un arrangement... Que c'est fatigant... Mon cher, voyez-vous, nous autres qui n'avons pas l'habitude de sortir de notre lit avant onze heures, quand une fois on nous a fait prendre l'air de trop grand matin, nous sommes inflexibles; et quand on a le malheur de nous voir alors, on nous voit d'une manière cruelle. — Cependant... — Il n'y a pas de cependant quand on ne se connaît pas en affaires d'honneur, on ne vient pas se mêler... — Insensé! si vous saviez vous-même ce que c'est que le duel, vous n'en braveriez pas aussi follement les terribles conséquences... Allons, puisque vous le voulez... — Un moment, à notre tour!... — A qui avons-nous affaire, s'il vous plaît? — Vous savez mon nom. — Octave Commerci, fils de Pierre Commerci, propriétaire et vigneron à Vermenton, répondit ironiquement Casimir. — Ah çà, dis donc, Saint-Hippolyte, est-ce que tu crois que, malgré ma bonne volonté, je puisse décemment me commettre avec le fils d'un vigneron? — C'en est trop, s'écria Octave en saisissant les épées que portait Casimir... marche, ou je te brise sur la figure la monture de ces armes... — Monsieur, nous ne tirons que le pistolet, et voici les miens. — Eh bien! va pour le pistolet, dit Casimir d'un air goguenard, bien qu'il soit peu généreux à vous de vous adjuger le choix des armes, et de vous servir de celles que vous devez parfaitement connaître... mais mon ami n'y tient pas, et il n'est rien qu'il ne soit disposé à faire pour vous, mon gentilhomme; il vous l'a prouvé suffisamment hier... Nous allons voir la suite.

Cette plaisanterie fit sortir le dandy de son impertinent sang-froid : il rougit et pâlit tour à tour, mais il se remit bientôt à la voix de Casimir qui lui présenta sa main fermée en lui disant : — Pair ou non, pour le choix des places, monsieur le pair de France.— *Non!*—Quatre! vous avez perdu, mon gentilhomme! A toi, Octave! pour l'avantage du premier coup... Attention, ceci est important, car Sa Seigneurie a l'air d'être sûre de son coup d'œil et de sa main... — *Pair!* — Tu as perdu, mon pauvre ami, dit Casimir en soupirant et en montrant trois pièces de monnaie. A Sa Seigneurie de tirer la première.

Les témoins s'éloignèrent, choisirent un emplacement commode et offrant le moins possible des accidents de terrain... Ils mesurèrent vingt-cinq pas, firent signe aux deux adversaires qui vinrent prendre place... Les armes furent bientôt chargées, et on entendit le bruit du maillet chassant avec force la balle que déchirait la cannelure du canon! Chaque témoin remit une arme à son partenaire, et Casimir s'écria :—Messieurs, faites votre devoir. — Nous n'avons pas besoin de votre avis pour cela, dit le jeune pair. Cependant, monsieur Octave le vigneron, me permettez-vous de garder mon chapeau? Le temps est humide, et je craindrais de m'enrhumer... car je dois chanter ce soir un duo chez l'ambassadeur de Russie, si toutefois...— En ce cas, je garde le mien.— Rien de plus juste!

L'adversaire d'Octave commença à l'ajuster en se servant de son lorgnon ; mais son bras s'abattit aussitôt. — J'oubliais de vous demander si vous consentiez à ce que je me servisse de ce binocle. — Très-volontiers. — Enchanté.

Et il ajusta une seconde fois Octave dont la fermeté ne se démentit pas un seul instant. — Ma foi! je vous vois gros comme un éléphant! — Allons, tirez! s'écria Casimir irrité de tant d'impudence...

A peine avait-il parlé que le plomb siffla, en emportant le chapeau d'Octave, sans toucher celui-ci, alla se loger à quarante pas de là dans un mur construit en pierres tendres. — Maladroit! dit Saint-Hippolyte, en voyant la pâleur de son ami que l'étonnement d'avoir manqué son coup jetait dans une lâche stupeur. — Sot que je suis, j'ai pris trop de guidon et n'ai pas tiré la gâchette avec la seconde phalange. — A moi, maintenant. — Oui, monsieur!

D'abord Octave éleva l'arme à la hauteur de la tête de son adversaire, puis l'abaissant un peu, il la releva encore jusqu'à ce que la poitrine de son ennemi se trouvât bien en face du point de mire, dont l'extrémité venait se perdre dans le sommet intérieur de l'angle que formait le guidon... Puis son doigt fit un léger mouvement, et l'écho que produisaient les deux pans du mur qui se trouvait derrière lui répéta sept fois la détonation. La balle, en arrivant au jeune pair, lui fracassa une côte et perça le cœur d'outre en outre... Comme le tigre blessé par le Maratte, il fit un bond terrible et retomba... Il était mort !

— Viens, Octave !... dit Casimir en entraînant son ami... viens... Ce n'est qu'un faquin de moins !

XI. — UN CAMARADE DE COLLÉGE.

— Du diable si je travaille aujourd'hui ! s'écriait Casimir en se dandinant dans son vieux fauteuil d'Utrecht, quatre ou cinq mois après l'événement de la barrière du Trône... J'ai la tête d'un vide !... — Et moi donc ! répondit Octave. — Toi ! tu as l'air soucieux comme un des Japonais de mon vieux paravent... Ah çà, est-ce que tu penserais encore à ton M. de Rennefeuille ? Tu as eu le temps de faire toutes réflexions possibles à cet égard, il me semble. — Casimir, on ne tue pas un homme comme on avale un verre d'eau. — Ta pensée est généreuse et philanthropique, bien que rendue un peu trivialement ; mais, mon cher, pour me servir du même langage que toi, ne sais-tu pas que la sagesse des nations dit : qu'il vaut beaucoup mieux occire le diable, que d'être occis par lui ? » Et la sagesse des nations a terriblement raison... Et puis, au fait, ton Rennefeuille était un drôle... — Il a payé cher son imprudence... — Dis donc son lâche attentat... — Casimir ! il est mort ! — C'est juste !... assez sur ce chapitre... Mais je te le répète, je suis disposé à me divertir aujourd'hui... J'ai la tête lourde... je sens que j'ai besoin, pour me remettre en verve et pour pouvoir reporter toute mon attention sur Bichat, de me livrer pieds et poings liés, pendant quelques instants, au caquet amusant et aux lazzi naïfs d'Adrienne... — Pourra-t-elle disposer de son temps ? — Je sais qu'elle doit aller faire une course assez longue et j'irai l'attendre près de la rue Vivienne... Comme elle va être contente quand je lui annoncerai que dimanche enfin, je la mène dîner aux *Vendanges de Bourgogne !*... A propos, pourquoi donc Sara n'en serait-elle pas ? — Y penses-tu ? — Ah ! oui, sa vertu !... Sais-tu qu'elle est parfois très-insipide avec sa vertu, ta Sara ? — Et voilà pourquoi tu trouves Adrienne si divertissante ! — Méchant !... Allons, c'est égal, il est ridicule à toi, qui, sans être positivement beau garçon, n'es pas trop mal, il est excessivement ridicule à toi, homme ardent et à réputation auprès des belles, d'être aussi arriéré avec ta princesse... — Ah ! Casimir, quel terme ! — Ne vas-tu pas te fâcher ?... Ainsi donc, il est dit que tu es devenu amoureux comme un imbécile... et que tu respectes trop ton *amante* pour lui proposer une partie fine ? Ah ! ah ! il est charmant ! — Tu plaisantes... Eh bien, mon ami, moque-toi de moi si tu veux, mais j'ai un pressentiment que cet amour décidera de tout mon avenir... — Quelle bêtise !... Serait-ce réellement du sérieux... par hasard ? — Je le crains. — Tu m'effrayes !... Mais j'ose à peine te faire une nouvelle question : Octave, mon ami, est-ce que tu serais assez fou... hein ?... Je ne sais si je dois lâcher le grand mot... Est-ce que tu serais assez fou... pour épouser ?... Ouf !!! — Peut-être. — Peut-être !... Ah ! mon ami, définitivement tu es malade... il y a phlegmasie... Vite des sangsues, des sangsues ! Veux-tu que je te saigne préalablement... une petite phlébotomie de rien du tout ! — Ecoute, Casimir... — Diable ! je ne perds pas une parole, cela devient trop curieux. — Comme toi je voulais chercher des plaisirs faciles ; comme toi, j'étais léger, inconstant... — Tu as fort mal fait de changer de système. — J'avais d'abord regardé ma liaison avec Sara comme un de ces attachements sans conséquence... ainsi que tu les appelles... — eh ! ce sont les plus agréables. Vois, Adrienne et moi ! nous nous disputons, nous nous chamaillons six fois par semaine... Eh bien ! six fois par semaine nous nous raccommodons... C'est charmant, les raccommodements ! Ah ! par exemple, ça me coûte un peu cher, vu qu'ici le champagne joue un grand rôle... Adrienne l'adore le champagne, et moi j'aime beaucoup le champagne et Adrienne !... — Que j'envie ton insouciance !... mais je fus pris dans mon propre piège... — Ah ! voilà... voilà nos esprits forts !... Je te l'avais toujours prédit que tu te ferais pincer... — Cette femme dont je ne voulais faire qu'une maîtresse me captiva bientôt... bientôt elle s'empara de mon âme tout entière... elle occupa toute ma pensée... peu à peu, elle devint nécessaire à mon existence comme l'air que je respire... et bientôt aussi je m'habituai à espérer en elle la douce com-

pagne qui devait charmer ma vie, me rendre mes travaux plus légers... — C'est tout justement là que je t'arrête... Ignores-tu donc que Sara n'appartient pas au culte dans lequel nous sommes nés ? — Je le sais ! — Oui, mais ce que tu ne connais peut-être pas... c'est toute la force des stupides préjugés religieux qui vous séparent... Les parents de Sara sont juifs, mais juifs jusque dans la moelle des os, juifs à croquer par fanatisme la succulente tartine d'Ezéchiel... Sais-tu ce que c'est, mon ami, que la tartine d'Ezéchiel ?... — Ma foi non. — Peu importe !... Or, selon ces gens-là, l'alliance de Sara avec un *Goï* serait un déshonneur qui rejaillirait sur la famille entière... C'est peut-être incroyable au dix-neuvième siècle, mais ce n'est malheureusement que la vérité !

A ces observations le front d'Octave se rembrunit, puis comme pour chasser des idées pénibles, il s'écria : — J'ai besoin de prendre l'air, sortons !... — Allons donc déjeuner, puis nous flânerons un peu... mais je te préviens que sur les trois ou quatre heures je te quitterai pour aller au-devant d'Adrienne. — A ton aise ! — Dis donc, Octave, une réflexion !... c'est aujourd'hui vendredi... ce soir commence le sabbat ; il est possible que Sara accompagne un peu son amie en allant chez son grand-père, suivant sa coutume. — Le crois-tu ?... répondit vivement Octave, que cette réflexion fit sortir de son apathie. — Pauvre bonhomme, se dit Casimir en brossant son chapeau... il me fait pitié ; voilà à peu près comme j'étais dans les commencements, avec ma première passion ; comme tout cela s'est calmé !... Enfin, je ne veux pas le désillusionner, cela viendra assez promptement. En attendant, il m'est passé par la tête une idée précieuse que je ne prétends pas abandonner. Octave, te sens-tu en appétit ? — Comme à l'ordinaire. — Ecoute... Nos affaires nous appellent tantôt rue Vivienne, je suis d'avis d'aller nous établir tout auprès... Allons déjeuner chez Grignon. — Mais, mon cher, Grignon est exorbitamment cher ! — Oublies-tu que nous avons là les quatre cents francs de mon mois et du tien qui sont encore au grand complet ? — Crains-tu qu'ils ne durent trop longtemps ?.. ne seras-tu donc jamais raisonnable ? — Tu me diras cela en route... Mais, du reste, j'ai un projet qui rendra notre déjeuner excessivement économique... — Oui, je connais tes économies... — Tu verras... Voyons, prends ton chapeau et partons.

Et Casimir, qui avait toujours raison avec Octave, l'entraîna. Bientôt ils eurent remonté la rue de l'Ecole-de-Médecine, traversé le pont des Arts et le Louvre, et gagné le Palais-Royal. Comme ils débouchaient par le passage du Perron, une altercation assez vive, et qui avait déjà attiré quelques oisifs, venait de s'élever entre le marchand de perroquets dont les volières font face au magasin de Corcelet, et un individu d'une tournure assez originale qui portait à la main une cage qui renfermait quelques serins. Le porteur de cette cage paraissait plaider chaudement la cause de ses oiseaux, tandis que le marchand oiseleur de son côté semblait les déprécier de tout son pouvoir : ce qui indiquait évidemment chez le premier, le désir de vendre, et chez l'autre, le désir d'acheter le meilleur marché possible. Il y avait cependant chez le premier un sang-froid philosophique et une teinte d'ironie méphistophélique qui contrastaient parfaitement avec l'agitation et la turbulence toute mercantile du second. — Voyons ce que c'est, dit Casimir, nous aurons peut-être la représentation de quelque scène **populaire** originale. Si notre pauvre journal des *Grisettes* vivait encore, il y aurait probablement quelques bons articles d'observations à glaner ici.

Mais pendant le temps qu'ils employèrent pour arriver près de la boutique du marchand d'oiseaux, la foule s'était déjà accrue et ils eurent de la peine à approcher. — Je ne sais de quoi il s'agit, leur dit un flâneur qui faisait cercle... mais écoutez... je crois que c'est l'un des perroquets du marchand qui vient d'adresser à un passant une apostrophe dont celui-ci s'est fâché... — Non, dit un autre, c'est le singe que vous voyez grimpé sur cette porte qui a rompu sa chaîne et enlevé la perruque d'un vieux monsieur... il paraît que c'est un pair de France... tenez, voyez !...

Tandis que Casimir, le cou tendu, se dressait sur la pointe des pieds en essayant de distinguer quelque chose, l'homme qui lui avait raconté l'histoire prétendue de la perruque glissait imperceptiblement sa main dans la poche de l'étudiant et tentait d'y enlever un très-beau foulard qui s'y trouvait... Casimir n'était cependant pas tellement attentif à la discussion qui avait lieu au milieu du groupe qu'il ne s'aperçût de la légère secousse donnée à son habit... Il se retourna et vit l'intention non équivoque du voisin... Un vigoureux coup de rotin traça horizontalement une ligne bleue et rouge sur la figure de l'explorateur qui poussa un cri à demi étouffé et s'enfuit avec la rapidité d'un oiseau de proie auquel le plomb du chasseur vient d'enlever quelques plumes ; et la foule, quittant subitement les disputeurs, se rua du côté du visiteur de poches, en criant : « Au voleur !... à la garde ! » et le poursuivit à travers le jardin et les galeries... L'oiseleur et son interlocuteur se trouvèrent tout à fait dégagés et Octave s'écria : — Mais, dis donc, Casimir... vois cette figure... que le diable m'emporte si ce n'est pas là un de nos anciens camarades de collège ! — Bah ! quelle apparence ! att-nds donc... mais non... je me rappelle... cet homme ressemble comme deux gouttes d'eau à cet honnête et bourru journaliste qui, le jour de la première représentation de ma boulette...— Je l'affirme, moi, que c'est l'un et l'autre. — Pas possible ! — Tiens, je vais retrouver son nom... J'y suis !... oui, c'est Jossu... j'en suis sûr ! — Tu as parbleu raison, mais comment se trouve-t-il là... en pareil équipage ?... Il est vrai que c'est un drôle de corps... — Ma foi, je veux en avoir le cœur net.

Et il lui frappa sur l'épaule. L'homme aux serins se retourna gravement — Est-ce que monsieur voudrait acheter mes serins? dit-il à l'interrupteur. — Est-ce que monsieur Jossu ne reconnaît pas ses anciens camarades de collège, Octave et Casimir? — Octave Commerci et Casimir Leblond ! parfaitement !... mais comment se fait-il qu'eux, aient pu me reconnaître? — Parbleu, tu n'as pas encore changé de figure !... — C'est vrai... mais j'ai changé d'habit !... — Qu'importe ! — Ah ! qu'importe !... Vous ne savez donc pas l'incommensurable distance qui sépare un castor superfin d'une mauvaise casquette de feutre... l'habit de Louviers de la veste de ratine... la botte de Sakoski des souliers de hasard achetés au quai de Gèvres ?... vous ne savez donc pas... — Nous savons que tu as toujours été un original fieffé... mais du reste un excellent garçon... Veux-tu venir déjeuner avec nous?... — Mes amis, vous êtes dans une mauvaise route... vous faites de la philosophie pratique, vous reconnaissez un ancien camarade sur lequel le vent de l'adversité a soufflé... vous n'avez pas le sens commun. — Acceptes-tu notre proposition?... — Pour la rareté du fait... oui ! — Eh bien! finis ton affaire, si tu en as une à finir avec cet homme, et viens... — Je n'ai plus rien à démêler avec lui... c'est un vandale! — J'ajouterai dix francs à ce que je vous ai offert, dit alors le marchand. — Je vous ai dit mon mot, je n'en démordrai pas.— De quoi s'agit-il donc? demanda Octave. — Ce sont ces oiseaux que je veux vendre, répondit le porteur de serins, dont cet homme m'offre à peine la moitié de la valeur... j'ai passé trois mois à leur donner une éducation qui ferait pâlir celle de certains ministres de l'instruction publique... j'en ai fait des sujets étonnants... eh bien! je ne puis trouver vingt francs de la paire... O dix-neuvième siècle... siècle de barbarie ! siècle du ventru et des truffes, où l'on prise vingt fois plus une poularde du Mans qu'un serin savant!... siècle ingrat! qu'as-tu fait de l'immense héritage que t'ont légué les illustres philosophes qui ont immortalisé ton prédécesseur!... mais la postérité t'attend!... elle te jugera... O mes serins, consolez-vous!

Et le condisciple de nos étudiants témoignait avec tant de chaleur et de verve son indignation contre les temps présents, que la foule menaçait de nouveau les trois jeunes gens d'un second attroupement. Casimir entraîna son humoriste camarade dont les amères déclamations n'étaient pas trop déplacées en l'an de grâce 1827, surtout dans un quartier presque entièrement peuplé de filles, de filous, de badauds et surtout de ministériels qui venaient chaque matin puiser chez Corcelet les inspirations féodales qu'ils allaient, après quelques heures d'une digestion pénible, développer patriotiquement à la Chambre des députés sous la férule du négrier Villèle. — Mais enfin, où me conduisez-vous? dit-il à ses deux amis. — Chez Grignon. — Y songez-vous? avec mon accoutrement... je vous ferais honte !... — Laisse donc ! — Je n'y consentirai pas... Tenez, entrons ici... chez ce marchand de vin... il y a des cabinets... nous pourrons y déjeuner... Autre part, avec ma cage, je ferais peut-être évènement, et pour vous... — Mais nous serons mal servis. — Soyez tranquilles ! ce marchand de vin est un homme extrêmement obligeant... c'est un Bourguignon, un de nos compatriotes... un homme charmant, ma foi!... qui m'a connu dans une situation plus prospère... je lui ai même rendu quelques légers services... Hier le hasard m'a fait entrer chez lui... il ne me reconnaissait plus, lui ! et quand il m'a vu dans l'état où je suis, il a mis le plus vif et le plus aimable empressement... à me faire payer d'avance la bouteille de vin et le morceau de pain et de fromage que je demandais...— N'entrons pas !... — Si fait! au contraire, j'aime les oppositions moi... vous allez voir.

Les trois amis s'attablèrent dans un cabinet particulier, et le marchand leur fit mille politesses, il daigna même adresser un sourire très-gracieux à M. Jossu, il porta l'attention jusqu'à remplacer par une nappe blanche la nappe crasseuse et envinée qui couvrait depuis trois semaines une table dont elle cachait le grossier assemblage, et il ne demanda rien d'avance; car Octave et Casimir avaient l'aplomb que donne une bourse bien garnie, ils avaient chacun un habit de superbe drap noir, des bottes parfaitement cirées, et de ces admirables chapeaux de soie qui sont imperméables... par le beau temps, et même par le mauvais, si l'on a la précaution de se munir d'un parapluie ou d'une voiture. Ils se firent d'abord apporter, pour s'ouvrir l'appetit, deux bouteilles de très-bon vin de Chablis, qui, au dire du marchand, était au moins de la bonne année de 1819. Puis ils envoyèrent chez Corcelet la note d'un menu qui aurait fait le plus grand honneur aux connaissances et à l'expérience gastronomiques de cet excellent député qui a justement emporté dans sa retraite le titre glorieux de *restaurateur de la monarchie;* et quand tout cela, qui ne se montait guère, avec les vins fins et les liqueurs, qu'à quatre-vingts francs, fut arrivé, nos trois amis s'en donnèrent à cœur joie; seulement Octave grondait à chaque apparition d'un mets nouveau, mais Casimir ne cessait de lui répéter : — Sois tranquille, je m'arrangerai de manière que notre déjeuner ne nous coûte rien... Tu verras tout à l'heure que c'est une économie de venir déjeuner au Palais-Royal.

Et ils se remettaient à festoyer de plus belle, s'interrompant néanmoins quelquefois pour se rappeler une folie de collège, un enfantillage de leurs premiers ans, toutes choses remplies d'un charme infini, lorsqu'on peut se le redire entre un verre de volnay et une tranche de pâté de Périgueux. Et quand le dessert eut disparu, Casimir pria ses amis de l'attendre un instant en lisant les journaux que le marchand de vin avait eu la complaisance de leur envoyer chercher au cabinet de lecture de la tente. Puis il partit sans vouloir dire à Octave, qui se défiait toujours un peu de sa légèreté, le motif de son absence. Il se contenta de lui répéter : — Je t'ai promis un déjeuner qui ne nous coûterait rien... je vais me mettre en mesure de te tenir parole... je serai de retour dans un quart d'heure.

Une demi-heure s'était écoulée et Casimir ne paraissait pas: cependant il finit par arriver : vouloir peindre le jeu de sa physionomie, la mobile contraction de ses muscles faciaux, lorsqu'il entra, serait peine inutile : il jeta son chapeau sur la table, n'adressa pas un mot à ses amis, s'assit, se croisa les jambes et se mit à siffler en regardant le plafond d'un air si grotesquement furieux, que le marchand de serins en perdit son sang-froid habituel et partit d'un éclat de rire. — Nous expliqueras-tu, lui dit enfin Octave, la cause de la méditation extraordinaire où tu parais plongé? Casimir ne souffla pas un mot... Néanmoins, au bout de quelques secondes, un profond soupir s'échappa de sa poitrine avec ces mots... une martingale infaillible!—Malheureux, dit Octave... tu as joué... et perdu... — Tout juste... j'ai perdu... tout! jusqu'à l'argent du déjeuner.

Le marchand de serins saisit sa cage et dégringola vivement le long de l'escalier. — Qu'allons-nous devenir? ajouta Octave, — Casimir ne répondit rien et frappa un grand coup sur la table. Le marchand de vin se présenta un papier à la main. — Ces messieurs demandent la carte? — Non, tout à l'heure ! C'est que j'ai cru... et il descendit en jetant sur eux un regard soupçonneux. — Cependant nous ne pouvons pas rester ici en nantissement! reprit Octave.—Et Jossu qui déblatérait contre l'esprit du siècle... l'as-tu vu s'envoler avec ses serins? — Je n'y ai pas fait attention! — Un second coup frappé avec violence sur la table annonça néanmoins que le procédé avait piqué Casimir.

Cette fois ce fut la tête de M. Jossu qui se fit voir à la porte. — Eh bien ! que faites-vous là? leur dit-il. — J'attends, dit Octave, que Casimir me démontre comme quoi nous avons déjeuné gratis. — Maudite série! s'écria Casimir en se levant et en se frappant le front.—Mais la démonstration est toute faite, reprit Jossu... tenez! — Notre carte acquittée! Mais comment se fait-il?... — Ne vous ai-je pas dit que notre marchand de vin était l'homme le plus accommodant du monde!... Allons, venez!

Et ils descendirent tous les trois. En passant devant le comptoir, Jossu reçut une vive accolade du marchand de vin qui n'accorda pas même un regard à ceux qu'un instant avant il avait comblés de prévenances. Et, lorsqu'ils furent dans la rue, Casimir avoua qu'ayant, toute la nuit précédente, rêvé d'une martingale qui lui parut délicieuse, il avait eu l'excellente idée d'en faire l'essai dès le matin même, bien persuadé qu'en un tour de main, il gagnerait au moins la dépense du déjeuner projeté, et que c'était pour réaliser ce beau projet qu'il s'était absenté un instant, et qu'il avait couru au n° 9, où les quatre cents francs de la communauté avaient fui sous l'implacable râteau de MM. les hérauts d'armes du tapis vert. — Voilà comme mon argent s'en est allé, ajouta Casimir; mais comment t'en est-il venu, à toi, Jossu? — Et mes serins!... Je me suis exécuté!... L'Arabe a profité de l'occasion. — Et moi qui t'invitais ce matin à déjeuner, avec un air de protection! — Cela t'étonne... J'en ai bien vu d'autres, moi! Tiens, entrons dans cet estaminet... nous n'y trouverons pas des consommateurs aussi élégants que chez Lamblin ou chez Corraza, mais on y fait d'aussi bon café; et puis, je te dirai par quelle filière d'événements, de fabricant d'articles de journaux je suis arrivé à enseigner à des serins à siffler : *Ah! vous dirai-je, maman,* ou : *Cocu, cocu, mon père!* et tu conviendras que ton aventure d'aujourd'hui n'est que de la Saint-Jean à côté de toutes les miennes.

Et le marchand de serins raconta son histoire, l'histoire d'un jeune jacobin de 1827.

XII. — HISTOIRE D'UN JACOBIN DE 1827.

. . . D'abord, il était roturier, fils, petit-fils et arrière-petit-fils de roturier; autrement, il n'aurait pu jamais faire un jacobin. Sa roture se perdait dans la nuit des temps : il aurait pu compter plus de quartiers de roture que les dix familles les plus anciennes de France n'auraient réuni de quartiers de noblesse, avec toutes leurs généalogies entassées les unes sur les autres. Son père, qui n'avait pas le moindre intérêt à la restauration du trône et de l'autel, n'en était pas moins un zélé congréganiste, car il y a eu des congrégations en tout temps, et un ardent royaliste, quoiqu'il n'y eût plus de rois à l'époque où commença son royalisme. Notre héros fut donc élevé dans la vénération de Dieu, des rois légitimes et des jésuites, chez lesquels on l'eût envoyé étudier en Espagne, s'il eût été possible d'obtenir une bourse dans quelqu'un de leurs séminaires; mais, à cette époque aussi, presque tous les couvents de la Péninsule avaient été convertis en casernes par les chefs de ces bandits qui, plus tard, furent connus sous le nom de *brigands de la Loire,* et qui taillaient alors de rudes croupières à la légitimité d'un roi imbécile, d'une reine débauchée, et d'un favori qui n'avait d'autre mérite que la carrure de ses épaules et le talent particulier avec lequel il caressait de temps à autre, à vigoureux coups de cravache, l'échine royale de la chaste épouse de son auguste maître, le tout en reconnaissance des richesses et des faveurs dont elle le comblait. Or, le père de notre jeune jacobin, ne pouvant l'expédier aux jésuites, eut l'imprudence, au lieu de le laisser dans une crasse et sainte ignorance, de l'envoyer au collège du département, à l'époque où M. Buonaparte remplaça par des tambours les cloches des écoles centrales, et fit, en outre, beaucoup d'autres choses très-remarquables, comme, par exemple, des levées de trois cent mille conscrits qui ne pesaient pas une once; des batailles où il restait soixante mille hommes sur le carreau, ce qui lui faisait très-judicieusement observer, le soir, que, ce jour-là, la *consommation* avait été très-forte; des princes, des rois et des empires, qu'il montait ou démontait à son bon plaisir, ni plus ni moins que des horloges de bois; ce qui ne laissait pas que de présenter, politiquement parlant, un coup d'œil des plus pittoresques.

Nous disons donc que c'est alors que Jossu commença ses humanités. Plus d'une fois il creva la caisse qui annonçait aux bambins l'heure ... de l'entrée dans les classes, ou celle de se ruer dans les c... ... us d'une fois, il glissa dans le tiroir de la chaire de son professeur de troisième, pédagogue dévot, ignare et poltron, des lézards vivants qui causaient à celui-ci des frayeurs mortelles, et qui avaient, en outre, l'avantage d'interrompre l'étude pendant une heure. Ou bien, la nuit, il sortait furtivement du dortoir, et s'insinuait dans le jardin, pour, à l'aide d'une bêche, couper, à quelques pouces sous terre, tout un carré de choux; et, comme la chose était faite avec précaution, il était merveilleux de voir tous ces carrés choux jaunir et dessécher sur pied, sans que l'on pût en deviner la cause; ce qui faisait dire au jardinier que, bien sûrement, quelque loup-garou s'était vautré à travers et les avait maléficiés, il courait vite alors arroser d'eau bénite ces malheureux légumes, qui n'en jaunissaient que davantage, comme on peut bien l'imaginer. Et, comme ces événements faisaient du bruit, et que leur auteur finissait par être connu, chacun disait dans la ville : «Mais est-il gentil !... est-il espiègle !...» Et ce fut bien pis lorsqu'il eut un peu grandi ; il ne se passait pas de semaine qu'il ne fit du tapage ou spectacle, qu'il ne cassât les sonnettes et les vitres des bons bourgeois; et un matin que le commissaire de la ville le somma d'être plus raisonnable, il grisa ledit commissaire, et ensuite paya un portefaix pour le promener dans une brouette, par les rues, comme une bête curieuse, et toutes les femmes se mirent à raffoler de lui en le proclamant le plus aimable mauvais sujet de l'endroit. Et lorsqu'il eut fini ses études, son respectable père lui insinua tout doucement que ce qu'il pouvait faire de mieux, vu la dureté des temps, était de se mettre

dans les ordres; mais lui, en fils respectueux et soumis, répondit à son père qu'il ne se trouvait pas la moindre vocation pour la tonsure, le célibat et les oraisons à saint Pancrace, saint Policarpe, sainte Marie à la Coque, etc.; qu'au contraire il se sentait d'excellentes dispositions à manier une cravache, un briquet ou une colichemarde, bien mieux qu'un scapulaire ou un goupillon. Et son père lui glissa à l'oreille qu'il n'était qu'un sot, et qu'il connaissait, lui, plus d'un congréganiste qui, à l'heure où tous les chats sont gris, jetait le froc aux orties, courait les filles, et s'ébaudissait ni plus ni moins qu'un constitutionnel, un libéral ou un jacobin, car tout cela ne fait qu'un. Mais notre héros était né jacobin et non jésuite. Impossible à lui de se tartufier, de se coiffer du bonnet carré de l'hypocrisie ; il s'imagina qu'on pouvait faire son chemin autrement, et il eut tort. Il se mit donc d'abord à jouer du Lovelace, il séduisit la fille d'un limonadier, qui tenait le comptoir de M. son père, et qui n'avait déjà guère été séduite que par trois clercs de procureur, deux officiers de chasseurs, et un maréchal des logis des carabiniers royaux. Et comme le fils du receveur général de l'endroit avait jeté un coup d'œil de convoitise sur la jeune personne, et qu'il se trouvait très-mortifié d'avoir été évincé par un simple particulier, il se permit de prendre, avec notre ami, des airs aristocratiques qui ne lui allaient pas du tout, vu que M. son père avait été tout simplement, dans l'origine, un honnête marchand de peaux de lapins, ce qui n'est pas déshonorant, mais ne doit pas autoriser un fils à faire l'impertinent, le féodal, ou l'homme à seize quartiers, toutes choses qui reviennent au même. Et de tout cela, il s'ensuivit un duel au sabre, à cheval, que tous les flâneurs de la ville honorèrent de leur présence, et dans lequel le fils du congréganiste abattit une oreille au fils du receveur général ci-devant marchand de peaux de lapins, qui ne fut pas tenté de demander sa revanche. Et alors tout le pays s'écria : — Vraiment il est aussi brave qu'aimable! il ne peut manquer d'aller loin!

Vox populi vox Dei!

Et sa réputation s'accrut tellement, qu'il fut invité au bal que l'on donnait à la préfecture à l'occasion de la Saint-Louis, vu que, depuis quelques années, la Saint-Napoléon avait cédé la place; et à ce bal il déploya avec tant d'habileté toutes les grâces que lui avait données, à raison de quatre sous le cachet, M. Rigobert, son maître de danse, que madame la préfète ne voulut plus danser qu'avec lui. Et toute la nuit il ne la quitta pas d'un instant, lui fit prendre des sirops, de l'orangeade et beaucoup d'autres choses dont il ne lui fut pas refusé une seule; après quoi il s'en alla, de la manière la plus amicale, faire entendre à M. le préfet qu'il n'était qu'un *sot,* ce qui était devenu incontestable pendant la nuit du bal de la Saint-Louis. Et M. le préfet, qui était un homme infiniment perspicace, se douta qu'il y avait quelque chose là-dessous. Il confia sa perplexité à son secrétaire intime, qui, furieux de se voir supplanté par un homme qui n'était pas même surnuméraire dans un bureau de loterie, démontra clair comme le jour à M. le préfet que tout le monde se moquait de lui, qu'il était réellement aussi sot qu'on le lui avait dit, et cela *coram populo.* Pour lors, M. le préfet entra en grande rancune contre le partenaire de madame, et il lui fit signifier que s'il approchait à cent pas de sa préfecture, il lui ferait manger le gras des jambes par deux gros chiens de Terre-Neuve qui gardaient sa bicoque. Et ne pouvant plus approximer madame la préfète, il se fit recevoir franc-maçon pour tuer le temps, et surtout pour voir la lumière que lui avaient promise les fils d'Hiram; et il ne vit rien du tout, si ce n'est des gens affublés de hochets et de rubans comme des histrions, gesticulant, braillant, buvant, mangeant et se rassemblant deux fois par mois, pour discuter si deux et deux font quatre. Et quand on lui eut fait prononcer d'un solstice à l'autre une foule de mots barbares tels que *Jakin, Tubalkin, Booz, Schibolleth, Giblim,* qui forment à peu près tout l'arsenal de la franc-maçonnerie, il s'en alla, en traitant ses nouveaux frères de faquins et en leur disant tout bonnement que leur diplôme n'était qu'un brevet de dupe et d'oison. Et les francs-maçons s'en moquèrent, et n'en continuèrent pas moins à se pavaner avec de beaux cordons bleus, rouges et noirs, à appeler *très-illustre frère* le cordonnier ou le savetier du coin, à parler sans cesse d'égalité, tout en singeant niaisement les aristocrates du monde profane, à se griser au moins deux fois par an, c'est-à-dire à la Saint-Jean d'hiver et à la Saint-Jean d'été, à lâcher des cuirs en haranguant le fils de la veuve, à voter les batteries par trois, par cinq, par sept, à porter des santés, à faire la voûte d'acier pour le vénérable et les deux surveillants, à se mettre la tête dans une table percée pour contrefaire la tête coupée de saint Jean-Baptiste, à faire exécuter les trois voyages, à brûler force lycopodium au nez du pauvre néophyte et à continuer de débiter comme des perroquets les mots *Jakin, Tubalkin, Boolz, Schibolleth, Mak-benak, Giblim*, ce qui les divertissait extrêmement. Mais quelques troubles politiques agitaient alors la France; le lâche Kotzebue était tombé sous les coups de l'étudiant Sand, et à l'exemple des jeunes illuminés d'Allemagne, la France se couvrit d'associations secrètes dont le but apparent était de forcer le gouvernement à suivre une marche plus franchement représentative; et comme à Naples et au Piémont, il n'y eut bientôt plus en France une seule petite ville qui n'eût ses *charbonniers*, s'occupant, à l'exemple des *Burschen* d'Iéna et de Gœttingue, à régénérer la face politique de l'univers. — Oh! oh! se dit alors notre jeune jacobin... voilà qui est superbe... à la bonne heure!... cela promet! si ces pitoyables francs-maçons m'avaient au moins offert un semblable aliment de nationalité et de patriotisme! Et il se fit recevoir *charbonnier*.

On l'admit donc dans une *vente*; toujours des signes, des grimaces, des jongleries, de ridicules cérémonies, comme dans les loges; en outre, il y avait cet avantage dans les ventes, c'est qu'ouvertes à tout venant, elles étaient pleines de mouchards. Et il y eut un monsieur qui fit un beau discours qui dura trois heures et dans lequel il promit que le respectable la Fayette viendrait bientôt prendre le commandement de l'armée de la coalition, et surtout que MM. Laffitte et Casimir Perrier videraient leurs coffres dans les caisses des vaillants carbonari, ce qui était faux de toute fausseté. — Bravo, dit Jossu, car l'argent est le nerf de la guerre.

Et on adressa une allocution brillante au récipiendaire, pour lui démontrer que les choses ne pouvaient pas rester comme elles étaient; qu'on avait des dépôts d'armes cachées; que la France allait se fédéraliser; que les places et les emplois seraient pour les frères et amis, et que les jeunes charbonniers, doués de quelque talent, ne pouvaient manquer de faire un chemin rapide dans la route des honneurs.

— Ce qui ne me sera pas mal vu du tout, répliqua Jossu, jetant un coup d'œil ironique sur les murs enfumés du sale cabaret dans lequel se tenait la *vente*.

Et l'on fit une collecte. — Toujours de l'argent! s'écria Jossu. — C'est pour jeter dans la caisse de l'ordre, c'est pour les besoins de la société. — Diable! diable! toutes les sociétés du monde ont toujours besoin d'argent.

Mais les *moutons*, lâchés par la police, suivaient tranquillement le fil de la fameuse conspiration, qui était, pour tout le monde, le secret de polichinelle. On dressa des listes de suspects, et Jossu fut dénoncé dans sa petite ville, au parquet du procureur du roi, comme coupable de ne pas aller entendre régulièrement la messe de midi, à laquelle les autorités constituées assistaient le dimanche; de ne pas ôter son chapeau à M. le maire qu'il ne connaissait pas; d'avoir bu du punch avec un officier de l'ex-garde; de ne s'être pas montré au spectacle un jour que l'on donnait *la Partie de chasse* du bon M. Collé; d'avoir souscrit aux *Chansons* de Béranger; d'avoir ri en voyant planter la croix de la mission; de s'être moqué des coteries du bal de l'hôtel de ville; de s'être fait recevoir franc-maçon; d'avoir insinué que M. le préfet était une ganache et M. le grand vicaire un tartufe; enfin, de faire partie de ces infâmes et monstrueux carbonari.

Et Jossu se dit: — Fuyons les ridicules caquets de province; allons à Paris, c'est là qu'est le foyer des lumières, des arts et du vrai républicanisme. Il s'embarque donc sur la galiote qui descendait à Paris des briques, des nourrices, du raisiné et de l'ocre. Mais l'imprudent Berton avait été arrêté et avait payé de sa vie le triste résultat de son entreprise hasardée; Caron venait d'être fusillé, et Marchangy, dans un vigoureux et savant rapport sur le carbonarisme, dont la police possédait toutes les ramifications, avait porté une atteinte terrible à cet esprit d'association politique. Le général la Fayette, au lieu de venir se mettre à la tête des insurgés, était resté tranquillement dans sa maison de campagne. MM. Casimir Perrier et Laffitte gardaient leur argent, et les fournisseurs, les armes qu'ils devaient fournir; car tous ces gens-là, dont quelques fourbes obscurs avaient mis les noms en avant, ne s'étaient engagés en rien. C'en était fait du carbonarisme, et Jossu, irrité de tant de mauvaise foi et de lâcheté politique, débarqua tout juste à Paris pour voir tomber sur la place de Grève les têtes des quatre sous-officiers de la Rochelle! Il se prit à réfléchir alors et se dit: — Puisque je ne peux plus être carbonaro, puisque je ne puis obtenir la moindre place de secrétaire intime d'un préfet, de greffier d'une justice de paix, de sous-inspecteur des haras, de commis à pied des droits réunis, et même de surnuméraire dans l'administration des télégraphes, si je me faisais journaliste! c'est dans le publicisme que s'est réfugié le peu d'indépendance qui nous reste... O lumineuse idée! Dès le lendemain de son arrivée, il fit un article politique soigné, très-soigné,

qu'il alla porter tout de suite au bureau d'une feuille en grande réputation, en annonçant qu'il ne voulait aucune rétribution, vu qu'il avait largement de quoi vivre; et il avait menti, car il lui restait à peine de quoi dîner. Il fut pendant un an surnuméraire, et comme le public et le caissier du journal goûtaient fort ses articles, les propriétaires de la feuille lui offrirent quarante-cinq francs par mois, à condition qu'il ferait le journal tout seul, tandis que ces messieurs iraient toute la journée boire du champagne, visiter les jolies actrices et faire des parties fines à Sèvres ou à Auteuil. Et quand il demandait de l'augmentation, on lui disait : Mon cher, attendez! attendez! Un beau jour qu'il s'était mis dans la tête de sortir de l'état marasmatique où le plongeait son servage à quarante-cinq francs, il décocha un virulent factum contre les hommes et les choses du moment, dans lequel il s'admirait, car il était tant soit peu fat. Et de fait, cet article était très-bien : aussi, reçut-il les félicitations des propriétaires du journal, qui eurent l'extrême condescendance de lui donner une poignée de main, et la générosité de lui verser un verre d'eau fraîche, car ce jour-là il faisait une chaleur accablante. L'article fit du bruit, et ses collaborateurs, à la paresse desquels sa plume expéditive faisait honte, crevèrent de dépit, se coalisèrent contre lui et lui jouèrent plusieurs mauvais tours. Et il leur donna des soufflets; alors ils se turent cois!... c'est un moyen tout comme un autre, et souvent même le plus sûr pour se tirer d'affaire. Mais voilà-t-il pas que M. le garde des sceaux de ce temps-là, un grand bel homme qui avait été un crâne dans son temps, et qui n'avait pas l'humeur endurante, s'avisa de lancer *ex abrupto* une belle circulaire pour réchauffer la verve de tous les apprentis procureurs du roi qui, depuis six mois, n'avaient pas trouvé l'occasion de forger le moindre pauvre petit réquisitoire. Le rédacteur en chef du journal de notre illustre faiseur d'articles fut assigné à comparoir devant la sixième chambre à cette fin de répondre à l'accusation d'attentat à la légitimité et au respect dû à la chose publique, ainsi qu'à plusieurs autres petites accusations de petits attentats contre les classes, des corporations, des congrégations, etc., etc. Le rédacteur en chef ne se souciait pas d'aller en prison: notre héros se dévoua: il se déclara l'auteur de l'article incriminé. Et les journaux le signalèrent comme l'un des plus fermes soutiens des libertés publiques, comme une des plus belles espérances de la jeune littérature, et deux banquiers, chers au parti des milliges et fameux partisans de l'indépendance *monétaire*, lui promirent leur appui; ce qui le rassura tellement que jusqu'au jour de son jugement il dormit sur ses deux oreilles, sans songer autrement à son affaire. Mais le tribunal ayant considéré que l'article à lui dénoncé contenait outrage sur outrage à tout ce que la société a de plus respectable, comme, par exemple, les privilèges, les monopoles, les dilapidations ministérielles, les intrigues et les invasions ultramontaines, le rétablissement des cloîtres, des capucinières et du droit d'aînesse, les fraudes électorales et les rigueurs salutaires, et bien d'autres choses, dont certaines gens ont fait une arche sainte, devant laquelle il faut se courber sous peine d'anathème et de prison, le tribunal, disons-nous, ayant considéré la masse d'iniquités et de jacobinisme renfermée dans ledit article incriminé, en condamna l'auteur en trois mois d'emprisonnement et cinq cents francs d'amende; et Jossu s'écria : O liberté!

Mais en revanche, c'est pour le coup qu'il se crut un grand homme! c'est alors qu'il se crut digne de prendre place parmi nos illustres, parmi les victimes de cette ridicule persécution suscitée contre les infortunés gens de lettres! Et comme il était dans un moment d'enthousiasme, il se hâta de se constituer prisonnier, puis il fit tranquillement à l'ombre des palmes du martyre ses trois mois de Sainte-Pélagie. Et pendant tout ce temps, il fit des réflexions étonnantes; il écrivit des pages qui laissaient bien loin derrière lui Machiavel, Beccaria et Montesquieu : c'était, ma foi, bien autre chose que l'article qui l'avait conduit entre ses quatre murs bardés de fer et constamment surveillés par des soldats qui, depuis bien des années, n'avaient pas de plus noble occupation. Mais il arriva enfin ce jour heureux! ce jour après lequel il n'avait cessé de soupirer dès l'instant où s'était refermée sur lui la lourde porte qui l'avait séquestré du monde entier!... Il put voir un arbre, palper une fleur, courir sur un grand chemin, respirer à son aise le souffle du soir qui lui arrivait pur, dégagé des miasmes fétides dont était imprégné l'air épais de son cachot; enfin il fut libre! libre!

Remis des premières et vives émotions qu'il avait ressenties en se voyant maître de lui sur le pavé du roi, il songea que l'instant était arrivé où il allait recueillir le fruit de ses longues souffrances, de ses travaux et de son dévouement; oh! comme son cœur battait à cette délicieuse pensée! Et il courut aussitôt au bureau de son journal, croyant que chacun allait se pâmer d'aise à sa vue : c'était encore une de ses erreurs. Les propriétaires de son ex-feuille le reçurent, il est vrai, poliment, mais ils lui firent entendre que son style trop âpre, trop énergique pour des temps blasés et déchus, pourrait compromettre l'existence de leur propriété, etc. Il voulut crier à l'injustice, mais ces braves gens lui prouvèrent par $A+B\times D$ que l'ingratitude était de son côté. Il voulut répliquer, mais ses plats collaborateurs lui tirèrent la langue et lui rirent au nez ; mais comme il les méprisait, il se contenta cette fois de les toiser avec la dignité d'un bedeau qui met un chien à la porte d'une église, et il se retira.

En sortant de la baraque littéraire, il était si fort en colère qu'il ne s'aperçut pas qu'il avait marché deux grandes heures pour parcourir à peu près vingt-cinq toises de chemin ; pourtant, son sang-froid et sa philosophie ayant repris le dessus, il vit qu'il se trouvait en face de l'hôtel de l'un des banquiers libéraux qui lui avaient fait de belles offres, et qui se prétendaient les soutiens de leurs frères d'opinion qui se trouvaient dans le cas de notre littérateur, et il crut qu'il n'avait qu'à se présenter à leur caisse pour escompter ses infortunes contre quelques napoléons dont leurs caisses regorgeaient. Mais au bout d'une demi-heure, il demeura convaincu que ces braves défenseurs des libertés publiques n'étaient prodigues que de leur éloquence à la tribune ; qu'ils tenaient singulièrement à leur or, et qu'ils n'étaient visibles que pour les libéraux qui avaient cent mille livres de rente et ne sortaient pas de prison sans savoir où reposer leur tête courbée sous la main de fer de la nécessité. Là-dessus, il fit un petit volume traitant de la *Tiédeur politique et philanthropique* ; et comme il fallait annoncer cet opuscule pour s'en procurer l'écoulement, il courut dans les bureaux des feuilles de l'opposition où on lui demanda dix francs pour chaque insertion de quatre lignes. Il parvint à vendre trois exemplaires de son ouvrage au prix de un franc vingt-cinq centimes... Il en tomba malade de dépit ; et comme on n'a pas facilement des médecins, des pharmaciens, des gardes-malades, quand on ne possède au monde que trois francs soixante-quinze centimes, il fut obligé de se faire conduire à l'Hôtel-Dieu. Et quand il fut rétabli, il se vit forcé, pour gagner sa vie, de se mettre instructeur et marchand de serins savants, profession qu'un pauvre diable comme lui lui avait enseignée dans sa prison ; encore lui conseilla-t-on de quitter bien vite cette branche d'industrie, pour se mettre à vendre des mauviettes et des ortolans à la porte de la chambre des députés, s'il ne voulait pas retourner avant peu à l'hôpital qu'il venait de quitter. Et comme il comprit l'excellence de l'avis, il courut aussitôt à la préfecture de police pour solliciter son permis et sa médaille de marchand de mauviettes. Mais on la lui refusa tout net, parce que cela ressemblait trop à une satire contre les conseillers de la couronne, parce que d'ailleurs, il était noté comme un révolutionnaire et un jacobin effréné, auquel le gouvernement ne pouvait accorder le moindre emploi ni la moindre faveur, pour quoi il agirait très-prudemment en se retirant à l'instant, si mieux il n'aimait se voir jeter pour trois mois à Bicêtre, comme vagabond et homme sans aveu. Et il prit de nouveau sa course jusqu'à son grenier, afin d'y rassembler ses derniers serins, les vendre, et se procurer une bonne corde neuve pour se pendre, ce qu'il allait exécuter, lorsqu'il rencontra par hasard deux anciens amis de collège qui l'invitèrent à déjeuner, lui firent boire du bordeaux, du xérès et des liqueurs de madame Amphoux. Et quand il fallut payer l'écot, comme ces messieurs les inviteurs avaient oublié leur bourse, il fut obligé de donner tout ce qu'il avait sur lui, tout, sans pouvoir sauver même de quoi acheter une misérable ficelle. Ce qui fit qu'il ne se pendit pas pour l'instant, et continua à être philosophe, instructeur de serins, et pardessus tout jacobin fieffé ; car il était incorrigible. . . . . .

C'était sous la dictée de Jossu, et en savourant la chicorée de l'estaminet, que Casimir prenait les notes qui servirent à coordonner la pitoyable et larmoyante histoire que l'on vient de lire. Puis, quand chacun d'eux, à l'exception d'Octave qui ne fumait jamais, eut gravement consumé son cigare et bu un petit verre de trois-six coupé avec de l'eau clarifiée, ils se séparèrent enchantés de leur rencontre. Jossu qui se sentait en veine, et chez qui le champagne travaillait, s'en fut acheter un pain de douze livres et un fromage de Brie, pour ne pas être obligé de sortir de la semaine ; puis, il se munit de deux mains de papier, de trois plumes et d'un demi-litre d'encre de la *petite vertu*, et fut s'enfermer dans son grenier, où il se mit à écrire une lamentation sur l'état actuel de l'art théâtral en France : si cette élucubration nous tombe un de ces jours entre les mains, nous pourrons bien en dire quelque chose au public. Quant à Casimir et à Octave, force leur fut de gagner tristement

à pied la rue de Paradis, dont leurs montres à répétition connaissaient parfaitement la route. Octave voulut faire des observations, mais Casimir avait promis de mener, le dimanche suivant, Adrienne aux *Vendanges de Bourgogne*, et l'on ne rencontre pas deux fois dans la même semaine un pauvre diable qui paye sans sourciller une dépense de quatre-vingts francs. Mais en route Casimir ne cessait de répéter entre ses dents : — Diable de martingale !... pauvre Jossu !

XIII. — RUE DE PARADIS.

. . . .

Un jour j'avais besoin d'argent, le plus grand besoin ! Il s'agissait de compléter la somme nécessaire à l'acquit d'une lettre de change que j'avais endossée de complaisance pour un ami qui, le lendemain, en avait mangé le montant avec des filles, et se souciait fort peu aujourd'hui de ce que je deviendrais... même par corps ; car voici que je me trouve tout à coup négociant, moi, chétif viveur de phrases et de chapitres, pour avoir, une fois dans ma vie, apposé mon nom derrière un chiffon timbré que je n'ai pas même lu ; il est vrai que la prison ne m'effraye pas ; on peut s'y procurer mille douceurs... Un détenu pour dettes ne manque de rien, ne peut manquer de rien : la chambre haute ne vient-elle pas d'ajouter aux aliments que le détenu reçoit de son créancier, un libéral supplément de *quinze centimes* par jour ! Le moyen, après cela, de se refuser aux bienfaits de la contrainte par corps ! Avec une telle perspective, j'ai bien envie de me laisser appréhender... *quinze centimes !*... ajoutés à *soixante-trois*... en tout *soixante-dix huit !* O magnifiques pairs ! quelle dotation !... on voit bien que vous n'êtes pas contraignables. En attendant, me voilà rue de Paradis dans la cour de l'établissement appelé, par dérision probablement, *Mont-de-Piété*, comme si ce n'était pas assez d'écorcher les gens sans se moquer d'eux ! Pourtant, il est vrai, car il faut être juste, il est vrai de dire que les *boni* appartenant aux hospices, vous avez finalement le droit d'aller manger à l'hôpital les bénéfices énormes que le Mont dit de *Piété* a faits sur vos dernières guenilles... Mais j'y pense... si, au lieu d'aller en prison, j'allais à l'hôpital ! j'ai le choix... Heureuse idée, ma foi !... et j'ai pu me plaindre de la niaiserie qui a présidé à la rédaction de notre contrat social... Impertinent !

J'entre dans la salle des engagements... Oh ! que c'est bien là l'enfer d'Alighieri... Ces figures impassibles de commis vous saisissent... c'est le marbre organisé... Que de monde !... Le commerce va supérieurement... celui du Mont-de-Piété s'entend ! Quelle cohue ! mais du peuple, rien que du peuple ! Pas de grands personnages ; assurément ils ont leurs coffres pleins, des emplois, des sinécures, des indemnités ; du diable s'ils empruntent, ceux-là ! Eh mais ! je crois apercevoir un minois qui ne m'est pas inconnu ! la femme de chambre d'une jeune danseuse de ma connaissance ; c'est, ma foi, un écrin qu'elle tient sous son châle ! Lord N*** n'est donc pas à Paris ! La soubrette veut passer avant une pauvre vieille femme qui vient d'étaler une robe dont on lui offrira trois francs... Mais le numéro d'ordre est là... La vieille passe... Il n'y a pas de privilége ici... C'est déjà quelque chose... Moi, j'ai le temps... observons.

Celui que je vois dans un coin, qui rougit à chaque personne qui entre, et dont il se croit reconnu... c'est un gantier de la rue Saint-Denis... un petit fabricant dont les affaires commencent à s'embrouiller. Le pauvre homme a de l'honneur ; le chiffon caché sous sa redingote enveloppe ses douze couverts et sa grande *poche* d'argent... Il fait ressource de tout... il se dépouillera de son dernier vêtement pour faire face à l'orage... Mais le discrédit marche plus vite que lui... Il manquera de quelques heures à ses derniers engagements... Il restera sans un sou !... Oh ! le fripon ! A Sainte-Pélagie, vite ! N'est-ce pas, messieurs les munitionnaires généraux, que ce sera bien fait ? Un sot qui n'a pas le talent de faire vingt banqueroutes les mains pleines !... Quel dommage que l'on ne pende plus ! — Là-bas... un cachemire, des bas sales... un chapeau neuf... une robe fripée... et ce regard effronté... Elle cherche si, parmi ceux qui viennent *dégager*, elle ne trouvera pas un bon enfant qui veuille, derrière la première porte venue, la dispenser de déposer son nantissement... C'est ce qui fait qu'elle a laissé passer son tour... mais personne... Le sentiment n'est pas nerveux au Mont-de-Piété ! — Peut-être que si... car voilà un grand gaillard qui s'approche d'elle... un beau brun, tournure d'amateur ; il lui débite quelques propos galants. La princesse l'a toisé... reconnu sans doute... elle lui répond dédaigneusement... il la persifle...—Un étudiant, dit-elle, fi donc ! Je crois, ma foi, qu'elle va attraper un soufflet pour son exclamation. Mais un second jeune homme vient prendre l'autre par le bras et le tire à part. — Casimir, veux-tu donc encore faire quelque extravagance ? C'est pourtant assez de celle qui nous amène ici. — Et toi, vas-tu donc encore me faire de la morale comme un préposé aux bonnes mœurs des coulisses de l'Académie-Sosthènes (l'Opéra). — Encore mieux vaut qu'une sottise. — C'est vrai... la main me démangeait ! — Une prostituée ! — Allons, c'est bon, c'est bon !... As-tu fini? — Non... tiens, regarde ce pauvre vieux bonhomme en sarrau bleu.... qui dévore ses larmes derrière ce pilier... il me fait de la peine. — Je l'ai déjà remarqué. — Je ne sais pourquoi il m'intéresse ! — Attends, je vais lui demander son affaire ; qui sait si nous ne pourrions pas lui être utiles? En effet, ta dernière équipée nous mettra bien en état de faire les protecteurs !

Au bout de cinq minutes les deux jeunes gens et l'homme, qui essuyait furtivement quelques pleurs, étaient groupés dans un coin. Comme j'avais autant qu'eux le désir de savoir, je m'approchai : l'homme passa le revers de sa main sur ses yeux, fit un gros soupir, et j'entendis.

XIV. — LA MARQUE.

— Je suis d'Argenteuil, dit le vieillard; j'y faisais un petit commerce de vins et d'eau-de-vie en détail : ma femme m'avait donné une fille qui avait été tenue sur les fonts de baptême par une de nos connaissances qui, comme nous, demeure aux portes de Paris, et qui a voulu se charger des frais de nourrice de notre enfant et de la faire élever pendant ses premières années, après quoi elle nous l'a renvoyée et nous l'avons gardée jusqu'à quatorze ans : mais, dans notre état, une jeune fille est bien mal placée; nous désirions trouver moyen de l'en faire sortir, quand notre connaissance vint nous voir un jour et nous dit que, si nous voulions, elle avait une bonne condition pour notre Rosine. Cette proposition faisait si bien notre compte que, sans prendre la moindre information sur la personne chez laquelle notre amie voulait faire entrer Rosine, nous lui dîmes de faire tout ce qu'elle voudrait à cet égard, nous en rapportant entièrement à son amitié pour sa filleule.

Dans le pays où demeure la marraine de notre enfant, il y a, pour adjoint au maire de la commune, qui ne s'occupe que très-peu de son affaire, un homme jouissant d'une cinquantaine de mille livres de rente; cet homme, qui est le fils de pauvres gens, comme nous, a d'abord été garçon limonadier et ensuite gendarme, état au-dessous duquel il était de beaucoup, si l'on ne considère que sa moralité; c'était au commencement de la révolution qu'il portait l'uniforme qui fait encore plus de peur aux honnêtes gens qu'aux coquins; il se trouva que pendant la terreur, il fut chargé d'arrêter une vieille comtesse fort riche et veuve qui demeurait dans les environs; cette dame, à cause de son titre, et sans autre motif, devait être incarcérée, et, certainement, mise à mort. Effrayée du sort qu'elle savait lui être réservé, elle fit à celui qui était chargé de l'arrêter toutes les offres possibles pour qu'il lui sauvât la vie : le gendarme que la cupidité dévorait, et non l'envie de sauver une malheureuse femme, lui persuada qu'il n'existait plus, pour elle, qu'un moyen de salut, c'était de consentir à l'épouser; si la brave dame n'avait eu que vingt ans, elle aurait probablement préféré la prison et la guillotine plutôt que d'épouser un pareil homme, mais elle était vieille, et les vieilles gens tiennent plus à la vie que les jeunes; elle accepta donc la proposition, et, quelque temps après, elle donna sa main au chenapan; autant aurait valu pour elle épouser le bourreau, car le misérable l'accablait d'outrages; aussi ne survécut-elle que peu de temps à son mariage. Elle mourut de chagrin et des suites des mauvais traitements que son mari lui avait fait éprouver. Le gendarme hérita de toute la fortune de sa femme : il acheta une très-belle propriété; sa table était bonne, sa cave bien fournie; on oublia bientôt qu'il avait été garçon limonadier et grippe-jésus; à la Restauration, il fut fait chevalier de Saint-Louis et nommé adjoint au maire de sa commune; on dit même qu'il s'est mis sur les rangs pour la députation. C'est auprès d'une femme avec laquelle il vivait depuis longtemps en concubinage, que notre connaissance, plus zélée que prudente, voulait placer Rosine en qualité de demoiselle de compagnie; la chose eut lieu en effet; ma pauvre enfant était trop jolie pour qu'elle ne convînt pas aux projets et aux habitudes de l'homme qui est la cause de tous nos malheurs; nous ne savions pas que déjà bien des jeunes filles entrées à son service avaient fini misérablement. Quoique âgé de plus de soixante ans, l'ancien gendarme est de mœurs très-dépravées; sous le prétexte de prendre des femmes de chambre pour sa concubine, il attire chez lui toutes les pauvres filles qui lui plaisent, et par mille moyens de séduction, il parvient à les déshonorer; puis, quand il est repu, elles sont chassées pour faire place à d'autres malheureuses.

Ma Rosine était sage; mais, soit qu'elle ait reçu de mauvais conseils, soit qu'elle ait été éblouie par les promesses de cet homme qui n'en épargne aucune, après quelques mois de séjour chez lui, elle succomba; je sais même qu'on a employé pour la réussite de cet exécrable attentat une ruse infernale, et que l'on a profité de son sommeil pour lui ravir ce qu'elle n'aurait, peut-être, pas accordé sans cet infâme moyen. Pour apaiser les plaintes de la malheureuse qu'il avait si indignement trompée, le corrupteur avait fait et faisait chaque jour mille promesses : tantôt c'était un tiroir rempli d'or qu'il étalait aux yeux de sa victime, tantôt un contrat qu'il affirmait contenir la donation d'une maison ou d'une ferme, toutes choses qui devaient payer les faveurs qu'il avait arrachées; puis, comme je l'ai dit, quand sa brutalité était complètement assouvie, il chassait honteusement et avec dérision celle qu'il avait flétrie, pour la remplacer par une autre. Le tour de Rosine arriva, et encore fut-ce un prodige qu'elle restât si longtemps chez lui; il l'avait eue pendant trois mois, et c'est lorsqu'il apprit d'elle qu'elle se croyait enceinte, qu'il la jeta sans pitié à la porte, dans l'hiver, par un froid de douze degrés, et même sans lui payer ses gages. Nous ignorions tout cela : notre pauvre enfant n'osa pas se représenter chez nous : elle craignait nos reproches et la honte dont son état ne tarderait pas à la couvrir; sa tête se monta; une sorte d'aliénation s'empara de son esprit, et, dans un moment d'égarement, elle eut l'imprudence d'écrire à son maître que, s'il ne reparait le mal qu'il lui avait fait, elle incendierait sa maison, et de se présenter chez lui, le soir, accompagnée d'une autre femme, pour lui renouveler ces terribles menaces.

Le scélérat n'avait pas oublié son premier métier : il courut au parquet et remit au procureur du roi la lettre de Rosine; le magistrat, malgré le mépris souverain qu'il avait pour le dénonciateur, se vit forcé d'accueillir la dénonciation : ma pauvre enfant fut arrêtée et jetée dans un cachot. Son infâme persécuteur poursuivit l'affaire avec le plus odieux acharnement. Il avait donné à Rosine quelques bijoux de peu de valeur : eh bien! pour atténuer ses plaintes et pour étouffer la voix accusatrice qu'elle pouvait faire entendre aux magistrats, il eut assez de crédit pour accréditer près des juges de ma fille la prévention terrible de vol domestique commis la nuit avec effraction et violence. Il vit bientôt ses efforts couverts de succès : Rosine fut condamnée aux travaux forcés à perpétuité et à la flétrissure. Le coup affreux que nous avait porté un pareil malheur que nous n'avions pu longtemps ignorer, nous força de quitter notre petit commerce; nous n'osions plus nous montrer; et comme nous ne vivions que de notre gain journalier, nous fûmes bientôt réduits à la plus déplorable misère. Mais une dernière douleur nous attendait, elle devait mettre le comble à toutes les autres. Le jour où Rosine devait être exposée arriva; dès le matin, la foule assiégeait les avenues de la maison de justice. Tout le monde connaissait l'histoire de la nouvelle victime; le nom de notre persécuteur était dans toutes les bouches, on le prononçait avec horreur; c'étaient contre lui des imprécations à faire frémir. La fatale charrette attendait depuis un quart d'heure; déjà deux malfaiteurs condamnés aux galères y étaient montés, lorsque Rosine, soutenue par l'exécuteur et ses valets, parut. Elle était presque sans connaissance et dans un état à fendre le cœur; depuis l'avant-veille, elle n'avait rien pris. La foule fit un mouvement comme pour l'arracher d'entre les mains de ses gardes, mais les confrères de l'ex-gendarme repoussèrent à coups de sabre ceux qui s'approchaient de trop près, et le cortège arriva sur la place du marché. Croiriez-vous, messieurs, que j'ai eu le courage de me trouver là pour la voir encore une fois? Qui pourrait dire ce qui se passe dans le cœur d'un père dans un pareil moment? Tout ce que je me rappelle, c'est qu'en apercevant ma fille, j'éprouvai une si rude secousse que le sang me jaillit en même temps par la bouche et par le nez; je me précipitai vers la charrette. Les deux malfaiteurs en étaient descendus et s'étaient élancés sur l'échafaud comme vers une ancienne connaissance qu'ils revoyaient avec plaisir; alors on fit descendre Rosine qui parut ne comprendre qu'en cet instant ce qu'on voulait faire d'elle, ses yeux se portèrent sur le poteau d'infamie, elle recula d'effroi, mais le bourreau s'empara d'elle et lui passa le collier fatal... elle était tombée en défaillance... Le bourreau vit bien qu'il n'avait qu'un instant... et comme il a une prime pour chaque exécution, il voulut que celle-ci fût complète. Sa bouche hâte donc l'embrasement du charbon... il saisit le fer... un fer rouge, monsieur !... il découvre l'épaule de la pauvre enfant... un frémissement de chair brûlée... un peu de vapeur qui s'élève... tout est consommé... elle est *marquée!* La douleur éveille la pauvre enfant... elle pousse un cri affreux, un cri de mort... On la détache, mais des convulsions horribles la saisirent d'abord... puis elle tomba lourdement sur le plancher de l'échafaud. J'avais recouvré ma raison... je renversai ceux qui m'entouraient... J'avais pris Rosine dans mes bras... je m'aperçus que je ne tenais plus qu'un cadavre... ma fille était morte !

Les détails de cet affreux événement qui ont été répétés à ma femme lui ont fait perdre la raison ; toutes mes ressources se sont épuisées pour alléger son mal. Ce matin je suis parti avant le jour afin d'apporter ici ses derniers effets, ma pauvre femme attend du pain. Voilà, messieurs, la cause de mon affliction, vous voyez qu'elle n'est pas légère. Je suis arrivé au dernier degré du malheur, et cependant l'auteur de toutes mes infortunes continue à faire de nouvelles victimes, à déshonorer le ruban qu'il porte et à malverser journellement dans ses fonctions, sans qu'il y soit mis le moindre empêchement. Je me demande tous les jours comment on a pu confier à un tel homme des fonctions aussi importantes que celles d'officier municipal ; je me demande comment, si la chose a été faite par erreur, il a pu si longtemps, presque aux portes de Paris, sous les yeux de l'autorité, conserver une place qui met à sa discrétion si souvent le repos, l'honneur et la fortune de cinq à six mille administrés qui lui ont voué une exécration éternelle en échange des vexations de toute sorte dont il les accable, et des vices nombreux dont l'infamie est presque publique ! O messieurs, si l'on pouvait avoir le libre choix des magistrats qui, avant tout, doivent être populaires, on ne verrait jamais de tels monstres souiller l'écharpe municipale.

Le pauvre homme avait fini son récit et penchait tristement la tête sur sa poitrine. Les deux jeunes gens se regardaient :

— Voilà assurément une pitoyable histoire, dit le plus jeune.

— Allons, répliqua l'autre, je veux bien que mademoiselle Cotineau sera obligée de me faire crédit pendant un mois, car une partie de ce que je vais déposer ici sera pour ce malheureux.

Et l'instant d'après, cinquante francs de la petite somme que l'on venait de prêter aux deux jeunes gens sur deux montres assez belles passèrent entre les mains du père de Rosine qui les quitta en les comblant de bénédictions.

XV. — PREMIER BAISER.

Depuis le jour où l'impétueux Octave avait si cruellement puni le malheureux comte de Rennefeuille, Sara avait connu tout le secret de son cœur et tout le secret de l'âme de feu de son ami. Effrayée pendant quelques jours des résultats terribles de cette irritabilité d'amour qui avait déjà donné la mort, elle avait cherché de bonne foi peut-être à rompre les liens de fer qui allaient l'enchaîner à jamais... il en était temps encore... mais le voulait-elle bien fortement ? peut-on ne pas récompenser par un peu d'affection celui qui risqua tant pour un seul regard ?

Enfin Sara aimait ; et malgré sa fierté de fille jolie, elle n'avait pu le cacher à Octave... Et pourquoi, d'ailleurs, ne le lui aurait-elle pas avoué ? le dévouement d'Octave avait précipité la crise, et quelques semaines après son duel, il ne lui avait pas été difficile d'arracher à la jeune lingère un serment d'amour. Octave était heureux ! il ne demandait à sa jeune amie que la certitude d'être aimé ; et bien qu'il n'eût pas la réputation de s'arrêter en si beau chemin, la velléité qui seule l'avait d'abord entraîné auprès de Sara s'était changée en une adoration trop pure, pour qu'il songeât à l'aimer autrement que de cœur... Les moindres faveurs étaient pour lui d'un prix inestimable, et comme Sara eût craint que la vertueuse susceptibilité de mademoiselle Dufrény ne s'effarouchât des visites trop fréquentes d'Octave au magasin, elle lui avait accordé comme dédommagement, la permission de l'accompagner quand elle se rendait chez son grand-père le vendredi soir ou le dimanche matin ; car depuis l'aventure de la maison de Chaillot, elle avait fermement annoncé à mademoiselle Dufrény qu'elle ne sortirait plus que pour aller chez son aïeul. Le duel de Rennefeuille et d'Octave avait fait du bruit, et ses jeunes camarades, tout en la louant hautement d'une résolution qui cependant leur paraissait souverainement ridicule (car la plupart d'entre elles ne craignaient plus les petites maisons et les boudoirs...), les jeunes camarades de Sara se disaient in petto : — Est-elle bégueule, celle-là ! — Avoir fait tuer un aussi beau jeune homme que ce comte de Rennefeuille ! — Et tout cela parce qu'il voulait... — Ah ! si ça avait été moi... plus souvent que j'aurais fait tant de bruit...

Et les écervelées prenaient gaiement leurs cartons, couraient braver les dangers auxquels Sara avait échappé... revenaient quelquefois un peu chiffonnées, les yeux un peu battus, avec une nouvelle commande pour mademoiselle Dufrény, enchantée alors du mouvement que se donnaient ces demoiselles pour la prospérité de sa maison... et le dimanche suivant, on voyait à l'Ambigu ou à la Porte-Saint-Martin, les jeunes lingères qui avaient montré tant de courage et d'énergie pour se mettre au-dessus de la crainte d'un tête-à-tête avec un commis voyageur de l'*Hôtel du Commerce* ou un jeune Anglais de l'*Hôtel Meurice* auxquels elles portaient dans la semaine des faux-cols, des cravates ou des chemisettes, se pavaner aux secondes loges de face, avec un Ternaux tout neuf, ou un chapeau à la mode.

On avait travaillé jusqu'à quatre heures du soir, ce dimanche-là, chez mademoiselle Dufrény, car il s'agissait du trousseau de la fille d'un financier qui jouait au *plébéianisme*, et qui, pour acquérir de la popularité auprès d'une nation constitutionnelle qu'il ambitionnait pour la progéniture de l'Alcide du trois pour cent et de *la prime fin courant*. — Bonjour, mademoiselle Dufrény, dit bruyamment Casimir en entrant dans le magasin.

— Bonjour, messieurs, bonjour, répondit sèchement la maîtresse lingère, qui vit d'un très-mauvais œil l'arrivée des deux jeunes gens, parce qu'elle prévit qu'une désertion prochaine allait avoir lieu parmi ses ouvrières. — Toujours à l'ouvrage !... ah çà, mais vous les tuez ces pauvres enfants. — Dame ! monsieur Casimir, quand l'ouvrage presse... — Et *elle* presse toujours ici, dit Adrienne d'un petit air boudeur... — Oui, mademoiselle, *elle* presse toujours... et si vous n'aviez pas été hier deux heures dans votre course, chez ce jeune avocat... — Adrienne, vous êtes allée chez un avocat ? — ... Pour rendre des mouchoirs de batiste, et mademoiselle s'est probablement amusée à regarder en route les caricatures des vitriers, car elle a été un temps infini... — Du tout ! je n'ai pas regardé les lithographies... je ne me suis arrêtée que devant les magasins des autres lingères pour leur prendre leurs modèles, s'il s'en avait de nouveaux, et puis d'ailleurs je n'ai été tout au plus que le temps d'aller et de venir... — Ah ! *tout au plus*, dit Casimir en fronçant le sourcil... voilà un *tout au plus*... Adrienne ! Adrienne ! enfin !

Ici Adrienne jeta un coup d'œil de tendresse et d'humilité sur Casimir, comme pour l'apaiser et l'assurer de sa fidélité... et tandis que Sara entretenait de son côté une conversation muette avec Octave, mademoiselle Dufrény continua... — Oh ! messieurs, ce n'est plus comme autrefois... du temps de la révolution, c'était meilleur... après la terreur s'entend ; le client était généralement bon enfant... obligeant... quand on nous faisait des commandes, on nous donnait le temps de les livrer... A présent tout le monde est aristocrate et veut être servi au doigt et à l'œil... ces banquiers surtout... ah ! ils sont d'une exigence... j'en sais quelque chose, moi qui ai vu le beau monde de ce temps-là, et qui vois encore un peu celui de notre époque ! — Savez-vous, mademoiselle Dufrény, que vous devez posséder des anecdotes fort curieuses sur tous les personnages de notre révolution ? — Certainement... dans notre état de lingère, on est en passe de voir beaucoup de choses... — Je m'en doute bien, dit Casimir en regardant ironiquement Adrienne, qui rougit jusqu'au blanc des yeux... — Ah Dieu ! monsieur Casimir... si j'en ai vu ! que c'en est effrayant... Ah çà, mesdemoiselles, la journée est finie pour aujourd'hui... mais demain, à sept heures, à la besogne... ou nous nous fâcherons... Messieurs, j'ai bien l'honneur...

Mademoiselle Dufrény fit un salut bien cérémonieux... un salut de maîtresse de maison enfin, à Casimir et à Octave, et se retira dans son boudoir pour rehausser par sa toilette ses charmes de cinquante-cinq ans et se mettre en état de paraître dignement au spectacle avec son capitaine de cuirassiers, ou avec son lieutenant de pompiers, *ad libitum*. Et aussitôt que l'œil sévère et scrutateur de la respectable matrone eut cessé de parcourir l'atelier, toutes ces têtes de jeunes filles se levèrent tout à coup : la contrainte imposée à leurs malignes physionomies cessa subitement et fut remplacée par une expression de joie et de liberté. — Eh bien ! dit Adrienne à Sara qui voulait terminer un point à jour qu'elle tenait... eh bien, en finiras-tu ?... est-ce que tu veux faire ta bonne apôtre... il y en a toujours comme ça qui gâtent le métier.

La jeune juive se leva en souriant ; et tandis qu'Octave et Casimir faisaient des armes avec deux demi-aunes qui leur étaient tombées sous la main, les deux jeunes filles montèrent à leur chambrette, donnèrent un coup d'œil à leur miroir, et bientôt les deux couples longeant les boulevards, gagnèrent la rue du Faubourg-du-Temple et se retrouvèrent près du canal. Et comme Adrienne et Casimir se disposaient à passer le pont, Sara s'arrêta et demanda où on voulait la conduire. — Mais, dit Adrienne, Casimir sait cela... d'ailleurs, de quoi as-tu peur ?... — De m'éloigner par trop de la demeure de mon grand-père, qui m'attend ce soir. — Comment, mademoiselle Sara, dit Casimir d'un ton moqueur, nous ne passerons pas la soirée ensemble... moi qui vous ménageais une surprise... voilà qui est désappointant...—Je veux savoir la surprise tout de suite, dit Adrienne... dépêchez-vous de me dire, monsieur... — Eh! mon Dieu, c'est un dîner aux *Vendanges de Bourgogne*... là, en face, voyez-vous?... — Aux *Vendanges de Bourgogne!* s'écria Adrienne toute rayonnante... ah! c'est pas malheureux... il y a longtemps que vous ne m'y avez menée, monsieur... — Cuisine soignée et cabinets particuliers délicieux, où...

Ici Sara jeta sur le cynique Casimir un regard qui lui coupa la parole tout net. — Ah! oui, et des fameuses anguilles, répliqua Adrienne que rien ne pouvait arrêter. Ah Dieu! que tu m'en as fait manger là un jour une fameuse, à la cosaque, je crois... — A la tartare, c'est-à-dire... — Comme tu me chicanes toujours!... Et puis il y a des *automates* qui sont joliment bien rembourrés... t'en rappelles-tu?...

Adrienne, dont la langue allait plus vite que la réflexion, ne put s'empêcher de rougir après cette phrase qu'elle eût voulu pouvoir ressaisir... — D'abord, reprit Casimir avec aigreur, je t'engage à dire une autre fois ottomane et non automate... et même je t'engage à ne rien dire du tout... si faire se peut.

Adrienne ne répondit rien, mais sa petite mine chiffonnée prit une teinte de bouderie toute gentille. Casimir s'était aperçu que les indiscrétions d'Adrienne produisaient un très-mauvais effet sur l'esprit de Sara. — Monsieur Casimir, dit cette dernière, je vous suis fort obligée de votre bonne intention, mais je ne puis en profiter... je le répète, mon grand-père m'attend... et... — Allons donc, monsieur Octave, reprit Adrienne, vous êtes là comme un cierge... dites donc quelque chose... Dame! si vous n'invitez pas votre danseuse!...

Au grand étonnement d'Adrienne et de son amant, Octave se rangea du côté de son amie, et déclara qu'il n'entrait pas dans ses intentions de l'engager à venir aux *Vendanges*, que même il approuvait son refus. Un coup d'œil bien tendre le paya de l'appui qu'il prêtait à la prudence et à la sage retenue de Sara. — Ah! je vois ce que c'est, dit Adrienne... c'est bientôt la rosière de Pantin... et il y a cabale pour mademoiselle. C'est bon... c'est bon, belle effarouchée... allez chez votre respectable aïeul marmotter en nasillant le cantique des cantiques... c'est très-estimable... mais moi j'aime mieux *Frétillon*... et puis après je vous conseille de mener M. Octave au sermon de la synagogue... Ma parole! il mérite bien que vous lui procuriez ce petit divertissement... et vous serez sûrs tous les deux d'être *calonnisés* un de ces quatre matins!... Allons, viens, Casimir!...

Et la petite folle entraîna son amant, laissant l'autre couple tout étourdi de sa sortie et de la rapidité de son apostrophe. Octave ne riait que tout juste; Sara s'en aperçut. — Ne vous fâchez pas, monsieur Octave, dit-elle, Adrienne est inconséquente, mais elle est bonne fille. — Ça va même un peu plus loin, murmura Octave. —Cependant sa légèreté me fait craindre d'être un jour obligée de me séparer d'elle... et cela me fera de la peine, car je l'aime au fond. — Vous êtes si indulgente! Ah! pourquoi faut-il que le sort vous ait jetée parmi des êtres si peu dignes de vous! — Allons, allons, un peu de charité... chrétienne! répliqua la jeune juive en souriant.

Le nuage qui couvrait le visage d'Octave se dissipa. Un sourire de sa douce compagne avait tant d'empire sur lui! Pour revenir, ils prirent le chemin des amants... le même que celui des écoliers, c'est-à-dire le chemin qui n'est jamais le plus court. — Sara, dit Octave, je vais être quinze jours sans vous voir. — Quinze jours! et pourquoi? — Nous sommes en vacances, et mon bon vieux père qui m'attend depuis le premier jour d'août!... — Et qui a pu vous retenir, monsieur? — Sara, pouvez-vous me le demander? plus de deux mois loin de vous... Vous le dirai-je, mon amie?... eh bien! je suis tellement avare de ces jours où je puis vous voir, vous dire quelques mots... que si vous paraissiez le désirer... eh bien! je remettrais mes vacances à l'année prochaine. — Octave! Octave! y pensez-vous? délaisser votre père, le priver d'embrasser son fils unique... et pour qui? dit en souriant Sara, pour une petite juive... — Sara, que dites-vous? — Vous irez en vacances, monsieur, je le veux.

Et la jolie lingère intima cet ordre à Octave avec l'autorité d'une jeune fille bien aimée, bien chérie, qui est certaine d'être obéie. — Oui, mon ami, je le veux. — Charmante enfant... qui ne t'adorerait?... — Ainsi donc, vous partez?... — Demain soir. — A la bonne heure; j'aime que l'on soit soumis... et que ferez-vous là-bas?... — Je penserai à vous... oh! beaucoup... — Bien vrai! — Et puis je chasserai... A propos, je vous enverrai du produit de ma chasse, quelques lièvres, une douzaine de perdreaux... — Gardez-vous-en bien... étourdi... d'abord parce que mon grand-père, qui vous connaît à peine de nom et qui

n'est pas très-bien disposé en votre faveur, d'après les contes que lui a fait mon cher cousin Stéphann Jéricho, trouverait fort singulier votre envoi; ensuite parce que la présence du gibier sur nos tables est sévèrement proscrite par notre religion, et que nous ne servons dans nos repas que les viandes abattues et préparées par nos coreligionnaires. — Cela est absurde! murmura Octave assez haut pour être entendu de Sara.— Octave! c'est la croyance de votre amie... — Malheureusement... peut-être! — Oui, bien malheureusement! répéta la jeune lingère, avec un accent qui tenait du désespoir. — Mais dites, Sara, si je m'absente pendant ces maudits quinze jours... — Seriez-vous jaloux? reprit Sara, à qui cette réflexion d'Octave rendit une partie de sa gaieté. — Non, sans doute... mais ce juif... cette espèce d'idiot... ce marchand de lorgnettes auquel votre père veut absolument vous fiancer... — Vous êtes fou!... dit Sara en pressant tendrement le bras d'Octave, que cette conversation toute de tendresse avait enivré d'amour.

La nuit approchait et ils gagnaient lentement le Marais, où demeurait M. Wurtzmann, lorsque tout à coup, au détour d'une rue, une apparition toujours de mauvais augure pour nos deux amants s'offrit encore à leur regard... c'était Stéphann Jéricho se dirigeant vers son théâtre d'habitude, avec sa boîte, sa compagne inséparable. La grotesque figure du juif se dessina en silhouette sur un mur nouvellement recrépi, et fit une telle peur à Sara qu'elle poussa un cri, quitta le bras d'Octave, s'enfuit et disparut avant que celui-ci eût le temps de savoir de quoi il s'agissait. Mais ses yeux rencontrèrent les yeux inquiets de Jéricho qui erraient de tous côtés, et il devina facilement la cause de l'effroi de Sara. Pendant une minute, il fut indécis de savoir s'il ne frotterait pas un peu rudement Jéricho pour lui apprendre à ne pas troubler une autre fois un tête-à-tête, ou s'il courrait après Sara qu'il avait complétement perdue de vue. Stéphann lut apparemment sur le visage d'Octave ce qui se passait dans son âme, car il rebroussa chemin, transi d'effroi, et fut bientôt hors d'atteinte. Octave alors regarda tout autour de lui, et ne voyant pas reparaître Sara, prit le parti de retourner sur ses pas. Comme il passait devant une allée sombre et noire comme la gueule d'un four, une voix douce et tremblante appela : — Octave? — C'est vous? s'écria-t il en se précipitant... mais où donc êtes-vous?... je ne vois rien...

Il s'avança en tendant les bras le long des murs de l'étroite allée. — Oui, c'est moi, reprit-on, mais est-il parti?... Oh! que j'ai eu peur! — Rassurez-vous; il s'est bravement enfui, votre maudit juif!

Ici les mains du jeune étudiant rencontrèrent celles de la timide enfant. Il les saisit avec force et l'attirant vers lui : — Vous ne m'échapperez plus, s'écria-t-il à demi-voix... j'ai cru vous avoir perdue!... Sara, comme votre cœur bat!... — Octave... je vous en conjure, ôtez votre main... Oh! oui... mon pauvre cœur est bien agité!... — N'est-ce que de peur, Sara?

Une espèce de frémissement bien doux agita la jeune juive... Elle se sentit défaillir et fut obligée de s'appuyer sur Octave. Celui-ci l'attira encore plus près de lui, sa tête se pencha, et ses lèvres rencontrèrent les lèvres brûlantes de sa tremblante compagne : c'était un premier baiser d'amour... et ce fut presque alors un temple que cette obscure, sale et ignoble allée où ce premier baiser fut pris et reçu avec tant de bonheur! — Sortons, dit Sara d'une voix étouffée... sortons! — Encore un, dit Octave en attirant Sara sur son sein... encore un... c'est le baiser d'adieu... car je pars demain...—Non, non! dit Sara en s'échappant de ses bras... non, c'est déjà trop du premier.

Octave l'entraîna, une rougeur éclatante brillait sur les joues de la jeune fille : elle arriva chez son grand-père sans dire un mot, sans oser lever les yeux.

XVI. — LES VENDANGES DE BOURGOGNE.

Laissons nos deux amants modèles parcourir les régions platoniques qui sont le domaine des premiers jours d'un premier sentiment, et rejoignons ceux que le plaisir et l'appétit entraînent vers les *Vendanges de Bourgogne*. Adrienne et Casimir ont traversé le canal et pénétré sous le parvis d'un des temples du dieu de la gastronomie, ils ont prononcé ces mots magiques : « Un cabinet particulier, » et le garçon, le sourire sur les lèvres, les a précédés avec cette prévenance qui ne se rencontre jamais dans le service des salles publiques. Les *Vendanges de Bourgogne* n'ont pas toujours été ce qu'elles sont aujourd'hui : on en a fait tout récemment un restaurant de premier ordre; autrefois, c'était tout simplement un cabaret, mais un cabaret comme ceux où les gens de l'ancien régime allaient faire débauche; enfin, c'était une taverne fashionable. On y menait bonne et joyeuse vie; ce fut là que le jovial Désaugiers, de girouette et chansonnière mémoire, rima, dit-on, entre une cloyère d'huîtres et un flacon de Pomard, ses plus joyeux refrains, ses couplets en l'honneur du roi de Rome et du duc de Bordeaux; ce fut là qu'il jeta le plan de ses plus gais vaudevilles.

Tandis que Casimir faisait la carte, Adrienne ôtait son chapeau, posait son châle sur le dos d'une chaise, faisait des mines devant une glace; et lorsque le garçon se fut éloigné avec le menu du dîner, une lutte d'agaceries s'établit entre les deux amants, et se termina comme ces dames sont toujours bien aises que cela finisse. — Ah! disait Adrienne à Casimir, viens! je te pardonne presque toutes les infidélités que tu m'as faites depuis trois mois, tu sais si bien réparer tes fautes!...

Et en effet, Casimir était un fier redresseur de torts. — Écoute, dit Adrienne, en posant son doigt sur la bouche de Casimir, écoute! on parle à côté de nous... Ce sont peut-être aussi des gens qui se raccommodent. — Non!... au contraire... on se dispute... Chut! mais... je connais cette voix de femme... Ah! ah! ce serait plaisant!... — Ah! vous connaissez encore celle-là... voilà pour vous apprendre...

Et Casimir se sentit pincer le bras de toute la force d'Adrienne. — Dieu! que tu es insupportable!... Laisse donc! nous allons entendre quelque chose d'amusant... écoutons!

. . . .

. . . .

Casimir, qui n'avait cessé d'avoir l'œil appliqué à la cloison, et qui examinait cette scène avec des trépignements de joie, se tenait les côtes de rire; Adrienne le tirait de toutes ses forces par le pan de son habit et lui demandait l'explication de son extrême contentement. — Laisse-moi, lui disait-il, laisse-moi rire à mon aise, je t'en prie... je te dirai tout à l'heure ce que c'est... ah! là!... là!... je n'en puis plus!

Et lorsqu'il se fut retiré du trou qui donnait sur le cabinet voisin, Adrienne s'y plaça à son tour : elle vit la jeune femme qui lui avait causé tant de chagrin; près d'elle était un grand vieillard qui avait l'air tout essoufflé et qui réparait le désordre de sa toilette : Adrienne renouvelait sa question, tant cela lui paraissait inconcevable! — Au dessert, je t'expliquerai... lui dit Casimir... allons! à table... on vient nous servir...

Et avant que d'entrer, le garçon toussa fortement, par précaution. — Garçon! quand j'aurai besoin de vous, je vous sonnerai. — Monsieur peut-être parfaitement tranquille.

Et lorsqu'au dessert, Casimir eut donné à Adrienne le mot de l'énigme, la pauvre enfant pouvait à peine y croire ; et en effet, comment une fille, pleine de santé, de vigueur et d'amour, comprendrait-elle quelque chose aux goûts bizarres, aux mystères décrépits d'une vieillesse luxurieuse !

Le fiacre qui les ramenait venait de traverser le pont jeté sur le canal pour entrer dans la rue du Faubourg-du-Temple et gagner le boulevard, lorsqu'un homme, qui tenait un paquet de linge sous le bras et qui s'avançait en côtoyant le canal, se précipita à la portière; il avait aperçu Casimir; c'était le père de Rosine. A la vue de celui qui, quelques jours auparavant, l'avait si obligeamment secouru, il n'avait pas été maître de lui et s'était jeté à la rencontre de son bienfaiteur pour lui payer un nouveau tribut de reconnaissance. Casimir l'avait également reconnu et lui tendait la main quand un équipage, celui du vieillard qui avait occupé le cabinet voisin de celui de nos deux amants, déboucha aussi par le pont, mais avec une telle rapidité que l'homme qui était à la portière de Casimir ne put se ranger assez promptement : le malheureux fut renversé par les chevaux, les roues lui passèrent sur le corps ; le cocher redoubla de vitesse pour éluder toute explication ; le maître de la voiture avait avancé la tête, et celui qu'il avait écrasé l'avait aperçu. — Le misérable, dit-il à Casimir, qui était sauté en bas de son fiacre, le misérable après avoir fait mourir la fille, il tue le père ! — Comment! cet homme est celui dont vous nous avez raconté l'histoire!... L'infâme ! mais vous êtes blessé... grièvement peut-être ! — J'éprouve une grande douleur ici... à la cuisse. — Voyons!... infortuné!... elle est cassée ! — Ah ciel ! et ma pauvre femme qui m'attend et à laquelle je portais ces hardes et ces provisions que je viens d'acheter... que va-t-elle devenir ? — Il est impossible que vous soyez transporté à deux lieues d'ici dans l'état où vous êtes ; vous n'avez d'autre ressource que d'aller à l'hospice le plus prochain... je vais vous y faire transporter... je vous soignerai. Le pauvre homme ne l'entendait plus, il s'était évanoui ; Casimir le fit mettre sur un brancard, renvoya seule Adrienne, et, au milieu des imprécations de la multitude contre les gens à équipage qui écrasent les piétons, Casimir fit enlever le blessé et ne le quitta plus qu'à l'hospice, lorsqu'il se fut assuré que rien ne pouvait plus lui manquer.

. . . .

C'est à neuf heures du matin que, chaque jour, le chirurgien en chef de l'un des grands hôpitaux de la capitale fait sa visite, celle où se traitent les questions et où sont décidées les opérations chirurgicales les plus importantes : une foule d'élèves, avides de s'instruire, se pressent sur les pas du célèbre professeur, et c'est souvent avec une peine inouïe qu'il parvient lui-même à se faire jour à travers cette bouillante jeunesse, pour arriver au lit du malheureux pour lequel sa seule présence est un allégement, une sorte de guérison anticipée.

Le surlendemain de l'accident arrivé au père de Rosine, une masse d'étudiants, plus empressée, plus compacte que de coutume, se précipitait dans les immenses salles de l'hospice : on savait qu'un célèbre docteur devait pratiquer une grave amputation; la fracture avait été déclarée incurable, il fallait séparer du tronc le membre mutilé qui ne pouvait plus le soutenir; les os avaient été si violemment broyés, des esquilles nombreuses s'étaient enfoncées si profondément dans les chairs, qu'une prompte section était devenue inévitable. Sur un lit autour duquel se drapaient modestement de simples, mais propres et blancs rideaux de calicot, était étendu un homme qu'une violente douleur et de cuisants chagrins paraissaient accabler; de temps à autre, une grosse larme descendait sur sa figure, où la fatalité semblait avoir empreint son cachet d'infortune, et c'était à peine si la présence de la sœur qui lui prodiguait ses soins pouvait arrêter les énergiques imprécations qui venaient mourir sur ses lèvres. Et cependant c'étaient moins les douleurs physiques, les tiraillements, tantôt aigus, tantôt sourds, qu'il ressentait dans la partie mutilée de son corps, qui le torturaient, que les cruelles pensées dont il était agité. Le souvenir de sa fille, de la pauvre Rosine, brûlée avec le même fer qui marque un faussaire ou un voleur de grand chemin, expirant au pied d'un échafaud, si belle encore, si riche de jeunesse et d'avenir, tandis que le misérable qui avait consommé sa perte nageait dans l'opulence et l'impunité !... Et cette autre idée si poignante, si douloureuse, de sa femme vieillie avant l'âge, folle de la perte de son enfant, errant depuis deux jours sur la route où elle l'a quittée la dernière fois, et demandant aux passants, que son aspect effraye ou repousse, ce que sont devenus son mari et sa fille! Que de malédictions tourbillonnaient dans son sein et s'élançaient de sa pensée contre l'infâme auteur de tous ses maux !

Bientôt un bruit de pas nombreux frappa l'oreille du malade; les sons, répétés par les échos des longues salles et glissant le long des murs comme des êtres invisibles, annoncèrent à l'homme de douleur que ses souffrances auraient bientôt un terme; qu'une main habile se disposait à les paralyser; sa poitrine fut déchargée d'un poids énorme. Une foule de jeunes gens se porta auprès du blessé ; en moins d'une seconde, son lit fut entouré, assailli... Le chirurgien en chef, homme expert dans son art, devait opérer.

Pourquoi de singulières, de pauvres manies viennent-elles si souvent se jeter à travers un grand talent, une célébrité méritée, et compromettre plus d'une fois le sort des masses ou des individus, autant que s'il y avait impéritie ou méchanceté? pourquoi faut-il qu'on trouve si souvent de l'homme, mais de l'homme petit, tracassier, lunatique, chez ceux que la reconnaissance publique aime à citer comme des hommes savants, des hommes utiles ! Or, l'illustre professeur que nos jeunes gens attendaient avec tant d'impatience avait sa manie, son tic, auquel on n'avait pas fait grande attention jusqu'alors, mais qui faillit, dans cette circonstance, avoir les conséquences les plus funestes pour le malheureux dont il était l'ancre de salut. Lorsqu'il entrait dans la salle où se trouvaient quelquefois réunis sept à huit cents étudiants, il avait coutume de se faire place, non en avertissant de se retirer ceux qui obstruaient le passage, mais en écartant la foule à grands coups de coude ou de poing, suivant qu'il le trouvait plus commode ou plus expéditif.

Ce matin-là, suivant son habitude, il se faisait jour dans la cohue avec ses manières britanniques, et, comme d'ordinaire, on se formalisait fort peu de cette façon d'agir passablement brutale. Mais le docteur était accompagné d'un élève favori, petit jeune homme bien impudent, qui avait le privilège d'être constamment à son côté, de ne jamais le quitter tant que duraient les opérations les plus remarquables, préférence qui avait déjà fait murmurer. Cet élève voulait imiter son maître, sinon dans son habileté, du moins dans sa manie de se frayer un passage; et, suivant l'exemple qu'il avait sous les yeux, il coudoya rudement quelques élèves, en repoussa d'autres avec violence, sans s'inquiéter des marques bruyantes de mécontentement qui lui étaient adressées; mais par malheur, Casimir se trouva sur sa route, il voulut en user avec lui comme avec les autres... On sait combien Casimir était patient... un vigoureux soufflet renversa l'élève impertinent; il tomba presque sans connaissance entre les bras de son haut et puissant patron. Des bravos et des applaudissements suivirent l'action de Casimir. Le chirurgien en chef devint furieux de l'insulte qu'il prétendait lui avoir été faite dans la personne de l'élève qu'il protégeait. et exigea qu'à l'instant une éclatante réparation lui fût faite; il demanda que Casimir fût aussitôt expulsé de la salle dont il serait exclu à l'avenir, et menaça, si on ne lui obéissait sans réplique, d'abandonner le malade aux conséquences d'une position que le moindre retard pouvait rendre mortelle. Mais cet oubli total des lois du devoir et de l'humanité révolta à tel point les élèves, qu'un déluge d'imprécations suivit la déclaration du professeur; mille bras dirigés de son côté lui adressaient mille gestes menaçants... Il connaissait l'effervescence de ceux qui l'entouraient... Il fut effrayé de l'exaspération qui animait toutes les figures, un instant auparavant silencieuses, attentives, immobiles... Il s'enfuit, laissant le malade en proie aux plus cruelles angoisses. Une indignation générale fit justice de l'inconcevable aveuglement du professeur; mais la position du malheureux, qui naguère voyait un terme à sa souffrance, devenait affreuse; encore quelques heures d'hésitation, de retard, et la gangrène allait s'emparer de ce membre brisé, et gagner avec cette rapidité, avec cette puissance à laquelle nul secours humain ne peut s'opposer, les restes encore vivants de l'être de douleur qui appelait déjà la mort à grands cris.

Tout à coup Casimir fit signe qu'il voulait parler: une résolution vigoureuse s'était offerte à son esprit; un silence presque religieux s'établit subitement. — Mes amis, s'écria-t-il, j'ai à me reprocher une action, sinon blâmable en elle-même, puisqu'elle punissait un homme qui oubliait qu'il n'était encore que notre égal, du moins déplorable par les suites funestes qu'elle peut avoir; en violant les devoirs les plus sacrés de l'emploi qui lui est confié, le chirurgien en chef nous a tracé les nôtres; le malheureux qui avait mis en nous son espoir ne doit pas être trompé dans son attente; le temps presse, chacun des moments qui s'écoulent peut être le dernier favorable à l'amputation; ne perdons pas une minute; que deux d'entre nous, et il en est d'assez habiles pour n'inspirer aucune crainte sur les conséquences de l'opération, que deux d'entre nous, désignés par le choix général, se chargent d'amputer; assumons sur nous tous la responsabilité de ce que je propose, et faisons ce que nous prescrit impérieusement l'humanité, quelque chose qui puisse en advenir.

Comme il arrivait presque toujours, l'allocution de Casimir fut saluée de l'assentiment universel; Octave et lui furent désignés pour procéder immédiatement à la terrible opération. Un de leurs camarades, reçu docteur de la veille, se joignit à eux pour la régularité. Le vieillard fut aussitôt transporté dans l'amphithéâtre des amputations; mille élèves en garnissaient les gradins. En un clin d'œil tout fut préparé. — Eh bien! dit Casimir au patient, l'instant décisif est arrivé! vous sentez-vous le courage nécessaire à cette cruelle épreuve?

Un sourire mélancolique répondit à l'interpellation de l'étudiant; puis un air de force et de résignation absolue prit sur la physionomie du blessé la place de l'abattement et du désespoir. Il était prêt. Octave annonça qu'il allait pratiquer l'amputation *circulairement*. Alors cinq ou six élèves s'approchent, jettent de côté les couvertures, saisissent le malade par les bras et par la jambe restée intacte, l'attirent sur le bord du lit où ils le tiennent immobile, en l'y fixant fortement à l'aide des draps qui l'enveloppaient. On approche le bassin qui doit recevoir le sang et les débris de chair; d'autres s'emparent du membre mutilé et compriment l'artère. Bientôt l'acier brille et s'agite dans la main d'Octave et de Casimir; un filet rouge entoure la cuisse... le sang jaillit... la peau est relevée... les bords de la plaie forment un large bourrelet... les chairs séparées laissent l'os à découvert. Le bruit horrible de la scie, semblable au râle d'un mourant, se fait entendre. Le malheureux pousse des cris déchirants, s'épuise en hurlements horribles... Il tombe dans l'anéantissement... Tout à coup la jambe se détache, elle est reçue par les aides d'Octave et de Casimir... Tout est fini.. trois minutes ont suffi... le malade est sauvé! et tandis qu'on lutte contre l'hémorragie, qu'on pratique la ligature de l'artère et qu'on applique le premier appareil, le membre amputé passe de main en main et sert de texte à mille commentaires faits avec autant de sang froid et d'indifférence que s'il ne s'agissait que de l'examen d'un tubercule ou d'une plante nouvellement découverte par Jussieu.

Le lendemain, l'amphithéâtre de l'hospice, où le professeur de clinique chirurgicale vient rappeler aux élèves la nature et la gravité des maladies examinées la veille, était encombré. Le professeur avait eu le temps de réfléchir à l'inconvenance et à la dureté de sa conduite; il savait que les élèves avaient juré qu'il ne continuerait pas son cours: il offrit des excuses... on les admit, non sans peine... Enfin, on assure que la leçon n'a pas été perdue pour l'irascible praticien.

XVIII. — LA CHOULE-IOMKIPOUR.

Octave était parti peu de jours après l'amputation; en quittant Sara, il avait été mille fois sur le point de la supplier de lui permettre de lui écrire, mais la sévérité de sa jeune amie avait fait expirer ses paroles, et la crainte d'un refus l'avait retenu... Et puis ce départ si prompt de la jeune fille qui avait craint un second baiser, et l'ivresse causée par ce premier gage de tendresse, tout cela avait troublé la tête du jeune étudiant au point qu'il n'avait pu trouver l'instant favorable pour tenter d'obtenir cette faveur de la jeune lingère. Mais ce maudit baiser, surtout, se retraçait sans cesse à sa pensée... Le souvenir de ce contact délicieux des lèvres si fraîches et si suaves de la jeune juive, sur ses lèvres brûlantes à lui, le suivait partout, aux concerts d'amateurs de sa petite ville, aux soirées, aux bals de la mairie et même à la chasse où il eut plus d'une fois l'honneur d'accompagner M. le préfet, grand chasseur devant le Seigneur, s'il en fut jamais.

Et quand Octave avait fait un beau coup, un coup double... il s'écriait : —Ah! si elle voyait cela!... Et quand il revenait à la maison, le carnier alourdi par le poids d'un lièvre ou de quelques bécasses, ou qu'à table il dévorait avec un appétit de chasseur l'aile succulente d'une perdrix rouge ou le râble délicat d'un levraut... il se disait : —Est-ce ennuyeux que je ne puisse lui envoyer de mon gibier! elle aurait la preuve de mon adresse!... Puis, tout en donnant un vigoureux coup de dent : Dire que ces juifs ne mangent jamais de gibier!... c'est si bon!... les imbéciles!... quelle ineptie que ce judaïsme!... Chut!... c'est la religion de ma *chérie*.

Car la *chérie* était l'expression favorite d'Octave... C'est elle qui remplaçait dans son idée le nom vénéré de Sara; et dès que ce mot magique revenait à sa pensée, il réveillait tous ses rêves d'amour et de bonheur. Ce jeune homme bouillant ne pensait plus ni aux jolies brunes des bals de la mairie, ni à sa belle chienne Diane, ni à son superbe fusil à percussion et à canon rubané, ni même aux chasses de M. le préfet. Aussi, dix ou douze jours s'étaient à peine écoulés, qu'un beau matin, il fit ses malles, remit son superbe fusil à percussion et à canon rubané dans son étui de serge verte, demanda de l'argent à son père comme doit faire tout fils bien élevé, embrassa bien tendrement l'auteur de ses jours, et partit sans dire adieu ni aux amateurs de la société philharmonique, ni aux jolies brunes du pays, et même sans penser à souhaiter bonne chance au chassomane préfet. Et la bonne et belle Diane qui était désolée de voir s'éloigner son jeune maître, celui qui l'avait élevée, qui l'avait soignée quand elle avait été malade des suites d'un coup de boutoir qu'un brutal sanglier lui avait envoyé l'année précédente, la pauvre Diane rompit son lien et suivit la diligence. Ce ne fut qu'entre Sens et Montereau qu'Octave s'aperçut de l'escapade de la jolie fugitive; il la gronda d'abord, mais l'excellent animal se coucha à ses pieds, qu'il lécha humblement, et tout lui fut pardonné... Puis, comme on aime à établir un rapport, une sorte de connexité entre tous les êtres qui nous aiment, Octave disait en caressant sa compagne qui s'était blottie entre ses jambes dans la voiture : —Pauvre Diane, tu m'aimes bien... je suis certain que tu aimeras aussi la *chérie !*

Et la bonne bête remuait les oreilles et la queue, comme si elle entendait quelque chose aux folies de son maître... et la diligence roulait. Octave, en arrivant à Paris, n'eut rien de plus pressé que d'aller chez mademoiselle Dufreny. Quand il franchit les cinq ou six degrés de l'entre-sol de la lingère, son cœur battit... il allait revoir Sara... il entre... elle n'y est pas! les pulsations de son cœur redoublent, et quelques gouttes d'une sueur froide trempent son front. Mais cette inquiétude cessa bientôt, car la verbeuse Adrienne lui apprit que Sara était chez son grand-père depuis quelques jours, pour la célébration des fêtes religieuses d'*Iomkipour*. Et Adrienne, en prononçant ce mot hébraïque, fit la grimace la plus comique du monde, et toutes ses compagnes l'imitèrent en riant aux éclats et en lançant quelques épigrammes contre la jeune juive. Mais Octave, qu'une seule idée préoccupait, celle de revoir Sara, brûla la politesse à ces demoiselles qui s'égayèrent passablement sur son compte après son départ, et courut presque machinalement vers le Marais.

Il était six heures du soir; suivi de sa fidèle Diane, il errait encore dans ce quartier paisible, sans trop savoir pourquoi, car il ne savait sur quelle chance fonder l'espérance de rencontrer Sara. En passant dans la rue Notre-Dame-de-Nazareth, il rencontra une foule de gens la plupart sales, négligemment vêtus, à figure hétéroclite, portant un petit sac dans lequel semblait être enfermé quelque chose qui avait la forme d'un missel, et se dirigeant vers une sorte d'édifice où ils semblaient s'être donné rendez-vous. Un de ces hommes mêmes, dans lequel il crut voir quelque ressemblance avec le malencontreux marchand de lorgnettes, parut le regarder avec attention et fuir quand il se retourna. Octave, à qui son oisiveté seule faisait rechercher la cause de ce rassemblement, et qui avait fini par conclure qu'il s'agissait probablement d'une vente publique où se rendaient tous les fripiers et brocanteurs de la capitale, s'éloignait déjà quand il se sentit frapper sur l'épaule. C'était Jossu ! — Que diable fais-tu par ici, toi ? — Je cherchais à deviner à quelle espèce d'individus peuvent appartenir ces figures grotesques. — Eh ! parbleu, à des juifs... — A des juifs ! — Tu es devant la *schull* ou synagogue !... ne sommes-nous pas dans leur mois de *tischré*?... oui... alors ce doit être aujourd'hui *Iomkipour*, une de leurs grandes fêtes, époque de jeûnes et d'expiations; entrons: cela te divertira peut-être; d'ailleurs nous entendrons une belle basse-taille... — Entrons, dit Octave, à qui ces mots, *synagogue* et *juifs*, firent comprendre promptement qu'il serait très-possible que Sara assistât à cette réunion nombreuse de ses coreligionnaires.

Il se laissa donc entraîner par Jossu, après que Diane eut été préalablement confiée à la garde du concierge de la synagogue.

Le temple des israélites, dont l'architecture extérieure est d'un style assez pauvre, et qui est caché, pour ainsi dire, derrière un mur de clôture d'un aspect ignoble qui en masque l'entrée principale, est cependant remarquable par une décoration intérieure simple mais élégante. La voûte est posée sur trente colonnes doriques. Les tribunes des femmes, lesquelles, en général, n'assistent au service divin qu'aux trois principales fêtes, le nouvel an, *Iomkipour* et Pâques ou *Paisarh*, sont séparées de l'enceinte des hommes, et sont placées au-dessus des bas côtés, sous lesquels règne un passage souterrain ayant plusieurs issues sur les bancs latéraux, afin d'éviter les dérangements et les distractions que peuvent causer les entrées et les sorties. A droite, en entrant, est une chaire pour la prédication, partie du culte très-négligée par beaucoup de vieux rabbins qui ne sont rien moins qu'orateurs, et qui, tout en se donnant le titre de lettrés et d'hébraïsants, bornant souvent leurs études à la lecture du *Talmud* de Babylone, qu'ils ne comprennent guère quelquefois, et dont ils rabâchent certains passages comme une vieille femme dit son *Benedicite* ou son *Confiteor*. Gens du reste passablement fanatiques, passant leur vie dans la plus douce oisiveté, et mettant tout leur bonheur à porter encore la petite barbe pointue, à fumer une partie du jour et à écrire leurs dépenses journalières, telles que les achats de beurre, d'œufs et de fromage, en caractères syro-chaldéens; toutes choses formant pour quelques-uns d'entre eux le *nec plus ultra* de la juiverie. Au milieu du temple est une estrade entourée de balustres, destinée au prêtre officiant et aux enfants de chœur, occupés à psalmodier des cantiques et des versets de la Bible. Au centre de cette estrade est un autel ou pupitre sur lequel on déploie les livres saints, longues bandes de soie sur lesquelles sont dessinés ou brodés les préceptes de la loi dont on doit lire quelques sections trois fois par semaine, et qui se roule, à la manière orientale, autour d'un cylindre de bois précieux. A l'extrémité des bancs occupés par les fidèles, est le chandelier à sept branches; puis, tout au fond une vaste armoire dans laquelle sont enfermés les cinq livres de Moïse; c'est un memorial de l'arche où l'on gardait les tables de la loi. Au-dessus de cette armoire ou arche, sont peints, en lettres d'or, les dix commandements donnés sur le mont Sinaï. Du reste, aucune statue ni aucune image, les juifs n'en souffrant jamais, ainsi que les protestants, dans les lieux consacrés à leurs dévotions.

Quand les deux jeunes catholiques furent entrés, une forte odeur de tabac et de renfermé faillit les forcer à rebrousser chemin. — Pouah ! s'écria, en portant la main à son nez, Jossu, qui pourtant n'avait pas l'odorat aussi délicat que celui d'une petite-maîtresse, pouah ! je parie que tous ces gaillards-là sont venus ici avec leurs pipes dans la poche.

Le temple était comble. Les braves *Jid*, la tête couverte d'une espèce de capuchon de serge et les épaules d'un sarrau de même étoffe, qui primitivement avait pu être blanche, encombraient le lieu saint. Les honnêtes israélites étaient occupés à bredouiller leurs prières d'une façon très-peu euphonique; et Jossu, qui était venu plus d'une fois à la choule, ou *schull*, fit placer Octave sur les premiers bancs, afin qu'il pût tout voir à son aise. Dans l'intervalle d'une prière à l'autre, un chant pur, harmonieux se fit entendre; espèce d'oratorio sans accompagnement, mélange heureux de voix qui ne laissait pas que de porter dans l'âme une douce mélancolie. Par respect, non pour la sainteté du lieu, mais par égard pour l'opinion de tant d'hommes assemblés, au milieu desquels il se trouvait, Octave ôta son chapeau; mais un huissier, décoré d'une chaîne d'argent et portant ainsi que les assesseurs du prêtre officiant un énorme chapeau à la Souwarow, vint lui dire qu'il pouvait se couvrir. Octave obéit. — Les juifs, dit Jossu, qui ne laissait jamais perdre l'occasion de faire de la science, les juifs allaient ordinairement la tête nue, mais ils se couvraient toujours dans le temple, afin d'imiter Moïse et les anciens pontifes qui officiaient la tête couverte. L'historien Josèphe rapporte même qu'on avait grand soin d'ajuster le turban, de peur qu'il ne tombât pendant le service, ce qui eût fourni matière à scandale. C'est l'explication que donne le grand Maïmonides, et voilà probablement pourquoi ces jeunes gens qui chantent avec le desservant ont d'aussi énormes coiffures.

Mais Octave n'entendait plus... il avait découvert Sara... et ses regards avides plongeaient, autant que possible, dans la tribune des femmes, où, agenouillée près de la grille de bois qui fermait cette enceinte, elle paraissait ensevelie dans la plus profonde méditation ; et si ses beaux yeux noirs s'élevaient de temps en temps vers le ciel, c'était avec une expression de bonté, de résignation et d'amour, qui tenait tout à la fois de la nature divine et humaine... L'imagination exaltée d'Octave cherchait elle-même à s'y tromper, et le jeune homme s'obstinait à essayer de deviner si cette belle et douce créature était un ange ou une jeune fille. Elle ne remuait pas les lèvres, mais ses regards disaient que l'encens qu'elle offrait au Dieu d'Israël n'était pas dégagé d'un parfum d'amour terrestre. — Peut-être, pensa Octave, peut-être prie-t-elle pour moi ; peut-être, dit-il, invoque-t-elle son Dieu pour le bonheur de son pauvre ami ! — Il ne l'entendra pas, reprit d'une voix sévère Jossu qui avait compris la fin de l'exclamation de son compagnon, il ne l'entendra pas si cet ami n'est pas juif, car le Dieu de ces gens-là est impitoyable... ce n'est qu'un Dieu de haine et de vengeance... Octave frissonna. — Juge, continua le satirique Jossu, juge combien peu ces gens-là apportent de conviction dans la pratique de leurs devoirs religieux !... Ils baragouinent, il est vrai, les versets de leurs psaumes ou les formules des rituels qu'ils ont entre les mains, mais ils sont aussi distraits que s'ils étaient au spectacle ou dans une vente de l'hôtel Bullion... Les vois-tu s'interrompre pour se dire bonjour presqu'à haute voix, et causer de leurs affaires commerciales ou de leurs spéculations sur les vieux habits et les montres en chrysocale?... Peuple à religion collet-monté, et qui ne voit dans le culte rendu à la Divinité, que les actes extérieurs et jamais le culte du cœur, le seul qui pourrait les excuser. — Et cette jeune fille, cet ange que tu peux apercevoir là haut... n'a-t-elle donc point de conviction ? — Oh ! la jolie fille ! c'est réellement une de ces magnifiques têtes juives, comme Raphaël en a jeté dans ses plus riches fresques... Oui, j'en conviens, elle prie, elle prie d'âme... ce ne sont point de vaines démonstrations... chez elle ce doit être de la vraie piété... Mais, hélas ! la pauvre enfant, que je la plains... Une âme neuve, pure, ardente et le judaïsme !... c'est la vie attachée à un cadavre !... Peut-être qu'un jour sa conviction la perdra ! Ah ! puisse-t-elle ne jamais distinguer parmi les hommes d'autre homme qu'un de ces maudits brocanteurs. Octave fit comme un mouvement de fureur. — Eh ! mais, continua l'intrepide causeur, qui ne remarqua pas l'agitation du jeune homme; eh ! mais, je ne me trompe pas ; c'est lui !... — Qui, lui ? — Le haut et puissant seigneur de la finance israélite... tiens, presqu'en face de nous... vois-tu ? Sot titré, qui n'a jamais vu qu'on se moquait de lui et qu'on voulait savoir, en l'affublant d'un tel ridicule, jusqu'où pouvaient aller sa présomption et sa niaiserie... En vérité, il y a conscience, on a trop bafoué cet homme-là... et cependant le voici tout rayonnant, tout glorieux au milieu de ses coreligionnaires qui le considèrent ni plus ni moins que le Messie, et entouré de ses caissiers, teneurs de livres et autres commis qui lui forment un digne état-major !... Salut à Sa Majesté ! — Plaisanterie de petits journaux. — Non, parbleu ! c'est bien la vérité, la vérité vraie !... Le Turcaret flaire de très-près la couronne d'Hérode le Grand... Écoute... voici les faits... Les Perotes (Grecs du faubourg du Pera) sont, comme tu le sais, attachés pour la plupart en qualité d'aides diplomatiques à presque toutes les chancelleries des ministères européens accrédités auprès de la Sublime Porte. Tu conçois que, par suite de leur position, ils doivent surprendre beaucoup de petits secrets politiques. Eh bien ! c'est grâce aux indiscrétions commises par quelques Phanariotes qu'on a su de bonne source que rien n'était plus réel que l'existence d'un projet fort comique de cession de la Palestine, présenté très-sérieusement aux ministres turcs par l'intermédiaire de l'ambassade anglaise et dans le but avoué de créer un royaume juif... il est devenu évident que cette transaction a été réellement proposée et que le divan n'est pas très-éloigné d'entrer en arrangement à cet égard, moyennant une honnête et sonnante indemnité... Ainsi donc, avant peu et grâce à deux ou trois millions de piastres, ce marchand d'argent, que Jésus-Christ aurait chassé du temple, deviendra le roi des juifs, après avoir été longtemps le juif des rois...

Octave ne put s'empêcher d'éclater de rire à cette sortie de son original compagnon. — Silence! lui dit celui-ci, on se groupe autour de la tribune sacrée. Par extraordinaire, on va faire une prédication... Ne perdons pas un seul mot.

Alors un vieux rabbin monta en chaire, et d'un ton nasillard prononça le discours suivant dans le langage barbare des juifs d'Allemagne : « Sous le bon plaisir de Dieu, qui a fait le soleil et la lune, sous le bon plaisir de la loi très-sainte et parfaite, qui avait déjà subsisté deux mille ans avant d'être le fondement et l'appui des créatures hautes et basses, et qui faisait les délices de son auteur, et qui ensuite fut publiée avec tremblement de terre, etc., sous le bon plaisir des vénérables docteurs qui étudient jour et nuit afin de la rendre, cette respectable loi, claire comme le soleil, à la tête desquels sont les juges choisis pour résoudre les questions et pénétrer les mystères les plus cachés, entre lesquels est aussi le vénérable vieillard, chef de cette synagogue qui ceint ses reins de force, explique la loi en héros et en brave soldat qui a à sa suite un grand nombre de disciples, et dont le nom est connu dans tous les coins de l'Orient, de l'Occident, du Septentrion et du Midi; enfin, je demande pardon aux très-saints habitants de ce lieu, si j'entreprends d'expliquer la section de cette semaine.

» C'est aujourd'hui la grande fête des expiations : continuons de prier pendant tout le jour, continuons de jeûner et reparaissons demain avant le jour dans la synagogue, de peur que le diable ne nous accuse de nous être levés de bon matin le jour précédent par intérêt, parce que c'était le jour des expiations. Ce fut dans ce jour d'expiation qu'Adam se repentit; ce jour-là, Abraham fut circoncis et Isaac lié pour être sacrifié, c'est pourquoi prions à cause de la *ligature d'Isaac;* enfin ce fut ce jour-là que le grand Mosé fit massacrer par ses lévites tous les rebelles du camp. Je veux vous rappeler en peu de mots les principaux traits de la vie de ce législateur des Hébreux, non pas tel que l'a fait la Bible infidèle des goï, mais tel qu'il était réellement, c'est-à-dire Mosé ayant dix coudées de haut, connaissant soixante-dix langues, tous les secrets de la magie noire et de la magie blanche, connaissant même ce que les mages ignoraient, et ayant une voix qu'il pouvait faire retentir dans deux cent mille sphères. Hamram, père de Mosé, chagrin de l'idée que le pharaon ne lui permettait pas d'élever des garçons, chassa sa femme, parce qu'il était persuadé que les filles ne valaient pas la peine qu'il se donnait. »

— C'est très-flatteur pour ces dames, s'écria Jossu. — Comprendrais-tu quelque chose à ce jargon barbare? dit Octave. — Oui, car j'ai longtemps voyagé en Alsace, en Saxe et en Pologne, pays qui fourmille de juifs, et le dialecte des juifs allemands et polonais m'est assez familier. Mais laisse-moi prêter attention à ce que dit le rabbin.

Après avoir marmotté quelques axiomes tirés du Thalmud, le rabbin reprit en ces termes : « Tout le monde trouva que Hamram, père de Mosé, avait raison, et chacun imita son exemple. Cependant Marie, sa sœur, le fit changer de sentiment, et il reprit sa femme de laquelle il eut Mosé qu'on sauva de la main des commissaires égyptiens chargés de tuer tous les premiers-nés. Mais, ô prodige! Mosé vient au monde déjà circoncis et doué de mille talents plus précieux les uns que les autres, ainsi que je l'ai déjà dit; c'est pourquoi Bathiat, fille du pharaon, l'aimait tendrement. Elle était lépreuse, c'est pourquoi elle allait se baigner dans le Nil, où elle trouva l'enfant; elle n'eut pas plutôt touché le coffre qui le renfermait qu'elle fut guérie. Mais il ne voulut jamais téter une Égyptienne de peur qu'elle ne se vantât un jour d'avoir allaité celui qui devait parler à Dieu, tant sa prévoyance d'enfant était grande.

» Mosé, sauvé par miracle, fut porté par Bathiat dans les bras du pharaon son père. L'enfant, qui n'avait que trois ans, mais qui déjà était ambitieux comme devait l'être un jour le chef d'Israël, prit la couronne du roi et la mit sans façon sur sa tête. Balaham, ministre des finances du roi d'Égypte, et le M. de Villèle de ce temps-là, voulait qu'on tuât l'enfant, mais Mosé évita la mort que les magiciens voulaient lui faire donner. En effet, ceux-ci lui ayant fait présenter des charbons et des diamants, Mosé allait prendre les diamants par suite de cet instinct tout israélite dont nous avons conservé le précieux foyer, quand un ange lui tira le bras et lui commanda de prendre préférablement les charbons. Il les porta à sa bouche et se brûla outrageusement la langue, ce qui le fit bégayer le

reste de sa vie, et pourtant il fut par la suite le premier orateur de son temps. Quand il fut devenu grand, un nommé Dathan, maltraité par un Égyptien qui avait séduit sa femme, fort jolie juive nommée Petshiah, se plaignit amèrement à lui du cocuage et de l'insulte. Mosé vengea le front de l'Israélite en tuant l'Égyptien; on le dénonça au pharaon qui voulut lui faire perdre la tête, mais son cou devint de marbre, et le contre-coup du sabre tua le bourreau qui, de cette sorte, fut bien attrapé. Ceux qui furent témoins de ce grand événement devinrent sourds, muets et aveugles, tellement qu'ils ne s'aperçurent pas que Mosé s'enfuyait. Le pharaon perdit lui-même l'usage de la parole, ce qui ne l'empêcha pourtant pas de donner lui-même des ordres pour faire arrêter le coupable que l'on ne put atteindre. »

— Voilà qui est vraiment curieux! dit Jossu. — Quel dommage que je n'y comprenne rien, répondit Octave, et ses regards se portaient sur la place qu'occupait Sara.

« Mosé se retira donc chez Korkom, roi d'Éthiopie, dont le peuple s'était révolté. On le fit chef de l'armée, et comme, à l'aide des magiciens qu'il appela à son secours, il sauva la capitale, il épousa la reine devenue veuve, et lui-même devint roi. Son règne en Éthiopie dura quarante ans. Mais enfin la reine se plaignit que Mosé n'en agissait pas bien avec elle : elle disait même qu'il n'avait pas consommé le mariage. Tous nos thalmudistes et nos savants docteurs sont parfaitement d'accord sur ce point important que la reine d'Éthiopie n'avait pas le sens commun de former une pareille plainte au bout de quarante ans de mariage. Quoi qu'il en soit, on se souleva contre lui et il fut encore une fois obligé de fuir comme un vagabond, et se réfugia chez Géthro, dans le jardin duquel il trouva cette verge fameuse qu'Adonaï avait créée d'abord pour Adam, qui l'avait donnée à Abraham, et que Joseph avait laissée par succession au roi d'Égypte à qui Géthro l'avait volée, puis après la planta dans son potager. Géthro fut obligé de donner sa fille à Mosé parce que c'était une récompense promise à celui qui arracherait la verge. La fille de Géthro eut un fils, mais le grand-père ne pouvant souffrir qu'on le circoncît, Mosé eut la faiblesse de le satisfaire. Alors Adonaï envoya des anges qui engloutirent ce législateur jusqu'aux pieds, ce qui l'épouvanta tellement qu'il en devint bègue pour toute sa vie, ce qui ne l'empêcha pas, ainsi qu'il a été expliqué plus haut, de haranguer son peuple, plus tard, avec une rare éloquence. Enfin, il remplit sa mission et tira les Israélites de l'infâme Égypte, d'où le tyran Bocchoris, le pharaon alors régnant, avait ordonné à nos pères de sortir, sous prétexte qu'ils étaient fripons, turbulents, voleurs et lépreux : et, d'après les conseils du grand Mosé, nos pères, valets adroits et entendus, ne s'en allèrent pas sans voler à leurs maîtres leurs bijoux et leur vaisselle plate. C'est probablement, mes frères, depuis ce temps-là que les enfants d'Israël ont tant d'affection pour le commerce de la joaillerie et de l'orfèvrerie, industrie qu'ils exercent avec une étonnante supériorité chez tous les peuples du monde. Cependant Adonaï se fâcha un jour contre lui parce qu'il prétendit qu'il calomniait les honnêtes gens, et qu'à l'exemple du diable, il décriait le peuple d'Israël devant son trône : mais Adonaï lui rendit bientôt ses bonnes grâces, et il fit un grand nombre de miracles qui tous affermirent son autorité : il empoisonna Nadham et Abihu en mettant du poison dans leurs encensoirs; il fit engloutir Coré, Dathan et Abiron, qui avaient été ses camarades d'enfance, et il fit massacrer par ses lévites quatorze mille deux cents Israélites qui avaient voulu suivre le parti des trois rebelles. Puis, il en fit égorger vingt-quatre mille qui avaient couché avec des filles madianites, et vingt-trois mille autres encore qui avaient adoré le veau d'or qu'il avait fabriqué lui-même, et il devint plus que jamais l'ami d'Adonaï qui l'enleva dans une nuée et le porta dans le ciel. Il rencontra dans son chemin un ange nommé Gumel, qui voulut se mettre sous son manteau pour arriver en contrebande en face d'Adonaï; mais Mosé éternua douze fois, et le bruit fut si fort, que Gumel épouvanté se sauva à douze mille millions de stades de là. Et, dans cette entrevue, Adonaï recommanda plus que jamais au législateur des Hébreux de ne pas épargner les peuples vaincus et de massacrer les femmes et les enfants. »

— Tudieu ! quel législateur et quelle religion !... s'écria Jossu ! Eh bien ! qu'as-tu donc? ajouta-t-il, en voyant Octave attaqué d'une quinte violente, tu tousses horriblement. — C'est cette maudite odeur concentrée de tabac et de je ne sais quoi encore, qui m'est montée au cerveau par les fosses nasales. — Ah! dame! les juifs ne sentent pas toujours la rose, surtout depuis que la reine de Saba a cessé de leur envoyer des parfums : allons prendre l'air, car je ne suis pas non plus à l'abri de l'influence de ce méphitisme : chemin faisant, je te dirai mon opinion sur tous ces gens-là.

Et le rabbin, ayant fini son sermon, recommença à psalmodier des versets que les assistants répétèrent en hochant la tête et en nasillant comme le révérend maître. Quelques-uns cependant, que leurs affaires commerciales appelaient chez eux, et qui voulaient bien être dévots pourvu que leurs intérêts n'en souffrissent pas, replièrent soigneusement les sales morceaux de serge blanche dont ils s'étaient affublés pendant l'office, remirent soigneusement leur bible dans un sac de toile bien crasseux, et s'éloignèrent en marmottant encore quelques prières, jusqu'à ce qu'ils eussent dépassé le seuil de la choûle. A droite, en sortant par la porte principale, se trouvait un tronc dont une main d'argent formait l'ouverture et près duquel presque tous les juifs, à l'exception de quelques-uns qui y déposèrent chacun un centime, passèrent avec indifférence et distraction, tout occupés qu'ils étaient à profiter du peu de temps qu'ils avaient à rester dans la synagogue pour bredouiller quelques versets de plus. Mais Octave, ayant aperçu ces mots : *Secours pour les indigents,* jeta dans le tronc deux pièces de cinq francs en disant : — Ceux-là sont de toutes les religions !

XIX. — LE MOSAÏSME.

— Eh bien ! dit Jossu à Octave, tout en débouchant une bouteille de bière au Jardin-Turc, que penses-tu de tous ces gens-là ? Nous sommes merveilleusement placés pour causer *juiverie,* car c'est ici la réunion de tous les fashionables israélites des deux sexes qui habitent les rues Chariot, Saintonge et lieux circonvoisins. — Ce que j'en pense ! répliqua Octave que cette question de Jossu jeta dans de profondes réflexions... — Que c'est un peuple tout à fait à part... que les juifs sont une nation dans la nation, que ces gens-là ne veulent pas absolument se fondre avec les sociétés qui les ont reçus dans leur sein. — Qu'importent les rites religieux, s'ils apportent dans le commerce ordinaire de la vie cet esprit de conciliation et de sociabilité qu'on a le droit d'attendre de tout citoyen? — Il importe beaucoup!... eh quoi! quand la raison et l'expérience devraient les avoir éclairés depuis longtemps, toujours un culte dont la morale et les dogmes sont évidemment ennemis de tout ordre politique, ainsi que le prouve la seule lecture des livres thalmudiques. — Ils ne sont peut-être juifs que dans la synagogue. — Erreur, mon ami, erreur : on voit bien que tu ne les connais pas... Tu rencontres un juif à la Bourse, au café, au théâtre, ce n'est pas un juif alors, c'est un homme qui n'affecte aucune manière, aucune habitude à lui particulière, c'est enfin un homme comme un autre. Mais pour le juger il faudrait le suivre dans son intérieur .. Rentré chez lui, il se moque avec toute sa gentillesse germanico-hébraïque des goï qu'il admet dans son intimité, mais *hors de chez lui,* il ne les recevra jamais dans sa famille et n'osera peut-être pas même manger une côtelette chez ces mécréants. — Cela est outré. — Non ! cela est exact... j'en sais qui, bien qu'ayant une éducation à peu près libérale, se croiraient perdus si on les voyait seulement attablés avec toi chez un restaurateur. Et si tu me disais encore que j'exagère, il ne faudrait pas trop me presser pour nommer ces niais-là. — Tu parais sûr de ton fait. — Je parle de science certaine .. Qu'est-ce qu'un peuple chez lequel les gens même les moins dévots repoussent jusqu'à l'idée de tout travail, du vendredi au samedi soir, et veulent absolument troubler le mécanisme de l'industrie en prenant un autre jour de repos que celui qui est généralement adopté? gens qui le jour du sabbat, craignant de moucher les chandelles, font allumer du feu par des valets d'un autre culte que le leur, qu'on appelle *chabess-goï,* et qui ne monteraient pas en voiture ce jour-là, s'agirait-il d'aller sauver un ami qui serait à l'article de la mort. — Il faut supposer qu'ils ne sont pas tous de cette trempe... il est d'honorables exceptions, et j'ai maintes fois rencontré dans le monde... — Oui, des juifs esprits forts... gens à l'existence amphibie, espèce d'hermaphrodites qui ne sont ni pour Jésus ni pour Moïse, et qui portent des lunettes pour déguiser le type de leur physionomie d'origine arabe... libéraux de café qui crient bien haut après le fanatisme des vieux Hébreux et refuseront cependant de le donner leur sœur, leur fille, ou leur pupille en mariage, parce que tu n'es pas juif... Eh! tiens, moi qui te parle, j'ai été amoureux fou d'une jeune israélite. — Serait-il vrai? — Fou à lier!... Ce n'était pas la fille d'un banquier, d'un riche agent de change ou d'un riche joaillier... son père était tout simplement marchand colporteur... eh bien! j'aurais été marchand colporteur comme mon beau-père. — Tu voulais donc l'épouser? — A toute force... j'avais déjà adressé ma demande au respectable consistoire... le jour de la circoncision était fixé et le *sacrificateur* préparait déjà son rasoir et son amadou, quand une épigramme qui me fut lancée à propos vint me faire apercevoir que j'allais faire une sottise... L'amour-propre fut plus fort que l'amour; je restai

donc *in statu quo,* et le môhl en fut pour les frais du repassage de son couteau. Ma fiancée s'est heureusement consolée; elle a épousé un de ses coreligionnaires, estimable négociant en plein vent, comme son père, et je la vois très-souvent sur les boulevards vendre des mouchoirs à six francs la douzaine. — Singulière histoire ! — Après cela, il faut convenir que les juifs sont naturellement bons, timides, peu emportés dans la discussion, généralement un peu trop dénués peut-être de cette force morale et de cette énergie qui, chez nous, fils des bouillants Gaulois sénonais, est souvent portée jusqu'à l'exagération; ils sont paisibles, peu remuants, et l'on pourrait probablement espérer quelque chose de leur génération nouvelle, s'ils voulaient prendre à la fin le parti d'être Français avant d'être Hébreux... Mais malheureusement les devoirs, les obligations de la citoyenneté ne sont pour la plupart que l'accessoire, et le judaïsme est l'affaire principale. On voit peu de juifs, il faut l'avouer, encourir des peines capitales. A la vérité, on reproche à une partie du bas commerce israélite d'être malheureusement entaché d'une certaine tendance beaucoup trop prononcée à la cupidité et souvent à l'avarice; mais les industriels de ce culte sont, pour la plupart, assez exacts à remplir leurs engagements. Quant au reproche d'usure, il est absurde, d'abord, parce que tous les usuriers ne sont pas juifs, et ensuite parce que les lois sur l'usure sont attentatoires à la liberté du commerce et contraires aux principes les plus saints de toute économie dont la devise doit être : *Laissez faire et laissez passer.* Je pense avec Jérémie Bentham et Benjamin Constant que l'argent est une marchandise qu'on doit pouvoir vendre cher ou bon marché, selon la hausse ou la baisse du cours. Libre donc, à mon avis, au juif ou au chrétien de ne céder que pour six francs une pièce de cinquante décimes; c'est au consommateur de prendre ou de laisser. — Tu t'éloignes de la question... Ne t'aperçois-tu pas que tu finis par faire l'éloge de ceux que tu attaquais d'abord avec tant de force? — Oh ! j'ai trop de choses à leur reprocher pour leur rendre justice sur quelque point. — Et les femmes juives, qu'en dis-tu? — Elles sont charmantes... En général, les femmes juives valent mieux que les hommes de cette nation... il y a plus d'âme, plus de ressort chez elles que chez leurs coreligionnaires du sexe masculin... Et puis, nous devons les aimer et les défendre, nous autres goï ou infidèles, car elles ont presque toujours assez de goût pour nous préférer aux gentlemen circoncis. — Il me semble qu'il y a un peu de fatuité dans ce que tu dis là. — Non, d'honneur! si les jeunes juives prennent des maris dans leur religion, elles y choisissent rarement leurs affections de cœur. Il y a antipathie complète entre l'organisation morale des femmes israélites et celle des hommes de cette nation. Autant ceux-ci sont froids, guindés et lourds, autant les jeunes juives sont ardentes, tendres et dévouées. Avec elles, en amour, on va plus loin qu'on ne le voudrait. Le cœur d'une jeune juive est réellement un trésor de tendresse. — Il est fort heureux que ces dames aient trouvé grâce devant toi. — Oui, mais on pourrait leur donner l'excellent conseil d'avoir un peu plus de coquetterie et souvent un peu moins de désordre et de laisser-aller dans leur tenue et dans leur mise. A ce petit défaut près, les filles d'Israël sont réellement séduisantes. Quant à ces messieurs, ainsi que je te l'ai dit, ce sont pour la plupart gens fort épais, fort peu impressibles et souvent très-intolérants. — Tu exagères dans ton ressentiment, et tu ne fais que répéter tout ce que Voltaire a dit avant nous... — Tu plaisantes, mais il y a d'excellentes choses à dire et à écrire sur les énormes préjugés religieux et les mœurs archigothiques de ces gens-là... j'y penserai... adieu ...

Octave, débarrassé de son bavard, mais amusant et instructif camarade, se dirigea une seconde fois vers la rue Notre-Dame-de-Nazareth, comptant bien retrouver Sara à la sortie de la synagogue. Effectivement, à peine était-il dans la rue du Temple qu'il rencontra un grand nombre d'individus semblables à ceux qu'il avait remarqués à la choûle et qui retournaient à leur domicile... Il se hâta et aperçut de loin Sara qui semblait attendre sur le seuil de la porte quelqu'un qui n'était autre que Stephann Jéricho, qui devait l'accompagner chez son grand-père, que son âge avancé avait empêché de rester au temple jusqu'à la fin de l'office. Jéricho, chez qui l'intérêt dominait toutes les autres passions, oubliait sa jolie cousine et se disputait avec un autre juif pour une partie de verres de lunettes dont celui-ci refusait de lui donner le prix convenu. Sara, impatientée, allait partir seule quand Octave se présenta devant elle. Un cri de surprise échappa à la jeune juive : — Octave! quoi! c'est vous, mon ami?

Et elle prit machinalement le bras qu'Octave lui présentait, sans penser le moins du monde à son imbécile de cousin qui venait de terminer son marché. Quand il s'aperçut que Sara était accompagnée, il s'arma d'un courage qui était extraordinaire chez lui, marcha brusquement sur le jeune étudiant qu'il ne reconnaissait pas d'abord, et s'écria : — Monsié, monsié, vous fouloir bien laisser c'te b'tite dame, il être afec moi et pas afec fous, di tout, di tout !

Mais Diane qui n'avait pas quitté son maître, et à qui la figure hétéroclite du marchand de lorgnettes déplaisait infiniment, jugeant avec sagacité que c'était un ennemi, n'avait pas perdu un seul des mouvements de Jéricho : aussi, prenant pour une démonstration d'hostilité l'allocution pittoresque du marchand de lorgnettes, elle sauta après la partie postérieure des vêtements du pauvre juif, lui emporta les deux pans de son habit et le fond de sa culotte... Ce fut un grand désespoir pour l'infortuné Jéricho que de voir enlever tout à la fois sa maîtresse et le derrière de son pantalon des jours de gala, non sans que l'enveloppe cutanée du juif eût reçu elle-même quelques atteintes, les dents de Diane étant très-acérées. Aussi braillait-il comme un aveugle... Quelques polissons et ses propres coreligionnaires s'ameutèrent à ses cris et se moquèrent tellement de sa déconfiture, que le malheureux négociant n'eut bientôt plus d'autre parti que de courir chez lui se panser avec de l'eau et du sel, et changer de culotte ; et Jéricho, donnant au diable les goï, leurs chiens et les petits polissons, se sauva comme un voleur, non sans être suivi d'une troupe de gamins auxquels se joignit aussi Diane qui fut trop honnête pour ne pas faire à Stéphann un bout de conduite en lui caressant les mollets de temps à autre.

Il faisait tout à fait nuit... Sara et Octave avaient profité du trouble et du brouhaha causé par l'accident arrivé au piètre Jéricho pour s'échapper. Comme d'habitude, on n'avait pas pris le chemin le plus court pour arriver à la maison du vieux Wurtzmann. Pendant le trajet, mille serments d'amour avaient été faits et reçus ; puis un second baiser, mais un baiser délicieux, baiser rendu cette fois par la jolie lingère, cimenta pour toujours le pacte d'alliance, et quand la belle juive souleva le marteau de la porte cochère, ses joues étaient brûlantes, ses yeux humides, et son beau sein, agité par l'éclair de volupté qui avait glissé sur ses lèvres, bondissait avec violence sous les plis de la mousseline. Et Octave s'éloignait en disant : — Que je suis heureux ! elle m'aime ! Et Sara fermait la lourde porte en pensant qu'un juif n'aimerait jamais ainsi, puis elle s'écriait : — Comment tout cela finira-t-il ?

XX. — UN MOUCHARD.

Il faisait ce matin-là ce que l'on appelle un froid de loup, un froid noir, humide, pénétrant, accompagné de ces brouillards lourds, malsains, tristes, qui vous fatiguent, vous ennuient, vous rendent inaptes à la moindre chose, vous poursuivent jusqu'au coin de votre feu. Les rues étaient fangeuses plus que de coutume, une boue gluante faisait à chaque pas trébucher les piétons et pester les portefaix ; une mauvaise humeur générale dominait sur les physionomies, et la population lutécienne n'avait pas l'air ce jour-là de faire partie de la nation qui créa le vaudeville et le calembour ; enfin tous ces braves citadins avaient la mine refrognée, l'abord rude, l'allure défiante, voire même quelque peu menaçante : le bon peuple avait apparemment marché sur quelque mauvaise herbe en se levant. Cette couleur maussade, disaient quelques-uns, pouvait être attribuée au bruit généralement répandu dans Paris qu'une fameuse congrégation se disposait à heurter de tout son pouvoir les conséquences d'une mesure de haute sagesse émanée de la volonté royale, mesure qui régénérait tout à coup le système politique de la France en lui donnant de fidèles mandataires et de véritables représentants.

Et cependant, en forme de contre-sens, et probablement parce que chacun semblait mal à son aise, quelques individus débouchant de la petite rue Sainte-Anne sur le quai des Orfèvres avaient l'air très-contents d'eux-mêmes ; leurs figures généralement ignobles avaient une expression de joie basse et sale qui ne se remarque chez eux que dans les grandes occasions, et glisse sur leurs méchantes figures comme le reflet d'une lanterne de corne sur les portes des cachots d'un bagne. Le Créateur, qui s'était amusé à faire ces gens-là à son image, n'avait sûrement pas choisi son jour de barbe pour cette opération. Pourtant, parmi ces personnages, un seul semblait faire exception. Rien de ce qui caractérisait ceux avec lesquels il se trouvait, n'apparaissait chez lui. Rien de hideux, rien de sinistre ne se lisait sur ce visage qui néanmoins avait été sillonné par de violentes souffrances ; une teinte d'honnêteté non équivoque le distinguait tellement des autres qu'on se demandait pourquoi il se trouvait en pareille compagnie. Et cependant il y était bien de son gré, sans qu'on l'y eût contraint ; il aurait été bien désolé de ne pas avoir été jugé digne d'y figurer ; on voyait même qu'il s'efforçait de prendre quelques-unes des habitudes de ses compagnons. Il écoutait avidement ce qu'ils disaient, quoique, de temps à autre, les paroles qui venaient frapper son oreille semblassent lui causer des crispations de dégoût et de colère, qu'il s'empressait de réprimer aussitôt. C'était surtout à l'instant où un homme gros, assez grand, fortement constitué, aux favoris roux, à l'œil hardi et perçant, venait de lui donner des ordres que s'étaient manifestés chez lui ces symptômes. Ce dernier portant le costume d'un postillon, armé d'un fouet court et noueux devant lequel paraissaient trembler les séides de la rue Sainte-Anne, était évidemment le chef de la bande ; il donna un coup d'œil rapide sur son monde, dit quelques mots à l'oreille de l'homme aux crispations, et s'éloigna.

J'oubliais de vous dire qu'indépendamment de son air honnête et de ses grimaces, l'homme avait aussi une jambe de bois avec laquelle il ne semblait pas encore très-familiarisé. Si nous eussions été dans un temps plus rapproché de nos triomphes ou de nos désastres militaires, on eût pu le prendre pour un de ces braves maltraités par le brutal compagnon du soldat, mais à cette époque on ne songeait déjà plus à la complaisante artillerie de la Bidassoa et l'on n'avait pas encore idée de l'innocent canon du Péloponèse ; donc ce n'était pas un défenseur de l'État, mais tout bonnement un simple industriel qui, au moyen de son éloquente infirmité, attirait sur lui les produits de la générosité publique ; du moins c'était ce que semblait indiquer un extérieur assez misérable. Après avoir reçu ses instructions, le mendiant s'achemina par le pont Saint-Michel ; il marchait aussi rapidement que le lui permettait la disparité de ses jambes ; une ardeur toute particulière l'animait. Bientôt il disparut en tournant le coin de la rue Saint-André-des-Arts.

Le cours de physiologie d'un savant professeur venait de finir ; les nombreux élèves qui se pressent à ses leçons sortaient tumultueusement de la salle où elles se donnent, et se répandaient dans la cour et sous les galeries de l'École de médecine. Plusieurs groupes se formaient, on discutait avec chaleur ; il semblait que quelque point important des doctrines de Broussais, de l'électro-puncturiste Cloquet, ou de Bichat, fût en controverse. Cependant la discussion, bien qu'animée, arrivait à un point central qui paraissait réunir tous les avis. Ce n'était pourtant pas d'aphorismes ni d'ordonnances médicales qu'il s'agissait, mais bien d'affaires auxquelles la jeunesse actuelle a décidément pris le parti de se mêler, au grand désappointement du perruquinisme de toute nature, qui voudrait réserver aux ailes de pigeon le droit exclusif de couvrir de leur sage et haute protection la vigoureuse génération sortie de nos réformes, et de régenter un avenir qui ne leur appartient pas, et dont ils se sont séparés encore moins par le temps que par le rétrécissement et la vieillesse de leurs idées ; enfin on faisait de la politique à l'École de médecine. On la faisait large, profonde, quelque peu romantique ; on s'éloignait irrévérencieusement des routes tracées par l'index crochu du financier de Villèle ; on parlait de charte, d'élections, de chambres, de renvoi des ministres, et même de mise en accusation, toutes choses damnables s'il en fut jamais, tous propos sentant le réquisitoire à pleine gorge et devant attirer sur les mécréants les foudres de l'argus préfectoral ; aussi plusieurs individus de la sorte de ceux qui un instant auparavant étaient sortis de la rue Sainte-Anne avaient-ils été vus rôdant autour de l'École ; un d'eux même s'y était introduit... Les étudiants l'avaient traité comme ils auraient fait d'un malade, s'ils avaient eu le diplôme d'impunité ; il avait eu bien de la peine à sortir de leurs mains sans avoir préalablement servi de sujet pour une démonstration anatomique.

Ce qui occupait le plus les jeunes gens, c'étaient les nominations des nouveaux députés : Paris venait de donner l'exemple aux départements. La bonne ville envoyait à la tribune douze députés constitutionnels. On parlait de banquets civiques, d'illuminations, de félicitations publiques ; l'on prétendait que des masses de citoyens devaient se rendre à la demeure des nouveaux élus, et nos jeunes têtes délibéraient si une députation d'étudiants ne se joindrait pas à celles qui se préparaient à célébrer cette solennité. — Parbleu, messieurs, s'écria tout à coup l'un des plus résolus, parbleu ! je ne vois pas à quoi une plus longue délibération peut servir ; ne sommes-nous pas d'accord sur le fond ? — Assurément. — Eh bien ! procédons à la forme : tirons au sort les membres de la députation ; un d'eux se chargera de prononcer une petite allocution de circonstance, et... — Et pour prononcer une allocution de circonstance, il faut d'abord en avoir une... Quelqu'un y a-t-il songé ? — C'est juste... mais j'ai là notre homme... Octave... écoute, et je pense que mes camarades ne me démentiront pas : il faut que dans une heure tu me livres, parfaitement conditionné, un discours digne d'être débité devant les aigles de notre tribune législative, entends-tu ?... — Bravo ! bravo ! Casimir a raison...

allons, Octave, à l'ouvrage... vite !... vite ! il nous faut cela... dans une heure ! — Mais, messieurs, vous n'êtes pas raisonnables... d'ailleurs, je ne me sens pas de force à trouver rien de convenable... — Bah ! bah !.. tu es ferré en politique, toi... les brochures l'ont prouvé... Or, à la besogne... ou pas d'amphithéâtre pendant un mois. — Ce maudit Casimir m'enfournera toujours dans quelque échauffourée de sa façon, disait Octave en grommelant... que le diable l'emporte !... Allons, encore celle-là... — Et si personne, continuait Casimir, ne se souciait du rôle d'orateur, mes bons amis, je m'offre... Vous connaissez la vigueur de mes poumons... l'éclat de mon organe et de mon débit aurait fait honte à celui du braillard Legendre et du fougueux Danton.

Une bruyante acclamation accueillit la proposition de Casimir : il fut décidé qu'il porterait la parole.

Comme cette importante résolution venait d'être arrêtée, un bruit sourd d'abord, puis prenant rapidement une intensité bien marquée, se fit entendre au dehors de l'Ecole de médecine, sur la place où se trouvaient aussi un grand nombre d'élèves et de curieux : un rugissement semblable à celui qui précède un tremblement de terre parcourut la place encombrée... des fluctuations partielles agitèrent cette masse... on se questionnait... on demandait : — Quoi ? — Qu'y a-t-il ? — On dit... — Je ne sais ! — C'est là... là-bas ! vers la fontaine. — Non !... près de la porte ! — Ah ! ah !... on se pousse ! — Quel est cet homme ? — Une étrange figure. — Suspecte ! — Oui... vraiment ! — Un mouchard... peut-être ! — Voyons ! voyons ! — On le presse... on l'interroge... il se trouble. — Il se débat ! — Le misérable !

Et des voix criaient : — Le mouchard ! le mouchard ! — Assommez-le ! — Jetez-le dans la fontaine ! — Non ! brisez-lui les os ! — A l'amphithéâtre... à l'amphithéâtre... disséquons-le ! — Nous verrons s'il est fait comme un autre homme !

Et la cohue devenait effroyable... Au milieu, se débattait un homme poussé, ballotté comme le débris d'un navire. Il demandait en vain qu'on l'entendît... il se défendait avec sa béquille... elle fut rompue en mille pièces et il serait infailliblement tombé sur le pavé, si ceux qui l'entouraient ne se le fussent rejeté et repoussé tour à tour... il voulait parler... sa voix était étouffée par d'autres qui faisaient retentir ce mot d'ignominie et de proscription : — Le mouchard ! le mouchard !...

Mais un étudiant s'élance tout à coup, écarte la foule, traverse rapidement le flot qui menaçait d'engloutir l'homme... Le boiteux pousse un cri en apercevant celui qui s'approche. — Monsieur Casimir, monsieur Casimir ! au nom de Dieu ! sauvez-moi ! — Vous, vous ici ! et que diable y faites-vous ? — Sauvez-moi. — Mes amis... un instant... un instant... je connais ce brave homme. — Ce brave homme ! tu ne sais donc pas... — Quoi ? — On l'a vu ce matin sortir de la rue Sainte-Anne, un des chefs de la police politique l'accompagnait... lui parlait. — Cela n'est pas possible... — Nous en sommes certains... — Voyons. entendons-nous ! bon homme, vous voyez ce dont on vous accuse... répondez. — Mais, monsieur Casimir !...

Et l'homme jetait autour de lui un regard tremblant, effaré. — Monsieur Casimir, je voudrais... — Répondez... vous hésitez... seriez-vous... — Je suis... un mouchard !

Casimir recula comme s'il eût entendu le sifflement d'une vipère. — Malheureux ! s'écria-t-il.

L'homme reprit : — Ecoutez-moi, monsieur Casimir, écoutez-moi... ensuite vous me jugerez... Il faut que je vous parle à l'instant, ajouta-t-il en baissant la voix... j'ai à vous entretenir des choses les plus sérieuses, qui vous intéressent, qui intéressent tous vos amis... mais ici je ne puis pas... d'autres nous écoutent... emmenez-moi !

Casimir ne concevait rien à cette proposition... il hésitait, mais l'expression de franchise qui régnait dans les paroles du mendiant le décida. — Suivez-moi, lui dit-il... Mes amis, je vous réponds de lui... dans une heure, au café de la rue des Mathurins... j'y serai.

La foule s'ouvrit, Octave et Casimir se dirigèrent vers le Luxembourg; l'homme à la jambe de bois les suivit... on lui avait prêté une canne... Puis de nombreux rassemblement qui couvrait la place s'écoula par les rues adjacentes et une profonde tranquillité succéda bientôt à la violente crise de la matinée.

XXI. — L'AUTRE HARVEY-BIRCH.

Quand ils furent dans la grande allée du Luxembourg, Casimir se retourna brusquement, il fixa sur le mendiant un regard interrogateur. Celui-ci avait l'air craintif du chien qui tremble d'avoir déplu à son maître et qui ne sait ce qu'il va être caressé ou battu; cependant il se décida à prendre la parole : — Certainement, messieurs, vous devez avoir de moi une bien mauvaise idée, d'après l'aveu que je viens de vous faire ici; cependant cet aveu ne contient que la vérité... oui, je me suis fait... et, quoique ce mot me cause une espèce de suffocation en le prononçant, il faut le dire... je me suis fait... mouchard !... et ce n'est pas pour vous le reprocher, c'est vous qui en êtes cause.»

Les deux jeunes gens firent un mouvement de surprise tel que le mendiant en recula de deux pas. — Cela vous étonne, mais si une bonne intention a jamais pu faire excuser une mauvaise action, c'est bien dans le cas où je me trouve. Vous vous rappelez que c'est à vos soins généreux que je dois la vie : pendant les cinquante jours que je suis resté à l'hôpital pour la guérison de ma jambe, vos bontés et vos attentions pour moi avaient, s'il était possible, ajouté de nouveaux motifs de reconnaissance à ceux que j'avais déjà, et je désespérais de jamais pouvoir m'acquitter envers vous. Un matin, avant l'heure à laquelle vous venez ordinairement faire votre visite, je reçus l'ordre de quitter l'hospice, on avait reconnu que ma guérison était complète. Je partis avec le bien vif regret de ne pouvoir vous offrir mes remercîments, je ne connaissais pas votre demeure. Quelques bonnes âmes avaient joint à mon ordre de sortir un peu d'argent; je me rendis aussitôt à l'endroit où j'avais laissé ma femme, elle n'y était plus : l'autorité locale l'avait fait enfermer à cause de sa folie qui pouvait occasionner quelque malheur. Quand je fus arrivé à l'hospice où, comme moi, elle avait été transportée, on ne put me représenter que son acte de mort. Peu s'en fallut que ce dernier coup ne m'ôtât le peu de forces et de courage qui me restaient; qu'allais-je devenir sans pain, sans asile, infirme, dans l'impossibilité de me soutenir par mon travail ?... je résolus d'implorer la charité publique... mais cette dernière ressource ne tarda pas à m'être enlevée. La police me surveilla, je n'étais pas *en règle* pour exercer *la profession* que je venais d'embrasser, on me conduisit à la préfecture de police. A la salle Saint-Martin où l'on m'avait jeté au milieu de ce que Paris produit de plus misérable et de plus dépravé, je rencontrai un de ces êtres qui ont fait tous les métiers sans avoir pu jamais se tenir à aucun. Il avait été arrêté comme vagabond et il craignait d'être envoyé pour un an ou deux au dépôt de Saint-Denis; aussi me dit-il que pour éviter la maison de refuge il était décidé à reprendre son ancienne *partie :* il m'apprit qu'il venait de faire offrir ses services au chef de la brigade de sûreté, et qu'ayant fait preuve d'habileté dans les affaires de la charte, indubitablement il serait employé. — Pourquoi, continua-t-il, ne feriez-vous pas comme moi ? vous êtes dans une position tout aussi fâcheuse : comme vagabond vous serez condamné à six mois de prison, puis mis en surveillance ou à la disposition du gouvernement pour le reste de vos jours; autant vaudrait être condamné à mort, car c'est presque toujours là que conduit cette surveillance qui engendre mille fois plus de crimes qu'elle n'en prévient. D'ailleurs vous m'avez l'air d'un bon homme, pas malin, mais vous vous ferez, je vous veux du bien. L'occasion est bonne, profitez-en ; la police se prépare de l'ouvrage, il y a un mois qu'elle y travaille. Vous savez que les élections vont avoir lieu, on sait d'avance que les libéraux auront le dessus, on veut les mater à la manière de 1819 et l'on dispose une conspiration, des rassemblements séditieux, des proclamations; on dit que ça sera superbe, encore bien plus admirable que les épingles noires, les œillets rouges et l'affaire de la Rochelle; on croit même qu'il y aura une bataille comme à Grenoble ou à Saumur. Il paraît que c'est monté avec le soin qu'on donne chez M. Franconi à la mise en scène d'une grande pièce militaire... Je voudrais déjà y être ! Il va falloir l'impossible d'agents provocateurs, et comme ce sont les mieux payés, c'est dans ceux-là que je vais m'enrôler. Je suis sûr que cette campagne-là nous donnera de quoi vivre pendant six mois. Ainsi, mon brave, si cela vous convient, vous n'avez qu'à dire un mot et ma protection vous arrivera.

J'avais écouté cet homme avec une répugnance indicible, mais cependant il avait piqué ma curiosité, j'allais lui témoigner combien j'étais éloigné d'accepter cette proposition, lorsqu'il ajouta : — Une chose encore qui vous est favorable à vous, c'est votre jambe; avec ça que vous avez l'air tant soit peu cuivré, vous vous ferez passer facilement pour un ancien militaire... un vieux *Egyptien...* Alors on vous chargerait du quartier des Ecoles de droit et de médecine. Vous pourriez sans être suspect, car il y a là des gaillards qui nous épiloguent solidement, vous pourriez voir, examiner, entendre tout ce qui se dira, se fera. C'est surtout aux jeunes gens des Ecoles qu'on en veut, ce sont eux que l'on essayera principalement de révolutionner, et si vous pouviez, pour votre compte, en enfoncer quelques-uns, vous ne savez pas où cela pourrait vous conduire.

Les dernières paroles de l'ex-mouchard me firent une impression que je ne puis vous définir, je me rappelai toutes les obligations que je vous avais... j'acceptai sans hésiter... le lendemain... j'étais espion !...

Les deux jeunes gens saisirent en même temps la main du mendiant... ils l'avaient compris... une larme roula dans les yeux d'Octave, le mendiant respira plus librement, et l'expression d'un contentement d puis longtemps banni de son visage flétri y reparut subitement, il continua : — Vous ne sauriez imaginer avec quelle ardeur je me livrai à l'étude de mon nouvel état : j'étais constamment tout yeux et tout oreilles; rien ne m'échappait, ni des discours de mes dignes acolytes, ni des instructions qu'ils recevaient, ni de celles qu'on me donnait; puis, lorsque j'eus rassemblé assez de renseignements pour vous éclairer sur le danger que vous couriez, je me mis à la recherche de votre demeure. Hier seulement j'ai pu la découvrir, mais vous étiez sortis quand je m'y présentai le matin. Informé de la fermentation qui régnait à l'École de médecine et ayant reçu l'ordre de m'y rendre, je suis accouru bien persuadé que je ne manquerais pas de vous y rencontrer l'un ou l'autre. C'était dans cette intention que je m'étais mêlé aux groupes qui s'étaient formés sur la place, lorsque j'ai été reconnu pour avoir été vu le matin avec un des premiers agents de la préfecture; je vous dois une seconde fois la vie. Mais, si vous voulez en croire l'avis d'un pauvre homme, pénétré pour vous de la plus vive reconnaissance, tenez-vous sur vos gardes, fuyez les rassemblements, ne vous mêlez d'aucune députation, d'aucun mouvement, restez enfermés chez vous. Les actions les plus innocentes vont être incriminées; la police cherche tous les moyens d'exciter des troubles; sous le moindre pretexte, les citoyens tomberont victimes des machinations que l'on ourdit contre eux. Je sais que les troupes ont reçu l'ordre de se tenir prêtes à marcher : toutes les bandes de la préfecture sont sur pied; des misérables, que l'on a choisis parmi tout ce que les faubourgs ont de plus hideux, sont payés pour proférer des cris séditieux. Ils iront casser les vitres de ceux qui n'auront pas illuminé à l'occasion des nouvelles élections; ils essayeront d'entraîner avec eux quelques gens simples et faibles, puis la gendarmerie paraîtra. Vous devez penser de quelle façon les choses tourneront, et même, s'il le faut, on fera marcher toute la garnison pour qu'il ne manque rien à la vigueur de ce qu'ils appellent un *coup de collier*.

Le récit du mendiant avait confondu les deux étudiants; ils ne pouvaient croire à de telles infamies. Ils savaient bien que provoquer quelques individus isolés pour les perdre plus facilement n'était qu'un jeu pour la police, mais chercher à égarer les masses, une population tout entière, afin de pouvoir la décimer à son aise, ils n'osaient le penser. Bons jeunes gens, vous ne connaissez guère les puissants de l'époque !

— Maintenant, reprit le père de Rosine, je n'ai plus rien à faire avec ceux que j'ai hantés depuis quelques jours, Dieu en soit loué ! Je ne sais pas ce que je deviendrai, mais bien certainement jamais le pain de la police ne me laissera de gravier dans la bouche ! — Venez nous voir demain, lui dit Casimir, et soyez sans inquiétude pour l'avenir !...

Ils se séparèrent; en passant près du grand bassin qui se trouve au bas du palais, le mendiant tira de sa poche quelques pièces de cinq francs et les jeta avec colère et dégoût au fond de l'eau : c'était la première gratification qu'on lui avait remise le matin. Après quoi il se lava les mains, s'assit sur un banc et grignota tranquillement un morceau de pain sec.

XXII. — LES NOVEMBRISADES.

C'était le 19 novembre; sept personnes, dont la poitrine était décorée d'ordres et de crachats, tenaient conseil autour d'une table verte; la discussion paraissait fort animée : l'un de ces hommes, aux cheveux gris, au teint safrané, parlait avec chaleur à ses compagnons qui l'écoutaient avec la plus grande attention. — Il n'y a plus à hésiter... l'esprit révolutionnaire étend chaque jour ses immenses ramifications; n'en doutez pas, messieurs, avec de la faiblesse, le ministère arriverait, de concession en concession, à l'atonie politique la plus désespérante... Je vote pour les rigueurs salutaires. — Et qui parle d'hésiter ? répondit un des plus fougueux interlocuteurs. Croit-on que la monarchie puisse s'abaisser longtemps encore aux insultantes exigences de la tribune ?... L'ère de Mirabeau n'est plus, et il est temps de prouver à ces gens que la liberté, telle qu'ils l'entendent, n'est qu'une ridicule chimère. — Ensuite, il est impossible de se dissimuler que, sous l'apparence des formes du gouvernement représentatif, la monarchie se précipite par une pente rapide vers cet odieux fédéralisme, objet des vœux ardents de tous nos républicains de trente ans. — Et le clergé, messieurs, et le clergé !... vous n'en dites pas un mot !... l'on est-il outragé cet ordre sacré, qu'ils osent appeler le *parti prêtre* !... L'incrédulité est à son comble, les lois de notre sainte religion sont méconnues, les églises sont désertes; on quitte les sermons de l'éloquent abbé Guyon pour aller entendre les chants profanes d'un vil histrion... La nation périra un jour comme la coupable Sodome, et, nouveau prophète, je lui prédis pour punition de son impiété tous les fléaux du monde. — Eh ! parbleu, s'écria le spadassin de l'honorable compagnie, trêve de jérémiades et allons au fait sans charlatanisme. Ce sont nos intérêts, et non ceux de la royauté, que nous débattons dans ce moment; la punition exemplaire de quelques misérables factieux peut affermir notre puissance et en prolonger la durée de quelques mois. — Mais êtes-vous bien certains. dit en prenant une prise de tabac un gros personnage dont l'énorme obésité le faisait distinguer au milieu de ses confrères, êtes-vous bien certains que vos moyens de rigueur produisent les résultats que vous en attendez ?... si les mutins étaient les plus forts ? — De par tous les diables, n'avez-vous pas peur ? répliqua vivement en frappant sur la table l'homme aux manières soldatesques dont nous avons déjà parlé. — Ecoutez donc... il y a de quoi... en 89 et 93... — Eh ! corbleu ! ce temps est bien loin de nous... l'énergie révolutionnaire est usée et l'on ne conspire plus de nos jours, malheureusement. — Oui, bien malheureusement... il nous faudrait pourtant une petite conspiration...— Dieu ! si nous avions Fouché !... c'est lui qui aurait eu bientôt fait de nous en fabriquer une... mais il n'est plus, le grand homme ! — Messieurs, la police est-elle donc dépourvue de moutons et d'agents provocateurs ? Or, ces imbéciles bourgeois, sans nul doute, allumeront des lampions et s'assembleront pour crier *Vive la charte !* est-il donc impossible de transformer tout cela en révolte ?—Il a, ma foi, raison, s'écria l'homme au rabat; dans ce cas, nous ferions croire à Sa Majesté que le trône et l'autel sont à deux doigts de leur perte. — Et que si elle veut les sauver, il faut résister aux vœux de ces infâmes régicides, qui n'ont d'autre but, en la privant de serviteurs aussi zélés, que de renouveler l'horrible 21 janvier. — Messieurs, dit le président, voici le scrutin... les boules noires seront pour les rigueurs salutaires.

Chaque membre s'avança vers l'urne et y déposa lentement une boule. Il y avait quelque chose d'affreusement sinistre dans le retentissement produit par la chute de chacun de ces petits globes d'ivoire, car c'était question de vie ou de mort ! Impassible comme le bourreau qui fait tranquillement les apprêts du supplice de la victime qui lui est livrée, le président du conseil saisit l'urne et la renversa. — Sept boules noires ! s'écria-t-il avec une joie féroce... les mesures de rigueur sont adoptées.

— ... Tiens ! v'là Bouté !... où c' que tu vas donc comme ça ? — C'est toi, mon vieux Rousseau ?... qu'est-ce que tu fais donc depuis que t'es revenu du *pré*... travailles-tu toujours sur les *loffards*...— Du tout... je travaille en *mezière* .. j'aime mieux ça, je suis charpentier de mon état. — A ton aise, vieux, à ton aise... c'est pourtant dommage... toi, qui promettais d'être un jour un *grinche de la haute !* — Que veux-tu, vieux ? c'est trop dangereux d'*amorcer le riflard*. — C'est qu'y n'y a pas moyen d'*affurer d'aubé* avec la cognée et la besaiguë. — Ah ça, toi, quoi donc que t'as à *louper* et à fichumasser avec toutes ces frimousses-là... où diable les as-tu prises ? — C'est tous des *ouvriers*... mais dans ce moment-ci, nous travaillons dans la politique; c'est une commande importante qu'on nous a faite : il s'agit de manigancer les *bourgeoaillons* à seule fin que ça ait l'air d'une conspiration, et que les *flambards* des hirondelles de potence puissent faire leur jeu. — Tu fais là une besogne bien chanceuse, Bouté. — Que veux-tu ? il faut bien faire quelque chose pour gagner sa pauvre vie... et puis les deux pièces de cent sous m'ont tenté...d'ailleurs ce gueusard de Coco, qui fait le câlin auprès de ses chefs pour parvenir, m'a dit qu'il savait de mes tours et qu'il me renverrait *faucher* si je refusais... Dame ! mon vieux, écoute donc ! depuis que je suis revenu du *dur*, j'ai femme et enfants, il faut vivre... et voilà !

Et le mouchard caressait un fort joli marmot qu'il tenait par la main, en lui disant : — Allons, petit, rentre; va trouver ta mère... t'es toujours sur mes talons, tu n'as pas affaire ici, allons, pars, petit drôle !... Ah ça, tu dois connaître quéques-unes de ces balles-là, toi... V'là ce gueusard de Corniquet qui dévalisait si bien les *Cambrioles* autrefois. — Est-ce que c'est pas ce *floueur* de Chapotin que je vois là-bas ?... — C'est ça !... le gros Chapotin qui arrêtait les diligences avec les chouans du temps des guerres de la Vendée ! ah ! il commence à se sûrir un peu, l'ancien... et puis v'là le petit Rougeard qui faisait la *grande soulasse*... un fameux, lui ! Quant à ce vieux *birbe*, c'est un nouveau...

Ici le mendiant boiteux, car c'était lui-même que le mouchard désignait, sembla prêter une oreille attentive au discours des deux amis. — Il entre dans la partie bien tard... ensuite avec sa *guibole* de bois, il ne doit pas être rude à la course. — Les chefs ont dit que c'était fameux un homme invalide, parce que ça imposait de la confiance aux jobards... Ah çà ! définiti-

vement veux-tu être de la boutique, toi?... — Merci, chose! tu
ne m'entortilleras pas... ton article est trop scabreuse. — Eh
bien! en ce cas, puisque tu refuses le morceau de pain qu'il y
a à manger dans c't ouvrage, je vas commencer les évolutions
suivant le mot d'ordre. — Quoi qu'il chante donc ton mot d'ordre? — Il chante une fameuse gamme... les *philippes* et les
yeux de crapauds rouleront joliment demain pour nous à la
préfecture!... Quel beurre ça va nous faire dans les épinards!
allons à l'ouvrage, les amis... vous savez la consigne, ne faites
pas les *fègnants!*

Et la troupe se dispersa en poussant les cris d'une joie
ignoble et barbare. — Des lampions!... des lampions! — Pourquoi qu'il n'en met pas, celui-là? — C'est un ultra! — C'est
un jésuite! — C'est un agent de l'itt et Cobourg... un suspect!
— Qu'est-ce que tu dis donc, vieux septembriseur? tu te
trompes... tu sais bien que ces cris-là ne sont plus à l'ordre
du jour. — C'est juste... c'est juste... à bas la calotte... à bas
les droits réunis! — A la bonne heure! c'est plus contempo-
rain, ça. — Des lampions! des lampions! il n'y a pas de lampions au troisième!... qu'il mette des lampions celui-là... c'est
un jésuite!

Et les pierres commencèrent à voler... quelques vitres furent
brisées... On entendit même des cris de *l'ice l'empereur!*
poussés par Bouté et ses agents. Ainsi commença la soirée du
20 novembre 1827.

Quelques jeunes gens étaient assemblés dans un café sur la
place de l'École-de-Médecine, le punch circulait, on discutait
avec énergie; quelques hommes aux manières insinuantes et
observatrices s'étaient glissés au milieu des groupes et paraissaient étudier avec attention les progrès de l'effervescence des
jeunes orateurs au milieu desquels, par ses improvisations
chaleureuses, se distinguait Casimir. — Eh quoi! s'écriait-il,
souffrirons-nous qu'une police infâme se joue de la vie des citoyens?... Mes amis, marchons en foule vers les lieux dont
elle veut faire le théâtre de ses exploits, et prouvons par une
contenance ferme et hardie que nous ne sommes pas disposés
à laisser égorger impunément de paisibles citadins. — A quoi
songes-tu? s'écria Octave; ne sais-tu pas que les agents de
Franchet sont les seuls auteurs de ce mouvement populaire
qu'ils exploitent au bénéfice de leurs patrons? Oui, mes amis,
nous sommes victimes d'une ruse infernale, la police voudrait
encore nous enlacer dans ses réseaux; elle nous a lâché ses
dogues, elle compte sur nous pour cette honteuse journée,
nous devons fournir le complément nécessaire à la troupe des
tapageurs salariés. Irez-vous servir de compères à tous ces
échappés de bagne? On n'attend que ce moment pour vous calomnier encore, pour vous présenter comme un ramas de séditieux toujours prêts à saisir l'occasion de troubler l'ordre et la
tranquillité publics. — Et que nous importent, répliqua Casimir, l'estime et la bonne opinion d'une poignée de misérables,
vieilles têtes à catogan, qui n'ont jamais pu comprendre depuis
quarante ans ce que signifiait le mot *patriotisme!* permettrons-
nous lâchement que les émissaires de la rue de Jérusalem
poussent avec sang-froid d'honnêtes artisans sur la pointe du
sabre des gendarmes?... Montrons-nous au moins, et qu'une
résistance passive prouve à ces gens-là que nous sommes disposés à défendre la paix publique plutôt qu'à la troubler. —
Ils y viendront, dit sourdement une voix dans la foule. —
Notre présence, reprit Octave, ne sera-t-elle pas plutôt pour
les agents provocateurs un levier puissant pour exciter le désordre? glissés dans les rangs du peuple, des mouchards, nous
le savons, doivent le pousser à la révolte. On nous a toujours
dépeints à l'autorité actuelle sous des couleurs peu favorables
et si nous nous montrons aujourd'hui dans les groupes, on
mettra nécessairement sur le compte de l'esprit turbulent et
factieux qu'on prête aux deux écoles les résultats sanglants de
la scène que l'on prépare.

Cette allocution vigoureuse parut diminuer de beaucoup
l'exaspération de la jeune assemblée; on était presque décidé
à suivre les sages conseils d'Octave; cela parut déranger les
projets de quelques hommes à mine sinistre qui circulaient
dans le café, et l'un d'eux s'écria d'une voix de stentor :

— Tant de prudence n'est que de la poltronnerie... rappe-
lons-nous les coups de sabre du quai Saint-Michel.

Ce mot produisit un effet magique, les muscles de toutes les
figures se contractèrent, des étincelles jaillirent de tous les
yeux, le coup avait porté.

— Étudiants, s'écria un nouvel acteur qui entrait, on bat
la générale, les troupes sortent de leurs casernes; la gendarmerie, le sabre au poing, se promène dans tous les quartiers
de la capitale. — Ça va bien, dit à part un des assistants. —
Les ennemis de la France veulent se venger de ses dédains...
la police se promet une horrible curée, il y aura du sang de

répandu ce soir... mais seulement du sang de peuple! — Nous
y mêlerons le nôtre, s'écria le fougueux Casimir, amis!
partons !

Et la foule, s'échappant du café comme la vapeur trop longtemps comprimée qui brise le vase qui la contenait, se parta-
gea en différents groupes et se répandit dans les environs;
puis le quartier latin fut tranquille comme un champ de
mort.

Il était neuf heures du soir; de nombreux passants circulaient
dans la rue Saint-Denis et les petites rues adjacentes; des
hommes en guenilles qui paraissaient commandés par d'autres
mieux vêtus proféraient hautement des menaces contre ceux
dont l'opinion paraissait contraire au résultat des élections
et sur les fenêtres desquels on ne voyait pas de lampions. A
ces hommes, parmi lesquels on remarquait celui dont nous
avons déjà parlé, s'étaient joints quelques ouvriers imprudents;
des pierres furent lancées, des vitres furent brisées. Un vieillard
se mit à la fenêtre et voulut imposer à cette multitude effrénée,
un énorme caillou le frappa : c'était ce que voulait la police.
En effet, on avait vu des agents de l'autorité circuler dans la
foule au commencement de ces désordres, sans chercher à les
apaiser; mais bientôt la face des choses changea subitement;
les troupes de ligne sorties des casernes de la rue Popincourt,
de la Courtille et de l'Ave-Maria, et que, par une horrible
prévision, on avait tenues sous les armes pendant une partie de
la soirée, s'avancèrent en bataille comme s'il s'agissait de faire
le siège d'une ville ou d'enlever une redoute.

— Dis donc, Julien, dit un des soldats à son camarade, entends-tu tout ce bruit? on dirait de la fusillade... est-ce qu'il
s'agirait de donner la chasse aux pékins de la capitale? — Et
non, sauvage, tu n'entends pas que c'est des pétards avec
lesquels que les Parisiens s'amusent crânement. — Eh bien!
quoi qui z-ont donc à s' réjouir si fort ces conscrits-là? tiens,
effectivement, v'là des lampions... en v'la-t-il, en v'la-t-il... —
Farceur! y paraît que tu n'es pas fondé sur la politique, toi!
les Parisiens se réjouissent à cause qu'on veut nommer des
bons députés. — Eh ben! qu'est-ce que ça nous fait? — Ça
nous fait beaucoup, oblirijus! tu sais donc pas, sauvage, que
quand la cause nationale triomphe, le simple soldat monte plus
vite en grade, qu'il touche un sou de plus tous les cinq jours
et qu'il mange du pain blanc première qualité. — Tiens, c'est
chouette ça, tout de même... — Chut! voilà notre maistre de
colonel! — Ah! le v'la qu'il donne ses ordres... il sourit, il
est content... ça ira mal pour le bourgeois!... — Ah! j'l'hais-
t-y! notre colonel, j'l'hais-t-y, est-il dur au pauvre soldat! Y
avait un de ces officiers qui se réunissent chez mon lieutenant
dont auquel je suis le brosseur, qui disait comme ça l'autre jour
que ce méchant émigré y voudrait voir revenir l'ancien régime,
la faction sur un piquet, les coups de canne et les verges. C'est
un *tartufle*, il veut être maréchal de camps!... — Tiens, le
voilà qu'il est en *circonférence* avec les gendarmes et le commissaire; il se dispute avec le bon commandant... Ah! ah! le
commandant refuse et a l'air de dire *nix!* Voilà le commissaire
qui met son écharpe... voilà les grippe-jésus qui gagnent à
droite et à gauche sans crainte de marcher sur les pieds des
bourgeois. — Ils n'ont qu'à mettre des sabots de bois, les pékins. — Ils sont polis comme des langues de chat, ces cadets
des gendarmes : ce n'est pas comme moi, l'autre jour que j'étais
au bal du Bœuf-Rouge, ayant écrasé le pied d'un jeune paysan,
je lui demandai excuse!... il a voulu marronner... mais... —
Paix! v'là que ça se gâte... v'là un aide de camp du général
qui vient de parler tout bas au colonel... le commissaire lui
donne des ordres... M'est avis que c't oiseau-là sera notre général pour à c'soir. — Entends-tu comme ils gueulent, ces
bourgeois? il paraît pourtant qu'ils ne veulent pas trop se laisser
mesquiner... Quoique ça, pas de bêtises ici... je suis Parisien...
je n'ai pas envie de détruire mes concitoyens.

Ici un commandement sonore de halte interrompit subitement
les deux causeurs et une charge en douze temps fut ordonnée.
Un morne silence régnait parmi les soldats, et malgré la gros-
sièreté et le peu d'éducation de la plupart de ces hommes, quand
la cartouche homicide tomba lourdement dans le tube de fer,
un frémissement d'horreur circula dans tous les rangs. — En
avant! marche! s'écria d'une voix de stentor le colonel. — Ah!
mon pauvre Julien! il va y avoir de *l'oignon* ce soir : le commissaire va faire des siennes et le colonel va gagner les épau-
lettes à deux étoiles.

Les tambours se firent entendre du côté de la porte Saint-
Denis et de la place du Châtelet; la foule pouvait encore s'é-
loigner par les rues circonvoisines, mais quelques gendarmes
voltigeant sur les flancs de cette multitude paraissaient vouloir
la contenir, la masser, la réunir sur un même point et l'empêcher de fuir. — Aux barricades! aux barricades! nous sommes
bloqués, défendons-nous. — Oui... oui... défendons-nous.

Et cédant à ces infernales provocations, les artisans se précipitèrent vers un bâtiment en construction, en arrachèrent la clôture, en sortirent des pièces de charpente et traînant leurs fardeaux au milieu des plus horribles vociférations, ils élevèrent en quelques minutes une espèce de redoute. Jusqu'alors on avait vu l'agent de police à la jambe de bois essayer de calmer la fureur de ces artisans, mais il n'avait pu y parvenir. Quelques mauvais traitements ayant été la seule récompense de ses généreux efforts, toute sa sollicitude s'était portée sur plusieurs jeunes gens parmi lesquels on remarquait Octave et Casimir dont il suivait tous les mouvements et qu'il ne perdait pas de vue. — Pourquoi êtes-vous venu ici malgré mes avis ? dit-il à Casimir. — Parce que nous ne voulons pas rester tranquillement chez nous, tandis que l'on égorge nos concitoyens.— Et vous, monsieur Octave, vous, plus réfléchi, plus raisonnable... comment avez-vous pu consentir... — Que vouliez-vous... je n'ai pas cru devoir abandonner ce fou au milieu du danger... sans moi il aurait fait des siennes. — Et Sara, Sara, que dira-t-elle ? — Quoi ! vous savez ? — Oui, je sais tout : j'espérais que ses larmes auraient plus d'empire sur vous que mes sages conseils ; je l'ai prévenue... pauvre jeune fille, quelle était son inquiétude ! — Malheureux ! qu'avez-vous fait ? — Elle aurait pu vous retenir peut-être... mais elle arrivera trop tard !...

Ici de nouveaux hurlements se firent entendre, des gendarmes vinrent escarmoucher jusque sur la palissade derrière laquelle étaient retranchés les assiégés ; ces braves éclaireurs, ne se voyant pas en force, se replièrent courageusement sur le 18e de ligne qui s'avançait la baïonnette en avant. — Ça chauffe, les pièces de cent sous vont rouler pour nous. — Est-ce que ces misérables-là oseraient tirer sur les citoyens ? s'écria Casimir. — Fuyez ! dit l'homme à la jambe de bois. — Non pas, f...! voici le moment le plus intéressant... je reste ; Octave, va-t'en, si tu veux. — Ecervelé ! tu sais bien que je ne veux pas te quitter dans un pareil instant. — Ils ne s'en iront pas, s'écria le mendiant-mouchard en frappant de rage sa jambe de bois avec l'espèce de béquille dont il se servait pour marcher.

En ce moment le bruit du tambour se rapprocha, on entendit le pas lourd et mesuré des soldats ; les ennemis se trouvèrent en présence ; mais aucun agent de l'autorité ne se présenta pour faire les trois sommations légales : on voyait seulement un homme en noir, que quelques-uns disaient être un commissaire de police, hâter le pas des soldats et les exciter par ses paroles ; il était accompagné d'une foule d'agents de police subalternes dont la chaleureuse interférence ne semblait pas non plus rester inactive. — Parisiens, éloignez-vous, s'écria l'officier supérieur qui commandait le bataillon. — Non ! non ! non ! répétèrent mille voix sortant de derrière les palissades qui se trouvaient près de la rue Mauconseil. — Va-t'en donc, mioche, dit, en repoussant un petit garçon, un homme à mine rébarbative dont la mission n'était pas douteuse... mais le petit garçon n'en persistait pas moins à vouloir se glisser dans la foule par suite de cet instinct de curiosité qui domine l'enfance. — C'est le petit de Bonté ! quoi que tu viens faire ici, méchant môme... ton père est à l'ouvrage, laisse-le tranquille ; s'il y a du gâchis, ce n'est pas là ta place : sauve-toi, gamin. — Eloignez-vous, Parisiens, répéta l'officier, ou nous serons obligés de faire feu. —Non ! non ! — Insensés ! s'écria Octave, vous obstinerez-vous à vous compromettre par une folle résistance ? — Tiens ! est-ce qu'il voudrait arranger l'affaire, celui-là ? ça ne ferait pas notre compte. — Entendez-vous le fatal roulement... exposerez-vous votre vie, le repos, la sûreté de vos familles par un entêtement ridicule qui ne peut avoir aucun résultat avantageux pour la cause publique ? Hâtez-vous de fuir, il n'est que temps. — Non ! non ! nous ne fuirons pas ! — Eh bien ! vous obtiendrez une capitulation honorable.

Et ce mot de capitulation chatouilla agréablement l'oreille des tapageurs qui répliquèrent : — Ça va, capitulons !

Octave fut aussitôt élevé sur les épaules de quatre vigoureux artisans, et placé sur une pièce de bois qui faisait saillie à l'espèce de redoute derrière laquelle se trouvaient les mutins ; il agita son mouchoir blanc, les tambours cessèrent de battre ; au même instant, Diane, la chienne chérie d'Octave, qui l'avait suivi à la piste, Diane arriva toute haletante, et perçant la poutre où était son maître, et le saisissant par son habit, essayait de l'entraîner loin du poste périlleux qu'il occupait. — A bas, Diane ! à bas ! s'écria l'étudiant courroucé... à bas, drôlesse !

Et il la repoussa rudement... L'animal obéissant lâcha prise et se retira en lui jetant un regard suppliant. — Commandant ! s'écria alors Octave, ces hommes ne sont qu'égarés, voudriez-vous qu'un moment d'erreur plonge leurs familles dans le deuil et la désolation ? — Certainement non, monsieur, je suis citoyen comme eux... mais aussi je suis soldat, et je dois obéir aux ordres qui me sont transmis : qu'ils s'éloignent donc tranquillement, et je vous jure qu'il ne tombera pas un seul cheveu de leur tête.

Pendant ce dialogue, qui retardait l'exécution de ses projets, le petit monsieur en noir qui accompagnait l'officier donnait des signes d'une grande impatience ; quelques-uns des plus ardents provocateurs de la révolte montrèrent leurs têtes hideuses hors de la palissade, et l'homme noir parut établir avec eux une correspondance de signaux.—Vous fûtes citoyen avant d'être soldat, reprit Octave, vous ne devez donc pas vous trop hâter d'obéir à des ordres de sang : donnez-moi le temps nécessaire pour calmer l'effervescence de ces hommes dont la plupart sont victimes d'une atroce perfidie.

Ici Octave fut interrompu par des cris de fureur sortis de la bouche des soldats dont quelques-uns venaient d'être renversés par la chute d'un fragment de poutre lancé sur les bataillons par un des agents provocateurs que les résultats de l'éloquence politique d'Octave avaient effrayés. — Feu ! s'écria l'homme noir qui n'attendit pas l'ordre de l'officier ; et cent fusils lancèrent aussitôt la mort en dépit du commandant qui fit en vain un geste pour neutraliser l'ordre subit donné par l'émissaire de la rue de Jérusalem. — Retire-toi, jeune homme, tu as encore longtemps à vivre !

Ces mots étaient prononcés par l'homme à la jambe de bois, qui poussa violemment, derrière une énorme solive, Casimir qui voulait absolument rester exposé au feu du bataillon. — Retire-toi !

Casimir fut sauvé, mais le vieillard reçut le coup mortel. — Octave ! Octave ! où es-tu ? s'écria le malheureux jeune homme, entraîné par la foule qui fuyait le champ de carnage.

Octave ne pouvait l'entendre !...

XXIII. — UNE HEURE.

Une heure venait de sonner, les rues étaient silencieuses et la paix la plus profonde, une paix de mort régnait dans ces lieux où quelques heures auparavant l'énergie populaire, un instant réveillée, avait paru pouvoir lutter contre la puissance des baïonnettes ; des patrouilles nombreuses parcouraient tous les quartiers de la capitale, et les mouchards échelonnés éclairaient la marche des gendarmes ou des soldats qui, l'arme au bras ou le sabre au poing, semblaient parcourir un champ de bataille après une victoire. Tout indiquait l'état d'hostilité de messieurs de la police, et quelques-uns même des agents de Franchet portaient des armes de poche qu'ils faisaient briller aux regards des citoyens assez hardis pour s'aventurer au milieu de ces hordes ennemies. Casimir, entraîné par la foule dont la fuite honteuse ne lui avait pas permis de revenir sur ses pas, était arrivé à la place Saint-Michel. Tout en réfléchissant aux événements de cette journée, et tout en se mordant les doigts, il fulminait contre la faiblesse de ce peuple qui lâchait si facilement prise, et contre la férocité de ses oppresseurs. Cent fois il avait voulu retourner vers le lieu du combat ou plutôt vers celui de l'assassinat commis sur ses concitoyens ; mais il avait été retenu par ses jeunes amis, qui, connaissant sa témérité et son courage, ne voulaient pas le livrer à de nouveaux dangers. Il venait de se séparer d'eux, et il était sur le point d'arriver chez lui en pensant que peut-être Octave l'avait précédé ; cependant de noirs pressentiments agitaient son âme : une crainte vague, indéfinissable, lui disait que cette horrible journée, pour lui, n'était pas encore complète.

Il était livré à ces sombres réflexions, quand tout à coup une femme, s'élançant vers lui et le saisissant par le bras, s'écria d'une voix terrible : — Octave ! Octave ! — Octave ! — Oui, Octave !

Et Casimir, à la clarté du réverbère qui jetait une lueur rougeâtre, reconnut Sara. Il resta pétrifié à cette vue, et les regards perçants de la jeune fille semblaient lui demander un compte sévère. Les rayons de lumière tombant d'aplomb sur cette belle physionomie imprimaient aux traits de Sara une teinte de force et de beauté peu communes ; et cette figure, ordinairement un peu pâle, était animée, expressive ; puis des cheveux bruns comme le jais, dans un désordre divin et tombant sur de superbes épaules, et sous ces longs cils que la colère et l'inquiétude rendaient immobiles, des yeux noirs lançant des jets de flamme. — Eh quoi ! Sara, vous ici à cette heure ? — Octave... Octave ! qu'avez-vous fait d'Octave ?... — On m'a probablement précédé à l'hôtel... — Non, il n'y est pas !

— Il n'y est pas, dites-vous ?

Et une affreuse idée vint frapper Casimir. — Dites-moi, qu'est-il devenu ?...

Et puis la jeune fille insistait, et plus d'horribles craintes agitaient Casimir. — Voudriez-vous me cacher quelque funeste catastrophe ?... — Sara, vous vous alarmez à tort ; calmez-vous, je vous en conjure. Octave était à mon côté... tout à l'heure.

Et Casimir pensa à la décharge de mousqueterie et au malheureux mendiant qu'il avait cru voir chanceler, et à l'absence d'Octave qui datait de cet instant. Sara suivait tous ses mouvements, elle s'aperçut de son hésitation et s'écria : — Vous voudriez en vain me le cacher, il est arrivé quelque malheur à mon Octave... il est tué peut-être !... — Tranquillisez-vous... tranquillisez-vous... demain nous saurons assurément... — Demain ! l'attente serait horrible... non... non... à l'instant même... courons : je le veux !

Et la jeune fille entraînait Casimir qui céda à son impulsion et bientôt ils furent arrivés sur la place du Châtelet.

Deux acteurs de la scène de meurtre du chapitre précédent s'entretenaient près de la faible barricade élevée par les agents provocateurs et enlevée à la baïonnette par les soldats du 18e. — Dis donc, Rougeard, ç'a été chaud, hein ? — Ne m'en parle pas, ces conscrits, comme ils y allaient !... — Amis et ennemis, ils n'épargnaient personne... amis et ennemis, ils tiraient dessus sans barguigner, les enragés ! — As-tu entendu ce vieux capitaine qui a crié à ceux de sa compagnie : — Soldats ! on me donne l'ordre de faire feu sur nos concitoyens... je vous déclare que je ne me crois pas responsable d'un tel acte... Tirez donc puisqu'on le veut, mais selon votre conscience... Et tous ses soldats ont tiré en l'air. — Oui, mais par malheur, y avait à la fenêtre d'un cinquième une pauvre vieille femme qui vidait, sauf ton respect, son pot de nuit, et qu'a reçu un haricot dans le béguin. — Tiens, tant pire ! on peut pas faire d'omelettes sans casser d'œufs... vois, moi, je puis me vanter d'avoir joliment chauffé la chose... Dieu me pardonne ! je crois qu'ils allaient partir tranquilles comme Baptiste, ces jobards-là. — C'est ce freluquet, ce maudit taiseur de phrases... Il parlait ben tout de même. — Oui, mais quand j'ai vu que ça se gâtait pour nous, j'ai empoigné une bûche que j'ai expédiée en messager aux amis. Il était un peu lourd le *baluchon*. Je suis sûr que j'en ai assommé un des nôtres... pour le bien de la chose... hein ! j'dis qu'elle est *chouette l'escarpe* !... — Certainement, il est mort pour la bonne cause, celui-là... — C'est un martyr... *De profundis !...*

Et les deux misérables se mirent à rire aux éclats.

— Dis donc, Bouté, je crois que l'orateur a eu le sifflet coupé de c'l'affaire-là... — Oui, avec un morceau de plomb... ça y apprendra à se mêler de ce qui le regarde. —Ah çà ! faisons notre article, et pendant que les autres vont patrouiller du côté de la rue Honoré... — Dis donc *Saint-Honoré...* que t'es mauvais genre, Rougeard !... c'est une expression de la révolution ça ! et nous autres, nous sommes pas des Jacobins... M. Delavau a dit qu'il n'en voulait pas dans la police... — Ça m'a échappé... Ah ! je suis bon royaliste, moi... Voyons, sans plus de phrases, profitons du moment et decanchons vivement les *filoches* ou les *toquantes* des farceurs qui ont descendu la garde.

Rougeard portait une lanterne, les deux mouchards suivirent une trace de sang qui les conduisit sur les marches du passage Saucède... — En v'là un ! dit Rougeard... Dieu me pardonne ! c'est une enfant !... les gueusards ! un pauvre enfant !... — Un enfant !... s'écria Bouté, puis une sueur froide coula sur tout son corps... — Oui, un soliveau est à ses côtés... il est teint de sang... c'est peut-être avec ça qu'il a été tué... — Donne ! donne ! dit Bouté en arrachant la lanterne des mains de son compagnon.

Il s'avança précipitamment vers le cadavre de la victime dont le crâne avait été fracassé... la cervelle avait jailli avec force... les marches du passage étaient couvertes de ses débris... Bouté souleva le corps, écarta les cheveux blonds et bouclés de l'enfant, approcha la lanterne qu'il laissa retomber aussitôt. — Ah ! mon pauvre Charlot ! mon pauvre petit Charles !...

Et le malheureux père se roulait de fureur et de désespoir sur les marches de granit que dans sa rage il mordait avec d'horribles convulsions. — Ah ! c'est ton garçon, répondit Rougeard, avec un sang-froid atroce, après avoir ramassé la lanterne et tout en soufflant sur la mèche pour chercher à la rallumer... ah ! c'est ton garçon... c'est embêtant !... — Mort et damnation !... les scélérats m'ont fait tuer mon enfant !... Ah ! que ne puis-je me plonger dans une cuve remplie de leur sang !... — Allons, des bêtises ! ta femme en fera un autre... viens ! viens ! — Non, faut que j'en tue un de ces gueusards-là... — Qui ? les amis des gueusards ?... si Coco t'entendait demain à la préfecture, au lieu des oignons qu'on nous a promis, on nous ferait cadeau des menottes. — Non, non ! faut que *j'escarpe* quelqu'un ce soir ; faut que je me venge, ou je mourrais d'un coup de sang... Mon pauvre Charles ! — Est-il sciant avec son *môme* ! murmura l'impassible Rougeard... Voyons, éloignons-nous de ce lieu maudit... laisse là le mioche... puisqu'il y a plus rien à en tirer, autant que ce soit la ville qui se charge des frais d'inhumation... — Oui, lieu maudit, exé-

crable, c'est l'enfer !... Que le ciel vous écrase tous, infâmes qui nous payez !... — Suis-moi... il le faut... car à la fin tu nous compromettrais : M. Henri n'aime pas qu'on jure...

Et Rougeard parvint à entraîner, malgré ses violents efforts pour se tourner encore du côté du cadavre de son fils, Bouté qui, l'œil hagard, le visage livide, rongeait le manche d'un poignard qu'il avait tiré de son sein.

Quelques instants après le départ des deux mouchards, Sara et Casimir sortirent de la rue Aubry-le-Boucher et s'avancèrent vers la rue Saint-Denis. Sara portait ses regards à droite et à gauche ; elle marchait avec précaution, craignant d'éveiller l'attention des cerbères de la police ; puis, de temps en temps, elle se hasardait à crier d'une voix qu'elle assourdissait par prudence : — Octave ! Octave !

Personne ne répondait. Bientôt Casimir arriva près de la maison en construction d'où les agents provocateurs avaient tiré des matériaux pour former la barricade. — Un cadavre ! s'écria-t-il.

Et il souleva un membre qui retomba sur le pavé en rendant un son clair... c'était une jambe de bois. — C'est le vieux pauvre ! c'est le père de Rosine. — Ce n'est point Octave ! répliqua Sara qui respira plus librement. — C'est fini, dit Casimir, qui considéra les traits du mort à la lueur douteuse d'un réverbère dont le reflet rougeâtre se jouait à travers les arceaux inachevés de la maison... c'est fini !... pauvre homme... c'était bien la peine de l'avoir fait tant souffrir en lui coupant la jambe... Il y a tout au plus huit jours qu'il est sorti de l'hospice !... Ah ! si nous avions voulu écouter ses conseils... Quelle singulière destinée que celle de cette famille... toute la souffrance, toute la douleur pour elle ! — Cherchons Octave, dit Sara qui était restée étrangère à tout autre sentiment que le désir de retrouver son amant.

Casimir la suivit et elle répéta à demi-voix : — Octave ! Octave !

Au même instant un léger bruit se fit entendre, et un chien accourant aussitôt posa ses deux pattes sur la robe de Sara. — Diane ! Diane !... il n'est pas loin.

Effectivement, la chienne fidèle, après avoir caressé la jeune juive, se dirigea vers une allée entr'ouverte. Arrivée là, elle se mit à pousser de plaintifs hurlements. Sara pénétra la première dans l'allée. — Le voici, le voici ! s'écria-t-elle.

Octave était couché sur la dalle froide et humide. Après le coup qu'il avait reçu, il avait pu se traîner jusque dans cette allée, où bientôt il était tombé, privé de tout sentiment. Casimir lui passa la main sur le cœur... il respire encore... une balle à la gorge... l'artère carotide n'est point attaquée... la blessure n'est point mortelle. — Octave ! Octave ! mon ami, mon époux, reviens à toi... Il ne me répond pas, Casimir ; vous me trompez, il est mort peut-être...

Un soupir échappé au blessé rassura la jeune fille qui, dans son délire et penchée sur le corps de son amant, lui prodiguait les noms les plus doux et couvrait son visage de baisers. — Hâtons-nous, dit Casimir. — Je vous aiderai à porter ce précieux fardeau, dit Sara avec un air de résolution qui indiquait qu'elle ne souffrirait aucune contradiction à cet égard.

Deux hommes s'arrêtèrent alors devant la porte de l'allée où gisait Octave ; c'étaient Bouté et Rougeard qui étaient revenus sur leurs pas. — Que faites-vous là ? s'écria l'un d'eux. — Vous le voyez, dit Casimir, nous portons des secours à un blessé ! — Ça ne vous regarde pas, perturbateurs, passez au large... — Qui êtes-vous pour m'intimer des ordres ? — Agents de police. — Misérables ! — Ah ! il nous appelle misérables... c'est encore un de ces brigands de conspirateurs... un de ces gueux qui sont cause de la mort de mon pauvre Charlot... Tu payeras pour tous, toi... A la préfecture !... — Lâches coquins ! — Rougeard, donne les poucettes...

Casimir se retira vers l'allée pour s'y retrancher et s'y défendre. Le mouchard voulut l'y suivre ; mais Diane, qui défendait le corps de son jeune maître comme un dépôt sacré, devint furieuse et lui sauta à la gorge. Le mouchard perdait déjà la respiration, en dépit des efforts qu'il faisait pour se débarrasser de son terrible antagoniste. Cette lutte n'allait pas se terminer à son avantage, lorsque tirant son poignard, il en frappa trois fois la pauvre Diane qui vint expirer sur le seuil de la porte de l'allée où était son maître. — A toi maintenant, l'homme au chien ! dit Bouté.

Et il leva son poignard pour tuer Casimir qui, plus vigoureux que son adversaire, arrêta son bras, saisit l'arme et plongea la lame entière dans la poitrine de Bouté, qui fit quelques pas en arrière et tomba sur les marches du passage Saucède, près du corps de son fils qu'il serra encore une fois d'une étreinte de désespoir et de rage... puis un râle affreux, un gémissement de mort... et tout fut terminé pour lui ! — Diable de Bouté, va ! dit Rougeard en se sauvant, il vient de recevoir un fameux atout.

Casimir, épouvanté de cette scène d'horreur, chercha le corps d'Octave; il n'était plus dans l'allée... Il entendit marcher dans l'escalier... c'était Sara qui, pendant la querelle engagée entre Casimir et les mouchards, craignant qu'on ne lui ravît son Octave, l'avait pris dans ses bras et s'efforçait de gravir les degrés pour le soustraire à ses bourreaux... La pauvre enfant succombait sous le poids... sa chevelure était éparse... sa poitrine haletante, et le sang qui coulait de la blessure d'Octave avait inondé sa robe... son courage avait été obligé de céder à la fatigue... elle n'avait plus la force nécessaire.

Casimir chargea le corps d'Octave sur ses larges épaules et partit, accompagné de Sara, chez qui le danger avait doublé l'énergie. La jeune juive précédait Casimir, éclairait sa marche, et comme une lionne qui veille sur ses petits, elle était déterminée à défendre chèrement le peu d'existence qui restait à son amant.

XXIV. — LES FUNAMBULES.

Six mois s'étaient écoulés, et, à des jours de sang, de terreur et de frimas, à l'impudent et funeste machiavélisme d'une administration *déplorable*, avaient succédé des temps plus calmes et l'aurore d'un système qui promettait à la France des libertés qui devaient encore, presque toutes, s'évanouir comme les nombreuses et vaines illusions dont on la berce depuis trente ans, et pour lesquelles elle a fait de si longs et de si généreux sacrifices. Un triumvirat stigmatisé par la haine et le mépris public venait de s'écrouler, aux applaudissements d'une population qui pardonne cependant bien facilement aux gens qui s'exécutent, pourvu qu'ils ne conservent pas de ces velléités jésuitiques qui lâchent d'une main, et retiennent de l'autre. Enfin, l'espérance et le mois de mai étaient de retour; une vie nouvelle circulait dans le corps politique, la nature entière semblait sourire aux joyeux pressentiments d'un peuple qui croyait ses fers brisés, et qui ne se doutait pas qu'on s'occupait à lui en fabriquer de plus lourds.

Par une des belles soirées de ce mois de mai si frais et si doux, une voiture de place occupée par quatre personnes descendait lentement la montée de Belleville. En arrivant près du canal, une des personnes qui occupaient cette voiture mit la tête à la portière, et s'écria, en montrant du doigt la porte d'un restaurant : — Tiens, Casimir, regarde donc... avons-nous fait de fameuses parties là?... hein!... ces pauvres *Vendanges*... mais maintenant *n. i. ni*, c'est fini... oh! que tu es changé, mon Casimir... adieu, paniers!... à propos, te rappelles-tu?... ah! ah! ce bon vieux bonhomme!... fi! le vilain! — Ah! tu n'as pas oublié son histoire? — Qui pouvait bien passer pour une fable, comme disait M. Piron à sa nièce...

Et les deux interlocuteurs se mirent à rire de souvenance, sans que les deux autres personnages y prêtassent grande attention. — Mon ami, disait tout bas une autre femme à un jeune homme, dont une pâleur touchante couvrait encore le visage, mon ami, n'êtes-vous pas fatigué?... En voulant aujourd'hui célébrer votre convalescence, peut-être avons-nous été imprudents... peut-être... — Oh! non, non, jamais je ne me suis senti aussi fort... Mais c'est vous, chère Sara, qui devez être fatiguée; car votre bras m'a soutenu pendant une partie de notre promenade. — Non... mais tous deux nous avons besoin de ménager nos forces... hélas! je prévois qu'elles nous seront nécessaires pour lutter contre l'avenir qui se prépare... — Oh! je vous en conjure, n'empoisonnons pas cette délicieuse journée par de sinistres pressentiments... Douce amie, soyons tous au bonheur d'une réunion qu'un fatal événement a failli rendre impossible, excepté dans l'éternité... Oh! ma Sara, sans tes soins, ton amour, aujourd'hui ma main glacée ne reposerait pas dans la tienne, comme, sans cet événement, jamais je n'aurais su combien tu m'aimais.

Ici, une larme coula sur les joues devenues brûlantes du jeune enthousiaste, et tomba en roulant sur les mains de la jeune fille qu'elle fit tressaillir. — Octave, ne parlez pas tant, je vous en prie... on vous l'a défendu... si votre blessure, encore à peine cicatrisée, venait à se rouvrir!... — Eh bien! tu me soignerais encore... à ce prix, j'envierais toutes les douleurs de la terre!

Une main blanche et douce comme le duvet du cygne se posa sur la bouche de l'étudiant, et l'empêcha de continuer. Sa compagne ajouta à voix basse : — Mon Octave, tais-toi, je t'en prie; veux-tu voir renaître mes cruelles inquiétudes pour ta santé? Je te défends d'ajouter un mot.

Un baiser punit la main caressante qui l'avait presque provoqué, et un regard d'amour et de reconnaissance fit baisser les yeux de la charmante enfant qui prêchait une retenue que tout auprès d'elle rendait impossible.

Pour l'intelligence de cette petite scène, il faut se reporter aux chapitres précédents, et se rappeler l'état où se trouvait Octave à la suite du massacre de la rue Saint-Denis; heureusement pour lui que près du passage Saucède demeurait la vieille Judith, la nourrice de Sara, et sa seconde mère : c'était chez elle que le malheureux jeune homme avait été transporté; car il eût été impossible de le faire conduire à son hôtel, sans compromettre un dernier souffle de vie toujours prêt à s'éteindre; c'était donc chez Judith que, chaque jour, Casimir et un habile médecin venaient lui donner tous les soins que l'art et l'amitié peuvent réunir pour sauver un malade; c'était là aussi que, presque chaque soir, se rendait Sara; c'était là que, la mort et le désespoir dans l'âme, elle demandait à son Dieu, à celui des chrétiens, à toutes les puissances des cieux, la vie de son amant. Tant qu'Octave ne fut pas hors de danger, tant qu'il ne lui eut pas assuré lui-même que rien n'était plus à craindre pour ses jours, elle ne cessa de lui prodiguer ces soins qu'une amante seule sait donner, et c'était à ces attentions si soutenues, si délicates, que le jeune étudiant devait son rétablissement inespéré, bien plus peut-être qu'aux secours de l'art que lui avait administrés un des médecins les plus savants de la capitale. Et lorsqu'il fut décidé que sa translation pouvait avoir lieu sans inconvénients, on l'emporta à son hôtel. Adrienne et Sara venaient, aussi souvent qu'elles le pouvaient, visiter le convalescent, et charmer les ennuis de sa solitude.

Un des premiers jours de mai avait été fixé pour la première sortie d'Octave, et les quatre amis s'étaient fait conduire aux environs de Belleville. Arrivés au coin du boulevard, Casimir renvoya le fiacre qui les conduisait et allait proposer d'entrer dans un café voisin, lorsque Adrienne jeta les yeux sur la foule qui se pressait à la porte d'un théâtre près duquel ils arrivaient, et vit une affiche portant en énormes caractères : THÉÂTRE DES FUNAMBULES. — *Représentation extraordinaire au bénéfice de M.* DEBUREAU, *premier comique, etc... Le Bœuf enragé, danses et voltiges, etc.*

— Dis donc, Casimir, s'écria-t-elle... ça doit être joliment beau ce soir chez les *Acro-pattes*. — Dis donc acrobates... mot composé de deux mots grecs... — Qui veulent dire?... — Mais cela veut dire... attends... — Comment... tu hésites... toi qui es si fort au billard... A quoi donc sert l'éducation?... — Cela veut dire, je crois : *hommes dansant les pieds en l'air.* — Eh bien! qu'est-ce que je t'ai dit? *Acro-pattes*, qui s'accroche par les pieds à une corde... c'est clair... — Oui, tu possèdes tes auteurs grecs... comme un véritable funambule. — Mais au fait, continua Casimir, pourquoi ne pas compléter la journée en entrant ici... Dites-moi, sublimes amants, êtes-vous de cet avis?... Nous nous reposerons un instant, et quand le bâillement viendra, nous décamperons... une première loge n'est pas le diable aux Funambules...

Octave regardait Sara : cette proposition lui souriait, elle devait prolonger le temps que lui donnait sa chérie... celle-ci hésitait... — Mais, si l'on nous voyait... si Jéricho se trouvait là... vous savez combien je le redoute... — Oh! non... votre cousin ne se compromettrait pas au point de venir offrir sa délicieuse marchandise aux habitués des Funambules... il n'y a pas là de gens à vue basse, fatiguée... le peuple voit clair... maintenant. Au reste, il y a des loges grillées... — J'ai déjà fait beaucoup trop aujourd'hui, répliqua la jeune juive... maintenant que le danger qu'a couru Octave ne me laisse plus autant d'inquiétude, je dois me résigner à le voir moins souvent... — Fait-elle la sucrée! dit à part Adrienne, avec un petit ton aigre-doux... c'est bien embêtant les femmes qui ont des principes?... — Sara, dit alors Octave, j'ai besoin d'un peu de repos... consentez... encore ce sacrifice... et puisque Casimir assure que nous ne pourrons être vus... — Allons, je ne veux rien vous refuser aujourd'hui, répondit la jeune juive avec un sourire de bonté... mais à l'avenir...

Adrienne et Casimir étaient déjà au bureau et s'étaient procuré quatre places, et deux minutes après, les quatre amis, grâce à une légère gratification qui surprit agréablement l'ouvreuse, peu habituée à ces sortes de générosités, se virent installés dans une loge d'avant-scène de laquelle ils pouvaient voir sans être aperçus, excepté des acteurs, ce qui leur importait fort peu, attendu qu'ils n'imaginaient pas que personne de leur connaissance montât sur les planches plébéiennes du théâtre des Funambules.

On s'étonnera peut-être de voir nos deux jeunes lingères disposer aussi librement d'une journée tout entière et la consacrer au plaisir, lorsque l'on sait combien mademoiselle Dufrény tenait à l'emploi du temps. Mais il faut dire, pour expliquer cette sorte de phénomène, que ce jour était celui de la fête de mademoiselle Dufrény, et qu'un congé général avait été donné à toutes les ouvrières, qui du reste avaient été invitées à une soirée dansante dans laquelle la maîtresse lingère réunissait toutes ses connaissances. — A propos, Sara, dit tendrement Octave à son amie... irez-vous à ce bal dont vous m'avez parlé? — Depuis longtemps, mon ami, ma résolution est prise à cet égard... D'abord, pourrais-je songer au plaisir, quand vous souffrez encore?... Et puis, Octave, vous l'avoue-rai-je?... peut-être allez-vous me traiter de folle, de vaniteuse, eh bien! votre amour a totalement changé mes vues... je ne sais quel orgueil me domine maintenant!... je suis si fière de votre affection! Je sais à peu près tous ceux qui viendront à la soirée de mademoiselle Dufrény, et... je me croirais déplacée au milieu de tous ces gens, dont pas même un seul peut-être ne me rappellera un peu mon Octave! — Chère amie!... je m'en suis aperçu avant vous... vous êtes déplacée au milieu de vos compagnes... répliqua Octave d'un air rêveur... vous dans un magasin... au milieu de ces jeunes filles souvent sans édu-cation et presque toujours légères dans leur conduite et leurs propos... tout cela m'inquiète... m'agite... — Eh bien, mon-sieur, n'aimerez-vous plus votre petite lingère?... — Moi, ne plus l'aimer!... répondit avec feu le jeune homme... non! non! cela n'est plus en mon pouvoir! — Ah ça! est-que ça ne com-mencera pas? disait Adrienne en trépignant; si nous allions manquer l'heure du bal pour ces mauvais sauteurs... Ah Dieu! quelle scie!... et puis des propos... des cris, un tapage af-freux... Que le peuple est grossier!

On entendait partir du paradis et des amphithéâtres des apostrophes saugrenues et graveleuses, dirigées sur tous les points de la salle; en cet instant, une femme cria d'en haut à un homme en casquette et qui venait d'ôter sa veste pour se mettre plus à l'aise : — Dis donc, Titi... t'as donc pas apporté d'flan?... — Eh si... j'en ai zacheté!... — Eh ben!... donne-moi-z-en.— Eh! je n' peux pas... l' vétéran s'est assis d'ssus... — Allons, dis-y qui s' lève et apporte-moi-le.

Et d'un autre côté on entendait : — Tiens, celui-là qu'est-ce qu'il a donc jeté par ici? — Tu ne vois pas que c'est des mies d' pain...— Oui! des mies de pain, qu'ouvrent le bec comme des corcodrilles!...— Batisse, avec qui donc qu' t'es la?— Eh ben! j'suis avec ma femme, quoi... — Voyons-la voir... (*Ici l'amateur avance la tête et examine la femme de son ami.*) — C'est ta femme, ça!... Oh, c'te *tête!*

C'est à travers ces propos, un bruit constant des sifflets et des débris de pommes à demi rongées qui traversaient de temps à autre la région supérieure du théâtre, que les trois coups furent frappés, et que le rideau, coupé en deux pour faire place à un câble, se leva.

On commençait par la danse de corde avec et sans balan-cier... Trois ou quatre Turcs, ayant pour chef le régisseur en second, qui lui-même portait un turban magnifique et dont la tournure frappa singulièrement Octave et Casimir, vinrent dresser les chevalets et tendre la corde. Et quand un nouveau danseur se présentait, le régisseur à l'énorme turban s'avançait vers le public, et criait d'une voix de taureau : — M. Williams! — Madame son épouse!... — Mademoiselle sa fille dite l'In-comparable! sans balancier!

Puis il passait sur la corde le morceau de blanc d'Espagne dont il était armé et avec lequel il frottait ensuite la plante de pieds de l'artiste qui levait le pied garni de blanc, marquait un si-sol sur le câble roidi, et, opérant lestement un demi-tour, présentait l'autre pied... Puis le gros turban, toujours aussi impassible, escorté de ses trois ou quatre grands garçons à figures bien niaises, suivait l'acrobate et ne le perdait pas de vue un seul instant, prêt à le recevoir au passage s'il lui pre-nait un étourdissement ou une crampe.

Et Adrienne disait en bâillant : — Que c'est ennuyeux ces *somnambules*... quand donc commenceront-ils leur *Bœuf en-ragé?*

Mais lorsque le beau Turc vint annoncer les exercices du *Petit-Diable*, Casimir s'écria : — Ah! pour le coup, c'est bien lui. — Qui donc? — Ce drôle de Jossu!... où diable vient-il se fourrer ici?...

Et Jossu, qui avait entendu l'exclamation, tourna les yeux du côté de l'avant-scène, aperçut ses amis, leur fit un signe d'intelligence et protecteur, et leur dit à demi-voix et sans que le public chatouilleux des Funambules pût comprendre la con-versation particulière de M. le sous-régisseur : — Je suis à vous dans une minute. — Ne te gêne pas, vieux garçon, lui répliqua ironiquement Casimir, fais ton affaire.

Après la danse de corde, qui généralement avait fort ennuyé l'honorable compagnie des gentlemen admis aux deuxièmes et dernières loges à raison de vingt centimes par tête, on passa à la grande pièce, qui fut précédée d'une ouverture en si bémol, remarquable par l'harmonie des quatre symphonistes qui l'exé-cutaient et qui s'accordaient à merveille à jouer faux. Du reste, le compositeur, connaissant probablement les goûts des con-sommateurs auxquels il avait affaire, avait écrit un solo conti-nuel de contre-basse dont les vigoureux ronflements et le chant caverneux dominaient les trois autres instruments, ce qui ne

laissait pas que de former un ensemble excessivement mélo-dieux. En cet instant, Jossu entra dans la loge. — Eh bien! mes amis, dit-il à ses deux camarades de collège tandis que Sara et surtout Adrienne étaient occupées à suivre la pantomime, me voici encore dans une nouvelle partie... mais je vous jure que ce n'est pas inconstance de ma part... Tous mes serins sont morts de froid cet hiver, car je n'avais pas le sou pour acheter du bois ; force m'a donc été de renoncer à cette ingénieuse profession : j'ai trouvé cette petite place et je l'ai prise. — Il n'y a pas de sots métiers, dit Casimir. — Mais il y a diable-ment de sottes gens, et c'est pour être indépendant et n'avoir pas à flatter ni encenser des animaux de cette sorte, que j'ai accepté ce modeste emploi... deux francs par jour! je suis phi-losophe! — C'est gentil! — Non pas pour vous, freluquets, sybarites que vous êtes! mais pour moi, c'est magnifique... un homme de ma trempe fait avec six francs ce que vous ne faites pas avec cinquante... encore êtes-vous toujours dupes... Que me faut-il à moi?... un abri et un lit pour reposer ma tête, et enfin, puisque la nature animale l'exige, une nourriture saine et abondante. Eh bien! apprenez, niais que vous êtes, qu'avec un franc par jour je me procure tout cela... D'abord vous avez des chambres garnies, vous autres étudiants du grand genre, qui vous coûtent trente ou trente-cinq francs de loyer par mois : moi, pour quatre francs par trente jours, je me case dans un logement de maçons et d'Auvergnats où nous couchons par chambrée de dix ou douze, et deux dans le même lit. J'ai donc l'agrément d'avoir des cochambristes qui sont bons vivants et fort traitables, quand ils ne rentrent pas ivres comme des Po-lonais, ce qui arrive régulièrement le dimanche et le lundi de chaque semaine, au moins. Puis, au lieu d'aller dîner chez Vé-four, ou faire mes emplettes chez Corcelet, comme cela arrive déjà si bêtement à toi, mons Casimir, j'entre ici tout près rue Saint-Sébastien, au *Cadran-Rouge*, restaurant presque pro-pre, où pour sept sous on me trempe une excellente soupe aux choux et où l'on me sert un superbe morceau de vache ou de vaux mort-née que je saupoudre de sel et que j'emporte entre deux tranches de pain pour faire mon repas du soir entre la danse de corde et la pantomime, car ici nous commençons de bonne heure. Quant aux vêtements, je suis logé tout près du Temple, heureux bazar qui, pour dix francs me fournit une re-dingote du plus fin louvier, sortie peut-être des mains de Staub, ou de Léger, et pour cinquante sous une paire de bottes, échappée probablement aux ateliers de l'élégant Colmann... Vous voyez donc bien, vous autres raffinés et délicats, que vous n'êtes que des imbéciles qu'on vole, qu'on pille, et qui n'avez jamais de marchandises ni de jouissance pour la valeur de votre argent. — Il a, ma foi, raison, ce butor-là, s'écria Casimir. — Ah ça! je ne vous demande pas comment il se fait que vous vous trouviez ici... — Mais le hasard, je crois... dit Octave. — Le hasard!... welche! barbare!... le hasard! — Allons, le voilà qui va se mettre encore en colère. Mais vous ne savez donc pas, ou vous ne voulez donc pas savoir, que notre théâtre est le premier de la capitale? — Non, parbleu! nous ne le sa-vions pas! — Nous avons la foule et parfois société très-choi-sie... Voyez ce grand homme au teint pâle et à l'encolure ma-ladive... garçon d'esprit et bibliophile savant et distingué : ce n'est dit-on, qu'ici qu'il oublie qu'il souffre... Souvent nos plus élégants dandys ne dédaignent pas de venir s'encanailler à notre théâtre. Républicains d'avant-scène et de boudoirs, qui croient faire grande preuve de dévouement à la chose publique et aux idées nouvelles, en venant de temps en temps rire avec ce peuple qu'ils détestent et qui en revanche les méprise. C'est le théâtre romantique par excellence que le théâtre des Funambules ; en-tendez ces rires, ces cris de joie, ces trépignements! ici le peuple est heureux, il s'amuse. Voyez ce Pierrot si vrai, si nature ! avec quelle expression étonnante il rend la peur, la surprise, la terreur et la poltronnerie. Voyez cet air piteusement souffre-teux, lorsque Cassandre le menace de coups de bâton et qu'Ar-lequin lève sur lui sa batte enchantée. Voyez avec quelle bon-homie de gourmandise il regarde ces pâtes et ces fruits en carton! n'est-ce pas bien la plus convoitise toute ministérielle! c'est réellement à sortir d'ici avec un appétit d'enfer. En vérité, ce Debureau est l'un des premiers acteurs du siècle. Demandez à cet homme sans éducation, sans littérature, comment il a sur-pris les secrets de l'art, comment il a pu prendre ainsi la nature sur le fait, il ne saurait que vous répondre ; car tout cela lui est venu sans qu'il s'en doutât ; et d'ailleurs, il est possible que cet homme-là cesse d'être grand artiste dès l'instant où il aura des prétentions à l'être. Tel qu'il est cependant, il peut, sans partialité, être proclamé le premier mime de la capitale ; ce qui ne l'empêche pas de continuer à exercer une profession ma-nuelle dans les intervalles que lui laissent ses travaux mimiques. Debureau a fait déjà deux fois la fortune de son théâtre, bien différent en cela de certains grands acteurs et même de beaucoup de comédiens médiocres qui ruinent les leurs, grâce aux appointements et aux feux énormes qu'ils touchent. Debureau attire la foule et ne coûte tout au plus à son *impresario* que soixante francs par semaine, encore est-il obligé de fabriquer tous ces petits objets en carton qu'on nomme *accessoires*... — Tenez, tenez, regardez cette scène que notre bon Molière eût enviée lui-même... n'est-elle pas du plus parfait comique ?

Adrienne riait aux éclats, Octave et Casimir tournèrent les yeux vers la scène : c'était le moment où Pierrot, poursuivi par Arlequin, quand il est sur le point d'entrer aux Funambules, voit son pantalon disparaître à un coup de batte de ce dernier et se trouve réduit à n'avoir plus que le vêtement nécessaire... La salle sembla s'écrouler sous le poids des applaudissements. — Un artiste qui jouit de la faveur populaire au plus haut degré, reprit Jossu, est sorti des Funambules pour humilier à force de talent la plupart des sommités de nos théâtres royaux. Frédérick Lemaître jouait encore en 1816 la pantomime dans cette salle, où je l'ai vu remplir le principal rôle dans une pièce intitulée : *le Faux Ermite.*

Le rideau venait de tomber: Adrienne était enchantée de sa soirée ; elle avait même quelque peine à sortir de cette loge où les lazzi d'Arlequin et de Pierrot l'avaient si agréablement fixée pendant une heure. — Eh bien ! monsieur, vous ne venez pas avec nous ? dit-elle à Casimir en le voyant se diriger vers le côté du boulevard opposé à celui qu'elle-même devait suivre avec Sara. — Non, ma bonne Adrienne, Octave cette fois aura la complaisance de vous reconduire toutes deux, mesdemoiselles, si vous le permettez : j'ai affaire avec Jossu, nous avons un cigare à fumer ensemble. — Fameuse occupation! s'écria Adrienne ; j'espère au moins qu'elle ne vous fera pas oublier que vous êtes invité par mademoiselle Dufrény, et que vous m'avez promis de me faire danser la première contredanse... — Oui... oui... j'y serai dans une heure... j'ai le temps de m'y ennuyer... — Comme vous êtes aimable!... Quel dommage que la santé de M. Octave ne lui permette pas d'être des nôtres; au moins nous aurions un cavalier sur lequel nous pourrions compter et qui ne sentirait pas la fumée et le tabac comme un *cent de Suisses!*

Et la jeune fille s'éloigna en murmurant contre le cigare et l'estaminet, et contre le régisseur des Funambules qui lui débauchait son Casimir.

— Veux-tu entrer chez Maitrehenry? dit Jossu à Casimir, en s'arrêtant devant la porte d'un marchand de vin dans la salle duquel paraissaient réunis tous les saltimbanques et tous les escamoteurs de Paris.

Casimir fit un geste de dégoût.

— On voit bien que tu es encore aristocrate, il te faut du beau monde à toi; allons donc à l'estaminet du petit Lazari, c'est mieux composé que chez Maitrehenry, nous y trouverons des acteurs de la Gaîté, des danseurs de l'Ambigu, quelques-uns de ces individus qui ont en poche les plus beaux projets du monde, les Corneilles du théâtre des Funambules, qui ne sont pas fiers du tout, je t'assure, et enfin les plus beaux joueurs de billard du boulevard Saint-Martin et de la rue du Pont-aux-Choux.

XXV. — PARIS PORT DE MER.

A quelques pas du théâtre, les deux amis enfilèrent une allée et grimpèrent au premier étage d'une maison où se trouvait un estaminet, dans lequel se réunissait ordinairement les *artistes* des Funambules, quelques étudiants, qui se décidaient à passer les ponts deux ou trois fois par semaine, une douzaine de Philiberts de la rue des Fossés-du-Temple, et les employés des théâtres voisins. Cette réunion offrait de temps à autre un coup d'œil extrêmement pittoresque, qu'un observateur pouvait exploiter avec un immense avantage : là se trouvaient tout autant de prétentions qu'au foyer de la Comédie-Française ou de l'Opéra-Comique, et qu'aux cercles financiers de la rue d'Artois. Le premier danseur de madame Saqui n'aurait pas échangé la chaussure avec laquelle il exécute la sabotière, contre les brodequins de Talma. L'épicier retiré du commerce, et qui fait valoir ses capitaux à la petite semaine, ne s'y croit pas un personnage moins important que le premier baron juif; et le contrôleur du cabinet de Curtius, en fumant son cigare et jouant son petit verre au piquet voisin, ne se trouve en rien inférieur au chef de division qui vient de perdre ou de gagner quelques centaines de louis à l'écarté d'une Excellence... La vue de tous ces braves gens ne s'étend pas au delà de l'horizon dont ils forment le centre, et dans lequel ils jouent le premier rôle.

— Oui, mon cher, répétait Jossu à Casimir, je suis l'homme le plus heureux du monde, je mène une vie véritablement philosophique, non pas de cette philosophie spéculative, qui n'a d'autre base, d'autre consistance que celle du frêle papier sur lequel on la couche; mais bien de cette philosophie positive, mathématique, qui repose sur des faits, sur de véritables jouissances, sur la conscience du bien-être : je me suis jeté dans la vie commune, dans la vie-peuple, mais en même temps, la seule réelle, la seule riche en originalité de situations. J'en jouis avec toute l'étendue de l'indépendance, de toute la force de mes organes, avec la plénitude d'un prédestiné... — Que tu es heureux!... Mais il faut pour cela posséder ton caractère... et... — Il faudrait en avoir un détestable pour ne pas s'accommoder des forfanteries, des folies, des sottises qui saillent de toutes parts, qui deviennent le domaine du penseur, de l'observateur; qui font sa joie de chaque jour et l'aliment de toute sa vie... Tiens, entends-tu disputer dans cette salle? entrons-y... nous allons être témoins d'une de ces discussions que la force de logique des dissertants assaisonne d'un sel qui n'est pas toujours attique... Voyons quel est l'ordre du jour.

Ils pénétrèrent dans la seconde salle de l'estaminet, où se trouvaient quinze ou vingt individus de tournures originales et bizarres, et qui semblaient écouter avec des sensations diverses un autre individu à figure de fouine, qui tenait à la main une feuille imprimée ; en tête de laquelle on lisait en gros caractères : — PROSPECTUS. — PROJET. — PARIS, PORT DE MER. — Regarde, dit Jossu à son ami, regarde cet homme qui se fait passer pour *agent d'affaires*... sa défroque ne vaut pas trente sous... eh bien ! il te proposera en une demi-heure pour dix millions d'affaires, il a ses poches remplies de notes contenant des demandes de fonds ou des placements à faire pour des sommes considérables... Il ne connaît que des ducs, des princes, des marquis et des gens de cour, qui le chargent de leur trouver des billets de banque pour des acceptations; des capitalistes de premier ordre, qui, ne sachant que faire de leurs écus, le supplient de les en débarrasser : aussi ne lui en coûte-t-il pas plus de vous proposer un emprunt de cent mille écus qu'un prêt de même somme. Il n'a pas dans son portefeuille les valeurs qu'il vous offre ou les sûretés qu'il vous propose, mais il vous abouche avec *les personnes*, c'est le mot d'argot; et lorsque vous, pauvre diable, avez été assez simple pour lui exposer votre besoin, il vous promet d'y pourvoir à l'instant, vous soutire une ou deux pièces de cinq francs et ensuite vous conduit, toujours chez *la personne*; mais il a grand soin de rester au bas de l'escalier, parce qu'il sait qu'on le jetterait à la porte s'il allait plus avant : après quoi, si vous continuez à vouloir pousser la chose, si vous arrivez jusqu'au capitaliste, vous trouvez un homme qui, sur la simple recommandation et au nom seul de celui qui vous envoie, a soin de vous dire brusquement qu'il n'a aucuns fonds à sa disposition, que votre cicérone est un drôle auquel il a fait l'aumône deux ou trois fois, et qu'il ne connaît pas autrement; du reste, *la personne* vous reconduit soigneusement jusqu'au palier pour s'assurer si, vu votre liaison avec le prétendu courtier, vous sortez de chez elle les mains nettes... et il y a dans Paris dix mille misérables de cette sorte qui chaque jour trouvent les moyens de vivre aux dépens du provincial toujours crédule, et des jeunes gens sans expérience... Dans ce moment, je gage qu'il propose à ceux qui l'écoutent des actions dans le canal projeté... d'abord, je crois, il n'y en a pas encore d'émises... et il y en aurait, que ce cuistre n'en verrait sûrement jamais une... Il a probablement trouvé chez quelque épicier le prospectus qu'il tient et qui lui vaudra quelques verres de cidre et d'eau-de-vie de la part de ceux qui l'entourent et auxquels il offre sa protection dans cette affaire... Asseyons-nous, je vais l'entreprendre et lui faire voir qu'il n'a pas la moindre notion sur l'opération dont il parle.

Les deux jeunes gens prirent place près du discoureur : Jossu lui offrit de la bière et lui demanda de quoi il s'occupait en ce moment. — Ah! d'une misère, dit le courtier en roulant à droite et à gauche ses yeux de furet, une misère : j'ai à placer une grande partie des actions du canal qui doit incessamment être creusé du Havre à Paris, et j'en parlais à ces messieurs... c'est un placement excellent... on se dispute les actions... vingt personnes m'en ont déjà retenu... — J'en étais sûr, dit Jossu à Casimir; diable! ajouta-t-il en se retournant vers le courtier, je ne croyais pas l'affaire aussi avancée... voyons donc une de ces actions... — Je n'en ai pas sur moi, mais *la personne* qui m'a chargé de ces placements... — Ah! oui... c'est bien... mais la personne vous a-t-elle dit quand on verrait flotter de la plaine de Grenelle ou dans le bassin du pont Royal les flammes et les pavillons des navires de Calcutta ou de New-York? — Comment! si elle me l'a dit... assurément... c'est je crois pour la Saint-Charles prochaine... — L'impudent !...

Puis Jossu continua, en s'adressant aux habitués qui commençaient à témoigner le désir de voir arriver sur les propositions du courtier, des renseignements désintéressés propres à éclaircir la question. — Oui, messieurs, le projet de faire de Paris un port où viendront mouiller les navires partis de tous les points du globe, projet conçu depuis plus de quatre-vingts ans et accueilli par le gouvernement en 1824, paraît vouloir se réaliser, car une commission a été nommée pour examiner les difficultés à combattre, et... — Il y a beau temps que tout cela est fait, interrompit le courtier; *la personne* m'a assuré qu'il y avait déjà cent vingt lieues du canal de creusées, et que du haut de la terrasse de Saint-Germain on pouvait déjà apercevoir les bateaux pêcheurs... — La première fois que j'irai à Saint-Germain, dit un vieil épicier qui paraissait accorder au courtier plus d'attention que les autres, il faudra que je pousse jusqu'aux bateaux pêcheurs; ça doit être beau à voir... et puis d'ailleurs la pleine mer, ce n'est pas indifférent... pour le coup d'œil. — En voilà un qui donne déjà dans les actions, dit Jossu à son ami, et qui mérite bien qu'on lui en fasse prendre et surtout qu'on les lui fasse payer d'avance... Allons, on a tort de se fâcher contre les fripons, les sots en font une nécessité.

Puis il reprit : — Sans entrer dans des détails statistiques sur l'opération qui nous occupe, et dont les journaux nous ont déjà largement entretenus, je dois vous dire que le canal dont il s'agit est encore tout en projet et ne figure que sur les plans du ministère. — Mais, monsieur, dit tout bas le courtier, vous allez me faire du tort... j'aurais vendu ce soir pour cent mille francs de promesses d'actions... — Ecoutez, mon drôle, reprit Jossu sur le même ton, je veux bien m'amuser un instant de vos plats mensonges et de vos ignobles tentatives de friponnerie, mais je n'entends pas les corroborer de mon opinion : taisez-vous, ou je vous chasse...

Le courtier s'inclina, allongea le bras et avala tout d'un trait un grand verre de bière avec l'humilité d'un jésuite qui lirait l'ordonnance du 11 juin 1828.

— Mais, continua Jossu, de ce que le canal du Havre à Paris n'a pas été plus tôt exécuté, il ne faut pas en conclure que la chose soit impraticable, et c'est cependant ce que disent une partie de ces bons Parisiens qui, n'ayant jamais navigué que de Paris à Saint-Cloud par le bateau à vapeur en rade au port Saint-Nicolas, ou de Paris à Choisy-le-Roi, par le sale coche d'Auxerre, ne peuvent sans rire, et même sans frayeur, songer à l'entrée dans Paris d'un trois-mâts arrivant de Philadelphie ou de Chandernagor. L'idée de Paris *port de mer* leur semble une de ces badauderies que les mauvais plaisants se sont amusés de tout temps à faire avaler aux honnêtes habitants de la bonne ville qui, du reste, sont tailles pour cela, sauf le respect que je vous dois. Des gens, rétrogradistes par instinct et par système, jettent les hauts cris contre le siècle qui veut tenter de telles innovations, et disent que si on voulait l'écouter, ce siècle audacieux, il bouleverserait jusqu'au mécanisme de notre univers; et cependant ces gens ont tort, car, ainsi que je vous l'ai dit tout à l'heure, l'idée de Paris *port de mer* appartient au siècle précédent. Mercier-Tableau, Mirabeau, Lalande et un ingénieur dont je ne me rappelle pas le nom, dans un Mémoire qu'il présenta à Louis XVI, démontrèrent l'importance de cette entreprise et la possibilité de l'exécution...

Que si quelques-uns prétendent que Paris *port de mer* absorberait le commerce de toutes les autres villes maritimes, je citerai alors Londres, Istamboul, New-York, capitales d'Etats où sont, en outre, des villes maritimes très florissantes... Eh bien! a-t-on songé pour cela à ne pas profiter des avantages qu'offraient les localités? non, sans doute... et l'on a eu raison, car il me semble que la capitale d'un grand empire, centre des arts, de la législation et du commerce, doit, autant que possible, réunir dans son sein toutes les branches de l'industrie nationale. C'est un astre autour duquel doivent tourner toutes les autres cités comme autant de satellites. D'ailleurs les transports devenant moins onéreux et les articles par conséquent moins élevés en prix, la consommation deviendra nécessairement plus considérable, et de la concurrence résultera une activité, une émulation, qui ne pourront que donner une nouvelle vie au commerce; et puis ne doit-on pas tout tenter pour lutter avec quelque avantage contre la marine anglaise qui ne s'arroge que depuis trop longtemps la suprématie des mers? Ensuite, messieurs, reprit Jossu, quels tableaux variés et pittoresques, si ce projet, vraiment digne de la nation française, reçoit son entière exécution! quels tableaux variés et pittoresques ne nous offriront nos quais, nos promenades, nos places publiques? Voyez-vous le Russe, l'Anglais, le Turc, l'Arabe, le Chinois, le Malais, l'Indien, l'Américain, fraternisant et rivalisant de zèle et d'industrie?... Quelles scènes neuves et pittoresques... que de nouvelles jouissances auxquelles n'avait jamais songé le paisible habitant de la capitale : et ne le voyez-vous pas, lui qui n'a pas deux fois en sa vie dépasse Belleville ou Auteuil, admirer ces maisons flottantes, ces vergues, ces voiles, ces forêts de mâts, et tout stupéfait, se promener sur le gaillard d'un bâtiment, qui, naguère encore, sillonnait l'Océan pacifique?... Voyez-le trembler pour son fils, qui, plus hardi que le cher papa, grimpe sur le hunier malgré le patron qui le menace de la garcette; entendez-vous le canon du départ, les cris des matelots, les acclamations des curieux... un navire va faire voile pour Rio-Janeiro! Bientôt le voyage de Paris à Londres, à Anvers, à Amsterdam, ne sera plus qu'un jeu d'enfant; enfin le Parisien devenu naviga eur verra s'effacer peu à peu cette insultante dénomination de *badaud*, que jusqu'ici il semblait avoir méritée, et qui se perdra tout à fait, grâce à Paris *port de mer*.

XXVI. — LE GROTESQUE.

Cette dissertation nautico-politique venait à peine de se terminer, que l'arrivée d'un homme grand, sec, maigre et plat comme une latte, attira l'attention des disputeurs : cet homme entra en côtoyant la muraille comme une ombre qui glisse le long des parois d'un sépulcre. — Bonjour, dit-il avec un accent de ventriloque et tellement bas qu'à peine on l'entendit; bonjour!... Puis il se plaça à la table des deux amis, et portant à la hauteur de sa bouche le pouce et l'index recourbés, il fit au garçon un signe que celui-ci comprit parfaitement; on lui apporta un verre, et sans la moindre cérémonie, il se versa ce qui restait de bière dans la bouteille que Casimir avait demandée. — Une autre! murmura-t-il. — Si tu faisais un peu plus de façons, lui dit Jossu, je t'en aurais quelque obligation... ne vois-tu pas que je suis avec un étranger? — Hein! marmotta le nouvel arrivé, comme s'il se fût parlé à lui-même, et un second verre de bière fut rejoindre le premier. Puis il alluma son cigare avec la dignité d'un pacha à trois queues. — Quelle est donc cette espèce de momie? demanda tout bas Casimir. — Un grotesque des Funambules. — Un grotesque! est-ce que cette figure est susceptible de se grimer? — Pourquoi pas? la figure d'un polichinelle est impassible tant que l'on ne tire pas les ficelles qui le font jouer... il en est de même pour cette machine à ressort; mais le coup d'archet du chef d'orchestre met en jeu tous les muscles de cette physionomie qui te paraît si froide, et alors rien n'égale la mobilité de ses traits. D'ailleurs tu as pu en juger; c'est lui qui a causé en venue ce pas qui t'a si fort amusé! — Il faut que cet homme ait l'imagination bien bizarre pour faire passer sur son masque les grimaces si bouffonnes que j'y ai vues tantôt. — Lui, de l'imagination!... il en a moins que cette bouteille vide : il s'est fait un répertoire de jongleries, et ses muscles dansent, sous la peau tannée de son visage, une sorte de menuet toujours subordonné à la musique qu'exécute l'orchestre. Qu'on lui joue *Portrait charmant*, et tu lui verras prendre toute l'encolure et les mines d'une jolie femme. Passe-t-on tout à coup à celui de : *Non, les Tartares ne sont barbares*... il endossera à l'instant même la hideuse figure des plus sales Cosaques que nous ayons jamais rencontrés dans les rues de Paris, en la bienheureuse année 1814... et ainsi de suite jusqu'à ce que l'orchestre se taise; alors, comme une machine dont les rouages viennent de s'arrêter parce que la force motrice a cessé subitement son action, il rentre dans la coulisse avec l'air presque animé que tu lui vois en ce moment. — Et sa conversation est-elle amusante? — Elle a tout l'intérêt que l'on pourrait rencontrer dans celle d'une marionnette... Pourtant il faut lui rendre justice, il joue supérieurement au billard et marque lui-même ses points... — C'est pour lui une occasion d'ouvrir la bouche. — Il n'en abuse pas... J'oubliais de te dire... il a une femme charmante. — Vrai! je veux cultiver sa connaissance. — C'est inutile... c'est tout au plus s'il sait qu'il est marié.. tu vas voir. Beau visage! où est ta femme, ce soir? — Ma femme! dit-il presque sans remuer les lèvres. — Oui, ta femme... ce n'est pas la mienne, puisque je suis garçon. — Garçon! — Voilà! monsieur! Le garçon crut qu'il l'appelait!... — Une autre! Il montra du doigt les bouteilles. — Veux-tu bien me répondre... sais-tu où est ta femme? — Non! — Y a-t-il longtemps que tu ne l'as vue? — Hé! — A-t-il huit, quinze jours?... note qu'il a dansé ce soir avec elle!... un mois peut-être?...

L'homme-momie leva une main, montra cinq doigts, puis un sixième. — Six mois? mais il n'y en a que quatre que tu es marié. — Oh! — Il est vrai que madame relève de couches et il a pu croire... mais ce n'est pas la faute, n'est-ce pas?

Il secoua la tête avec gravité. — Veux-tu faire une partie de billard avec monsieur, qui est mon ami, un ami d'une très jolie force?

L'impassible personnage fit un signe affirmatif presque imperceptible, et son œil qui, n'avait pas encore roulé dans son orbite, se tourna lentement sur Casimir, s'y arrêta un instant, et reprit sa fixité habituelle. — Eh bien! dit Casimir, va pour une partie avec monsieur... et il s'élança vers le râtelier, saisit une queue à procédé et pour s'essayer, piqua si fortement une bille, qu'elle alla briser une vitre et roula sur le boulevard.

L'immobile haussa légèrement une épaule, et se levant tout d'une pièce prit dans une armoire pratiquée dans la muraille une très-belle queue qui ne servait qu'à lui seul, et quand il se courba sur le tapis pour tirer l'avantage du premier coup, Casimir fut tout étonné de ne pas entendre craquer ses os comme ceux d'un squelette qui se tournerait dans son cercueil.

La galerie qui connaissait la force du funambule se pressa autour du billard. — Un bol de punch, dit Casimir.

Le mouvement imperceptible répondit à son défi. — Le bol, va, dit Jossu!

Les deux champions se disposèrent au combat.

XXVII. — LA FEMME JOUÉE AU BILLARD.

Casimir était réellement d'une très-belle force; peu d'amateurs pouvaient soutenir la comparaison avec lui; mais un joueur consommé se serait promptement aperçu que son adversaire lui était supérieur au noble jeu. Ils furent bientôt vingt à vingt. Casimir termina la partie par un coup brillant qui arracha un cri d'admiration à la galerie. — Enfoncé, camarade! dit-il.

Quelqu'un doué d'une excellente vue et armé d'un binocle de première qualité, en y regardant de bien près, aurait peut-être pu distinguer sur la figure du grotesque une sorte d'ironie; mais ce mouvement se fit si rapidement qu'il eût été difficile d'affirmer si c'était un sourire ou une grimace... c'était toujours quelque chose comme cela. — Un autre! dit le perdant. — Un autre bol! soit; mais expédions celui-ci.

Au même instant, entrèrent trois jeunes étudiants qui sortaient de l'Ambigu, les mêmes qui l'année précédente avaient fait chez Casimir ce jeu qui avait donné lieu à la coalition des jeunes ouvrières de mademoiselle Dufreny et au fameux serment des grisettes légères. — Arrivez, leur cria Casimir, arrivez! vous serez témoins de mes exploits et de ma gloire... je viens de battre l'Alcide du boulevard, le célèbre Beauvisage...

L'Alcide persiflé ferma un œil à moitié. — Ton joueur a une étrange figure, dit l'un des jeunes gens... qu'est-ce donc que cet homme? — Mon cher... une machine à vapeur que Droz a dressée au bloc et au carambolage... regarde.

Et la partie recommença: Casimir l'enleva avec une rapidité qui ne permit pas à son joueur de toucher deux fois sa bille. La galerie était en extase. Le battu ne soufflait mot... le punch circula... on but à la santé de Casimir... On persifla de nouveau son adversaire... Jossu seul n'ouvrait pas la bouche; il attendait la fin. — Un autre! dit le vaincu. — Non, non, deux, s'écria Casimir, deux! les amis ne sont pas des infidèles... je veux partager avec eux le fruit de mes succès. Garçon, deux bols au rhum!... il faut le boire avant de les perdre ou de les gagner...

Et l'esprit trois-six préparé avec du sirop et du jus de citron, circula de nouveau... la gaieté des consommateurs s'accrut en raison directe de la diminution du breuvage capiteux. Cette fois la partie fut disputée avec une sorte d'acharnement; mais la fatalité semblait s'attacher au mime: il perdit encore... et une salve d'applaudissements salua le triomphe de Casimir.

— C'est une chose inconcevable, murmurait Jossu, il y a quelque chose là-dessous... C'est la première fois que je vois Beauvisage s'enferrer ainsi... mais cela le regarde! — C'est étonnant comme l'exercice que j'ai pris m'a donné de l'appétit, dit Casimir, en regardant en coulignement son adversaire, qui restait silencieux comme si tout cela lui fût totalement étranger... et si je trouvais un homme de bonne volonté qui voulût risquer contre moi un souper à discrétion, en partie liée... je me sens en parfaite disposition d'alléger sa bourse du prix du souper.

Un mouvement de tête un peu plus prononcé que les précédents annonça de la part du grotesque que la proposition avait fait impression sur lui. — Dis-moi, Jossu, toi qui connais les signaux de cette espèce de télégraphe... est-ce un refus ça ou un acquiescement que vient de me donner cette ostéographie vivante... — C'est un acquiescement... il accepte... · Eh bien! réglez la dépense, dit l'un des assistants! — Non! non! repartit Casimir, à discrétion... nous ne sommes que six... parbleu, on n'en mourra pas! cela vous va-t-il, funambule? — A discrétion! prononça l'artiste avec une espèce d'effort. — C'est une affaire entendue!... toi, Paul, cours avec le garçon jusqu'au *Cadran-Bleu* et fais main basse sur tout ce que tu trouveras en volailles froides, en gelées, en compotes... va!... va!... j'aurai encore gagné le souper avant qu'il soit arrivé! — Tu feras bien de te presser un peu; car tu sais que tu es attendu à un bal... à une soirée. — Est-ce que tu plaisantes?...

moi, je quitterais le billard pour une contredanse!... j'irai à minuit, à l'heure du punch; ce sera encore assez d'honneur pour ces braves gens-là. — A ton aise.

L'ami Paul sortit avec le garçon limonadier; et Casimir, jetant son habit sur une banquette, se prépara au combat en véritable athlète.

La première *manche* fut pour lui, la seconde pour son adversaire. L'attention de la galerie était portée à son plus haut degré. On allait jouer la *belle*.

Les joueurs tirèrent l'avantage: il fut pour le grotesque. Un bruit sourd qui ressemblait assez à un grognement, mais qui n'était qu'une espèce de ricanement intérieur, s'échappa de sa poitrine, ses yeux s'arrêtèrent un instant sur Casimir avec une expression indéfinissable qui troubla presque celui-ci, puis le grotesque donna son premier coup de queue: la bille fut précipitée dans une des blouses comme si la foudre l'eût frappée, et huit fois de suite le terrible mime répéta ces redoutables bloques; il avait, sans désemparer, fait ses vingt-quatre points: la partie était gagnée; Casimir était confondu, il n'avait pas même donné un coup de queue. Un second grognement et un autre coup d'œil pareils aux premiers furent les seules marques de satisfaction que laissa échapper le vainqueur, et son impassible figure reprit son immobilité accoutumée. Au même instant le garçon apporta le souper. — Eh bien? dit Paul. — Je suis battu, s'écria Casimir en brisant sa queue sur l'une des bandes du billard... battu comme plâtre... c'est inconcevable!

Jossu ne disait rien, mais comprenait parfaitement. — Allons, mon cher, un peu de philosophie. — Va-t'en au diable, toi et ta philosophie... je voudrais bien t'y voir; je suis un homme déshonoré! — Sans contredit... je te conseille même de t'expatrier... Mais tiens... tu seras peut-être plus heureux à table qu'au jeu... tu as bon appétit, voyons si tu vaincras ton adversaire.

On allait se mettre à table quand un nouveau personnage entra en saluant profondément à droite et à gauche. — Quelqu'un veut-il me acheter de bonnes lorgnettes, dit-il, je avre de bien excellentes!... — Que le diable confonde le juif! s'écria Casimir; encore une figure qui me déplaît supérieurement. — C'est Stephann, dirent les autres jeunes gens, ah! parbleu, il ne nous manquait plus que lui pour finir gaiement la soirée, c'est bien le plus drôle d'animal... — Fous être pien pons, messieurs, chez zuis très zenzible... mais agetez moi de pounes lorgnettes, des binocles, des gonserves de première gualité... — Toujours ta même antienne... Et les affaires vont-elles, négociant en plein vent? — Nein... nein... monsié Chossu! lé lorguettes il être excellentes... mais la vente y va pas... le guerre afec le dey d'Alcher, bientôt, il empêche tiablement le consommation... — Laissez donc cet imbécile, dit Casimir, et soupons... — Grisons-le, dirent à part les trois jeunes gens! Ça va... la fête sera complète... — Écoute, Stephann... tu es une ancienne connaissance... nous te portons de l'intérêt... et nous voulons... — Fous foulez m'acheter guelgue chose... tenez, foyez ce lorgnette qui il avait été fait pour lé prince de Saxe-Cobourg qui fient te berdre la vue... — Non!... nous voulons que tu soupes avec nous... fais-nous ce plaisir-là... — A Die! che peux pas... che peux pas mancher avec des chrediens... — Comment avec des chrétiens!... mais c'est bien de l'honneur à toi... vilain mécréant! allons, tu souperas avec nous... ou le diable t'emportera toi et toutes les lorgnettes... — Et je les jette avec le marchand par la fenêtre, s'il ajonte un mot!... — Ah! Seigneur Dié... miséricorde... che prends les saints prophètes à témoin que fous me faites fiolence... — Prends à témoin les sept plaies d'Égypte, si tu veux, allons, à table! — A table!...

On fit mettre au milieu l'israélite malgré ses efforts pour éviter un honneur dont il redoutait les conséquences.

Si Casimir avait été stupéfait de la manière dont son antagoniste avait expédié la dernière partie de billard, ce fut bien autre chose quand il le vit se jeter sur un dindonneau dont il n'ôta que les ailes, et dont le reste, en moins de dix minutes, s'engouffra avec une effrayante rapidité dans un estomac qui semblait de force à lutter avec celui d'une autruche! Et, à chaque nouvelle tranche de rôti ou de pâté, le mangeur ne prononçait que ses deux mots favoris: Une autre!... Les autres convives mangeaient moins, mais ils buvaient largement les têtes, déjà échauffées par le punch, se détraquèrent tout à fait. Tout le monde parlait à la fois, c'était un vacarme assourdissant. Jossu seul examinait, écoutait, jouissait; l'israélite s'était laissé aller, il faisait presque comme les autres. — Parbleu, dit un des étudiants, en déroulant une barde de lard qui enveloppait une poularde, il en mangera... — Il en mangera, répétèrent les autres.

L'israélite roula des yeux effarés. — Seigneur Dié, s'écria-t-il, ayez bitié de moi... j'irai au feu de géhenne! miséricorde...

Messieurs... che fous demande grâce... — Il en mangera, s'é-
cria-t-on en chœur.

Le fils d'Isaac se laissa couler sous la table et se mit à beu-
gler d'une manière lamentable une espèce de cantique qui fit
partir d'un rire fou les extravagants qui le persécutaient. —
Allons, relève-toi, lui dit Jossu en le tirant par l'oreille, tu ne
mangeras pas de lard, puisque tu n'en veux pas manger... mais
songe, pauvre imbécile, que si tes ancêtres l'avaient en horreur, c'était parce qu'il leur donnait la lèpre et d'autres vilaines
maladies dont le Dieu d'Israël n'était pas chiche envers son
peuple bien-aimé, et non pas parce que cette viande souillait
leur âme; car ils n'ont jamais cru à ce principe qu'on dit im-
mortel. — Bien parlé, dit-on de tous côtés, allons, il n'en mangera pas, et le pauvre Stéphann, blanc comme un linceul,
sortit de dessous la table en baisant la main de Jossu. — Vous
voyez, continua Jossu, que Beauvisage est plus raisonnable
que nous... il n'en a pas perdu une bouchée... — Ton Beauvisage, dit Casimir qui était déjà passablement gris et de très-
mauvaise humeur, ton Beauvisage est une mazette. — Oh!
grogna Beauvisage en broyant sous ses dents un os qu'un couperet de cuisine aurait eu peine à entamer. — Tais-toi, Casimir! reprit Jossu. — Je ne me tairai pas! et je te répète que
ton funambule n'est qu'une mazette, un mioche auquel je rendrai six points... quand il voudra!... — Eh! que veux-tu
jouer maintenant? nous sommes rassasiés de punch, de vins et
de liqueurs. — Je lui jouerai... n'importe, tout ce qu'il voudra... sa garde-robe... ses cordes, ses balanciers, toute la défroque de son théâtre... — Allons donc!

Mais Casimir était exaspéré, et la contrariété augmentant
son ivresse, il reprit : — S'il veut pas jouer sa baraque de
saltimbanque... eh bien, je lui joue... voyons... qu'est-ce
qu'un animal comme ça peut avoir à perdre?... ah! funambule, je te joue ta femme!

Un éclat de rire universel accompagna cette proposition! —
Oui, mais, dit Jossu, contre quoi?... tu n'as pas un enjeu pareil
à lui offrir! — Comment donc! n'as-tu pas vu ce soir la
jeune personne que j'accompagnais... eh bien!... si ce n'est
pas ma femme... c'est approchant, sauf la formalité... hein!...
elle en vaut une autre... et si le funambule veut!... mais le funambule est une ganache... il n'osera pas... — Qu'en dis-tu,
Beauvisage?

Beauvisage cligna un œil, grogna trois fois plus fort qu'auparavant et se leva en vidant d'un trait une bouteille de champagne encore pleine.

Casimir n'avait pas besoin de l'imiter... c'était à peine si ses
jambes pouvaient le soutenir. — Mais, messieurs, dit le garçon,
qui s'apercevait qu'on allait jouer toute autre chose que de la
consommation, il est minuit et il faudrait vous retirer.

Casimir, pour toute réponse, lui appliqua un grand coup de
queue sur les épaules, le pauvre diable se réfugia dans son
comptoir. — Y sommes-nous, funambule, disait l'amant d'A-
drienne en trébuchant, y sommes-nous? Ah çà, déposons
les enjeux... c'est-à-dire un bon au porteur que le gagnant ira
toucher... ou, pour mieux dire, que j'irai toucher... car, je
l'ai dit, tu n'es qu'une mazette et tu dois être enfoncé cruellement... Pour lors, tu conçois... voici le modèle du mandat...
tiens, le mien est tiré sur une des plus jolies filles de Paris et
sur la meilleure maison de la rue Vivienne... lis-moi cela, si
tu sais lire pourtant...

En effet, Casimir avait griffonné un billet dont il donna com-
munication au grotesque. Celui-ci fit son signe affirmatif
ordinaire et se mit à écrire la contre-partie de ce billet : c'était
un bon à vue et au porteur pour prendre livraison de sa femme
s'il succombait dans le défi porté par Casimir. Les deux traités
furent déposés entre les mains de Jossu qui devait en délivrer
un au gagnant. La lutte commença : tous les habitués de l'estaminet, malgré l'heure avancée, étaient restés à leur poste.
De mémoire d'homme on n'avait vu semblable partie : une femme
et une maîtresse jouées en soixante-douze points, à la partie à
suivre... sans revanche!...

Il n'était pas difficile de prévoir l'issue d'un pareil combat.
Casimir avait perdu la moitié de sa force... celle de son adversaire semblait être doublée... pourtant le saltimbanque se laissa
gagner la première partie. — Quand je te le disais, funambule,
criait Casimir, que tu n'es qu'une mazette... ta femme est à
moi... ma parole d'honneur, si je te fais grâce d'un cheveu
coupé en quatre!...

Le mime laissa échapper un grognement qui ressemblait
assez à celui d'un marcassin en colère. — A l'autre! dit-il.
— Comme tu voudras, reprit Casimir... mais tu te donnes bien
de la peine pour être... pour être battu!... tiens, regarde entrer cette bille.

Et Casimir, en voulant se donner l'air d'un homme q   n'a
pas besoin d'y voir pour exécuter un coup brillant, fit   .sse

queue, manqua de touche et creva le tapis. — Ah! monsieur,
s'écria le garçon... c'est six francs pour l'accroc. — Six cent
mille diables qui te confondent! répliqua Casimir avec un juron
effroyable.

Beauvisage enleva, sans quitter la main, cette partie comme
celle du souper. Au dernier coup de queue, il allongea le bras
vers Jossu, saisit le bon de Casimir et le serra dans sa poche.
Ce dernier le regardait avec un air hébété. — Ma revanche,
s'écria-t-il tout à coup avec fureur, ma revanche!... — Non!...
— Tu me donneras ma revanche, répéta-t-il comme un frénétique... il me la faut... je te joue... — Mais, dit tranquillement Jossu, tu n'as plus de femme à jouer... la tienne est perdue... — Je n'en ai plus... tu crois ça... mais j'ai des amis qui
me prêteront les leurs... tu as vu cette autre qui accompagnait
Octave... eh bien... je la... je la joue... contre! — Mais Beauvisage ne veut plus jouer... tu le vois; il ne bouge plus!... —
Il me donnera ma revanche, te dis-je, je lui joue Sara. —
Sara! dit le juif épouvanté. Sara!... ô Dié de Chacob!...
quelle abomination!... — Eh bien! qu'as-tu? reprit Jossu;
Abraham ne prêtait-il pas sa femme au pharaon pour avoir des
ânes et des moutons? pourquoi, de nos jours, ne prêterait-on
pas aussi sa maîtresse à un ami qui en a besoin pour remplir
un engagement d'honneur?... un pareil désintéressement serait
très-moral. — Oh! Dié... Dié... de Sinaï... je le dirai à Wurtzmann... — Eh bien, cria encore Casimir au grotesque... me
donnes-tu ma revanche?... tiens, le magasin entier de la
Duféy contre toute la ripopée des sauteuses de la Saqui!...
veux-tu... ou...

Et les yeux enflammés, la langue embarrassée, la démarche
chancelante, il s'avança vers Beauvisage, le saisit au collet, et,
le secouant avec autant de violence que le lui permettait le peu
de force qui lui restait, il voulut le forcer à jouer de nouveau.
Mais celui-ci sans souffler un mot, sans déranger le cigare
qu'il avait à la bouche, d'une main prit Casimir par le milieu
du corps, l'enleva comme une plume, le coucha sur le billard
et l'y tint en respect. L'étudiant se débattit quelque temps en
vociférant contre son heureux antagoniste ; puis tout à coup,
après avoir bien crié et par un effet ordinaire de l'ivresse, il
ronfla comme un ministériel pendant la discussion du budget.

— Laissons-le là, dit Jossu aux autres personnages, laissons-le là, il y est aussi bien que dans son lit ; et nous autres,
qui ne pouvons passer la nuit ici, sortons, et nous aviserons
sur le boulevard au moyen de finir la nuit comme nous l'avons
commencée.

Et lorsqu'ils furent descendus, un des étudiants dit à Jossu :
— Eh bien! décidément que faisons-nous?... — Ma foi ! je
n'en sais rien, répondit Jossu.

Puis tout à coup il se frappa le front et s'écria : — De par
tous les diables, si cette idée là ne me vaut pas un fauteuil à
l'Académie, je me pends... écoute, Beauvisage!... veux-tu être
payé à l'instant de ton singulier billet au porteur?

Le grotesque poussa un grognement et toute la compagnie
applaudit à l'invention du sous-régisseur des Funambules. —
Eh! bien, suivez-moi, reprit Jossu, et nous allons rire!

La bande joyeuse se mit en marche.

XXVIII. — LE ROUT DES GRISETTES.

Tandis que Casimir jouait sa maîtresse contre la femme du
funambule, la perdait, se grisait et finissait par s'endormir
paisiblement sur le tapis d'un billard, les appartements de mademoiselle Dufény, décorés avec le plus grand soin, s'illumi-
naient et commençaient à se peupler. Plusieurs voitures de
place et quelques élégants équipages stationnaient devant la
porte, et tout passant qui n'aurait pas connu les habitants de
la maison aurait pu croire facilement que là se donnait une
de ces soirées de directeurs généraux, où les notabilités de
province viennent solliciter si comiquement les faveurs des
excellences en perspective. Cependant ce luxe de voitures, qui
flattait excessivement l'amour-propre de mademoiselle Dufény,
était une petite escobarderie dont l'aveu l'aurait bien mortifiée
si elle eût été forcée de le faire. Au lieu de personnages de
distinction dont elle se flattait de faire croire la présence
chez elle, aux voisins envieux et méchants, on aurait su que
les soi-disant propriétaires de ces galants et riches équipages
n'étaient tout bonnement qu'un maître d'hôtel, un intendant
ou le premier valet de chambre de quelque grande maison, qui,
liés avec mademoiselle Dufény, profitaient de l'absence de
leurs maîtres pour s'étaler dans le landau ou dans la calèche
derrière lesquels ils étaient juchés la veille, et venaient ainsi
afficher à la porte et dans les salons de la lingère de la rue
Vivienne une importance que rehaussait encore le gracieux
accueil de la maîtresse de la maison. En effet, les noms sonores
dont l'appel retentissait dans l'antichambre, à l'entrée de cha-

cun des dignes personnages dont nous venons de parler, ne devaient-ils pas faire monter au faible cerveau de l'industrielle en percale et en jaconas toutes les fumées de la vanité? Car ces messieurs en arrivant prenaient le nom des maîtres qu'ils avaient l'honneur de servir, et c'est ainsi que l'on entendit la femme de chambre cuisinière de mademoiselle Dufrény annoncer avec emphase, et souvent en les estropiant, les dénominations sous lesquelles se présentait successivement cette partie des invités. De cette sorte, on entendit proclamer M. le marquis de la Mornière, représenté par son premier valet de chambre; M. le duc de Vilmart, par son chef d'office; un célèbre banquier, par son premier garçon de recettes; et le général Sambreville, par un vieux sapeur qui ne l'avait presque jamais quitté depuis le siége de Toulon jusqu'à celui de Vincennes, et qui allait de temps à autre faire l'adorable dans des soirées dont celle de mademoiselle Dufrény était l'échantillon.

Après ces personnages de haute lignée, venaient en foule des originaux d'étage inférieur, plusieurs merciers et bonnetiers retirés, un gros lourdaud de marchand de vin en gros de la Râpée, deux ou trois prêteurs à gros intérêts auxquels mademoiselle Dufrény avait eu recours dans les commencements de son établissement, des clercs d'huissiers et d'avoués, et un assez grand nombre de ces petits commis-marchands toujours si contents d'eux-mêmes, et qui, le sourire sur les lèvres et l'air suffisant, ayant une figure fabriquée en façon de lame de couteau, un pantalon collant, des gants jaune serin, des chaussettes à jour et des boucles de souliers en or plaqué, s'en vont colportant avec une imperturbable sottise les bons mots échappés aux doux loisirs des gens d'esprit du café des Variétés. Mais ce qui était curieux, surtout, c'était un essaim de jeunes filles toutes plus jeunes et plus jolies les unes que les autres; c'étaient ces physionomies pleines de fraîcheur, de vivacité, de gentillesse et d'espièglerie; ces tournures agaçantes, voluptueuses; ces mines piquantes, respirant le plaisir, la coquetterie et le désir de plaire rapidement; enfin cet ensemble qui fait d'une grisette douée de quelque esprit naturel l'objet le plus séduisant que l'on puisse rencontrer pour un caprice.

Il était minuit et demi, et depuis onze heures les contredanses s'étaient succédé sans interruption et n'avaient été suspendues que pour laisser circuler l'orgeat, la limonade et les échaudés de fondation que la maîtresse de la maison avait ordonné qu'on n'éparguât pas aux joyeux convives. Adrienne, tout en croquant un macaron, s'impatientait et disait : — Voyez ce monstre de Casimir!... Il ne paraît pas; je suis sûr qu'il est encore dans quelque tabagie... oh! le vilain être!... Il me le payera.

Vers une heure un punch devait être servi, et ce n'était pas sans peine que la cuisinière l'avait défendu contre les attaques réitérées de deux ou trois clercs de commissaires-priseurs qui s'étaient faufilés dans la cuisine et puisaient sans cérémonie à plein verre dans l'énorme jatte que l'on tenait sur un fourneau afin de servir chaud à l'heure convenue.

Mademoiselle Dufrény, lasse de parcourir son salon dans tous les sens, de faire des saluts gracieux à chacun des invités, et aux messieurs des recommandations de ne pas abandonner les dames pour l'écarté, s'était retirée tout au fond de l'appartement, et là, entourée de ses intimes, faisait de la politique, de la morale et du commerce, tout en vidant préalablement, entre son cuirassier et son pompier, quelques verres de punch destinés à la jeunesse.

Tandis que des questions de haute politique se traitaient au cercle de la maîtresse de la maison, à l'autre extrémité de l'appartement une question moins grave, sans doute, mais au moins tout aussi intéressante pour ceux qui l'agitaient, occupait une demi-douzaine de jeunes filles et autant de jeunes gens. — C'est affreux, disait une des lingères, à un jeune fashionable adoré au bal de M. Ledru, c'est affreux!... Vous savez pourtant combien madame a des mœurs... — Bah! elle ne nous verra pas... elle est occupée là-bas à politiquer, répliqua M. Chevreuil, premier commis d'un agent d'affaires... tenez, moi, j'ai fait l'autre jour l'admiration de tout Belleville en exécutant cette danse... — Eh bien! si personne ne veut danser le *cancan*, moi je le danserai avec M. Chevreuil, s'écria une petite personne très-accorte et qui avait les manières décidées d'une demoiselle parfaitement instruite... — Toi, Maria!... — Oui... oui... mettez-vous toutes de ce côté... ça obstruera madame, et vous allez voir... d'ailleurs, moi je ne suis pas de la maison... et si les lingères sont assez bégueules pour ne pas se permettre le cancan, les modistes ne sont pas si gênées... et moi je suis modiste... un peu! — Elle a raison... elle a raison, dirent les jeunes gens... va pour le cancan...

La folle courut dire un mot à l'oreille du joueur de violon, puis revint prendre la main de M. Chevreuil; et, se plaçant derrière la haie qui les dérobait à l'investigation de mademoiselle Dufrény, les deux danseurs s'élancèrent et exécutèrent cette danse qui amène de temps à autre sur les bancs de la police correctionnelle les étudiants et les grisettes de la rue Saint-Jacques.

Maria et son partenaire en étaient à l'une des plus sémillantes figures du cancan, lorsque tout à coup s'ouvrit la haie qui favorisait les danseurs. Mademoiselle Dufrény parut l'œil étincelant, le visage enflammé, et pouvant à peine articuler un mot... la colère l'étouffait... — Ce que je vois est-il possible? s'écria-t-elle enfin... quoi! on ose danser chez moi l'obscène cancan... et c'est vous, monsieur Chevreuil, qui donnez un pareil scandale... cela ne m'étonne pas de cette petite effrontée de Maria, une modiste!... voilà l'inconvénient des intrus... Oh! Dieu! si ces messieurs de là-bas s'en étaient aperçus... ma maison serait perdue.

M. de Chevreuil resta coi, Maria dit en faisant une petite moue : — Pardi, madame, quand vous êtes venue à notre magasin je vous ai entendue dire que vous aviez été plus d'une fois à des bals de sans-culottes... il me semble que ça devait être pis qu'une réunion aimable où l'on danse le cancan ! — Insolente!

Et mademoiselle Dufrény, doublement irritée par la pollution de son salon et le rire moqueur de la galerie, allait ôter à Maria l'envie de lui décocher un nouveau sarcasme, lorsque la cuisinière vint, d'un air presque effrayé, lui apprendre que quatre ou cinq individus qui ne paraissaient pas faire partie des invités et dont la tenue n'était pas des plus soignées, se présentaient pour lui parler d'une affaire pressante. — Qu'ils reviennent demain... il est indécent de se présenter à pareille heure... dites-leur... — C'est peut-être M. Casimir et ses amis qu'il amène! s'écria Adrienne en sautant de joie. — Oh! mon Dieu, tenez les voici!...

Et trois jeunes gens, dont la face était enluminée comme celle d'un chantre de Saint-Eustache, se montrèrent en même temps. Derrière eux, Jossu, l'œil actif et brillant, un sourire ironique sur les lèvres, semblait se préparer à jouir de la scène qu'il avait ménagée; puis se dessinait aussi comme une ombre le spectre vivant et décharné du funambule. — Mademoiselle Dufrény? dit un des étudiants avec effronterie. — C'est moi, monsieur, que voulez-vous, je vous prie?

Et l'irritable marchande toisait l'individu, de manière à lui laisser voir qu'il était loin d'être le bienvenu... — Pas encore, Casimir! dit Adrienne, d'un air pensif et boudeur. — Madame, c'est un billet au porteur dont nous venons réclamer le montant! — Tiens, c'est des huissiers, dit Adrienne qui ne voyait pas Jossu, qui se tenait derrière ses compagnons... — Oh! alors, nous allons joliment nous amuser... a-t-elle l'air saisi, la patronne, elle qui fait tant la fière! — Des huissiers, dit M. Cormoran... que je suis heureux, elle ne me doit plus rien!... — Monsieur, vous vous trompez... je n'ai pas de billets en circulation... je paye au comptant, et d'ailleurs l'heure est indue... — Cependant, madame !... — Monsieur, je vous répète que vous vous trompez... je vous engage à vous retirer à l'instant même, ou... — Alors payez! dit Beauvisage avec son accent sépulcral et en allongeant son immense bras, décharné comme tous les os d'une catacombe...

Mademoiselle Dufrény recula en voyant cette étrange figure à laquelle elle n'avait pas fait attention jusqu'alors... toutes les femmes se serrèrent les unes contre les autres, tant leur frayeur fut grande... Les hommes restaient la bouche béante. Mademoiselle Dufrény prit en tremblant le papier que lui présentait Beauvisage, et, après l'avoir déchiffré, non sans peine, elle se frotta les yeux, crut avoir mal lu et recommença. Mais à la seconde lecture, le rouge lui monta à la figure, elle jeta au nez du porteur l'insolent billet, et frappa du pied avec violence le parquet. — Misérables! s'écria-t-elle... sortez de ma maison... Sommes-nous donc revenus au règne de la Terreur! sortez, vous dis-je. — Payez, répéta Beauvisage toujours impassible.

Les autres regardaient déjà la porte. — Ah! je suis déshonorée, continua mademoiselle Dufrény avec emportement!... et c'est vous, malheureuse, qui êtes cause de ce nouveau scandale, ajouta-t-elle en se tournant vers Adrienne et en lui appliquant un vigoureux soufflet!... — Moi! madame, s'écria la pauvre fille en pleurant, qu'est-ce que j'ai donc fait ?... — Voyez-le, voyez-le... vous avez un amant... — Madame, c'est dans la nature, dit Jossu... — Et vous en avez bien deux, allait dire Adrienne qui se tut dans la crainte d'une seconde apostrophe... — Vous avez un amant, continua la maîtresse exaspérée... vous avez un amant qui a eu l'indignité de vous jouer au billard, qui vous a perdue et qui a eu en outre l'impudence de donner à celui qui vous a gagnée un mandat pour venir prendre ici livraison de votre personne !... — Bas ! dit le cercle émerveillé !... — Cela est-il possible ! murmura la malheureuse

Adrienne qui demeurait anéantie. — Vous connaissez son écriture, n'est-ce pas ?...

Adrienne prit le papier, le parcourut d'un coup d'œil, poussa un cri lamentable et s'évanouit. Mademoiselle Dufrény tira avec violence un cordon de sonnette, la domestique accourut. — Allez, courez chercher la garde et que l'on arrête tous ces mauvais sujets, tous ces tapageurs... fermez les portes ; qu'ils ne puissent s'échapper.

Les porteurs du billet firent un mouvement rétrograde : la grosse servante voulut leur barrer le passage, Jossu la culbuta sans la moindre cérémonie, et défila avec les étudiants : le grotesque s'approcha de mademoiselle Dufrény, lui poussa une énorme bouffée de fumée à la figure et lui fit en même temps la plus horrible grimace et la plus étonnante cabriole de son répertoire. La marchande lingère et ses ouvrières crurent avoir vu Satan en personne ; elles se cachèrent les yeux avec les mains en jetant des cris d'épouvante... Les hommes riaient aux éclats. Beauvisage descendit tranquillement l'escalier et disparut au milieu de la confusion générale.

Cinq minutes après, le salon de mademoiselle Dufrény était désert, et la marchande lingère, après avoir signifié durement à la pauvre Adrienne de faire en sorte qu'elle ne la revît pas chez elle à son lever, se retira dans sa chambre à coucher sans s'y faire accompagner par le capitaine de cuirassiers ou par le sous-lieutenant de pompiers ; y passa une partie de la nuit à gémir sur les événements de la nuit, et à déplorer la double atteinte portée, en cette fatale soirée, à la réputation et aux mœurs de son établissement.

XXIX. — UNE FILLE DÉLAISSÉE.

Quand le lendemain matin, vers six heures, Casimir s'éveilla la tête pesante, le cœur malade, le corps brisé par la couche sur laquelle il avait reposé, il fut un grand quart d'heure à distinguer s'il n'était pas le jouet d'un songe ou d'une fantasmagorie de cauchemar... il se mit sur son séant, regarda autour de lui et se demanda en grelottant : — Où suis-je ?... — Ici, monsieur, lui répondit bonnement le garçon qui, se rappelant le rude coup de poing qu'il avait reçu la veille, n'osait se montrer sans avoir reconnu le terrain... — Ça m'en a toute la tournure que je suis ici, répliqua Casimir, mais du diable si je sais pourquoi ni comment... je suis moulu... éreinté !... François, explique-moi donc... — Ah ! dame ! monsieur, vous vous en êtes joliment donné hier avec vos amis et M. Beauvisage... — M. Beauvisage !... qu'est-ce que ce M. Beauvisage ?... — Mais c'est un *artiste* des Funambules... avec lequel que vous avez perdu un souper, qu'en voilà encore les débris... et puis encore je ne sais quoi... votre femme, je crois... — Allons donc ! je n'ai pas de femme... mais j'ai donc joué ?... — Et perdu !... dame ! monsieur, excusez si vous ne vous en rappelez pas... c'est que vous étiez un peu... voyez-vous... dans les brindezingues... — Il fallait que j'y fusse diablement... car ordinairement je porte bien ma part d'une débauche... enfin... je vais me lever... ouf !... ohié !... je vais être obligé de marcher en double... c'est égal... je ne puis rester ici... — Monsieur... c'est que voici la note... y a soixante-dix-sept francs soixante centimes en tout...—Hein... soixante-dix-sept francs ! où diable veux-tu que j'aie dépensé cela ?... — Monsieur... demandez à M. Jossu... — Soixante-dix-sept francs ! voilà de l'argent bien employé... mais au moins je veux savoir comment... François, tu diras à ton bourgeois que je vérifierai cela... — Oui... monsieur... il a dit que quand même vous ne payeriez pas à présent, ça ne ferait rien... — C'est encore heureux... je vais aller trouver Jossu... où demeure-t-il, petit ?... — Rue d'Angoulême, monsieur, n° 9. — Bon !

Casimir sortit : il pouvait à peine marcher. — Il est impossible que je reste dans cet état, s'écria-t-il : allons prendre un bain.

Et comme il se disposait à gagner les Bains-Turcs, il vit venir à lui sur le boulevard les trois étudiants, Jossu et Beauvisage, qui, ce dernier excepté, riaient à gorge déployée au souvenir d'une fredaine qu'ils semblaient commenter avec un plaisir infini : ils saluèrent d'une espèce de hourra leur compagnon de débauche. — Pends toi ! pends-toi ! mon brave Casimir... tu n'y étais pas ! tu as perdu la scène la plus comique, la plus risible... ah ! ah ! ah ! quand j'y pense !... — Ah ! ah ! ah ! reprirent les autres en chœur... — Ah ! ah ! enfin qu'est-ce ? de quoi s'agit-il ? — Nous sommes allés toucher ton billet... —Quel billet ? — Tu le sais bien... ton effet sur mademoiselle Dufrény. — Que Dieu me damne si je sais ce que vous voulez dire... quelque billet dans le genre de la Châtre, probablement... je ne m'en connais pas d'autre en portefeuille. — C'est à peu près cela.

Et comme ils virent qu'en effet il ne se rappelait nullement

les événements de la veille, ils lui racontèrent tout ce qui s'était passé, sans omettre, bien entendu, leur excursion nocturne chez l'acariâtre lingère. Casimir ne pouvait en croire ses compagnons ; il comprit seulement alors toute l'ignobilité de sa conduite, il fut véritablement affligé. — Comment n'as-tu pas empêché une pareille indignité ? dit-il à Jossu, je te croyais plus de raison et surtout plus d'amitié pour moi. — Écoute, mon cher : franchement j'aurais été désespéré d'empêcher que ces messieurs ne fissent une sottise... remarque donc bien que j'étais là sur mon terrain... une semblable folie ne se rencontre pas tous les jours.

Casimir ne répondit pas ; il sentit que la faute était la sienne avant tout. Il était accablé de confusion, et sans souffler un mot, il tourna le dos à ses *amis* en réfléchissant à la cruelle position où devait se trouver Adrienne. S'il eût osé, il se serait présenté chez mademoiselle Dufrény, mais il savait bien quel accueil devait l'y attendre. Il se contenta de rôder pendant une heure autour de la maison, et comme il n'aperçut pas la jeune lingère, il s'éloigna plein d'inquiétude sur le sort de sa maîtresse et sur les suites de l'escapade de la nuit dernière. L'impatience le saisit. — Il faut pourtant que je sache à quoi m'en tenir, s'écriait-il... mais à qui m'adresser ? Octave ne peut pas sortir aujourd'hui... eh ! mais, à propos... je saurai cela par la petite juive... elle est aujourd'hui chez son grand-père... allons-y !...

Et il courut chez le rabbin.

Le même soir, quand notre joueur de billard rentra chez lui, on lui remit une lettre assez volumineuse timbrée de sa ville natale, il la fourra dans sa poche et franchit son escalier. Arrivé sur son palier, il aperçut près de la porte, dans un coin, une femme assise sur une malle, tenant la figure cachée dans ses deux mains et sanglotant tout haut. Au bruit qu'il fit en s'approchant, elle leva la tête ; il reconnut Adrienne. — Adrienne !.. que fais-tu là ?...

La pauvre enfant ne répondit pas : ses sanglots redoublèrent. — Adrienne, continua Casimir, pardonne-moi... j'ai bien des torts envers toi !...

Elle leva sur lui ses yeux remplis de larmes. — Te repens-tu ? lui dit-elle. — Beaucoup !...

Et il disait vrai. Adrienne se leva et vint se jeter à son cou. Il ouvrit sa porte et la fit entrer. — Mais, ajouta-t-il, comment se fait-il donc que je te trouve ici ?... — Oses-tu bien me le demander ? Ah ! Casimir, tu m'as perdue !

Elle se mit à lui raconter l'événement fatal, puis elle ajouta que dès le matin elle était montée à sa chambre, avait rangé toutes ses hardes dans sa cassette, et sans dire un mot à qui que ce fût, elle s'était rendue à l'hôtel de Boulogne. —Ta maison était mon seul refuge... Je n'ai pas d'autre asile ; vois si tu veux m'en chasser !... — Non, certainement !... il faudrait que je fusse le plus misérable des hommes. — Mon cher Casimir... tu me sauves la vie... tu me garderas toujours, n'est-ce pas?... tu ne me forceras pas à retourner au magasin... je ne puis plus y paraître... j'en mourrais de honte ; car ces mauvaises faiseuses de cancans ne décesseraient de me faire aller... et puis cette vieille mégère de patronne ne voudrait plus de moi. — Non, tu resteras ici tant que tu le voudras... c'est un dédommagement que je te dois pour ce que je t'ai fait souffrir. — Ah ! tant mieux, tant mieux, je ne retournerai plus chez cette maudite rabâcheuse de mademoiselle Dufrény... c'est si embêtant la morale... Nous irons tous les soirs à la Chaumière ou à l'Ambigu.

Adrienne essuya ses yeux : le sourire reparut sur son charmant visage... tous ses chagrins étaient oubliés... elle était installée chez son Casimir, et au bout d'une demi-heure, tous ses effets étaient rangés avec un ordre étonnant dans les armoires et l'alcôve de l'étudiant.

Ce fut alors que celui-ci songea à la lettre qu'il avait reçue et qu'il en brisa le cachet. Elle était de son père : il lui envoyait un mandat de deux mille francs sur une maison de banque. Cet argent était destiné à payer son diplôme de docteur en médecine qu'il devait recevoir incessamment, et à acquitter les dettes qu'il pouvait avoir contractées à Paris : il lui était enjoint, aussitôt tous ces détails réglés, de quitter Paris et de se rendre auprès de ses parents qui venaient d'arrêter pour lui un mariage très-avantageux, projeté depuis longtemps, et qui devait se conclure aussitôt que Casimir serait investi du titre de docteur. Les ordres que l'étudiant recevait de son père dérangeaient un peu ses petites dispositions ; il comptait jouir encore quelques années du séjour de la capitale, et le désagrément d'aller s'enterrer conjugalement au fond d'une province ne pouvait guère être compensé que par la perspective de l'aisance honorable qu'allait lui procurer son mariage. Il ne put dissimuler la contrariété qu'il éprouvait ; Adrienne lui en demanda la cause, et sans la lui donner tout entière, il ne put s'empêcher de lui avouer que son père lui ordonnait de retourner chez lui aussitôt

sa réception au doctorat, pour une affaire qui ne souffrait pas
de retard. Ce fut alors pour Adrienne un nouveau sujet de
désolation : elle envisageait toutes les conséquences présumables
auxquelles Casimir allait l'abandonner : elle se voyait complétement oubliée, délaissée, et redoutait que celui auquel elle
avait tout sacrifié fût à jamais perdu pour elle. Son amant eut
mille peines à la consoler ; mais le lendemain matin Adrienne
rassurée envisagea l'avenir avec moins de frayeur.

Quinze jours après, à huit heures du matin, les deux amants
étaient dans la cour des grandes messageries : la diligence de
Lyon par la Bourgogne allait partir et emmenait Casimir ; avant
de monter en voiture, il promit à sa maîtresse de lui écrire tous
les jours. Il avait pris pour elle des arrangements qui, pendant
six mois, devaient la mettre à l'abri du besoin ; une chambre
avait été payée d'avance dans un hôtel garni pour tout ce temps,
et la jeune lingère avait reçu de son amant une somme suffi-
sante pour subvenir à ses petites dépenses durant l'absence
présumée de ce dernier. Enfin on se sépara, Casimir plus mécontent de quitter Paris que sa maîtresse, mais rêvant la fortune
et pensant, non sans se créer quelques chimères d'ambition, à
la dot opulente de l'épouse qu'on lui destinait, et Adrienne,
comme toutes les jeunes filles, ne doutant pas que l'objet de
toutes ses affections ne se hâtât bien vite de revenir auprès
d'elle.

Octave avait accompagné son ami jusqu'à la voiture ; ce fut
lui qui ramena Adrienne et lui donna les consolations qu'il put
imaginer ; seulement il ne s'abusait pas, comme elle, sur les
suites de l'abandon où la laissait son Casimir.

XXX. — CHABESS.

C'était un jeudi soir que Casimir avait joué sa maîtresse
contre la femme du funambule, et c'était dans la même soirée
que Beauvisage, Jossu et les étudiants étaient allés porter chez
mademoiselle Dufrény le scandale abominable qui avait motivé
la colère de l'irascible lingère et l'expulsion de la trop sensible
Adrienne.

Dans la matinée du lendemain, Stéphann Jéricho, encore tout
saisi par la frayeur que lui avaient causée la barde de lard et
la proposition faite par Casimir de jouer Sara contre un bol de
punch, Jéricho demanda un moment d'entretien à M. Wurtzmann : un quart d'heure après on le vit sortir tout rayonnant
du cabinet du rabbin, et pénétré d'une satisfaction que sa physionomie exprimait rarement. Et immédiatement après aussi,
mademoiselle Dufrény reçut de M. Wurtzmann un mot dans lequel
il la priait de lui renvoyer Sara qu'il garderait probablement
chez lui, pendant quelques jours, attendu que sa présence y
était nécessaire pour affaires de famille dont il informerait plus
tard mademoiselle Dufrény : en effet, la jeune juive, prévenue
par cette dernière, quitta Adrienne encore à demi morte du
coup que sa sensibilité avait reçu. Elle arriva chez son grand-
père à l'instant où celui-ci venait de sortir, et craignant la
rencontre de Jéricho, elle courut s'enfermer dans sa chambre,
où la suivirent de sinistres pressentiments et une accablante
tristesse.

L'heure du *chabess* approchait, et la vieille Judith, la nourrice de Sara, qui chaque jour venait remplir chez le rabbin
l'office de femme de ménage, se hâtait de ranger l'appartement
afin que tout fût terminé quand le sabbat commencerait. Elle
déploya une nappe sur la table ronde de la salle à manger, y
posa deux lampes qu'elle alluma même avant la fin du jour, et
qui devaient brûler pendant une partie de la nuit... Puis elle
mit un pain préparé exprès et appelé pain de Rhalen, à la place
ordinairement occupée par Wurtzmann, et elle était occupée à
affubler un guéridon et une table à jeu de tapis sur lesquels
étaient peints ou brodés des passages de la Bible, lorsque
Jéricho entra. Le juif paraissait de fort mauvaise humeur. Il
jeta rudement sa précieuse boîte sur une chaise, au risque d'en
briser le contenu et de commettre le plus grand péché qui
puisse souiller la conscience d'un bon et véritable israélite,
c'est-à-dire la perte de sa marchandise, par sa faute et par le
manque de ce sang-froid et de cette résignation qui font la
principale vertu des fils d'Abraham : aussi Judith, en apercevant
ce mouvement extraordinaire, ne put s'empêcher de murmurer
entre ses dents : — Oh ! oh ! il faut que Jéricho ait éprouvé
quelque rude secousse pour être dans cet état..... Tant
mieux...

Le fait est que Judith détestait cordialement Stéphann, mais
seulement parce qu'il fatiguait à chaque instant Sara de son
insipide amour, et que la pauvre enfant avait mille peines à se
débarrasser de ses importunités : ce qui amenait de temps à
autre de violentes discussions entre la nourrice et Jéricho, car
la première prenait toujours le ton arrogant des domestiques
vieillis au service d'une maison, et le second y apportait tout

son entêtement de juif, et de plus la jalousie et la colère qui
l'animaient souvent depuis les derniers temps, lorsqu'il s'agissait de sa cousine. Aussi, le rabbin Wurtzmann était-il obligé
de faire entendre chaque fois la voix du maître, pour terminer
ces querelles dans lesquels Jéricho avait rarement l'avantage.
Ce soir-là, les deux champions étaient parfaitement disposés à
se livrer un rude combat. Jéricho entendit une partie de ce que
venait de dire Judith... — Qu'est-ce que fous mâchonnez, la
fieille, lui dit-il brusquement, finissez donc votre ménache...
fous ferez mieux que de fous mêler des affaires des autres...
entendez-fous, la fieille?... — Allez-vous commencer votre rabâ-
chage ordinaire, répliqua Judith en élevant la voix... tenez, monsieur Jéricho, laissez-moi en paix... car si ce n'était le saint jour
du sabbat où nous allons entrer, vous pourriez vous en trouver
mal. — Oui... oui... che sais bien... vous pouvez pas me zeu-
tir... che le sais bien... mais vous avez pas affaire à un ingrat...
che vous le rends bien, la fieille !... — Oh ! Dieu ! faut-il avoir
de la patience !... et c'est un être comme ça qu'on veut sa-
crifier ma pauvre fille !... — Comment que fous dites... oui-da !
qu'on me la donnera Sara... Wurtzmann me l'a encore dit ce
matin... — Pauvre cher homme ! faut qu'il ait perdu le sens :
si ça ne dépendait que de moi... — Oh ! che sais pien les mau-
fais conseils que fous lui donnez... si j'aurais su cela plitôt,
j'aurais abbris au grand-père... — Moi, donner des mauvais
conseils à ma pauvre enfant !... vilain sournois, si je lui donnais
celui de t'épouser... assurément ce serait un mauvais conseil...
oh ! si je ne me retenais... — C'est pon... c'est pon... che me
moque pien que ça fous fâche... Sara y sera mon betit femme...
Wurtzmann il le veut... abzolument !

En ce moment Sara entra ; elle paraissait abattue, fatiguée ;
elle venait de verser des larmes. Judith alla avec empressement au-devant d'elle. — Pourquoi quittes-tu ta chambre, ma
chère enfant ? tu n'es pas bien portante... il fallait y rester...
— Je m'y ennuyais à mourir... si tu savais, ma bonne, comme
c'est triste de rester seule toute une journée... — Bourquoi,
dit alors Jéricho, que fous me avez renvoyé si rudement, tout
à l'heure que je suis allé fous foir en rendrant... — Comment!... est-ce qu'il est allé dans ta chambre te tourmenter
encore?... Ah ! si je l'avais su... — Eh pien ! qu'est-ce que
fous auriez fait, la fieille... ch'ai peut-être pas le droit de parler à Sara, puisque Wurtzmann y feut absolument... — Eh
bien ! c'est bon, quand on en sera là, on verra... en attendant,
laissez-la tranquille... ou vous aurez affaire à moi. — C'est
pon, c'est pon, la fieille, encouracbez-la dans la résistance à
la volonté de son père. brécbez-lui la désobéizance... elle est
déjà assez derancbée d'avoir fréquenté des cbrédiens... Tenez...
tenez, le foyez-vous?... l'heure du sabbat il est commencé, et
foilà qu'elle trafaille... Ah ! Sara... Sara... vous avez oublié
tout à fait la loi de vos pères... fous trafaillez le jour du Seigneur... vous savez donc pas que nos lois ils bortaient autrefois la beine de mort pour ce grand grime... vous oubliez votre relichion, vous fiolez les brrecebtes de Moïse... ah! Sara !
Sara ! on voit bien que fous ne aimez plus que les *goï!*

En effet, Sara par distraction avait pris sur un meuble un
ouvrage à l'aiguille et faisait, tout en soupirant, quelques
points d'une broderie... elle le rejeta aussitôt qu'elle eut entendu l'observation de Jéricho... — C'est vrai, dit-elle, je n'y
pensais plus... je suis si tourmentée!... Et une larme coula sur
sa joue... — Eh bien ! s'écria Judith exaspérée par la douleur
de Sarah, eh bien ! après tout... c'est un oubli, et le mal n'est
pas si grand. — Oh ! la fieille... elle blasphème ! s'écria Jéricho. — Vous croyez, monsieur Jéricho. . allez... allez... il vaut
encore mieux travailler le jour de chabess, que d'être méchant,
insupportable comme vous l'êtes, que de calomnier son prochain et quelquefois de le friponner... entendez-vous, monsieur le marchand de lorgnettes? — Che fribonne personne,
répliqua Jéricho outré, che fribonne bas mon brochain... che
vend qu'aux chrédiens... et les chrédiens il être pas mon brochain... entendez-fous, la fieille... mais je dirai tout à Wurtzmann... je vais le rejoindre au temble...

Et il sortait tout en colère lorsque Wurtzmann lui-même se
présenta. — Encore une querelle, dit-il, respectez au moins le
jour du Seigneur...

La vieille Judith se tut, prit un livre et marmotta quelques
prières, tandis que Wurtzmann, s'asseyant près de la table,
prit le pain de *Rhalen*, non sans avoir préalablement ôté un
anneau qu'il portait au doigt, prononça quelques paroles indi-
quées par le rituel israélite, et rompant ce pain. en mangea un
morceau. — Mon père, dit Sara, quand le vieillard parut sortir de sa méditation religieuse... mon père, je désirerais vous
entretenir un instant...

Le vieillard la regarda d'un œil sévère, et fit un signe à Judith qui s'éloigna... Jéricho resta. — Mon père, dit Sara, c'est
devant vous seul...

Jéricho n'en bougea pas davantage... — Mais, ma fille, Stephann n'est pas de trop... tu ne dois pas le considérer comme un étranger... — Mon père... je vous en prie!... — Puisque tu le désires... Jéricho, éloigne-toi! — Ah! oui, che sais bien... doujours des zecrets pour moi... c'est pou... c'est pon... che m'en fas... mais quand che serai son mari... che ferai foir si che le suis ou si je ne le suis pas... ça sera pas un zecret ça... — Eh bien! Sara, nous voilà seuls... qu'avez-vous à me dire? — Oserai-je? pensait Sarah; pourtant il faut absolument parler... — Eh bien! reprit le rabbin. — Mon père... je tremble... daignez m'écouter.

Elle se jeta à ses pieds... — De quoi s'agit-il?... pourquoi cette attitude?... relève-toi, ma Sara; ce n'est point à mes pieds que ta place est marquée... c'est sur mon cœur!...

Il la releva avec bonté en l'attirant vers lui et continua : — Maintenant parle, je t'écoute... tu hésites... tu trembles... parle, te dis-je... serait-ce même des choses dont je t'ai défendu de m'entretenir... en ce moment je suis calme, je t'écouterai... — On m'a dit, mon père, qu'en faisant dire ce matin à mademoiselle Dufrény de ne pas compter sur moi de quelques jours, votre intention était de me préparer à mon mariage avec mon cousin? — En quoi cela doit-il te surprendre et t'effrayer?... depuis longtemps tu connais mes projets... serais-tu donc toujours la même... aurais-tu méprisé mes sages avis... n'aurais-tu donc pas eu le courage d'écarter les funestes idées qui t'assiégeaient... ce que Jéricho m'a encore dit ce matin serait-il vrai? et ce chrétien... — Mon père! — Malheureuse enfant!... — Oui, je suis bien malheureuse!... mon père, pardonnez-moi, au nom de ma mère, de votre fille chérie, pardonnez-moi!... mais je ne puis m'empêcher de vous l'avouer... mon cœur est brisé... il n'est plus à moi... l'époux que vous me destinez... non, jamais je ne pourrai l'aimer... et ce cœur qu'un autre possède tout entier... oh! si vous vouliez... si, prenant pitié de votre enfant...

Ici les sanglots étouffèrent sa voix... — Je te comprends, répliqua avec amertume le vieil israélite... je te comprends... j'aurais pu même te dispenser d'un aveu dont le poids t'accable... tu voudrais que je consentisse à te voir passer dans les bras de l'un de nos plus cruels ennemis... de l'un de ceux qui nous ont déshérités de la gloire de nos pères... qui nous ont enlevé le sceptre du monde, qui nous ont frappés de mépris à la face de la terre... c'est ce que tu voudrais, n'est-ce pas? — Ah! celui dont je veux vous parler ne partage pas un injuste préjugé que ces catholiques que vous regardez comme des ennemis cruels repoussent même presque tous aujourd'hui... lui, il ne voit en nous que des frères, que des compatriotes... il ne verrait en vous qu'un père auquel il payerait un tribut éternel de respect et de reconnaissance... si vous le connaissiez!... — Pauvre abusée! tu crois cela, reprit Wurtzmann avec une nouvelle véhémence... tu crois cela parce qu'il te l'a dit! mais lorsque la première fougue de cet amour qui me désespère sera calmée... quand la réflexion aura succédé à l'emportement, sais-tu le fruit que tu recueilleras d'une pareille union?... les dédains, les reproches, les outrages de toute sorte seront ton partage... tu seras un objet de honte pour ton époux, tes enfants seront des êtres de réprobation... Maudits par celui qui leur aura donné le jour, ils maudiront eux-mêmes le sein qui les aura portés... c'est alors que tes yeux dessillés perceront la profondeur de l'abîme où tu te seras précipitée; c'est alors que, voyant ton vieux grand-père pleurant comme le prophète sur le seuil de ta maison et ta folie et ton déshonneur, tu chercheras en vain à apaiser le ciel et tes frères... il ne sera plus temps... tu voudras peut-être alors revenir vers les tiens; ils te chasseront avec ignominie... l'anathème t'aura frappée! frappée pour l'éternité... non... plutôt mourir que de supporter un pareil opprobre!...

Le vieillard s'arrêta suffoqué par l'indignation et la colère... — Mon père, reprit en tremblant la pauvre Sara, ce tableau est affreux... mais jamais... jamais Octave... — Que pour la dernière fois ce nom frappe mon oreille!... je te l'ordonne au nom de ta mère, dont tu viens d'invoquer la mémoire; au nom de cette femme si pieuse, si soumise... je te l'ordonne... — Il n'est donc plus d'espoir... pauvre Octave!

Le vieillard la saisit par le bras, et la secouant avec violence, reprit : — Tu oublies ma défense... tu répètes ce nom qui m'est odieux... tu veux donc que ma malédiction tombe un jour sur ta tête...

Il la repoussa et fit un mouvement pour sortir. — Mon père... mon père... au nom du ciel, calmez-vous... un jour peut-être... je vous obéirai... — Préparez-vous à aller passer six mois chez votre tante à Metz... je vous aurais fait partir dès aujourd'hui si la loi de nos pères ne nous défendait de voyager pendant le saint jour où nous sommes.

L'inflexible vieillard entra dans sa chambre à coucher, en jetant un regard plein de courroux sur sa fille, qui tomba anéantie dans un fauteuil.

— Octave! mon Octave! te fuir, ne plus te voir! s'écriait-elle douloureusement!...non, cela est au-dessus de mes forces.

XXXI. — UN COMMISSAIRE.

— O lâche et stupide espèce, ne comprendras-tu donc jamais tes véritables intérêts... Ne voudras-tu donc jamais sortir de l'ornière fangeuse des vieilles traditions... et toi, directeur inepte, que je me repens de ne t'avoir pas rompu le cou pour t'apprendre à n'opposer à mes arguments sur la nécessité des innovations que de niaises et plates réponses tirées de l'habitude... de l'usage reçu... Va... tu tomberas, tu tomberas aussi platement qu'un théâtre à subvention... toi et les tiens, vous mourrez d'étisie... et pourtant, ô Funambules! si vous eussiez voulu m'écouter... C'était ce que disait le philosophe Jossu, en gravissant à onze heures du soir les marches écornées du sombre escalier de son galetas, et en entrant dans la chambre où étaient déjà endormis les trois quarts de ses compagnons de nuit.

— Quoi qu' gn'a donc ce soir, l'artisse? demanda à Jossu un crieur public, qui n'était pas encore couché et qui buvait avec deux maçons et un marchand d'habits en goguettes... Quoi qui gn'a donc? tu parais bien échauffé... veux-tu te rafraîchir? — O le welche!... l'ostrogot!... répétait Jossu en déclamant. — Oh! s'il t'en faut une welte ou un broc... reprit le crieur aviné... Alors... excusez!... C'est égal, viens t'assoyer ici.

Jossu s'assit machinalement, prit de même un verre de vin... et continua en se parlant à lui-même : — Maintenant que je ne suis plus sous-régisseur, que vais-je faire?... Item il faut vivre... et je n'ai pas le sou. — Ah! tu n'es plus sous-régisseur aux Funambules. Est-ce que ton théâtre a fait comme tant d'autres, est-ce qu'il a mis la clef sous la porte? — Non, mais le cuistre de directeur n'a jamais voulu comprendre un système que je voulais lui faire adopter pour la prospérité de son affaire, et je viens de lui jeter au nez mon engagement... Je me retire... c'est un homme ruiné! et maintenant il faut m'occuper d'un autre moyen d'existence... Est-ce un bon état que celui de crieur public? — Ah! dame, quand on peut y joindre un privilège comme celui de vendre le soir un journal... Moi, l' *Messager des Chambres* me rapporte momentanément un franc cinquante par jour tous les soirs... Pas bête. — C'est tout ce qu'il me faudrait, à moi... — Eh ben! depuis que j'ai lu une annonce tantôt d'héritation... ah! Dieu, rien n'me sert... Tiens, vois donc ça. — Que veux-tu que je voie... ce n'est ni pour toi ni pour moi que le four chauffe. — C'est égal... lis toujours... ça m'f'ra plaisir... rien que l'odeur d'une succession, vois-tu, ça vous fait trimousser...

Jossu prit le journal, et jeta en bâillant les yeux sur l'annonce; elle était ainsi conçue : « Me Baudoin, notaire à Bordeaux, fait savoir à tous ceux qui pourraient y avoir intérêt, que M. Pascal Gauthrot, armateur, vient de mourir en cette ville, ab intestat, et laissant une fortune assez considérable. On n'a aucune notion sur le lieu que peuvent habiter les héritiers, cependant on croit M. Gauthrot né à Irancy, basse Bourgogne, ou aux environs, etc. » — V'là des Bourguignons salés qui vont être joliment aises, quand y vont savoir ça... Faut-il que j' sois natif de Nanterre!...

Jossu avait lu avec la plus parfaite distraction l'article du journal, et sans y rien comprendre... Sa tête était ailleurs; pourtant ces mots : *Irancy, basse Bourgogne,* le rappelèrent à lui-même. — Qu'est-ce que tu dis donc des Bourguignons... au fait... ces héritiers-là seraient-ils de mon pays?...

Il recommença sa lecture, mais au nom de Pascal Gauthrot, il devint tout blême, sa respiration s'embarrassa, ses yeux se fermèrent un instant, il demeura dans l'attitude d'une des momies du cabinet d'antiquités de la Bibliothèque royale. — Tiens, dit le crieur, est-ce que la fringale le prend? Fais-lui donc manger un cervelas... un à l'ail, ça le remettra.

Un des maçons prit le cervelas et voulut le faire passer entre les dents de Jossu. Celui-ci se leva comme un furieux, mordit la main de l'officieux Limousin, et jetant son journal à terre se prosterna à genoux devant la feuille ministérielle peu habituée à un pareil hommage. — Il est fou! s'écrièrent les assistants. — Pourvu qu'i n' soit pas *hygrophobe* comme Paul Morin de l'Ambigu, dit le crieur, il a mordu Louis... — Si j'étouffissions *sour* un matelas, répliqua le marchand d'habits, comme y roule les yeux!...

Jossu se releva en gambadant et en chantant tra la la la... la la la la la... tra la la la la la la lère. — Dis donc, est-ce que les enragés chantent? — C'est capable de tout, un enragé.

Jossu redoubla de gambades, et partit d'un éclat de rire si fort et si prolongé que presque tous les cochambristes endormis s'éveillèrent. — En v'là un drôle de négociant, dit le marchand d'habits. — Tiens, qu'est-ce qu'il a donc l'polichinelle à sauter comme ça? s'écria un marchand de chansons, que les éclats de voix de Jossu n'arrangeaient pas du tout... Si j'me lève, j'te vas faire chanter l'air *des coups de poing!* — Trou di diou de Bagasse, cria un Provençal, qu'on se taise, ou le premier qué houre, qué crie, vo que estermoue, je lui rompé les os...

Jossu, au lieu de se taire, se mit à rire de plus belle, et fut se jeter sur le Provençal qu'il étreignit tendrement entre ses bras. Le Provençal exaspéré le jeta à dix pas de là dans un autre lit dont le propriétaire le repoussa sur son voisin, lequel en fit autant de son côté, de sorte qu'en cinq minutes Jossu fit le tour de la chambre, comme un volant chassé par une raquette, et à travers les imprécations de tous ceux qu'il écrasait, et qu'il éveillait. Enfin une clameur, un hourra général s'élevèrent contre lui. — Sandis, criait un Gascon, perruquier de Carcassonne, que la peur avait fait grimper au haut d'une grande armoire, sandis, si je ne tremblais pour mon cor, s des dangers auxquels mon courage peut l'exposer, je jetterais ce bélître par la fenêtre. — Oui, oui, par la fenêtre, le fou l'enragé, par la fenêtre! crièrent tous les assistants à la fois. — Un instant, dit le crieur public, on ne tue pas un homme comme on escoffie un mouchard... laissez-moi que je lui fasse trois soumissions respectueuses, suivant la loi, ainsi que cela se pratique de la part des autorités constituées, dans les occasions turbulentes... Vous allez voir l'effet...

Et il saisit par le bras Jossu, qui le regarda fixement. — Au nom de la loi... je *t'assomme*, dit le crieur. — Oh! oh! dit Jossu. — Je *t'assomme* de te tenir tranquille, et de rentrer dans l'état de citoyen paisible et modéré, duquel, sans obvier aux règlements de police et au salut de la monarchie et de la légitimité absolue, selon la charte constituante, tout individu... tout individu... ah ça, je m'embrouille... c'est-à-dire, tout particulier pris en flagrant délit... en flagrant délit... soit par le commissaire, soit par... — Oh! oh! reprit Jossu, et il fit faire volte-face au crieur public; puis, lui sautant sur les épaules, il se mit à lui frapper les côtes de ses deux talons, et le forçant à parcourir la chambre comme un cheval de louage, il criait : — Ohé! ohé! ohé! place à monseigneur! place à monseigneur! — Il faut une finchion à tout cha, dit un porteur d'eau qui avait gardé le silence jusqu'alors. Le camarade, il a besoin d'une douche : ch'est mon affaire.

Et il saisit un énorme baquet qui servait de lavabo à toute la communauté, le leva de toute la hauteur de ses bras longs et vigoureux, et en versa le contenu sur le cavalier et sa monture qui roulèrent au milieu de la chambre. Tous les assistants poussèrent des cris approbateurs. Jossu se releva, sembla revenir d'un songe, et saisissant un bas de laine placé sur le pied de son lit, y fourra rapidement une chemise, deux mouchoirs, une mauvaise paire de souliers, et quand le bas de laine fut bourré comme un saucisson de Bologne, il en passa les extrémités dans le bout de la canne d'un marchand de coco qui le regardait tout ébahi, et descendit en franchissant quatre à quatre les marches de l'escalier, au milieu de la clameur générale qui le poursuivait.

Au même instant, montait, attiré par le bruit, un commissaire de police de deuxième classe, assisté de deux agents et qui faisait sa tournée, en sortant du théâtre de la Gaîté, où il avait été de service. Jossu, qui le heurta en passant, faillit lui faire dégringoler sur le nez les cent vingt degrés qui conduisaient à ce chenil. Heureusement que le fonctionnaire avait les doigts crochus, et qu'il eut la présence d'esprit de saisir par la queue un de ses agents, mouchard de l'ancien régime qui avait conservé les ailes de pigeon à la catacoua, et à qui cette secousse rompit presque la colonne vertébrale. — A l'assassin, cria le mouchard à la catacoua, à l'assassin! — C'est le comité directeur, qui tient ici ses séances, répliqua le commissaire... Montons, mes amis... notre fortune est faite... du courage! — Ah! les scélérats de constitutionnels... ils me payeront mon catogan... aïe! aïe! quel torticolis... — Vous voyez bien, mes amis, que le trône et l'autel sont perdus, avec de pareils monstres!

Et les trois champions se présentèrent bravement à l'entrée du taudis. — Au nom du roi... je vous arrête tous, dit le commissaire. Je vous somme de me livrer vos presses, vos registres, vos proclamations et tous les moyens incendiaires que vous employez. — Tiens, dirent les habitants de la mansarde en regagnant précipitamment leurs lits, c'est le commissaire... gare à ceux qui n'ont pas de livret. — Est-ce qu'il y aurait quelque coalition contre les entrepreneurs? dit le maçon. — Que l'on me suive, reprit d'une voix tonnante le commissaire enhardi par l'effet que produisait son apparition, et se décorant avec fierté de son écharpe. Que l'on me suive, ou je fais monter

la brigade de gendarmerie à cheval qui m'attend dans la rue. — Mais, mon commissaire, dit alors le crieur, sauf le respect que j'vous dois momentanément dans vos fonctions, nous sommes en règle... v'là nos permis et nos papiers. — Taisez-vous, misérables conspirateurs... taisez-vous... tous les coquins comme vous ont toujours les poches pleines de certificats de bonne vie et mœurs... suivez-moi, vous dis-je, ou j'emploie la force des baïonnettes.

A ce mot de baïonnettes, chacun des apostrophés passa à la hâte son pantalon et sa veste, prit sa casquette ou son bonnet et se mit en devoir de suivre M. le commissaire. — Prends la clef, Fromentin, dit le fonctionnaire à l'agent le plus âgé, prends la clef de cet atelier de révoltés, et demain matin nous viendrons verbaliser... Toi, Ledru, passe devant... en tête de la colonne... en avant, marche !...

Et les pauvres ouvriers allèrent coucher à la salle Saint-Martin, grâce au zèle de l'imbécile commissaire qui se promit bien, dès le lendemain, d'adresser une pétition à M. Martignac, alors ministre de l'intérieur, pour obtenir la croix de Saint-Louis, et pour passer au moins commissaire de police de première classe, en récompense de sa brillante expédition.

XXXII. — L'APHDOLAH.

C'en était donc fait de l'avenir de Sara, elle commençait à s'apercevoir, mais trop tard peut-être, que l'inflexible fanatisme de son aïeul serait un obstacle éternel à son union avec un catholique. Elevée par une mère bonne et tolérante, elle avait d'abord aimé cette religion, dont elle ne sentait pas encore l'affreuse influence. Son cœur jusqu'alors n'avait été rempli que de sa tendresse pour son aïeul qu'elle entourait de soins et de prévenances et de cette piété douce et bienveillante d'une jeune fille qui a besoin d'aimer. Mais en cet instant un tableau effrayant se déroulait devant ses yeux. Toujours, toujours l'avenir sans Octave! Cette idée brisait l'âme de la jeune juive. Cependant elle aimait encore son Dieu, ce Dieu de sa mère, elle l'invoquait pour le bonheur de son amant, pour celui de son aïeul, et quelquefois elle se flattait de devenir l'arche d'alliance des deux peuples.

C'était le samedi, dans la journée, et la bonne Judith, qui tenait expressément à toutes les pratiques de sa religion, donnait ses ordres au *chabess-goï*, honnête commissionnaire du coin, qui était chargé de faire l'ouvrage de la maison pendant le jour du sabbat qui ne devait finir qu'à la nuit. Car d'après les lois du mosaïsme, les peines les plus sévères ne pourraient expier le crime odieux d'un israélite qui, dans ce saint jour, oserait moucher la chandelle, écrire une facture, brosser son habit, et même faire de la musique. Pourtant Sara se hasarda à braver ces défenses terribles, et pour la première fois, elle se décida à écrire à Octave. Judith entra à l'instant où elle cachetait la lettre ; la vieille juive poussa un cri de surprise et d'effroi. — Dieu d'Israël! écrire! prendre un pain à cacheter! Ne savez-vous pas qu'il est défendu de toucher de la pâte pendant le jour de *chabess?* — Je le sais, ma bonne, mais c'est à *lui* que j'écris. — A lui! à M. Octave?... ce cher enfant, oui, oui, je conçois... Dieu te pardonnera cette infraction à nos lois. Oh! je suis sûre que, pour toi, il n'hésiterait pas un seul instant à se faire circoncire.

Et Sara sourit, car elle se rappela les folies de Casimir, lequel avait persuadé à Judith, pendant la maladie d'Octave, que celui-ci n'attendait que son rétablissement pour se faire juif. — Mais, ma bonne, dit Sara, penses-tu donc que si Octave n'abjurait pas sa religion, je ne pourrais jamais l'épouser? — Par Jacob, que dites-vous là, chère Sara! Ah! si M. Wurtzmann vous entendait! — Serait-ce donc la première fois qu'un catholique épouserait une juive? — Non sans doute! mais ceux-là ne sont pas de vrais croyants; ceux-là ont foulé aux pieds la religion de leurs pères. Dieu a bien permis aux Israélites d'épouser les filles de Madian, moyennant purification préalable; mais il n'a jamais souffert qu'un fils de Madian souillât la couche d'une vierge israélite. En épousant une étrangère, le fils d'Israël l'élève jusqu'à lui. Il n'en est pas de même de la fille juive qui épouse un *goï*; elle se sépare violemment et pour toujours des fils de Judas. — Pauvre Octave! — Oui, je le plains ce pauvre enfant, car il a l'air d'avoir beaucoup d'attachement pour vous, Sara! Et moi aussi, autrefois j'ai aimé un *goï*. — Toi, ma bonne! — Bon Antoine! quel excellent mari il aurait fait! mais ma mère ne voulut pas donner son consentement ; il fallut bien céder et prendre un juif! Il y a trente ans de cela, et je ne puis y penser sans être assiégée de souvenirs à la fois doux et cruels. — Pien! pien! s'écria Stephann Jéricho, qui ouvrit la porte précipitamment. — Il paraît qu'il nous écoutait ce vilain espion-là! — Che suis bas un esbion, j'égoute seulement, tame Chudith ; j'écoute seulement dans mon intérêt et dans zelui de mosié Wurtzmann... *Goutchabess!* mademoiselle Sara. *Gout-chabrss!* vous avez l'air malate. — Et vous, vous avez l'air de bien bonne humeur ce soir, lui répondit Judith. — Che suis touchours de ponne humeur quand le zamedi soir il arrife, quand le chabess il est fini ; et il sera fini tans une demi-heure au plus tard. On peut pas ventre pentant le chabess. C'est un mauvais chour. — Oh ! le vilain avare ! — Je suis pas afare, tame Chudith, che suis pas afare di tout ; je suis économe bour mademoiselle Sara, dont je dois être bientôt le *rhoussen* (fiancé).

Sara fit un geste de dégoût. — Fous avez égrit, mam'zelle, dit le marchand de lorgnettes, en faisant, comme Bartholo à Rosine, le procès aux doigts tachés d'encre de la jeune fille... Fous avez égrit... Comment, fous trafaillez un chour de chabess !... fous savez donc pas que nos lois, ils portaient audrefrois la peine de mort contre ceux qui trafaillaient pendant le saint chour du sabbat... Fous oubliez votre religion !... fous violez les lois de Moïse... Ah ! Sara ! Sara ! Sara ! on foit pien que vous aimez plus que les *goï!*... Et à qui donc avez-vous égrit ? — Cela vous regarde-t-il ? répondit sèchement Judith. — Zertainement que zela me regarte ! za me regarte beaucoup ! che dois être un chour son mari ! che dois tout savoir... — Et vous ne saurez rien ! — Taisez-vous, la fieille, taisez-vous ! che sais que vous aimez pas moi... — Allons, laissez-nous tranquille, dit Judith impatientée, ne commencez pas la semaine par nous mettre en colère. Voici M. Wurtzmann qui va rentrer, j'ai bien autre chose à faire que d'entendre vos rabâchages.

Et le juif promenait un regard défiant et soupçonneux sur la nourrice et sur le chabess-goï qui se tenait dans l'antichambre dont Sara s'était approchée. Pendant ce temps, la nuit arrivait ; Judith préparait tout ce qui était nécessaire pour l'*Aphdolah*, prière qui vient clore le jour de chabess et qui sert d'introduction à la semaine, car chez les israélites la première partie du jour se compte à partir du coucher du soleil, l'article 13 de la Genèse disant que le soir fut fait avant le matin. Aux lampes de la veille, elle substitua deux flambeaux qu'elle plaça sur la table dégarnie cette fois de nappes, sur laquelle elle posa une coupe pleine de vin, un petit cierge en cire jaune, divisé en deux branches, et auprès, une espèce de cassolette en argent, contenant du coton très-fin, parfumé de cannelle et de girofle : peu d'instants après Wurtzmann entra.

Sara, selon l'habitude des filles juives, s'approcha de son grand-père pour recevoir la bénédiction du chabess. Le vieillard, qui se rappelait encore la scène violente de la veille, jeta un regard sévère sur sa petite-fille, et quand la pauvre enfant pencha sa tête afin que le vieil israélite la bénît, une larme brûlante tomba sur les mains de son grand-père qu'elle avait saisie avec vénération. Le rabbin, touché de ce qu'il croyait une marque de repentir chez sa petite-fille pour laquelle il avait la plus vive tendresse, l'attira vers lui, et lui donnant un baiser affectueux sur le front, lui imposa les mains sur la tête et prononça les paroles sacramentelles : — Je te bénis, ma fille ; sois aussi sage que Sara, aussi économe que Rebeca, aussi douce que Rachel.

Il y avait dans cette cérémonie quelque chose de solennellement majestueux ; Judith et Stephann Jéricho lui-même, par respect pour le patriarche, s'étaient inclinés. Le vieillard, s'étant aperçu de la vive émotion de sa fille qui avait presque fléchi le genou devant son aïeul, la releva et la serra contre son cœur. — Ma Sara ! sois sage, mon enfant, et nous ne cesserons de t'aimer.

Un torrent de pleurs s'échappa des yeux de la jeune juive. Wurtzmann parut vivement affecté, son cœur semblait brisé ; un violent combat s'engageait en lui-même ; il se reprochait intérieurement la douleur de son enfant. Jéricho s'approcha de lui pour avoir sa bénédiction que les chefs de famille ne donnent ordinairement qu'à leurs fils, mais que Wurtzmann ne crut pas devoir refuser à Stephann qui devait être son gendre.

Ici la scène changea. Ce n'était plus une jeune fille, belle, triste, malheureuse, à la tournure svelte, à la mine mélancolique, aux yeux pleins de larmes, aux cheveux noirs comme le jais, s'inclinant devant un vieillard à chevelure blanche, et, semblable à la femme du jeune Tobie, implorant la bénédiction de son père avant d'entrer dans la chambre nuptiale si funeste à ses premiers époux ; c'était le grand, le fluet Jéricho se courbant d'une manière grotesque devant un prêtre de sa religion. Wurtzmann le bénit donc, mais sans onction et machinalement : — Je te bénis, ô mon fils ! Sois aussi pieux qu'Aaron, aussi fort que Samson et aussi brave que les Macchabées.

Et le jeune juif se promit cependant de ne jamais chercher à marcher sur les traces des Macchabées, vu que faire le bravache est un métier à se faire rompre les os, ce à quoi il ne tenait pas spécialement.

La cérémonie de l'aphdolah commença immédiatement : le rabbin s'approcha de la table devant laquelle il se tint debout ; Judith et Jéricho se placèrent à sa gauche, et Sara à sa droite ; il alluma le petit cierge à deux branches, que sa fille, comme la plus jeune des assistants, fut chargée de tenir, tandis qu'il prononçait en hébreu quelques passages des saintes Écritures.

Puis, pour rendre grâces à Dieu des biens dont il avait comblé l'homme, et des organes et des sens qu'il lui avait donnés pour jouir de ces biens, il versa du vin dans sa coupe qu'il effleura de ses lèvres ; renversa sa main et regarda ses ongles ; prit dans la cassolette le coton imbibé d'un arome de cannelle et de girofle, en respira l'odeur, le palpa plusieurs fois avec ses doigts, et termina par une invocation au Créateur, en langue hébraïque, dans laquelle il remercia Jehovah de lui avoir fait passer sans malheur le saint jour du sabbat, et le pria de faire en sorte que la semaine continuât aussi heureusement qu'elle avait commencé.

Tandis que le vieux et bon rabbin imposait les mains à sa douce et charmante fille, et que les dernières cérémonies du chabess touchaient à leur fin, un jeune homme dont la marche rapide mais incertaine, les gestes animés, annonçaient la mauvaise humeur, passait et repassait devant la maison de Wurtzmann. — C'est inconcevable, murmurait-il, que depuis hier matin je n'ai pu parvenir à l'apercevoir... lui serait-il arrivé quelque chose de fâcheux... Ah ! je suis un grand scélérat... la pauvre enfant... Si ce n'était qu'une infidélité... je l'y ai habituée... mais le tour est sanglant... Si je pouvais savoir quelque chose par Sara... Elle doit être chez son père aujourd'hui... C'est samedi, et tous ces bigots de juifs sont à faire leur sabbat... Voyons... C'est bien cela... Oui, n° 33... entrons...

Et le jeune homme se glissa sous la porte cochère, sans avoir été aperçu par la portière occupée à chanter à tue-tête ses cantiques de circonstance, car il est bon de remarquer que la maison était presque entièrement habitée par des israélites. — Me voici dans le camp ennemi ; mais à quel étage demeure Wurtzmann ? est-ce au premier, au second, au troisième ?... Je me rappelle que Jossu qui connaît comme sa poche toutes les habitudes de la juiverie m'a parlé de... comment donc appellent-ils cela... Ah ! un *mesuah*... tous les juifs qui tiennent à la stricte observation de la loi font placer ce signe vénéré à l'entrée de leur appartement... j'en aperçois un !... mais... en face, un autre !... il y a ici deux ménages, deux maîtres... pas de nom sur la porte... voyons dans l'escalier s'il n'y aurait pas encore quelques *mesuahs* ou une plaque portant un nom.

Et notre homme monta quelques marches sur la pointe du pied. Arrivé au premier étage il aperçut encore un *mesuah*. — Allons, dit-il, la maison est pleine de ces maudits circoncis, je suis tout aussi avancé que s'il n'y en avait pas du tout.

L'objet qui embarrassait si fort notre explorateur et que les juifs, ainsi que nous venons de le dire, appellent *mesuah*, est un petit coffret oblong, de bois ou de fer-blanc, cloué obliquement sur le montant de droite de la porte d'entrée de presque tous les appartements de cette maison. Dans ce coffret coupé d'un tiers dans sa longueur, on voit enchâssé avec précaution un parchemin ou un papier sur lequel sont tracés en caractères hébraïques quelques fragments des commandements de Dieu, dont on ne peut guère lire que les premiers mots. Les juifs ont conservé religieusement l'usage du *mesuah* dont l'origine se rattache à une époque importante de leur histoire. Ce fut, dit-on, après que l'ange eut marqué en Égypte toutes leurs portes avec de la craie, que par surcroît de précaution ils placèrent à l'entrée de leurs demeures quelques signes symboliques de leurs croyances et de leur origine, afin que leurs premiers-nés ne fussent point frappés par le glaive exterminateur, qui, en dépit de la marque qu'il avait faite lui-même, aurait bien pu se tromper, tout envoyé de Dieu qu'il était.

Tout en réclamant pour lui la bénédiction du rabbin et en remplissant extérieurement ses devoirs de religion, Jéricho n'avait pas perdu de vue le goï-chabess dont le ministère devenait inutile à Judith, puisque le sabbat était passé, et qui attendait dans l'antichambre qu'on lui payât le prix convenu pour sa corvée hebdomadaire. Lorsqu'il eut reçu l'ordre de partir, le jaloux Stephann le suivit dans l'escalier, et l'arrêtant par le bras lui demanda pour qui était la lettre dont il venait d'être chargé. Le commissionnaire le regarda avec hésitation. Mais, mouchieu, dit-il, mais... — Che avre pesoin de foir l'adresse... sélement l'adresse.

Et il tira de sa poche une pièce de dix sols, qu'il laissa entrevoir à l'Auvergnat... Celui-ci tira de son côté le billet de Sara, et en laissa voir la suscription à Jéricho. — J'en étais bien sûr, s'écria Stephann, en saisissant la lettre et en remettant dans sa poche la pièce qui avait tenté le commissionnaire... Che vas toute suite la porter à Wurtzmann. — Oh ! oh ! dit le porteur, en se mettant en travers du passage... ma lettre, mochieu! — Che te la rentrai pas, cria Jéricho... au zecours!... au zecours!... Israël!... Chacob!...

La main du vigoureux Auvergnat serrait la gorge du juif, avec l'énergie et la colère d'un homme doublement trompé; cependant il regardait autour de lui avec inquiétude, et craignait d'attirer l'attention des voisins et de Wurtzmann qu'il savait ne pas être dans la confidence de son message, et peut-être allait-il lâcher Jéricho, lorsqu'un individu qui allongeait la tête avec précaution parut au bas de la rampe, et reconnaissant le commissionnaire pour être déjà venu à l'hôtel de Boulogne, s'avança et demanda de quoi il s'agissait. — Ça être bas fotre affaire, dit Jéricho en roulant des yeux qui lui sortaient de la tête. — Mochieu, ce maudit juif, il me preud ene lettre que j'allais porter à votre ami. — Une lettre pour mon ami... pour Octave... de Sara, peut-être!... et ce misérable voulait vous l'enlever! — Dame! il la tient dans cha main droite... et che qu'il y a de pis, dans une main d'juif, c'hest pas aisé à arracher. — Attendez un moment, reprit Casimir, car c'était lui que le désir d'apprendre par Sara des nouvelles de la pauvre Adrienne amenait dans la maison du rabbin... Attendez, et vous allez l'avoir. — Rends-tu, dit-il sourdement à Jéricho en le prenant par les deux oreilles, rends-tu? — Che rends pas, répondit Stephann avec calme, che rends chamais rien... — Tu rendras pourtant, reprit l'étudiant, ou tes oreilles deviendront aussi longues que celles de la monture de ton compatriote Balaam. — A la folonté de Dieu... mais che rendrai pas!

L'étudiant lâcha une oreille, passa lestement une jambe derrière celles de Jéricho, lui appliqua une main sur la poitrine, et faisant jouer cette nouvelle espèce de bascule, il le rejeta rudement à terre. En ce moment plusieurs portes s'ouvrirent aux étages supérieurs... On entendit des pas précipités. — Oh! tu rendras, cria Casimir, tu rendras avant que l'on arrive à ton secours... j'en sais bien le moyen...

Et appuyant un pouce sur chacun des yeux de Jéricho, il le pressa avec tant de force que celui-ci faillit perdre connaissance. La main contractée dans laquelle il serrait avec une sorte de frénésie le billet de Sara se détendit; le papier tout froissé tomba à terre: l'Auvergnat s'en saisit et prit la fuite. Casimir se releva, donna à Jéricho un grand coup de poing sur le nez et un coup de pied dans les côtes; puis, dégringolant le long de l'escalier, il se disposait à sortir; mais la portière lui barra le passage avec un balai de bouleau, en criant : Au voleur! On accourait de tous les côtés au bruit des hurlements de Jéricho. — Jhe zuis un homme déshonoré à la face d'Israël, criait-il... Che mérite de defenir immonde, lépreux, rachitique, éléphantiasique, réprouvé de Dieu!... Je me étais laissé enlever mon pien par un chrédien.

Casimir regarda devant et derrière lui; partout des ennemis. Il se jeta dans l'escalier de la cave qu'il trouva ouverte, et la foule le suivit en répétant le cri : Au voleur! il souffla la chandelle d'un locataire qui revenait chargé de deux bouteilles, et qui, croyant voir le diable à ses trousses, se mit à hurler aussi fort que Jéricho, et bientôt la cave fut encombrée de gens qui vociféraient, braillaient, s'entre-heurtaient en tous sens, se saisissaient réciproquement, et se gourmaient en se prenant mutuellement pour le voleur poursuivi. Cependant Casimir, blotti dans un angle du souterrain et distinguant parfaitement, grâce aux faibles rayons du jour qui venaient y mourir à travers les grilles d'un étroit soupirail, l'endroit par lequel il pouvait s'échapper, se glissa contre la muraille, et entr'ouvrant la porte de la cave, où la vieille portière juive, le balai en main, était placée en vedette, il se rappela le talent qu'il avait eu au collège pour jouer au cheval fondu, appuya ses deux mains sur les épaules de la sorcière israélite, s'élança par-dessus sa tête, et, retirant rapidement la porte, il tourna la clef qu'il ôta de la serrure, et qu'il lança dans la rue; puis il s'éloigna en riant aux éclats, et en criant à ceux qu'il avait si habilement séquestrés : — Gout chabess!... gout chabess!... Nos amis les *Jid*... que le Dieu d'Abraham vous tire de là, comme il a tiré Daniel de la fosse aux lions... J'ai bien l'honneur de vous saluer.

XXXIII. — LE RENDEZ-VOUS.

« Mon ami, je suis au désespoir!... mon père vient de briser mon cœur, on veut nous séparer... Il faut absolument que je vous voie... vous recevoir serait vous exposer à la colère de mon aïeul, et d'ailleurs vos forces ne vous permettent peut-être pas encore de vous exposer à la fatigue... Ce soir, pourrez-vous me recevoir? il s'agit de rassurer votre amour; je ne crois pas avoir besoin de justifier ma conduite, et vous m'aimez trop pour me faire repentir de ma démarche. » — Grand Dieu! s'écria Octave en achevant la lecture de cette lettre, elle

viendra! — Mochieu, dit le commissionnaire, qui, la bouche béante et les bras ballants, attendait la réponse... quoi donc que je dirai? — Non!... non!... Il ne faut pas qu'elle vienne... elle, ici!... serait-il possible!

Et il passait la main sur son front et sur ses yeux, comme pour écarter une idée pénible. — Alors, mochieu, je lui dirai qu'elle ne vienne pas. — Oui!... décidément, je ne veux pas qu'elle vienne... j'irai!... j'irai moi-même... Mais si son père me surprenait... s'il faisait un éclat... ce serait la compromettre encore davantage. — C'hest-il *non* qu'il faut dire, mochieu? — Et pourtant, je ne voudrais pas qu'elle pen-ât que je blâme la confiance qu'elle a dans son ami... Non! Sara ne peut être exposée auprès de moi à aucun péril... d'ailleurs ma santé... ensuite un motif bien puissant doit avoir déterminé sa démarche... je dois le connaître... Mon ami, dites que j'attendrai. — Je m'en doutais, dit l'Auvergnat.

Il est six heures du soir, la brune étend sur toutes les maisons ses ombres douteuses, la neige de décembre couvre la terre; une jeune fille franchit avec cette crainte pudique de l'innocence le seuil de la maison paternelle; elle jette autour d'elle des regards furtivement inquiets; la suit-on? épie-t-on ses démarches? non; ce sont des terreurs paniques; qui pourrait la soupçonner? Sa démarche exprime la terreur qu'elle éprouve; elle semble craindre de toucher la terre; enfin elle arrive, elle détourne la tête, et sûre de n'avoir été vue par personne de sa connaissance, elle franchit l'escalier avec la rapidité de l'éclair.

Le froissement d'une robe de femme se fait entendre... Il était là, et bien qu'il ne fût pas certain de l'heure à laquelle elle arriverait, il l'attendait, car je ne sais quel instinct de momentanéité est donné aux amants. Comme son cœur bondit de joie en apercevant sa jolie robe de florence! De combien d'amour et de respect il se prépare à payer le sacrifice qu'elle lui a fait de son repos! Effrayée de sa démarche et du résultat qu'elle peut avoir pour son avenir, la bien-aimée tombe presque évanouie dans ses bras... Il la rappelle à la vie par un baiser. — Mon ami, mon cher Octave, me pardonnerez-vous l'inconvenance de ma conduite?... mais je craignais de ne plus vous voir... en veut nous séparer.

Octave dénoua les rubans du chapeau dont il débarrassa la belle tête de la jeune juive; puis entraînant son amie vers une bergère et la plaçant près de lui, il la serra dans ses bras sans pouvoir articuler un seul mot. — Oui, mon ami, reprit Sara, on veut nous séparer... mon grand-père exige de moi ce sacrifice; Stephann lui a tout dit. — Ce misérable Jéricho. — Octave, je vous en conjure, un peu de modération .. Il m'aime, on lui a promis ma main, il sait que je vous préfère, et, dans un accès de jalousie, il a raconté à mon grand-père tout ce qu'il sait de notre liaison. — Mais quel obstacle pourrait s'opposer à ce que moi-même je me présentasse chez Wurtzmann? — Vous ne pensez donc pas à la différence de nos religions... Je vous l'ai dit, jamais, peut-être, mon aïeul ne consentira à notre union. — Quoi! s'il nous voyait à ses genou, s'il savait que le bonheur ou le malheur de deux êtres, dont l'un lui est si cher, dépendît de sa seule volonté! — Ne l'espérez plus, mon ami; d'abord mon père m'a fait quitter le magasin de mademoiselle Dufrény; puis il veut que jusqu'à mon mariage, j'aille demeurer chez une de mes tantes qui habite Metz, où sont réunis plusieurs de nos parents. Enfin, il m'a défendu de songer à toute autre alliance qu'à celle de Stephann. — J'empêcherai bien que cet odieux mariage n'ait lieu, reprit Octave avec fureur. — Mon ami, dit Sara effrayée, ne vous emportez pas. — Sara, tu seras ma femme! Jure, s'il le faut, devant toi, que tu n'appartiendras jamais qu'à moi!

Et le bouillant jeune homme étreignait la jeune fille éperdue. — Octave! Octave! dit-elle d'une voix faible et éteinte, vous me perdez. — Eh bien! nous nous perdrons ensemble!... Sara, je suis ton mari, je dois te posséder, je le veux, il le faut... Oui, tu es à moi! rien sur la terre ne pourra alors briser les liens qui nous uniront... oui, tu seras à moi tout entière... Ah! mourir mille fois, plutôt que de renoncer à ton amour, à ces caresses dont tu vas m'enivrer.

Octave n'était plus faible, convalescent, il avait recouvré subitement toutes ses forces. Une chaleur brûlante circulait dans ses veines. En proie à toute la violence de sa passion, il oublie les serments qu'il s'est faits à lui-même... en vain, Sara hors d'elle-même, l'œil humide, la poitrine haletante, luttant contre sa propre faiblesse et contre le feu jusqu'alors inconnu qui embrasait son sang, veut se dérober au péril. Octave ne l'écoute plus; cependant, elle fait un dernier et violent effort, parvient à se débarrasser des bras de son amant et se précipite à ses genoux qu'elle embrasse. — Octave! s'écrie-t-elle, mon Octave, grâce! je t'en supplie... au nom de ma mère, au nom de la tienne, grâce!... Rappelle-toi qu'un jour je la sollicitai

d'un infâme, qu'il la refusa et que sans toi j'étais perdue...
Ah! sois plus généreux, épargne-moi, je t'en conjure!...

Et la douce fille étendait vers lui des mains suppliantes.
Octave lançait sur elle des regards étincelants où se peignait la
violence de ses désirs; puis une réflexion subite parut tempérer leur éclat. La fille du rabbin, toujours à genoux, attend
l'arrêt que va porter son amant qui, s'armant d'une résolution violente, se jette au fond de l'appartement... Une révolution s'est opérée en lui-même... Il revient auprès de Sara qui
avait conservé son attitude suppliante. — Ange d'amour! tu le
veux... eh bien, je le ferai ce sacrifice; il est immense, car posséder une femme telle que toi, c'est posséder tout ce qu'il y a
de bonheur possible sur la terre... Va, va, ne crains plus rien !
Il la releva, et la jeune fille couvrait de baisers ses mains
qu'elle arrosait de larmes. Octave la fit asseoir dans la bergère,
mais se gardant de tout nouveau rapprochement qui aurait pu
devenir dangereux; il prit une chaise, se plaça devant elle, et,
devenus plus tranquilles tous deux, ils se mirent à causer
comme deux vieux amis... Sara venait d'échapper à un grand
péril. Enfin ils purent s'entendre et se fixer sur l'avenir. Il fut
donc convenu que Sara écrirait de Metz à Octave, et que lorsqu'elle connaîtrait les localités et les habitudes de la nouvelle
maison qu'elle allait habiter, elle lui indiquerait où il pourrait
adresser ses lettres afin de ne pas éveiller les soupçons de la
sœur de Wurtzmann. Après s'être juré vingt fois un amour
éternel, s'être vingt fois quittés et s'être vingt fois précipités
dans les bras l'un de l'autre, les deux jeunes gens se séparèrent enfin. Octave fit venir un fiacre pour ramener Sara, qui
s'opposa formellement à ce que son ami l'accompagnât; et,
quand il se trouva seul, il lui sembla que l'univers entier avait
cessé de se mouvoir, que la nature ne vivait plus, que le chaos
avait étendu sa main de glace sur tout ce qui existait auparavant.

XXXIV. — CIRCONCISION.

Huit mois s'étaient écoulés depuis le départ de Sara pour
Metz, et pendant cette longue absence la vieille Judith avait
été bien des fois la dépositaire de la correspondance des deux
amants. Un jour enfin Octave reçut une lettre qui lui annonçait le retour de sa bien-aimée; son grand-père la rappelait
auprès de lui. Il ne voulait pas, disait-il, qu'elle passât
entièrement chez sa parente une saison aussi ennuyeuse que
l'hiver, et, d'ailleurs, ajoutait-il, chaque jour il sentait plus
vivement le besoin de la presser sur son cœur. Peut-être d'autres saisons qu'il ne fit connaître que plus tard avaient-elles
déterminé le rabbin.

A peine Octave eut-il reçu cette nouvelle qu'il courut s'installer aux environs de la maison de Wurtzmann pour épier
l'arrivée de Sara, et saisir l'occasion de lui dire un mot, de
recevoir un de ses regards. Dans son impatience, il courait de
la demeure du rabbin à la synagogue, où il pensait que la jeune
juive avait pu être conduite par son dévotieux aïeul, puis il
revenait près de la demeure du vieil israélite. Il passa une
journée entière sans apercevoir celle dont il attendait le retour
avec tant d'ardeur; le hasard l'avait mal servi. Seulement, vers
le soir, il rencontra, à l'entrée du temple hébreu, Jéricho
qui paraissait rayonnant de bonheur et qui parlait avec feu à
l'un de ses coreligionnaires. — Foui... foui, disait-il en se
frottant joyeusement les mains, che étais pien sûr te brezent te
mon mariache... Wurtzmann il le avre décidé absolument
dans son tête... et c'était pour ça qu'il avre fait refenir Sara
de la province... et bientôt fous ferrez affiché là le babier qui
annoncera que che zerai le mari de Sara; dans quelques chours,
nous allons *knass légen* (conclure un marché) pour fiancer moi
et za fille.

Et il désignait du doigt un grand cadre de bois peint en
noir et recouvert d'un treillage en fil d'archal, dans lequel
étaient placardées différentes annonces de mariages, de circoncisions ou d'autres actes de la religion hébraïque. Octave
fut frappé de stupeur en entendant les propos de Jéricho. —
Non, non, cela n'est pas possible, s'écria-t-il. Ce misérable en
impose ou se fait illusion... si quelque chose de semblable eût
été décidé, Sara l'aurait su, elle me l'aurait écrit... cependant
la joie de ce niais, l'assurance avec laquelle il s'exprime... je
n'y puis tenir... abordons-le... peut-être en saurai-je davantage.

Le jeune étudiant s'approcha du juif; il se disposait à lui
adresser la parole, lorsque celui-ci, saisi de frayeur, comme
cela lui arrivait toujours lorsqu'il se trouvait en présence d'Octave ou de Casimir, quitta brusquement la personne avec laquelle il s'entretenait et se mit à marcher de toute la vitesse
de ses jambes, sans être en rien rassuré par l'espèce de politesse avec laquelle Octave l'avait abordé. — Que l'enfer confonde le poltron! s'écria celui-ci; mais il ne m'échappera pas,
je lui serrerai la gorge quelque part, et j'aurai l'explication
des paroles que j'ai entendues.

Octave courut sur les traces de Jéricho; celui-ci s'aperçut
de la chasse que lui donnait l'étudiant, redoubla de vitesse,
et, après avoir tourné plusieurs rues, il se jeta dans une allée
et disparut. Octave était tellement irrité de voir Stephann lui
échapper, que, sans réfléchir à ce que sa démarche pouvait
avoir d'inconséquent, il pénétra lui-même dans l'allée et franchit le même escalier que venait de prendre le fuyard, espérant sans doute le saisir dans un des coins de cette maison,
où il se réfugiait peut-être au hasard. Mais, arrivé au second
étage, il vit entrer celui qu'il poursuivait dans un appartement
dont la première porte resta ouverte. A travers une porte
vitrée, Octave vit dans un salon assez vaste circuler trente ou
quarante personnes qui, par leur silence et leur recueillement,
semblaient se préparer à quelque solennité, et de temps à
autre on entendait les vagissements d'un enfant nouveau-né
qu'une femme portait et berçait entre ses bras. Octave, entraîné
par une curiosité dont il ne put se défendre, et d'ailleurs maîtrisé par le désir de ne pas perdre de vue Jéricho, pénétra
dans l'antichambre, se glissa dans le salon à la faveur d'un
mouvement que firent les assistants en se rangeant en cercle,
et fut alors témoin d'une cérémonie qui, pendant quelques
moments, captiva toute son attention. On allait faire un juif;
on allait procéder à une circoncision. Ce fut donc le jour où
l'on allait circoncire le fils d'un des parents de Wurtzmann
qu'Octave reconnut lui-même au milieu de ses coreligionnaires, que l'amant de Sara pénétra dans cette maison où il
avait été presque conduit par Jéricho. Bientôt la cérémonie
commença.

Après que le rabbin eut prononcé quelques prières, on
chanta des cantiques et on apporta l'enfant, qui fut remis entre
les mains d'un assistant remplissant à peu près les mêmes
fonctions que celles du parrain chez les chrétiens. Il était assisté du sacrificateur, personnage chargé de pratiquer l'opération, et nommé, en hébreu, *Môhl*.

L'attention d'Octave avait été tellement captivée par ce spectacle, qu'il oublia un moment le motif qui l'avait amené dans
le lieu où il se trouvait; mais en levant les yeux, il aperçut
Jéricho, dont le regard fauve était fixé sur lui et ne l'avait pas
quitté d'une minute, comme fasciné par son aspect. Octave se
torturait l'imagination pour savoir comment il extrairait Stephann de la compagnie qu'il ne paraissait pas disposé à quitter,
lorsque soudain il fut frappé d'une idée qu'il fut étonné de ne
pas avoir conçue plus tôt. — Quoi, se dit-il, j'attends ce maudit
Jéricho pour obtenir de lui une explication qu'il ne me donnera
peut-être pas, et pour cela je perds une occasion que je ne retrouverai sûrement jamais... Le grand-père de Sara est encore
retenu ici... Jéricho y est cloué par la frayeur que je lui inspire... Sara doit être seule, et ce n'est qu'en ce moment que
j'y pense... Courons, il en est encore temps !

Aussi vif que la poudre, l'étudiant s'élança hors de la maison.

XXXV. — LE GOÏ.

Octave n'hésita plus; il voulait connaître son sort et savoir
si Sara, à l'âme de laquelle toute perfidie avait paru jusqu'alors
étrangère, avait pu le tromper si cruellement... et, mettant à
profit l'absence du rabbin, il se dirigea promptement vers la
maison de celui-ci... Il franchit donc l'escalier: comme son
cœur battait quand il arriva au second étage où il savait que demeurait Wurtzmann, et quand il aperçut à l'un des côtés de
la porte ce signe abhorré, ce mesuah, qui lui rappelait le culte
intolérant auquel appartenait son amie... enfin il sonna... Ce
fut Sara elle-même qui se présenta, elle était seule, la vieille
Judith étant sortie pour faire quelques emplettes de ménage. La
jeune lingère poussa un cri de bonheur et de joie, et se jeta
dans les bras de son amant — Octave! dit-elle, mon Octave,
je te revois enfin ! que je suis heureuse!

Et Octave, malgré le dépit et la jalousie qu'il concentrait, ne
put s'empêcher de répondre aux caresses naïves de la jeune
fille. — Tu le vois : je te tutoie à présent... tu l'as exigé dans
tes lettres, et maintenant que tu es là, je n'en puis perdre l'habitude; me le pardonnes-tu?... Tu ne me dis rien, ajouta-t-elle en enlaçant Octave de ses beaux bras, avec un gracieux
abandon : tu ne me dis rien, il y a si longtemps que nous ne
nous sommes vus... Mon Octave ne m'aimerait-il plus?

Et elle lui faisait cette question d'un ton qui prouvait qu'elle
était certaine de son amour. Octave pencha sa tête vers celle
de la jeune fille, et posa ses lèvres sur celles de Sara qui se
prêta d'abord à cette caresse, en pressant son ami contre son
cœur; puis se rappelant bientôt le danger terrible qu'elle avait
couru chez Octave, elle s'éloigna de quelques pas en s'écriant :

— Mon ami, soyons sages... Mais comment as-tu osé, lui dit-elle, pénétrer dans cette maison et surtout dans cet asile dont l'entrée est défendue à tous les infidèles et surtout à toi, mauvais sujet? Si mon grand-père s'était trouvé à la maison!... — Je savais qu'il n'était pas chez lui; mais toi, Sara, es-tu bien aise de me revoir? — Cher ange, tu n'en doutes pas. Ah! si tu savais combien j'ai maudit cette longue absence... Tiens, tiens, voici qui me consolait!

Elle courut vers sa chambre, Octave voulut l'y suivre; mais la malicieuse et prudente enfant ferma vivement la porte, puis elle revint avec un petit coffret qui contenait les lettres d'Octave qu'elle étala sur la table avec un certain orgueil. — Il y en a cent neuf, dit-elle en portant à sa bouche quelques-uns de ces papiers qu'elle couvrait de baisers. Mais je suis bien chagrine, j'ai égaré une de ces lettres que quelque profane aura peut-être trouvée. Ah! s'il savait le prix que j'y attache! cette lettre manque à ma collection. — Voici de quoi la compléter, répondit Octave en lui montrant une lettre qu'il avait préparée pour envoyer à Metz, ignorant encore son retour dans cette ville; mais elle est devenue inutile puisque je suis auprès de toi. — Une lettre de mon Octave! N'importe, donne, donne toujours! je la lirai ce soir dans mon lit, ce sera une nuit de bonheur... et la jeune fille lui enleva lestement la lettre et la cacha dans son sein. — Ma Sara, dit Octave, j'oublie que je suis venu pour vous gronder et pour avoir avec vous une explication importante. Que signifient donc ces propos insolents de ce Jéricho, dont le bavardage m'a appris votre retour, et même, assure-t-il, son prochain mariage avec vous? Si votre bonheur dépendait absolument de votre union avec un autre... peut-être aurais-je pu faire le sacrifice de mon amour; mais avec un tel homme!...—Octave! Octave! avec quel sang-froid vous parlez d'abandonner votre amie pour toujours!

Octave était ému. — Mais, s'écria-t-il en frappant du pied, que voulait donc dire cet ignoble Jéricho?... lui! posséder tant de charmes, tant d'attraits, il en est indigne... Jamais. — Pourquoi ces emportements? dit Sara, dont les sanglots étouffaient la voix. Octave, je le vois bien, vous ne m'aimez plus, vous voulez m'abandonner! — Moi, t'abandonner, ah! Sara, je t'aime plus que jamais. — Eh bien! pourquoi chagriner ta petite Sara? Puis-je empêcher mon père de former des projets pour ce qu'il appelle mon bonheur? en vain j'ai voulu le détromper, il n'a jamais pu perdre l'espérance de les voir se réaliser. — Je ne veux pas que tu voies cet homme... je ne veux pas que ce misérable puisse s'occuper même de toi, s'écria Octave, dont l'exaspération était au comble... Ce juif, se vanter de posséder la femme que j'aime... malédiction!... Je le tuerai, et te fuirai pour toujours.

La pauvre Sara ne répondait que par des larmes, elle allait s'efforcer de calmer l'injuste colère du fougueux jeune homme quand un violent coup de sonnette se fit entendre. — C'est mon père, où fuir, où nous cacher?... Octave, s'il vous surprend ici, je suis perdue!

Octave voulut se retrancher dans la chambre de la jeune fille... — Non, non, dit-elle, ici! et elle le poussa dans un petit cabinet de toilette.

C'était effectivement Wurtzmann qui rentrait, il porta partout un regard défiant, surtout quand il aperçut que les yeux de sa fille étaient rouges et gonflés... mais quand il vit que tout était dans l'ordre accoutumé, il se rassura. Cet air soupçonneux chez son grand-père, toujours si bon et si confiant, parut extraordinaire à Sara; mais toute défiance sembla s'éloigner bientôt de l'âme du rabbin qui, tout en prodiguant quelques tendres caresses à sa fille, et tout en la blâmant de sa tristesse, lui annonça la visite de Jéricho qui brûlait, ajouta-t-il, d'embrasser sa cousine qu'il n'avait pas vue depuis son arrivée... Ici, un léger bruit se fit entendre dans le cabinet... Sara en frémit... Wurtzmann n'y fit aucune attention... Un instant après arriva Jéricho, il était tout joyeux, tout triomphant; bien que ce ne fût pas le jour de chabess, le marchand de lorgnettes avait fait de la toilette; il avait endossé l'habit noir à collet crasseux, et avait passé la cravate blanche, qu'il n'avait guère mise déjà qu'une douzaine de fois. — Mon betite cousine, dit-il, en s'approchant de Sara, je n'ai pas encore troufé, depuis votre retour, l'occasion de vous faire mes compliments... foulez-vous bien me bermettre...

Et il s'avança pour embrasser Sara, qui se retira avec une espèce de dedain. — Oh! oh! je m'en aurais douté, dit Jéricho... fous lâchez tuchurs fous, quand che veux fous prouver mon amitié... C'était pour n'est pas pour audre chose que Wurtzmann il fous a fait retenir de Sietz... N'est-ce pas mon bedit oncle que c'était pour ça?... — Si ce n'est pour cela précisément, c'est au moins pour mettre à exécution le projet d'union que j'ai formé pour vous, mes enfants... J'ai tout lieu de penser que Sara est aujourd'hui plus raisonnable et qu'elle n'élèvera plus les difficultés qu'elle a fait naître avant son départ... Je pense aussi que nulle arrière-pensée ne lui reste sur le fol espoir qu'elle avait conçu de me voir approuver les sentiments que lui avait inspirés ce jeune goï dont elle avait eu l'imprudence d'écouter les trompeuses paroles .. — Mon bedit oncle, dit alors Jéricho en s'interposant, ne la grondez pas .. elle songe plus à cette mauvaise tête de carabin... et puis d'ailleurs, s'il osait refenir à la charge, c'est moi que j'en fais mon affaire... che vous bromets de lui en faire basser l'envie... Tenez, papa Wurtzmann, che suis sûr qu'elle bense plus à dout cela, et la preuve c'est qu'elle va me bermettre de l'embrasser un betit beu en fotre brésence. — J'y consens, et que je ne sois plus obligé de revenir sur un sujet dont la pensée seule me révolte... Sara, embrassez votre cousin.

Ici, Jéricho s'approcha de sa cousine confuse et déconcertée, et, avant qu'elle pût l'éviter, Stephann lui appliqua sur la joue un gros et solide baiser, dont le bruit retentit dans tout l'appartement. Au même instant on entendit tomber un meuble dans le cabinet de toilette. Jéricho recula effrayé. Les yeux de Wurtzmann brillèrent de courroux. — Quelqu'un est là, dit-il, Sara, vous le saviez... mais je saurai punir l'audacieux...

Et il s'avança vers la porte du cabinet. — Octave en sortit et salua le rabbin avec calme et dignité. — Quoi, vous ici s'écria Wurtzmann avec emportement, vous ici... ô Abraham! la gloire de ma maison est ternie... un goï a souillé ma demeure de son odieuse présence. — Sors, sors, misérable suborneur. — Foui, foui, sors... cria aussi Jéricho que la présence du rabbin enhardissait, sors ou sinon... — Ecoute, vieillard, dit Octave sans faire attention à Jéricho, écoute... cela est vrai, je me suis introduit chez toi sans ton aveu... mais j'adore ta fille, le bonheur de ma vie entière est attaché à sa possession... je voulais te demander sa main, je voulais détruire tes injustes préjugés... — Tais-toi, blasphémateur... répliqua le rabbin, tais-toi... oses-tu bien appeler préjugé mon attachement inviolable au culte de mes pères... Raca! raca! sur toi et les tiens... ou crains ma colère. Ce bras, quoique affaibli par les années, pourrait peut-être encore punir ton insolence. — Foui, foui, il faut bunir l'inzolence du goï, reprit Jéricho en s'approchant d'Octave, moi che la bunirai son inzolence. Che chetterai le goï en bas de l'escalier...

Un sourire amer erra sur les lèvres d'Octave. — Monsieur Wurtzmann, dit-il avec la plus grande tranquillité, je vous obéis, je me retire; l'aïeul de Sara aura toujours droit à mon respect... que ne puis-je dire à ma tendresse... mais puisse-t-il ne pas regretter un jour son fatal aveuglement, et ne pas avoir à se reprocher le malheur de sa fille... Pour toi, ajouta-t-il en se tournant vers Jéricho avec un profond mépris, voilà tout ce que méritent tes menaces.

Et il lui appliqua sur le nez une forte chiquenaude.— Et si tu n'es pas content, juif, je consens à te faire l'honneur d'échanger une balle demain avec ta misérable personne! Et vous, Sara, vous, sur qui reposaient toutes les espérances de ma vie, vous venez de les détruire; votre assentiment tacite aux volontés de votre père, ce que vous venez d'accorder à ce malheureux, tout me donne la juste mesure de votre affection pour moi... votre attachement n'a pas su résister à des secousses aussi violentes; le mien aurait duré jusqu'à la mort... Adieu... si les serments que vous m'avez faits vous pèsent... je vous en délie... vous êtes libre... épousez un israélite!

La malheureuse Sara, qui était tombée sur une chaise depuis le commencement de cette scène, et qui fondait en larmes, se leva et tendit vers son injuste ami des mains suppliantes. — Octave, Octave! dit-elle avec angoisse.

Celui-ci ne parut pas l'entendre, et gagnant la porte, il dit à Wurtzmann d'une voix émue: — Adieu, vieillard, adieu; sois tranquille sur ton avenir, je ne le troublerai pas... tu ne me reverras plus... adieu, et il sortit.

XXXVI. — UNE FEMME ENTRETENUE.

Deux jours après cette scène qui avait laissé dans l'âme de Sara un sentiment profond de tristesse, Wurtzmann fit dire dans la matinée à sa petite-fille que son intention était de faire une visite de convenance à mademoiselle Dufreny, que Sara n'avait pas vue depuis son retour de Metz, et qu'il l'engageait à se tenir prête vers midi. La pauvre enfant, le cœur encore gros, se disposa à obéir à son grand-père, et comme elle s'apprêtait à se rendre auprès de lui, Judith entra et lui apprit qu'une affaire imprévue ne permettait plus à M. Wurtzmann de sortir. mais que, voulant néanmoins que Sara fît à mademoiselle Dufreny cette visite, qu'il regardait comme d'obligation, il lui permettait d'aller rue Vivienne avec Judith. — Quoi! ma bonne, nous allons sortir seules! dit la jeune fille avec un mouvement de joie qu'elle ne put comprimer. — Cela paraît te faire bien plaisir... Il est vrai que ce pauvre M. **Wurtzmann** est bien ennuyeux quelquefois. — Oh! je ne dis pas cela, ma bonne Judith... mais, vois-tu, c'est que... il serait possible... que nous le rencontrassions, et... — Qui?... — Mais lui... oh ! mon Dieu, tu ne comprends pas? — Ah! lui!.. lui!... excuse-moi, ma chère enfant... — Il m'a traitée si durement avant-hier... il m'a fait tant d'injustes reproches... peut-être ne le reverrai-je plus... Il l'a dit en sortant. — Moi, je te dis que tu le reverras. . je suis sûre que le pauvre garçon est encore plus tourmenté que toi. — Tu crois, ma bonne... allons, es-tu prête?... partons.

Pour gagner la rue Vivienne, Sara et sa nourrice étaient obligées de traverser la rue Saint-Denis. Le passage Saucède s'offrait à leurs yeux, elles y entrèrent. La jeune juive se sentit tressaillir à la vue de cette galerie qui lui retraçait un souvenir si cher et si cruel. — Ma bonne Judith, s'écria-t-elle, ma bonne Judith, c'est ici près, dans cette allée, que je l'ai trouvé expirant, inanimé... c'est ici seulement que j'ai su combien je l'aimais... Oh! je n'oublierai jamais cette nuit d'angoisse et de terreur! — Crois-tu que je puisse aussi jamais l'oublier? s'écria un jeune homme qui depuis un quart d'heure suivait les deux femmes sans en être aperçu; crois-tu que cette nuit où je connus tout le prix de ton amour s'efface de ma mémoire? Sara, tu peux disposer de toi... tu peux me chasser de ton cœur... mais jamais... jamais tu ne m'ôteras ce souvenir.

En voyant tout à coup son amant auprès d'elle, Sara avait poussé un cri de surprise, elle était toute tremblante. Judith lui avait fermé la bouche et faisait observer aux deux jeunes gens combien il était imprudent de mettre les passants dans leur confidence. — Allons, ajouta-t-elle, allons, monsieur Octave. donnez le bras à ma fille et finissez cette scène. Si vous voulez vous parler, vous le pourrez d'ici à la rue Vivienne où nous allons, et surtout n'allez pas faire de grands gestes pour attrouper les badauds.

Tout en disant cela d'un air bourru, Judith passait le bras de Sara dans celui d'Octave et les faisait marcher devant elle avec un ton d'autorité tout à fait comique. Les deux jeunes gens s'empressèrent de lui obéir, tous les nuages de tristesse et de ressentiment qui s'étaient élevés entre eux se dissipèrent bien vite. Sara put alors expliquer à Octave ce qui avait amené la scène de l'avant-veille, elle lui apprit que, pendant son séjour à la campagne. Jéricho avait tellement tourmenté son oncle, que celui-ci avait enfin pris la détermination de lui donner la main de sa petite-fille aussitôt qu'elle serait de retour, et qu'elle n'était encore que vaguement instruite de cette résolution quand Octave s'introduisit chez le rabbin; que cependant celui-ci, touché de ses pleurs, lui avait promis le soir même qu'il lui donnerait le temps de faire quelques réflexions et de revenir aux sentiments qu'il lui désirait. Comme Sara prononçait ces derniers mots, on était à la porte de mademoiselle Dufrény. Octave allait quitter la jeune juive lorsqu'une voiture de place s'arrêta près d'eux et mademoiselle Dufrény en descendit; il ne fut pas possible aux amants d'éviter sa rencontre. La maîtresse lingère laissa échapper une exclamation de surprise affectueuse en apercevant son ancienne élève, et salua Octave après avoir eu soin de s'assurer si Wurtzmann ou Jéricho n'étaient pas aux environs. — S'est-il donc, ma chère enfant, opéré quelque heureuse révolution dans vos affaires!... car je vois M. Octave avec vous, et il me semblait... mais à propos, monsieur Octave, vous avez sans doute rompu avec ce mauvais sujet de Casimir... Ah! Dieu ! quand je songe à l'horrible scène qu'il a fait faire chez moi à cette petite drôlesse d'Adrienne... Aussi l'ai-je chassée, et si jamais elle avait l'audace de se présenter chez moi... Mais ne restons pas ici, passons dans mon salon.

Ils entrèrent d'abord dans l'atelier où se trouvaient encore plusieurs des anciennes camarades de Sara. Toutes lui témoignèrent le plus franc et le plus vif intérêt. Les premiers épanchements étaient à peine passés, et mademoiselle Dufrény se disposait à faire mille questions à Sara, lorsqu'un équipage s'arrêta avec grand fracas à la porte du magasin : un moment après l'atelier s'ouvrit et une jeune femme, brillante de parure, de jeunesse et de beauté, entra d'un air leste, se jeta dans un fauteuil et dit en minaudant : — Dieu, quelle frayeur j'ai eue! Il dégèle... de façon, que mes chevaux ont fallu s'abattre en arrivant... J'avais pourtant recommandé à mon cocher de ne plus me mener comme ça a *franc étrier*...

Mademoiselle Dufrény s'était approchée en faisant à la merveilleuse mille obséquieuses politesses, et cherchait sous l'énorme chapeau garni de larges blondes dont était coiffée l'élégante parleuse, à démêler à qui appartenaient des traits qui ne lui étaient pas inconnus... — Mais si je ne me trompe, dit la marchande lingère... madame m'a déjà fait l'honneur... Assurément ce n'est pas d'aujourd'hui que madame a bien voulu m'honorer de sa confiance... cependant...—C'est vrai, ma chère, ce n'est pas d'aujourd'hui que nous nous connaissons... je vous ai un peu négligée... mais que voulez-vous... j'ai eu mille tracas... une maison entière à remonter... L'hôtel que j'habitais me déplaisait, *elle* était trop *minable*... j'en ai pris *une plus conséquente*... et tout cela m'a fait *calater* et trotter pendant un temps infini...

Sara et Octave par discrétion s'étaient un peu retirés et causaient au fond de l'appartement avec la première demoiselle; mais aux derniers mots de la belle dame ils ne purent s'empêcher de se retourner et de la regarder avec étonnement. Celle-ci put alors apercevoir tout à fait le visage de la jeune juive sur lequel donnait le jour de la fenêtre. Elle se leva avec précipitation et courut à elle les bras ouverts. — Tiens ! c'est toi, Sara? s'écria-t-elle.

Sara recula de surprise. — Mais, madame!... — Ah! ah! toi aussi tu ne me reconnais pas... c'est pas l'embarras, tu as vu comme je viens de faire *aller* mademoiselle... Adrienne! s'écria alors la jeune juive... Adrienne! — Adrienne! crièrent toutes les ouvrières en se levant et en laissant de stupéfaction tomber leur ouvrage, Adrienne! — Eh bien, oui, c'est moi!... ça vous étonne, petites filles!

Les petites filles se mordirent les lèvres, et quelques-unes devinrent, de dépit, rouges comme des cerises. Mademoiselle Dufrény avait une tenue des plus ridicules, elle ne savait si elle devait rire ou se fâcher; elle prit le premier parti.

— Comment! serait-il vrai... ah! mon Dieu! Mais, ma chère... madame, veux-je dire, voilà encore une de ces révolutions qui me surpassent... est-ce que nous serions revenus aux assignats?... — Ah! ouiche, dit Adrienne, les assignats... je ne sais pas seulement ce que c'est... à la bonne heure les billets de banque... j'en fais des papillotes...— Ah! Dieu! est-elle heureuse! — Ma bonne Adrienne, dit alors Sara, revenue de son étonnement, quelle que soit la cause du sort brillant dont tu parais jouir, si tu es heureuse, et je le crois, je t'en fais mes sincères félicitations, et te revois avec tout le plaisir que j'éprouvais autrefois à te regarder comme une amie. — Sans compter que tu as raison, et je veux t'en donner une preuve en te racontant mes histoires. Si tu as fini avec madame, je m'empare de toi et de M. Octave, et je te garde toute la journée. — Toute la journée! je ne puis... — Quelques heures au moins... Monsieur Octave, rangez-vous de mon côté.

Octave, qui ne voyait dans tout cela que la prolongation du temps qu'il devait passer auprès de Sara, se hâta d'accepter pour elle. — Alors tu peux renvoyer ta vieille Judith que je viens d'apercevoir; ma voiture et mes gens seront à tes ordres. — Sa voiture et ses gens! grommela mademoiselle Dufrény, il n'y a de bonheur que pour les... quand je pense que moi qui me suis vue au pinacle de la grande époque... moi qui ai figuré à la fête de l'Être suprême, tout auprès de M. Robespierre qui avait ce jour un habit bleu superbe Louviers avec des boutons de métal... mais je n'étais pas ambitieuse... — Ah ça, ma chère, reprit Adrienne en s'adressant à son ancienne patronne. comme je ne suis pas venue ici pour *des prunes*. vous me ferez confectionner, et lestement, tous les objets portés en cette note... je veux vous ce qu'il y a de mieux, la commande n'est pas déjà trop déchirée. et j'aime autant que vous gagniez cela qu'une autre... n'oubliez pas que je puis devenir une cliente intéressante, comme vous dites, et ne vous avisez pas de vouloir me faire la *queue*... vous savez que je m'y connais... mon père en vendait... il n'y a pas moyen de m'enfoncer, comme disait Casimir. Ainsi voilà un billet de mille francs, nous compterons. — Mais c'est inutile, je n'ai pas le moindre doute. — Ne faites donc pas la sucrée, prenez... je ne suis pas encore une femme de qualité, ça viendra peut-être, et alors je serai dispensée de payer mes mémoires... partons, Sara.

Mademoiselle Dufrény demeurait toute confuse, elle eût volontiers jeté à la porte son ancienne ouvrière, dont l'impertinence l'avait outrée, mais une commande de plusieurs milliers de francs et celles qui pouvaient suivre n'étaient pas à dédaigner. Elle dissimula le dépit qui la dévorait, et assura à Adrienne qu'elle serait satisfaite et qu'elle était entièrement à ses ordres. Octave et Sara firent leurs adieux à mademoiselle Dufrény. La jeune juive en sortant approcha sa jolie bouche de l'oreille de mademoiselle Dufrény et lui dit : — Quand vous verrez mon grand-père, ne lui dites pas que M. Octave... il ne le faut pas encore... plus tard. — Oui, mon enfant, cela suffit, soyez tranquille; mais si j'ai un conseil à vous donner, ne renouez pas trop connaissance avec cette creature-là.

Elle l'embrassa affectueusement, salua Octave et Adrienne, et bientôt l'élégante voiture emporta avec rapidité l'étudiant et les deux anciennes amies et les descendit devant l'un des plus jolis hôtels du faubourg Poissonnière. Une minute après nos trois personnages étaient installés dans un salon décoré avec tout ce que le luxe a de plus recherché et la mode de plus brillant et de plus nouveau. Octave et Sara n'avaient pas encore dit un mot. La rapidité de la course avait été telle qu'ils n'avaient pu revenir de leur étonnement. En voyant la singulière contenance de l'un et de l'autre, Adrienne partit d'un éclat de rire. — Tu crois faire un rêve, ma chère Sara, dit-elle à la jeune juive en lui prenant les mains, mais cependant c'est bien moi qui te parle, tu es bien chez moi, et tout cela est à moi... je suis joliment logée... hein? — Pardonne-moi une curiosité un peu naturelle, mais comment s'est donc opéré ce rapide changement dans ta fortune?

Ici une légère teinte anima les joues d'Adrienne et un éclair d'embarras sillonna sa piquante figure : elle reprit en riant : —

— Tiens! suis-je bête, est-ce que je n'ai pas manqué de rougir... comme si j'étais la première! Ecoute-moi, tu vas savoir mon histoire depuis *Pater* jusqu'à *Amen*. Ça t'effarouchera peut-être un peu, mais tu es si bonne!

Tu sais qu'il y a un an à peu près, Casimir me reçut chez lui lorsque je quittai mademoiselle Dufrény, et qu'au bout de quinze jours il fut obligé de partir pour la Bourgogne où son père le mandait pour affaire urgente. Le traître, qui ne me disait pas que c'était pour un mariage, me fit en partant mille serments que je croyais sincères, il devait m'écrire chaque jour et ne rester absent que quelques semaines, et ensuite venir me rejoindre pour ne plus nous quitter : moi, bonne et simple, je le crus, je comptai les instants, je ne laissais pas partir un courrier sans lui renouveler les protestations d'un attachement éternel, j'attendais son retour avec la plus vive impatience; mais va-t'en voir, je ne tardai pas à m'apercevoir qu'il m'avait promis plus de beurre que de pain, et j'appris un beau jour qu'il était marié et fixé pour toujours dans son pays. Je crus que j'en mourrais de dépit, de colère et de douleur. J'étais joliment vexée, va!... Sur mon carré, demeurait une femme d'une quarantaine d'années et qui était à Paris, disait-elle, pour une réclamation au ministère de la guerre, ou quelque chose comme ça. Elle venait voisiner de temps en temps... elle avait l'air d'une bonne pâte de femme, elle inspirait de la confiance; je lui contai mes chagrins. — Vous êtes encore bonne enfant, me dit-elle un jour, de vous tourmenter si fort pour un être aussi indifférent que ce Casimir... à votre place j'aurais bientôt fait de l'oublier, et qui sait... Vous êtes jolie, vous pouvez rencontrer dans le monde un protecteur, un ami qui vous assure un sort pour l'avenir... et qui vous venge de l'infidélité de votre amant.

J'étais si outrée du trait de Casimir, que je prêtai quelque attention au discours de ma voisine : il me fit rêver. Deux ou trois jours se passèrent et la voisine ne manqua pas une fois de me venir voir : il me sembla qu'elle m'examinait avec plus d'attention que de coutume; elle me complimenta sur ma taille, sur mon pied, sur ma jambe qu'elle voulut voir, après quoi elle me dit un matin : — Il y a longtemps que vous vous enterrez ici comme un hibou! Voyons, je veux vous égayer un peu... Voulez-vous venir ce soir à l'Opéra? — A l'Opéra... et où voulez-vous que je pêche de l'argent pour ça? — Eh! cela ne nous coûtera rien... un ami de feu mon mari, jeune homme fort riche et fort aimable, nous prêtera sa loge. — Oui... mais il faut de la toilette. — Je m'en charge. — Je n'ai rien à répliquer.

Deux heures après, une revendeuse à la toilette était chez moi, et l'on m'essaya une robe qui se trouva aller parfaitement à ma taille. On me jeta un cachemire sur les épaules, et l'on me mit des brillants aux doigts et aux oreilles. J'étais parée comme une châsse. Je me laissais faire, j'étais trop contente; le seul chagrin de penser que je quitterais tout cela le soir troublait le plaisir dont m'enivrait ma parure. J'étais magnifique, ma parole! Dans un entr'acte, un jeune homme parfaitement mis et ayant toutes les manières d'un agréable entra dans notre loge, adressa le bonjour à ma conductrice et me fit un salut des plus gracieux. — Charmante, dit-il, en se baissant à l'oreille de la dame; en honneur, vous avez un goût exquis! — N'est-ce pas... — Ah çà! mais... est-ce du cruel?... — Je le crois... car c'est bien neuf... si vous saviez!... — Ah! diable!... alors, il faudra faire jouer les grands ressorts... il faudra fasciner, étonner!... faire des frais. — Elle en vaut bien la peine. — Allons, nous ferons les choses convenablement... mais ce qui me confond c'est que je connais cette figure, ou le diable m'emporte!

Je faisais au même instant sur ce personnage la même réflexion qu'il faisait sur moi... Tout en ayant l'air d'examiner la salle, je n'avais pas perdu un mot de la singulière conversation que je viens de vous répéter. Ma voisine répliqua : — Eh! non! où voulez-vous l'avoir vue? cela sort de la province!... — Soit : je me trompe.

Il parla plus bas et nous quitta en m'adressant plusieurs choses agréables. — Vous avez fait une conquête qui doit vous flatter, me dit alors la voisine. — Bah! — Vrai! c'est un charmant garçon, un peu original, un peu timide... — Timide, je ne m'en suis pas aperçue!... — Tellement qu'il n'a pas osé vous faire à vous-même une invitation dont il m'a chargée... voulez-vous venir avec moi souper chez lui, après le spectacle? — Ah! par exemple, j'ai à peine entrevu ce monsieur, et s'exposer avec un inconnu... — Qu'est-ce que cela fait... allons, je le veux... avec moi que craignez-vous?...

Tu sais que je suis assez *délibérée* de mon naturel. J'acceptai, et après le spectacle, un équipage avec de grands et beaux *jockeys*, qui nous attendait, nous emmena, et nous fûmes bientôt ici dans ce salon même, où était disposée une superbe collation, composée de tout plein de bonnes choses. Te dire toutes les douceurs que me fit manger et que me débita le maître de la maison serait à n'en pas finir : seulement il faut que je t'avoue qu'il eut le talent de me faire avaler tant de champagne, de chambertin, de marasquin et de toutes sortes de liqueurs plus ou moins fortes, que la tête me tourna complètement, je divaguai, je battis la campagne et... et je ne sais pas ce que je devins...

Le lendemain matin je fus tout étonnée de me trouver couchée dans une chambre magnifique et dans un lit délicieux... et lorsque je m'éveillai, je vis assis à mon chevet le jeune homme de la veille qui me tenait une main et me disait : — Vous êtes adorable... Daignez me considérer comme votre esclave, et cette maison comme la vôtre, vous y régnerez en souveraine...

Je n'eus pas la force de refuser...Et maintenant que tu connais mon histoire, je te donne, ainsi qu'à M. Octave, en mille à deviner à qui je dois mon heureuse position... mon bienfaiteur ne vous est pas inconnu, ni à l'un ni à l'autre... devinez... au surplus le voici.

Au même instant la porte du salon s'ouvrit avec fracas, un merveilleux, un binocle d'or appuyé sur les yeux et saluant avec une extrême fatuité et comme s'il eût eu de la peine à distinguer les objets qui étaient dans l'appartement, entra, vint baiser la main d'Adrienne et regarder Sara sous le nez. Octave, indigné de l'impudence du personnage, étendit le bras, écarta le lorgnon dont le nouvel arrivé se couvrait presque la figure, et demeura stupéfait. — Sur mon âme, s'écria-t-il, c'est Jossu!

XXXVII. — LE MONOPOLEUR.

A l'arrivée de l'élégant et comme Adrienne terminait son récit, Sara, dont il avait été facile de remarquer la rougeur et l'embarras pendant certains passages de l'histoire de l'ex-lingère, se leva pour sortir. — Eh quoi! ma chère, tu pars déjà? dit Adrienne, je t'en prie, reste à dîner avec moi. — Je ne le puis, mon absence s'est prolongée bien au delà du temps que m'a accordé mon grand-père, et je suis obligée de rentrer. — Il te tient donc toujours en *chatte privée*, ton bonhomme de grand-père... C'est bien embêtant.

A cette expression échappée à sa maîtresse et dont Sara parut presque indignée, Jossu fit la grimace. — Enfin, si tu crains de te compromettre, file; Bayonnais, mon grand chasseur, te reconduira avec la voiture. Il est bien bel homme! n'est-ce pas, Bayonnais, mon grand chasseur?

Ici nouvelle grimace de Jossu. — Enfin quand te reverrai-je? — Je ne sais, répondit Sara, qui paraissait fort mal à son aise chez son ancienne compagne, je suis si peu libre. Octave, je vous attends!

Octave et Jossu s'étaient retirés dans l'embrasure d'une fenêtre où ils avaient échangé quelques mots. — Eh quoi! vous nous quittez sitôt, charmante Sara, mais c'est d'une impitoyable cruauté, dit Jossu en se dandinant; de grâce, encore un moment. — Elle ne peut pas, dit Adrienne. — Voilà qui me désespère à la mort, reprit Jossu sur le même ton, mais au moins j'espère que tu me resteras toi, mon vieux camarade. J'ai une infinité de choses bizarres à te raconter. Reconduis mademoiselle, et dans une heure, je t'attends... mon coupé est à la porte... il est à ton service... prends-le et fais-toi ramener.

Lorsque l'élégante voiture eut emporté les deux amants, Adrienne, tout en bâillant, ne put s'empêcher de dire à son protecteur : — Elle sera toujours bégueule cette petite Sara... C'est bien bête la vertu... n'est-ce pas, mon ami? — Passablement... mais il faut te rendre justice... c'est un travers dans lequel tu ne donneras jamais. — C'est ça, monsieur, lancez-moi des *épigraphes*. — Mais, dis-moi donc, ma bonne, à quoi s'occupe ton maître de français...

L'arrivée d'Octave mit fin à cette espèce de scène conjugale, et l'on passa aussitôt dans la salle à manger.

Un dîner des plus exquis et qui avait été précédé de quelques mots d'explication suffisants pour tirer Octave de l'espèce de stupeur où l'avait jeté la singulière rencontre de Jossu, venait de finir, et les domestiques, témoins toujours embarrassants, ayant été écartés, Jossu se disposa à prendre la parole. — D'abord, mon cher, dit-il à Octave, pour faire cesser une partie de l'étonnement qui te domine encore et qui pourrait troubler chez toi les fonctions du tube digestif, sache et entends bien ceci : C'est que je suis aujourd'hui un riche et solide capitaliste, le faiseur le plus remuant et le plus intrépide de la capitale, un loustic de bourse, le prototype de la spéculation, et c'est dans le sein d'un tubercule naguère encore plongé dans l'oubli qu'a germé mon immense et rapide fortune. Écoute-moi et tu verras ce que peut un caprice du sort. Tu sais ou tu ne sais pas que mon bonhomme de père qui passa sa vie à piocher ses vignes avait un beau-frère qui habitait la haute Bourgogne. Le hasard voulut que dans ses quelques arpents de terre, il se trouvât des filons de truffes bien éloignées, il est vrai, de posséder ce parfum, cet arome suave et divin si vanté par l'élégant gastrolâtre Brillat-Savarin, immense vertu de celles du Périgord... Mais enfin, c'étaient des truffes, et notre homme, qui sans avoir reçu d'éducation possédait quelques notions générales de politique et de législation, jugea que sa fortune était entre ses mains et que le tubercule qu'il venait de découvrir pouvait être pour lui une mine inépuisable de richesses, et il ne se trompait guère, car c'était en 1821 qu'il raisonnait ainsi ; mon oncle avait flairé le ministère de Villèle, et la suite prouva qu'il avait le nez fin. Il se mit donc à exploiter ses truffes ; il les mélangea d'abord avec de belles et bonnes truffes du Périgord qui servirent à faire passer les siennes. Mon oncle était enchanté ; ses truffes disparaissaient avec une rapidité qui semblait défier la fécondité des terres périgourdines et bourguignonnes... Un jour, il se dit : A ce qu'il me paraît, ces gens-là sont tellement affamés, tellement pressés de dévorer, qu'ils doivent être indifférents sur la qualité, et puisque mon client, le grand de Villèle, ne craint pas de donner au pays de faux électeurs et de faux députés, pourquoi me ferais-je un scrupule de lui donner toutes truffes de mauvaise qualité ? est-ce qu'un marchand doit avoir plus de conscience qu'un ministre ? Nous sommes dans un temps de fourberie, fourbons donc !... Et il supprima tout à fait le mélange des truffes périgourdines, n'envoya plus que celles de Bourgogne, que les trois cents avalèrent de confiance ; mais dès cet instant, le ministère fut perdu, et le commerce de mon oncle anéanti. Alors il se tourna du côté de l'Amérique et expédia plusieurs cargaisons, qui furent prises à des conditions avantageuses, car au bout de quelques années, la gastronomie de l'ancien et du nouveau monde l'avait rendu seigneur suzerain de cinq cent mille francs.

Il se disposait à jouir philosophiquement de ses vingt-cinq mille livres de rente, lorsqu'un jour il s'avisa de se donner, grâce à ces mêmes truffes qui avaient fait sa fortune, une indigestion qui l'emporta.

Il y avait bien longtemps que je ne pensais plus au digne oncle, lorsqu'un jour je lus dans un numéro du *Messager des Chambres* qu'un M. Pascal Gauthrot (c'était le frère de ma mère), riche armateur dont on ne connaissait pas la famille, venait de mourir *ab intestat* à Bordeaux, et que l'on engageait ses héritiers, s'il y en avait, à se présenter pour recueillir sa succession. Aux renseignements joints à cet avis je vis bien que l'homme à l'indigestion n'était autre que l'oncle que j'avais perdu de vue pendant tant d'années. Je résolus donc de partir pour le chef-lieu du département de la Gironde ; mais je n'avais pas le sou : cependant je me mis en route. Il faisait un temps superbe ; je couchais la moitié du temps à la belle étoile, chemin faisant je grignotais mon pain sec, je m'accrochais aux diligences, aux chaises de poste, et j'arrivai.

Ma mise était piteuse quand je me présentai chez le notaire dépositaire du portefeuille. En entrant, un petit clerc me toisa avec impertinence et me dit : — Mon ami, nous ne donnons aux mendiants que le lundi... retirez-vous. — Chassez donc ce drôle, dit, en gasconnant horriblement, un grand flandrin qui se donnait des airs devant un bureau un peu plus apparent que les autres. — Je me nomme Jossu, dis-je sèchement au grand flandrin qui me parut être le maître-clerc, je me nomme Jossu, et je suis le neveu de M. Gauthrot. — Monsieur serait le neveu de M. Gauthrot !... dit-il avec une espèce de saisissement, est-ce que monsieur serait par hasard... — Oui, je crois que par hasard je pourrais bien être le seul héritier de l'armateur mort ici, il y a quelque temps. — Ah ! monsieur !... pardonnez... vraiment je suis indigne de ce que ce petit drôle a eu l'impudence de vous dire... j'étais préoccupé... sans quoi...

Et il passa vers le petit clerc auquel il donna un soufflet en lui disant : — Qu'une autre fois je vous voie manquer de respect aux clients.

Enfin au bout de huit jours et justification faite de mes titres et qualités, j'emportai la succession de l'oncle et je revins à Paris dans tout autre attirail que celui que j'avais en le quittant.

Tu crois peut-être, mon cher, qu'un homme qui la veille n'avait pas un centime devait être enchanté de se trouver le lendemain avec vingt-cinq mille francs de rentes qui ne devaient rien à personne : eh bien, pas du tout : je me sentis le courage de soutenir le poids d'une grande richesse comme j'avais supporté celui d'une grande misère, et je résolus de centupler mes écus. Je jetai un coup d'œil scrutateur sur les opérations qui forment les transactions journalières du commerce, et je vis que les cinq sixièmes de ces opérations, et les cinq sixièmes du dernier sixième ne valaient pas le diable, ce qui ne m'empêchait pas de m'y jeter à corps perdu. C'est principalement aux monopoles que je me cramponnai. C'est la manière la plus sûre. On n'a pas de concurrence à craindre, on étouffe les innovations, et avec le plus mauvais ouvrage on peut mener longtemps la machine la plus délabrée. Et je commençais, lorsque j'étais parvenu à former une entreprise, par la faire vigoureusement mousser ; je ne regardais pas aux sacrifices. Comme j'avais soin de me faire adjuger, indépendamment des sûretés que j'exigeais pour mes capitaux, une bonne pacotille d'actions en ma qualité de fondateur, d'administrateur, de gérant ou de tout ce que tu voudras, dans les journaux et dans les clubs de faiseurs d'affaires, lorsque grâce à mes soins, la valeur de ces actions était parvenue à son plus haut période, je vendais et réalisais le montant ; quelque temps après la vogue était passée, l'entreprise *descendait* et tout ce qui n'avait pas suivi mon exemple était *enfoncé*, comme on dit à la Bourse : alors je cherchais à lier une autre affaire.

Ainsi j'ai monopolisé les machines à vapeur, sur lesquelles j'ai jeté le grappin, au moyen d'un procédé que j'ai indiqué pour la perfection des chaudières. La société générale m'a donne cent mille francs d'actions, que je viens de transformer en écus pour plus de sûreté. Demain je dois signer une association de la plus haute importance. C'est pour l'établissement d'une mécanique, toujours à vapeur, qui doit porter un coup terrible à l'industrie de nos assureurs dramatiques. C'est une machine à claques, fort ingénieuse, qui, placée dans chacun de nos théâtres, fonctionnera à l'aide de l'hydrogène et remplacera les battoirs de nos romains. Elle fournira assez de gaz pour éclairer la salle et servira en même temps de poêle pour l'hiver... La machine contient une espèce d'orgue qui, mis en jeu, imite le bruit d'un sifflet d'une manière étonnante... ressource utile pour les administrateurs dramatiques qui voudront faire abîmer des pièces qui traînent ou des acteurs qui sont malades six fois par semaine.

J'ai un intérêt dans le canal qui doit amener la marée montante aux Champs-Élysées, et l'on m'a soumis un projet, au moyen duquel on attirerait des bancs de harengs dans le bassin du pont Royal, ce qui ne laisserait pas que d'être très-agréable, si, tout compte fait, chaque hareng ne revenait pas à peu près à dix francs ; mais ce sont de ces choses dans la confidence desquelles on ne met jamais les actionnaires d'une entreprise.

J'ai aussi monopolisé la boulangerie mécanique ; j'ai un intérêt plus ou moins fort dans toutes les poudres dentifrices, liqueurs ondontalgiques et pâtes pectorales du monde. Je suis associé à la plupart des administrations des nouvelles voitures que l'on a mises en circulation.

Les journaux, la littérature et les théâtres ne m'ont point évité. Il ne se joue presque pas de pièce nouvelle que je n'aie traité avec l'auteur d'une part des bénéfices moyennant une prime une fois donnée. J'ai le projet de réunir sous la même direction tous les théâtres de la capitale, voire même tous les théâtres royaux, et dans de vastes bureaux tous les faiseurs de tragédies, de drames, de libretti, de couplets ; et je veux faire travailler tous ces gens-là pour mon compte à tant l'année et à tant la toise. Une fois le monopole bien organisé, il faudra bien que le public prenne tout ce que l'on fabriquera dans mes ateliers, attendu qu'il lui sera impossible de se fournir autre part.

Enfin, mon cher, je dispose un travail sur les puits artésiens, la direction des aérostats, et sur la fabrication générale des chlorures pour la désinfection des plus sales quartiers de Constantinople, en temps de peste, et avant dix ans, le gouvernement avec ses monopoles de tabacs, de postes et de loterie, de brevets de bouchers, de charcutiers, de boulangers et de libraires, ne sera qu'un petit garçon à côté de moi.

Et en huit mois, car il y a longtemps que nous ne nous sommes vus, j'ai gagné quatre millions : dans un an je les aurai triplés, et avant peu je compte passer en Amérique, m'entendre avec Bolivard et mettre en monopole les républiques du nouveau monde, pour la fourniture de tout ce qui est d'industrie et de commerce, car ce serait cruauté de refuser à ces braves gens les douceurs des produits de la civilisation européenne. Après quoi nous verrons : si la fantaisie de nous faire appeler

Majesté nous prenait un jour, peut-être octroyerions nous à quelques débris de tribus des Natchez, des Mohicans ou des Siaoux, l'insigne faveur de nous ériger un trône et de nous saluer du titre de Jossu Ier du nom, empereur, etc... qu'en dis-tu?

Jossu avait fini. Octave se leva, lui prit la main et la lui secouant amicalement, lui dit en se disposant à le quitter : — Mon cher, j'ai l'espérance, aussitôt après ma réception au doctorat, d'être nommé médecin adjoint à l'hospice des Incurables... n'oublie pas que je suis tout à toi !... Et il sortit.

Parbleu, dit Jossu en achevant un verre de champagne, il me donne là une excellente idée... il faudra que je voie s'il n'y a pas moyen de mettre les hôpitaux en monopole!

XXXVIII. — LA LINGÈRE.

Depuis le jour où la présence d'Octave avait excité avec tant de force le ressentiment du rabbin, il n'avait plus été question de cette circonstance dans la maison de Wurtzmann, et la jeune juive croyait déjà que son aïeul, revenu à des sentiments plus doux, réfléchissait à l'insurmontable répugnance qu'elle avait témoignée pour Jéricho; elle pensait que peut-être une nouvelle tentative pour fléchir le vieillard serait plus heureuse que la première. C'était l'illusion dont elle se berçait encore un mois après sa rencontre avec Adrienne, lorsqu'un jour, dans l'après-dinée, Wurtzmann entra chez elle et lui dit qu'il désirait qu'elle se préparât à l'accompagner pour une affaire qui la concernait, et sur laquelle il désirait avoir son avis. Sara, toute joyeuse de voir son grand-père la consulter en quelque chose, en conçut un augure favorable, se mit gaiement à sa toilette qui fut bientôt terminée, et suivit Wurtzmann avec l'espoir d'apprendre dans quelques instants un changement favorable dans sa situation.

Au coin des rues de Vendôme et Boucherat était une maison nouvellement bâtie, qui avait au rez-de-chaussée deux jolies boutiques fort bien décorées, dont l'une était déjà occupée par un miroitier, et dont l'autre était spacieuse, bien éclairée, garnie de tous les accessoires nécessaires à l'exploitation d'une lingerie.

À ce rez-de-chaussée se joignait un entre-sol de très-bon goût. Une petite antichambre précédait un fort joli salon après lequel venait une chambre à coucher des plus élégamment ornées. Cet appartement, bien que petit, était un vrai bijou.

C'est devant cette maison que Wurtzmann fit arrêter sa petite-fille. — Comment trouves-tu cela? lui dit-il en la lui montrant du doigt. — Mais, mon père, cette maison est fort jolie ! — Serais-tu bien aise d'y demeurer?... — Est-ce que vous voulez quitter celle que vous habitez ? — Non... mais enfin tu ne peux rester éternellement avec moi; tu dois songer à faire ton chemin. Mademoiselle Dufrény m'a assuré, quelque temps après ta sortie de chez elle, que tu connaissais assez la lingerie pour pouvoir diriger un établissement, et si un magasin comme celui que tu vois ouvert était mis à ta disposition, le refuserais-tu ? — Mais, mon père... il faudrait donc que je vous quittasse... et puis seule, à mon âge... — Je n'entends pas non plus que tu y sois longtemps seule, reprit le vieil israélite, mais nous parlerons de cela dans un autre moment, entrons.

Et ils visitèrent, dans tous leurs détails, le magasin, le petit appartement; Sara ne put cacher son contentement à l'idée qu'elle pouvait être la maîtresse de tout ce qu'elle voyait. — Eh bien, mon enfant, qu'en penses-tu ? — Oh ! mon père, c'est charmant ! — Je suis bien aise que tu sois de mon avis... hier j'ai donné le denier à Dieu, et je vais terminer avec le propriétaire. — Mon cher papa, que vous êtes bon... comment pourrai-je vous témoigner ma reconnaissance ? — Ma fille, tu as des devoirs à remplir, j'espère que tu ne les oublieras pas, c'est la seule reconnaissance que j'exige de toi !

Sara comprit et soupira... En ce moment ils se trouvaient à la porte du propriétaire : ils entrèrent, et le bail du magasin et de ses dépendances ne tarda pas à être signé.

Mais un local élégant et des peintures bien fraîches ne constituent pas un magasin : il faut encore que ce local soit garni de marchandises, et cette raison extrêmement simple fit qu'en sortant de la rue de Vendôme, Wurtzmann et sa petite-fille se dirigèrent vers la rue Vivienne, et se rendirent chez mademoiselle Dufrény.

Celle-ci fit, comme de coutume, ses grandes exclamations en voyant entrer son ancienne élève. — Eh ! mon Dieu, monsieur Wurtzmann, à quoi suis-je redevable de l'avantage de votre visite?... me rameneriez-vous Sara, par hasard ? — Non, ma chère dame, répondit celui-ci, je ne vous ramène pas Sara, mais je viens avec elle vous prier de lui être encore une fois utile en l'aidant de vos excellents conseils. Je veux l'établir : je lui ai loué un très-joli magasin, il faut qu'elle s'assortisse, et j'ai pensé que

vous ne lui refuseriez pas de la diriger dans le choix de ses acquisitions. Je m'en rapporterai entièrement à vous pour le prix et le montant des mémoires ; ce que vous ferez sera bien fait, et je payerai sur les factures que vous aurez consenties. Vous savez que l'israélite Wurtzmann ne demande de crédit ni de grâce à personne. Puis-je compter sur votre amitié aussi pour mon enfant?—Monsieur Wurtzmann, dit mademoiselle Dufrény, en prenant un air de dignité tout à fait de circonstance, lorsqu'une jeune personne, élevée honorablement dans une maison comme la mienne, a su profiter du bon exemple... je ne puis m'empêcher de la regarder comme ma fille, et il faudrait être dénaturée pour se refuser à l'aider dans une circonstance aussi critique que celle d'une ouverture d'établissement : Sara peut être assurée que je me ferai un devoir et un plaisir de surveiller tous les préparatifs de son installation.

Ici mademoiselle Dufrény s'arrêta, et il fut convenu que le lendemain on se mettrait en campagne pour garnir le magasin de la rue de Vendôme.

En effet, en trois jours l'entre-sol fut meublé et la boutique encombrée de tulles, de linons, de batistes, de jaconas, de madapolams, de toiles et de percales de toutes sortes, et bientôt on y vit accourir tous les bons rentiers du Marais, dont quelques-uns formaient déjà des projets sur la jeune lingère, et pensaient qu'une vertu, élevée dans les principes de la rue Vivienne, ne résisterait pas longtemps à leurs soupirs d'ancien régime, à leurs ventres rebondis, et à leurs raisons sonnantes...

Et vraiment pendant quelques jours, Sara fut enchantée de son petit établissement. Le grand-père ne lui avait plus reparlé de Jéricho. — Peut-être, se disait-elle, renoncera-t-il à son projet... si, un jour, il pouvait se laisser fléchir...

Puis elle secouait lentement sa jolie tête, un gros soupir s'échappait de sa poitrine, et ses beaux yeux se levaient au ciel avec une expression qui aurait désarmé l'ange des ténèbres, s'il eût médité sa perte ; mais vaincre les préjugés religieux d'un vieillard aveuglé par le fanatisme , elle ne devait pas l'espérer.

XXXIX. — UNE FLEUR.

— Va, ma chère Judith, va... encore cette fois... je t'en supplie... ce sera la dernière... remets-lui ce billet, et s'il était absent recommande bien que l'on n'oublie pas de le lui donner aussitôt qu'il sera rentré... tu m'entends... maintenant hâte-toi...

C'est ainsi que parlait Sara à sa nourrice, un matin, et c'était un mois après son installation à la rue de Vendôme, en lui remettant un petit billet à l'adresse d'Octave, que Judith emporta, quoique cette mission parût lui causer quelque mécontentement.

Lorsqu'elle fut éloignée, la jeune lingère rentra dans son arrière-magasin, et se jetant sur une chaise y resta longtemps plongée dans une profonde préoccupation. Deux sentiments, deux passions contraires semblaient lutter avec violence dans son sein ; mais tout à coup elle se leva et parut avoir triomphé de ses irrésolutions. — Ils l'auront voulu, s'écria-t-elle, ils l'auront voulu !... c'est la seule planche de salut qui puisse me dérober à leur cruel fanatisme... oui, j'élève entre eux et moi un mur qu'ils n'oseront franchir... ils ne savent pas ces juifs ce que renferme de résolution le cœur d'une jeune fille, qui s'est donnée pour la vie... ils le sauront...

Ce court monologue parut ramener quelque calme dans l'âme de la petite-fille de Wurtzmann ; cependant son agitation, son impatience, ses terreurs momentanées décelaient les combats qui se livraient encore en elle. Plusieurs fois elle était montée à son appartement, l'avait rangé avec plus de soin que de coutume, l'avait décoré de fleurs nouvelles, et chose assez singulière, une collation délicate, recherchée, venait d'être déposée dans une armoire ; on eût dit que la maîtresse de la maison se disposait à célébrer l'inauguration de son établissement, et que ses parents, ses amis, étaient attendus par elle, ce jour-là. Ces préparatifs dont le but était un mystère occupèrent Sara presque toute la journée, et lorsque la brune commença à étendre sa teinte grisâtre, elle fit fermer son magasin, monta à son entre-sol et se promena de nouveau avec agitation. — C'est à huit heures que je lui ai dit de venir... pas avant... mais pas plus tard. Si Judith ne l'avait pas trouvé... s'il n'avait pas reçu ma lettre... oh ! demain... demain, je ne sais... je ne sais si je pourrais encore...

Ici le timbre de la pendule sonna huit heures. Un bruit léger se fit entendre dans l'antichambre ; Sara tressaillit... Octave parut. — Ma Sara ! s'écria-t-il en lui prenant la main, dans quelle affreuse inquiétude m'a jeté ton billet... je n'ai pas vu Judith... je t'ai crue malade. — Non, mon ami, non, répondit-elle avec un sourire plein de mélancolie... mais toujours, toujours de nouveaux chagrins. — Quoi donc ! que peut-il être encore arrivé ! — Nous en parlerons tout à l'heure... Mais, mon ami, ajouta-t-elle en faisant un effort pour reprendre quelque sérénité, vous ne me dites rien de mon petit logement... Comment le trouvez-vous ? vous ne le connaissiez pas !...

En effet, Octave, qui n'était venu que deux ou trois fois chez la jeune lingère, n'avait été reçu que dans l'arrière-magasin, et n'avait pas encore pénétré dans l'entre-sol. Sara jusqu'alors avait toujours évité de se trouver seule avec lui. — Que cet asile est délicieux ! dit Octave en parcourant des yeux la chambre où chaque nuit reposait sa Sara... Quelle félicité ne serait pas la mienne, si je pouvais y passer ma vie avec toi ! — Nous ne devons pas l'espérer, mon ami, mais au moins, nous y passerons cette soirée... J'en ai formé le projet... me refuseras-tu ?

Pour toute réponse, le jeune homme pressa sa maîtresse contre son cœur. Elle continua : — Mon ami, mon Octave, viens t'asseoir-là, tout près de moi... comme le jour où chez toi... te rappelles-tu... quand tu fus si généreux... te le rappelles-tu... quand tu fus si généreux... te le rappelles-tu, mon ami ? — Sara !... dit Octave... et il recula presque effrayé !... Elle le ramena par la main. — Veux-tu donc me fuir ? dit-elle ; ne veux-tu pas t'asseoir près de moi...

Il l'attira sur ses genoux, et tous deux occupèrent le même fauteuil. Sara avait passé son bras autour du cou d'Octave ; leurs joues se touchaient, elles étaient brûlantes... Octave frémissait... il se rappelait la scène du rendez-vous... Il essaya de détourner ces pensées. — Tu avais à me parler, dit-il avec effort... — Voudrais-tu donc déjà me quitter ?... pourtant je compte te garder bien tard... mon ami, nos instants sont comptés... peu de jours comme celui-ci nous restent. Bientôt... écoute-moi bien, Octave... bientôt nous serons tout à fait séparés... Hier au soir, après une cérémonie qui a réuni chez mon grand-père toute notre famille, il a été décidé que dans un mois, j'épouserais Jéricho... Oui, eux autres, ils ont décidé cela... Je puis refuser, je le sais... vos lois me protègent... Mais, hélas! ma religion ne me défend-elle pas d'en invoquer la puissance protectrice ?... dois-je troubler pour jamais le bonheur de mon bon père.. et si je le quittais pour toi, oh ! il en mourrait.

Octave se leva en se frappant le front de colère... La jeune juive l'entoura de ses bras et le fit asseoir de nouveau à côté d'elle. — Je veux que tu restes là, reprit-elle, n'es-tu pas à moi !... ne suis-je pas maîtresse de faire de toi tout ce qu'il me plaît !... Reste !... Oui, tu es à moi tout entier.

Puis elle approcha sa bouche du cou de son amant et lui donna un baiser. — Sara, lui dit celui-ci, Sara, je t'en conjure à mon tour aujourd'hui, laisse-moi : aie pitié de ton ami ; veux-tu que je viole mes serments? crois-tu qu'ils tiendraient contre tes caresses, contre la solitude qui nous enveloppe, contre l'enchantement où me plonge l'aspect de cet appartement, que tu as paré comme une chambre nuptiale?—Ne parle pas de cela à présent, reprit-elle, en lui mettant sa jolie main sur la bouche, tais-toi ! mais suppose un instant que mon père a consenti à notre union, suppose que ce matin nous avons été unis, que pour fuir un éclat, un bruit toujours importun pour deux époux qui viennent de se jurer un amour éternel, nous nous sommes cachés ici, que nous ne voulons être que deux à la table du festin, que nous allons nous y asseoir, boire dans le même verre, nous servir de la même assiette, partager les mêmes mets et ne rien prendre, moi qui ne vienne de toi, et toi qui ne soit offert par ta chérie!—Sara, que me dis-tu?... Pourquoi veux-tu m'enivrer d'une illusion si délicieusement et si cruellement décevante, que le réveil tuerait!—Mon Octave, je ne te crée pas une illusion. Tiens, vois, ne sont-ce pas là les préparatifs d'un festin ? Veux-tu le partager avec moi ?

Et elle lui montrait ce que renfermait l'armoire et lui faisait voir chaque chose avec une satisfaction presque enfantine. Octave n'y comprenait rien. — Veux-tu maintenant, continuait-elle, aider ta petite femme à dresser le couvert? Tiens, approche ce guéridon, prends dans cette armoire une nappe ; non, je vais la prendre moi-même, tu me dérangerais quelque chose ; donne-moi à présent cette volaille, ces confitures, ces biscuits, bien... Et la jolie fille allait, venait, se démenait. Puis, de temps en temps, elle jetait sur lui un regard bien expressif, bien malicieux, et n'en continuait pas moins les préparatifs de son petit souper.

Octave de son côté faisait tout ce que lui disait Sara, mais sans y rien comprendre ; il attendait le dénoûment. Cependant il remarqua que la douce enfant causait beaucoup, comme quelqu'un qui cherche à s'étourdir. Et lorsque tout fut servi, elle fit encore asseoir son Octave auprès d'elle, ils se mirent devant le même couvert.

— Maintenant découpe ce perdreau, dit Sara ; bien ! partageons cette aile... attends donc, je veux que tu manges ce morceau : c'est moi qui l'ai coupé, tu vas me donner l'autre ; donne-moi aussi à boire... verse davantage... il en faut pour deux ; à ton tour.

Et, après avoir bu, elle donna le verre à son amant et lui fit prendre ce qui restait. — Trouves-tu cette manière bonne... crois-tu qu'il y ait bien des repas comme celui-ci... crois-tu que, si nous avions trente invités, nous serions plus heureux ?

Et le repas continuait ainsi ; le dessert fut encore plus attrayant ; on se partageait un fruit, un grain de raisin. Octave portait-il une amande à sa bouche, vite Sara la lui arrachait et la croquait en se moquant de lui ; puis elle se leva tout à coup et courut à son armoire. — Je veux que tu boives du champagne, s'écria-t-elle ; je n'en ai jamais goûté, mais avec toi... j'en essayerai.

Et bientôt une partie du liquide fougueux inonda Octave, grâce à la maligne enfant qui riait aux éclats de la feinte colère de son amant. Elle emplit un verre, se contenta d'effleurer de ses lèvres la mousse qui débordait, et le présenta à Octave. — Je me griserais, dit-elle, et ce n'est pas ainsi que je veux perdre ma raison avec toi. — Mais, chère amie, dit enfin Octave, comment se fait-il que tu sois si gaie lorsqu'un affreux malheur nous menace ? Je ne te comprends pas ! — Je ne me comprends pas moi-même, répondit-elle en se penchant sur la poitrine de son ami pour lui dérober sa rougeur et quelques larmes qu'elle laissait échapper, je ne me comprends pas moi-même, mais je l'ai juré... ils ne m'auront pas !... non, ils ne m'auront jamais !... Est-ce que tu voudrais que je fusse à Jéricho? continua-t-elle en levant sur lui ses beaux yeux où brillaient encore les larmes qu'elle avait voulu cacher. —Que dis-tu, Sara... moi consentir à ce que tu sois à cet homme !... je te disputerais à ton Dieu lui-même ! — Ils le veulent pourtant eux tous... ils ont fixé le jour... Oui, je te l'ai déjà dit, je puis résister... attends ma vingt et unième année... alors je serai libre... mais trois ans se passeront sans que tu sois à moi... qui sait si tu aimeras toujours ta Sara... tant d'obstacles tueront peut-être ton amour... O mon Octave, m'aimes-tu bien ?

Elle passa de nouveau ses bras autour du cou de son amant, et le dévora d'un regard d'une expression indéfinissable. — Sara, dit Octave dont le sang brûlait les veines, et dont la voix était altérée par les désirs, Sara ! ne m'as-tu pas dit tout à l'heure : « Suppose que nous sommes époux... que ce repas est le festin des noces... » Sara ! une fièvre ardente me consume... Ah ! prends pitié de ton amant.

Elle répondit par un regard rempli tout à la fois de terreur et d'amour, son sein palpita avec violence, tout son corps trembla, elle tomba presque inanimée dans les bras de son ami. — Octave, mon bien-aimé!... mon chéri !... cette barrière, ils n'oseront peut-être pas la franchir... je ne veux pas être à eux, mais à toi ! à toi... jusqu'à la mort !

XL. — LE LENDEMAIN.

Le jour parut et trouva les deux amants endormis dans les bras l'un de l'autre ; Octave se réveilla le premier et contempla la jeune juive avec orgueil et délices. Qu'en ce moment elle était belle et séduisante ! que de charmes nouveaux cette tête, déjà si parfaite, si gracieuse, avait acquis !... et quand elle ouvrit ses yeux noirs remplis d'une langueur et d'un étonnement enchanteurs, Octave ne put retenir un cri d'admiration et d'amour. — Maintenant... mon Octave, dit Sara d'une voix tremblante, maintenant, que penseras-tu de moi? Rappelle-toi le sort d'Adrienne !

Elle frémit en prononçant ces derniers mots.

— Le sort d'Adrienne !... Veux-tu donc profaner notre amour en le comparant à la folle liaison de cette femme avec Camille?... mais toi, Sara, tu es maintenant ma femme... aux yeux de ton Dieu et devant ma conscience... rien ne peut plus nous séparer que la mort, n'es-tu pas ma vie, mon âme, mon existence tout entière... pourrais-je me séparer de toi sans mourir ? — Et si tu changeais pourtant? mon père me l'a dit un jour. Si le mépris remplaçait cet amour dont je suis si fière, si heureuse ; si tu venais à me repousser, si l'affreuse prédiction que l'on m'a faite venait à s'accomplir ?... — Écoute, Sara, je te jure ici à la face du ciel, par notre amour, par ce que les hommes ont de plus sacré... tu es ma femme, l'épouse de mon cœur, jamais une autre ne te remplacera... Mais, dis-moi à présent, continua Octave, dis-moi, chère Sara, pourquoi donc avais-tu fait, hier, tous ces apprêts, dont je n'ai pu dans mon étonnement te demander la cause?...—Ne te l'ai-je pas dit, mon ami, ils ont fixé le jour où je serais à un autre, eh bien ! je ne l'ai pas voulu, n'est-ce pas à toi que j'appartiens... ce que j'ai donné était à toi, devais-je le laisser à qui n'était pas toi-même ? Si tu savais quels combats ont déchiré mon pauvre cœur! mais tu l'as emporté, maintenant ils n'oseraient plus, car je leur dirais, s'il le faut, que je me suis donnée à toi... à un chrétien... me comprends-tu à présent?

Elle leva sur lui un timide regard qu'elle baissa aussitôt.

— Mon ami, dit tout à coup Sara, n'entends-tu pas... on frappe en bas... à la porte du magasin. — Crois-tu? — J'en suis sûre... Oh! mon Dieu, si c'était mon grand-père!... mais non... il est de trop bonne heure encore... attends! je vais me lever et voir à travers la persienne. — Ah! mon Dieu, s'écriat-elle de nouveau, c'est Jéricho!... que vais-je devenir? — C'est Jéricho... laisse-moi faire... je vais le recevoir convenablement... de longtemps il ne sera tenté de te déranger si matin. — Y songes-tu, Octave?... veux-tu donc me perdre tout à fait?... S'il te voyait, ce serait fait de moi. — Tu as raison... Eh bien! laisse-le frapper... il n'enfoncera pas la porte... et, quand il sera las de heurter, il faudra bien qu'il s'en aille. — Il ne frappe plus... serait-il parti?... mais il n'est plus là... si le ciel nous en avait débarrassés!

Au même instant on sonna à la porte de l'entre-sol. — Il est là, dit Sara, à moitié morte de frayeur. — Pourquoi ne puis-je briser les os de ce misérable! disait Octave en se rongeant les poings. — Tais-toi, mon ami, je t'en conjure... il s'éloignera peut-être.

Les coups de sonnette devinrent plus forts, et l'on entendit la voix de l'israélite, criant : — Sara! Sara! Puis il se faisait un moment de silence, puis la sonnette était agitée avec plus de violence. Sara se mourait de peur, Octave frémissait de colère. Enfin le vacarme et les appels de Jéricho devinrent tellement bruyants, que Sara craignit qu'il ne finît par ameuter les voisins, et qu'il n'occasionnât quelque scandale dans la maison. — Mon ami, dit-elle à Octave, rassemble tes habits, cache-toi dans cette armoire... je vais lui ouvrir, et quand il m'aura dit ce qu'il l'amène, j'aurai bientôt fait de le congédier. — Quoi, tu veux que je me cache pour ce drôle? — Non... mais pour moi! — Je t'obéis.

Il rassembla ses hardes à la hâte, fit disparaître tout ce qui pouvait annoncer la présence d'un homme; Sara, qui avait passé une robe et qui s'était jeté un châle sur les épaules, enferma Octave dans l'armoire, et, s'avançant vers la porte qui donne sur l'escalier, demanda qui frappait ainsi chez elle. — C'est moi.. moi que je frappe depuis une heure... ouvrez-moi... ouvrez-moi donc! — Qui, vous? — Ah! fous me reconnaissez bas... moi Jéricho! Ah! che fois bien que c'est fait exbrès... fous êtes bas seule, Sara! — Ah! c'est vous qui faites ce vacarme à ma porte... je vous en remercie; si vous me donnez souvent de pareilles sérénades, je ne risque rien de faire mettre des sourdines partout. Allons, entrez... que me voulez-vous?

Elle ouvrit la première porte; mais Jéricho, l'œil enflammé, la figure renversée, la poussa brusquement, regarda de tous côtés, et sans lui répondre se précipita au fond de l'appartement. — Mais où courez-vous, Jéricho? que signifie cette conduite?... n'êtes-vous pas honteux?... je vous défends d'aller plus loin.

Les cris de la jeune fille étaient perdus, Jéricho était dans la chambre à coucher, et dans son accès de brutale jalousie, il jetait partout des regards insolemment investigateurs; heureusement Sara avait retiré la clef de l'armoire. — Mais ce que vous faites là, reprit cette dernière, est de la dernière inconvenance; enfin, que venez-vous faire ici? — Che fiens, che fiens rien faire... est-ce que che peux bas venir fous foir? Cet appartement il était bresque autant à moi qu'à fous, puisque nous devons bientôt nous marier. — Eh bien! en attendant cet événement, et que vous deveniez le maître de cet appartement, je vous prie de ne pas oublier que j'en suis encore la maîtresse, et je vous engage à n'y revenir que quand je vous y inviterai. — Ah! pardie, alors ce sera chamais. Mais bourquoi que fous afez été si longtemps à m'oufrir? — Parce que je dormais. Je me suis couchée tard, et comme c'est dimanche, et qu'on n'ouvre pas le magasin... — Oh! timanche! fous parlez comme une chrétienne; timanche! che le respecte pas, moi. — C'est possible, mais il faut au moins respecter le commissaire de police, et c'est ce que je fais.

Pendant ce temps, Jéricho promenait ses regards sur le guéridon encore couvert des débris du souper. — Je m'étonne bas, reprit-il, si vous avre dormi si tard, y baraît que vous avre fait pompause toute la nuit. Fous célébrez le carnaval de bonne heure; nous sommes pourtant pas engore dans le mois de Ou-der; c'est pourtant bas *Pourim* de sitôt!

Sara rougit jusqu'au blanc des yeux et fut décontenancée. Elle avait oublié le guéridon accusateur. — En effet, réponditelle en balbutiant, j'ai soupé un peu tard... je comptais avoir deux ou trois de mes amies pour fêter mon installation... et il n'en est venu qu'une... — Che pourrais bas savoir zon nom?— Jéricho, vous commencez à m'impatienter... je vous prie de

cesser vos questions et vos importunités, et d'abréger votre visite. — Ah! c'est pon, c'est pon! parce que je découfre... — Que découvrez-vous, s'il vous plaît? Je me plaindrai à mon père de la manière insultante dont vous vous conduisez ici, et vous savez qu'il n'entendra pas raison à cet égard; et puisque vous n'avez rien à me dire que ces choses déplacées et injurieuses, je vous engage à sortir. — Ah! fous me chassez, c'est pon, c'est pon! Quand che serai fotre mari, nous ferrons... Ah! che fas dire à Wurtzmann... che fas lui dire tout suite... tout suite... oh! che vois bien, che vois bien!

Jéricho sortit en fureur. Sara, heureuse d'être débarrassée de sa dangereuse visite, ferma soigneusement la porte sur le juif qu'elle vit s'éloigner à travers les persiennes. Quand elle crut être bien assurée qu'il était parti, elle accourut ouvrir l'armoire : Octave en sortit pâle de colère. — Je t'aime de toute mon âme, dit-il, ma Sara, je donnerai pour toi ma vie; mais n'exige jamais que je joue une seconde fois ce rôle : il est audessus de mes forces. Vingt fois j'ai été sur le point de briser la porte et de jeter ton misérable cousin par la fenêtre.

Un baiser bien tendre, bien prolongé fut la réponse et le remerciment de Sara. Octave s'habilla et se disposa à sortir. Néanmoins les deux amants trouvèrent que le superflu du souper pouvait encore fournir un fort joli déjeuner. Ils se remirent à table, et les tendres folies de la veille et du matin recommencèrent. En se séparant, ils convinrent que le samedi suivant verrait renaître ces instants de bonheur.

A l'instant où le jeune étudiant sortait de l'appartement de Sara, et où il baisait une main bien blanche qu'on lui tendait, la tête d'un homme placé au premier étage s'avança sur la rampe, et cet homme put voir l'action d'Octave et entendre le dernier adieu des deux amants. C'était Jéricho, qu'une réflexion avait ramené. Il avait résolu d'espionner sa cousine, et sa désolation ne connut plus de bornes lorsqu'il eut acquis la certitude de son malheur; ce dernier coup l'accabla : il prit sur-le-champ un parti désespéré.

XLI. — LE MARCHAND D'HOMMES.

A la porte de l'allée de l'une des maisons de la rue Jean-Pain-Mollet, on peut voir dans un cadre vermoulu un tableau annonçant qu'au quatrième étage de cette maison, sont établis les bureaux d'un industriel qui, moyennant une très-minime rétribution, vous procure des emplois extrêmement lucratifs, se charge de fournir des sujets distingués pour toutes les places imaginables, et permet à son secrétaire de s'occuper des placements des domestiques et gens de peine. On ne paye rien d'avance, qu'une somme de cinq ou dix francs, pour l'enregistrement de la demande ou de l'offre que l'on fait; on est remis à deux ou trois jours pour avoir solution, et lorsque l'on revient, on peut être assuré que l'emploi pour lequel on s'est fait inscrire venait malheureusement d'être donné. Mais comme il reste encore une infinité de places dont l'actif buraliste peut disposer, on a la faculté, en payant un nouvel enregistrement, de concourir une seconde fois.

Mais ce n'étaient là que les bagatelles de la porte : la grande spéculation du patron de la case était de fournir des remplaçants aux jeunes gens appelés au service de l'État. Tout individu ayant l'âge, les qualités et les formes voulus pour faire une machine à manœuvres, pouvait se présenter chez lui, et était assuré d'y trouver, en attendant un acheteur, le logement et quarante sous à dépenser par jour, avance à prélever sur l'engagement à venir, dont le montant ne sortait des mains du brocanteur d'hommes que pour passer entre celles du marchand de vin et des demoiselles établies au coin de la rue Jean-Pain-Mollet ou de la Mortellerie. Après quoi, le misérable qui venait d'aliéner sa liberté pour plusieurs années, et d'en dévorer le prix en quelques semaines, allait manger héroïquement sous les drapeaux les cinq sous que lui donnait généreusement, chaque jour, Sa Majesté Très-Chrétienne.

Un jour que cet homme était à passer sur son registre une revue de ses forces militaires, un individu d'un piètre et misérable aspect, et dont l'air piteux et déconfit excitait plutôt le rire qu'il n'est la pitié, se présenta devant le négociant de la rue Jean-Pain-Mollet. Il salua humblement en entrant : — Monsié, dit-il, monsié, che zuis dans le pli grand tourment et che avre pesoin te fous... — C'est possible, mon ami; mais je crois que c'est à mon secrétaire qu'il faut vous adresser : le placement des domestiques est de son ressort. — Che zuis un zerviteur du frai Dieu, monsié, mais je ne zuis le domestique de bersonne autrement... — Alors, qu'est-ce qu'il y a pour votre service?... — Je avre une grande chagrin, et je foulais mourir. — Alors cela ne me regarde pas; adressez-vous à un médecin... à un apothicaire... prenez de l'acétate de morphine ou de l'acide hydrocianique, et laissez-moi tranquille. — Je fous temande

bardon... mais che feux bas mourir par le boizon... c'était trop
gommum, je foulais mourir comme les sept Machabées, en
brafe soldat. — Pas mal vu... par le temps qui court, c'est une
mort assez lente... vous n'êtes pas pressé, à ce qu'il paraît. —
Che fous temante encore bardon... je zuis très-brossé... tout
de suite. — De sorte que vous voulez vous engager. — Nein,
nein, che foulais pas me engacher pouç rien, c'était défendu
par les saints commandements. Che foulais me fendre; agetez-
moi, monsié. — Eh! que diable voulez-vous que je fasse d'un
modèle comme vous, mon cher? vous n'avez ni l'extérieur ni
la force convenables. — Che conviens que che zuis pas un Go-
liath ni un Samson, mais...

Le recruteur, impatienté de l'opiniâtreté de son client, se
levait pour prendre Jéricho par les épaules et le jeter dans
l'escalier, lorsque la porte s'ouvrit; un jeune homme dont
tout l'extérieur annonçait l'opulence entra, fit un signe de protection au maître de la maison et se jeta sur une chaise. —
Mon cher, pour un homme qui ne s'occupe que d'affaires tout
à fait terrestres, vous êtes logé diablement près du ciel.

Celui auquel s'adressait M. Jossu, car c'était lui, répondit en
faisant au nouveau client autant de salutations et de politesses
qu'il avait fait essuyer de rebuffades au premier visiteur. —
C'est vrai, monsieur, mais mon établissement est connu depuis
un si grand nombre d'années, que sans m'exposer à perdre
une partie de ma clientèle, je ne puis changer de domicile.
C'est cependant le conseil que m'ont donné plusieurs grands
personnages qui m'honorent de leur confiance. Mais en quoi
puis-je avoir l'honneur d'être utile à monsieur? Monsieur aurait-il besoin d'un secrétaire, d'un intendant, d'un maître
d'hôtel, d'une livrée tout entière? J'ai tout cela, et en vingt-
quatre heures... — Non, mon cher, non, il a longtemps que je
suis empoisonné de la kyrielle d'animaux que vous venez de
nommer. J'ai besoin d'un remplaçant. — J'en ai vingt à la disposition de monsieur. Monsieur désire sans doute faire la
chose grandement? J'ai des hommes de cinq pieds onze pouces,
magnifiques; et si monsieur veut se donner la peine de passer
dans le magasin... — Ah! vous avez un magasin? — J'entends
par magasin la salle où se réunissent pour boire, manger et
fumer, en attendant leur départ, les hommes qui m'appartiennent. Je vous fais mille excuses de la peine que cela vous donnera, mais vous serez à même de choisir et d'examiner tout à
votre aise.

Jéricho, qui était resté dans un coin, s'approcha alors, et
dit à Jossu : — Mon brafe monsié, vous avre besoin d'un
homme, agetez-moi. — Comment, drôle, s'écria l'homme d'affaires irrité, vous êtes encore ici, voulez-vous bien sortir! Croiriez-vous, monsieur, qu'un être fagoté comme celui-là a la prétention d'entrer au service de Sa Majesté? Ça veut se vendre!
Sortez, vous dis-je. — Un moment, un moment, mon cher, reprit Jossu qui, son binocle sur les yeux, examinait Jéricho
comme une bête de somme qu'il aurait marchandée dans une
foire, un instant .. je crois connaître cette figure-là... Eh! parbleu oui... c'est le marchand de lorgnettes d'un théâtre du boulevard... c'est... c'est. — Stéphann Jéricho, à fotre service,
monsié, agetez-moi, che vous zupplie... en zouvenir de notre
anzienne gonnaissance.—Comment! mon ami, vous avez l'honneur de connaître monsieur? dit le marchand d'hommes un peu
radouci... Si j'avais su... — Oui... oui... j'ai vu cet homme...
quelque part : je ne sais où... au théâtre, n'est-ce pas?... —
Fous fous rabelez bien, monsié Chossu... que che vous ai fu
bien zouvent, quand vous étiez aux Funambules et que... —
Oui... oui... je me rappelle... je me rappelle... c'est bien... c'est
bien. — Et pouis che fous ai fu pien soufent chez Job Nephtali,
le marchand d'oiseaux, quand fous veniez pour... — Ce drôle
a une mémoire désespérante, murmura Jossu.. Mais sérieusement, Jéricho, vous voulez prendre du service? d'où vous vient
donc cette résolution qui ne me semble guère en harmonie
avec vos habitudes et votre caractère? — La désespoir, monsié,
la pli grand désespoir... l'apoumination d'Israël est entré dans
la maison de Wurtzmann... Sara, que je levais épouser, il s'est
lifré à un Philistin, à un Amalécite, à un Goï... elle trafaille
les saints jours de chabess... Elle borte des voiles et des robes
de soie noire, quoiqu'elle ne soit pas en deuil; ce qui est exbres-
sément défendu par notre relichion... Elle a foulé aux bieds
notre loi... et il peut plus être mon femme... che feux mourir.
— Eh bien! s'il ne s'agit que de cela, je ferai tout ce qui dé-
pendra de moi pour vous être utile; d'ailleurs cela débarrassera
ce pauvre Octave d'un espion fort ennuyeux, pensa Jossu; puis
s'adressant au brocanteur : — Monsieur, je vous ai dit que je
voulais un remplaçant... je ne tiens pas au prix... arrangez-
vous avec cet homme... je n'en veux pas d'autre... vous m'en-
tendez! Tiens, mon garçon, voici quatre napoléons à compte
sur le marché... va boire à ma santé.

Le juif en voyant les pièces d'or oublia son chagrin, et fit
de grandes salutations tout en pesant l'or qu'il venait de recevoir. — Si monsieur veut absolument cet homme, dit le marchand émerveillé de la générosité de Jossu, il n'y a rien à répliquer; mais j'ai peur que cet individu n'ait quelque infirmité...
quelque incapacité occulte... et puis il a l'air si ganache... si
poltron! — Et qu'importe... qui vous dit que dans ce corps
chétif, sec et maigre, il n'y a pas une âme capable de grandes
choses? Vous autres, marchands de chair humaine, vous ne
prisez un homme qu'à tant la toise. Il y a mille préjugés semblables à celui-là dans la manipulation de la matière militaire,
dont on reviendra... Avez-vous servi, monsieur l'homme d'affaires? — Oui, monsieur... j'ai d'abord été racoleur sous l'ancien
régime... puis j'ai fait partie de la garde constitutionnelle de
Louis XVI, je fus grenadier de la Convention, mameluk dans
le régiment mahométan de la garde impériale... puis sous-of-
ficier de carabiniers, puis quartier-maître... et c'est alors que
j'ai pris le goût des affaires .. — Donc vous devez entendre la
partie... tenez, moi, j'ai mes idées sur l'administration militaire... j'aime à bavarder... causons un peu... Je ne demande
pas à être flatté, je veux au contraire que vous me contredi-
siez... si je me trompe; mais, si pendant ce temps, vous faisiez
dresser l'engagement de notre homme. — Nous allons d'abord
le faire examiner par mon médecin; il n'aura plus qu'à signer,
sauf incapacité... je vais le remettre entre les mains de mon
secrétaire. Je crains bien qu'on ne le refuse au conseil de ré-
vision, surtout s'il doit remplacer un beau sujet. — Oui, il
remplacera un fort bel homme... le chasseur d'une dame que
j'estime infiniment, et qui serait désespérée de perdre un domestique auquel elle tient au delà de toute idée.

Jéricho suivit le secrétaire en se confondant en remercîments et en courbettes.

— Oui, monsieur, reprit Jossu, il y a mille billevesées, mille
inepties dans notre organisation, dans notre système militaire... Nos hommes d'État emploient des années entières à
discuter, à enfanter des ordonnances sur la couleur d'un pantalon, la largeur d'un passe-poil, la ganse d'un shako, la longueur d'une moustache et la dimension d'un favori... et quand
ils parviennent à accoucher d'une colonne de *Moniteur* sur
une de ces pitoyables questions, ces braves gens sont tout es-
soufflés, croient avoir sauvé l'État, et font proclamer dans leurs
coteries, par les plats aboyeurs de leurs journaux stipendiés,
l'incommensurable profondeur de leur génie, et la reconnaissance que leur doit le pays, pour d'aussi importantes amélio-
rations. Quant au moral de nos hommes de guerre... — Le moral de l'armée?... il est excellent... n'êtes-vous pas de mon avis?
— C'est possible; mais c'est ce que je ne vous dirai pas, attendu que je vous connais fort peu. Au reste, j'exprime seulement ici le désir que tout soldat sache bien un jour qu'il n'est
réellement que le soldat de la nation. Sans parler de l'avantage
politique d'une semblable conviction de l'armée, il est évident
que nous y trouverions une économie d'une trentaine de millions; car alors une représentation militaire de soixante-dix
mille hommes suffirait à la France, en temps de paix, surtout
avec la garde nationale qui, je le suppose, rentrera bientôt en
grâce, à la suite du premier changement de cabinet. — Ma foi,
monsieur, dit le marchand d'hommes ébahi, je vous admire...
comme vous raisonnez de tout cela!... n'avez-vous jamais été
militaire? — Certainement! dit Jossu en relevant son col et
en jouant avec son lorgnon... certainement que j'ai été militaire. — Ah! je disais aussi... et dans quelle arme, à quelle
époque, a servi monsieur? — En 1815... c'était le bon temps,
j'ai servi pendant quarante et un jours six heures et trois minutes, dans une compagnie de la garde nationale de mon endroit qu'un drôle de préfet avait fort arbitrairement mobilisée...
oh! nous avons fait une campagne superbe!... nous avons
défendu vaillamment Landre-ie; figurez-vous que nous tîn-
mes, pendant trois heures et demie, contre deux compagnies
de kaiserliks, appartenant au corps d'armée du prince de Li-
chtenstein. Pour en revenir à l'équipement militaire, vous saurez que je suis en instance auprès du ministre pour obtenir la
fourniture générale ou le monopole de toutes les armes à feu...
mes ateliers s'ouvriront incessamment, et en moins de trois
mois, j'y ferai confectionner deux cent mille fusils et quinze
cents pièces d'artillerie à vent... de manière que, dans une
nuit, les braves partisans des Saint-Barthelemys politiques
pourront faire fusiller et mitrailler tous les membres du comité directeur, et même tous ces scélérats de libéraux, sans
que cette petite opération trouble en rien le sommeil paisible
des honnêtes bonnetiers de la rue Saint-Denis, ou des respec-
tables aristocrates du quartier Saint-Sulpice.

XLII. — L'APPRENTI MARÉCHAL DE JUDÉE.

Lorsque M. Jossu et l'homme d'affaires descendirent chez
le marchand de vin où se trouvaient réunies les recrues du

racoleur, Jéricho venait de subir l'examen du docteur choisi à cet effet par le marchand d'hommes, et on avait reconnu que le postulant possédait, à la rigueur, les qualités qui constituent le Jean-Jean. En conséquence, le secrétaire bossu l'avait conduit auprès de ses futurs compagnons de gloire, et bien qu'avec beaucoup de répugnance d'abord, Jéricho s'était pourtant approché d'eux. Son entrée dans l'arrière-salle du cabaret avait été saluée d'un hourra étourdissant : au premier coup d'œil, les buveurs avaient remarqué que le nouvel enrôlé avait l'air excessivement simple, et qu'il serait très-facile de le faire *chanter*.

Un vieux fricoteur, qui en était à son troisième engagement, l'aborda avec une sorte de solennité, en se tordant la moustache et en prenant une pose académique : — Camarade, c'est *incombustiblement* une généreuse et noble résolution qui vous amène *parmi* nos rangs duquel je vous en fais mon compliment des plus sincères. A votre air martial et supérieur, on ne peut douter-z-un instant de la grandeur d'âme avec laquelle, relativement à la bienvenue qu'il est d'usage de payer aux amis, lorsqu'on fait z-ici-z-une entrée triomphale comme la vôtre avec laquelle vous ferez la chose... suffit... silence... vous n'avez pas besoin de me faire de remerciments. Garçon! un panier de douze bouteilles. — Che avre pas l'apitude de poire, dit Jéricho, tout étourdi des compliments. Cebendant, à cause de l'honneur que fous me faites et puis de la désespoir dans laquelle ze zuis... che boirai un belit beu à votre santé. — Ah! le camarade est dans le désespoir, dit un des assistants... et peut-on savoir la cause du pourquoi? — Ah! Dié ti ciel... mon cœur il être déchiré en morzeaux comme celui de Chacob, quand il perdit son fils bien-aimé. — Ah! ah! vous avez perdu un mioche... fallait en faire un autre... on s'engage pas pour ça. — C'était pas un petit enfant que j'avais perdu... mais un petit femme que je m'aurais marié avec elle, si un zélérat de chenne homme il l'avait pas brise pour lui. — Il l'a épousée... — Nein... nein... nein!... — Bon... bon... mais c'est tout comme... et alors vous n'en voulez plus? — Chen feux plus ti tout. — Le camarade a raison... il ne veut pas que sa femme épouse un... cornichon! comme j'avais l'honneur de le dire dans l'instant... sentiments nobles et distingués. — Tiens, mais y paraît tout d' même que c'est un youtre, dit un hébète de paysan qui s'était vendu parce qu'il croyait qu'un mousquet était plus honorable à porter, et plus facile à tenir que le manche d'une charrue. — Tais-toi, *mufle*, l'opinion politique et religieuse d'un particulier ou même d'un individu quelconque, relativement à ses idées sur la chose, doit toujours être intrinsèche et respectable pour la galerie. — Et vous, mon jeune et respectable ami, souvenez-vous qu'ayant, dès ce jour, quitté la classe des pékins, vous devez également quitter cet air jobard que la nature vous a doué un peu trop, et prendre cette aisance et ce chique militaire qui n'appartiennent qu'aux vrais enfants de Mars, par le résultat de la fréquentation immédiate de la bonne compagnie... c'est ce que vous trouverez ici au grand complet. Donnez-vous la peine de vous asseoir.

Jericho, peu habitué à la cajolerie, était tout étourdi des compliments qu'on lui adressait, et quelque répugnance qu'il eût à se trouver avec des gens qu'il avait coutume de regarder comme ses ennemis naturels, pourtant il consentit sans grande difficulté à prendre place parmi eux. Il se glissa humblement le long de la muraille et voulut se placer dans un coin. — Non pas, non pas, reprit le vieux rogneur de portions, mettez-vous ici, au poste d'honneur, il faut que l'*omfitrion* qui régale soit en perspective de tout le monde... Une, deux... attention au commandement... haut les armes... en joue... feu... à la santé du camarade!

Et tous les verres se choquèrent, un toast général fut porté à Jéricho, qui vraiment ne se sentait pas d'aise; le vieux troupier s'en aperçut. — Vous voyez, camarade, c'que c'est que l'état militaire, voilà comme ça s'mène, toujours le verre à la main et surtout la chanson z'a la bouche, ça plaît z'a la beauté.

Et le discoureur se mit à fredonner :

De Suisse une duchesse
. . . .

Et le choc des verres retentit de nouveau, la santé fut si rudement portée que le dragon recommença a appeler : — Garçon! un autre panier!

Il est probable que le vin servi à Jéricho et à ses camarades était coupé avec quelque peu d'esprit ou d'eau-de-vie, car au second verre Stéphann n'avait déjà plus sa té e à lui. Cet homme, ordinairement si timide, se leva tout à coup, et dit : — Mes brafes camarades, tous êtes des très-estimables garzons, che leux fous brouver mon amidié pour tous, en fous chantant un belit gautique que che avez fait il y a teux ans pour le mé-

chante femme qui me avre attrabé si cholimen... égoutez-moi.

Et Jéricho se mit à baragouiner, en jargon juif, une sorte de psalmodie, qui ne ressemblait pas mal à une lamentation de Jérémie, le plus jovial des prophètes hébreux. — Bien, Jéricho, bien! s'écria Jossu en entrant, bien, mon ami, tu as déjà tout le caractère du soldat français. Je te prédis que tu iras loin. — Vous êtes pien pon, monsié Chossu, mais c'est pas l'emparras, je me zens un courage exdraorbinaire, je crois que si ch'étais en présence des Philistins, des Amalécites, che crois que je les apîmerais tous, je ferais comme le grand Chosué, che prûlerais les maisons, ch'écraserais les petits enfants, et je ferais pendre trente-trois rois t'un seul coup, che ferais... — Camarade, en voilà assez pour une campagne, dit l'ancien soldat. Tudieu! j'ai trente ans de service effectif, j'en ai vu de sévères indubitablement, mais les troubadours de la grande armée ne seraient que des mioches à côté de ton Josue, si on croyait les bulletins officiels de l'Ancien Testament. — Che dis que celui qui le croit pas il était un mécréant, un chien, dit Jéricho qui s'échauffait visiblement. — Oh! oh! violent guerrier, calmez-vous, renfermez dans votre sein cette belle ardeur; on dit que nous allons faire la conquête de la Palestine, ça vous servira. — Mais, au fait, dit Jossu au marchand d'hommes, savez-vous que l'on assure que l'expédition projetée pour la campagne prochaine, a un tout autre but que celui que l'on avoue, et qu'elle est destinée à aller prendre possession d'une partie de l'Egypte que nous ced-rait le pacha. La Judée reconstituée en royaume, cela sera piquant, quand ce ne serait que pour faire mentir la prédiction, et puis, il y aurait probablement par là quelques branches d'industrie à monopoliser.

Jericho, dont la tête était déjà passablement échauffée, entendit la réplique de Jossu : il se leva en trébuchant. — Monsié Chossu, dit-il, mon brafe brodecteur, est-ce qu'il être bien frai que le royaume d'Israël il va rentrer dans son gloire, et que le Mezzie il va venir tout de suite? — Cela ne fait pas le moindre doute. — O Jehovah! Jehovah! Dié tes armées, Dié derriple et vencheur! les ennemis ils font donc rendrer tant la bossière, la noufelle Chérusalem il sera la reine du monde, et tes enfants i zeront encore le beuple dominateur... O Hierschlaïm! Hierschlaïm! — Eh bien, camarade, dit l'ancien, vous avez joliment bien fait de prendre du service, une fois votre temps fini au régiment, qu'est-ce qui vous empêchera d'entrer au service du roi de Jérusalem, dans ses cent-suisses, par exemple, vous êtes assez bel homme pour ça. — Fous croyez!... Garçon! garçon!... encore un banier de touze pouteilles, che me seus capaple te redablir à moi toute seul le clorieux royaume des enfants t'Israël, et che le ferai foir. — Quand je vous disais, mes amis, que notre nouveau camarade était un sujet rempli d'excellentes dispositions. — Oui, oui, c'est un n'héros, un n'amour héros, un crâne héros! crièrent tous les convives, à sa santé!

Jéricho était rayonnant : de sa vie il ne s'était trouvé à pareille fête, et n'avait été si pompeusement salué; le marchand d'hommes profita du moment pour lui faire signer l'acte par lequel il aliénait sa liberté pour un espace de huit années.

— Vous pouvez être sûr de votre homme à présent, dit le marchand à Jossu, voilà comme il faut les prendre, autrement on n'en finirait pas.

Le surlendemain de cette journée qui avait opéré un si grand changement dans les destinées de Sara et de Jéricho, le rabbin arriva vers midi chez sa petite-fille; comme de coutume il la bénit en entrant et l'embrassa avec tendresse. — Mon enfant, lui dit-il, tu n'attendais pas ma visite, elle te surprend, mais je suis très-inquiet et je venais te le demander... — Mon père, vous serait-il arrivé quelque chose de fâcheux... Oh! dites-moi vite... je tremble. — Il ne m'est rien arrivé à moi d'inquiétant, mais... mais toi-même!... aurais-tu éprouvé quelque chose d'extraordinaire... ta physionomie a aujourd'hui une singulière expression. — Cher papa... vous... vous trompez... je... c'est le plaisir de vous voir qui me cause l'émotion... que... que... j'éprouve.

Et la jeune fille pressait les mains de son aïeul et caressait ses cheveux blancs. — Ta tendresse, reprit le vieux rabbin, est pour ma caducité ce que la manne fut pour nos pères presque mourants dans le désert, elle ranime mes facultés prêtes à s'éteindre. O ma fille! puisse un coupable amour ne pas troubler mes derniers moments... laisse-moi m'endormir en paix dans le Seigneur!

Ici une larme coula des yeux du vieillard, il serra sa fille contre son cœur, puis il ajouta : — Allons, je ne suis pas venu ici pour t'atirister, ma visite a un autre but. Dis-moi, as-tu vu Jéricho? — Mais... oui... mon père, répondit la jeune fille avec inquiétude, oui, je l'ai vu hier matin. — Hier matin... mais depuis? — Je ne l'ai pas revu. — Cela m'étonne et m'inquiète au delà de toute idée, lui qui jamais ne s'absente que pour ses affaires, qui est un modèle de bonne conduite! Je viens de passer chez lui, en me rendant ici; on m'assure qu'il n'est pas rentré depuis hier!

Sara fut soulagée, elle craignait d'abord que Jéricho n'eût parlé à son grand-père et de sa visite de la veille et des soupçons qui en avaient été le résultat; soupçons qui, bientôt! pour lui, s'étaient changés en une poignante certitude.

Au même instant, un bruit assez extraordinaire se fit entendre. Une des filles de boutique se disputait avec des gens qui venaient d'entrer. La jeune lingère et le rabbin passèrent dans le magasin. Deux hommes venaient d'y entrer : tous deux étaient dans un état d'ivresse qui ne laissait rien à désirer. Ils se tenaient par le bras, et les oscillations fréquentes de leurs corps rendaient à chaque instant leur chute imminente. L'un d'eux, à la figure hâlée, aux formes vigoureusement prononcées, et dont les poses étaient presque théâtrales, relevait sa moustache avec importance; l'autre, dont les habits étaient dans un désordre complet, avait son chapeau orné de rubans rouges, blancs et verts, et essayait d'imiter autant que possible les manières hardies de son compagnon; lorsque Sara et son grand-père entrèrent, la demoiselle de boutique disait : — Sortez, messieurs, sortez, ce n'est point ici un cabaret... vous vous êtes trompés... sortez. — Tais-toi, péronnelle, répondait l'homme à moustaches dont chaque parole était entrecoupée d'un hoquet, tais-toi, sacredieu! sais-tu que tu parles à un homme qui a parcouru avec facilité les quatre parties de l'atmosphère, en passant par les Pyramides, la Bérésina, Millesimo, et en rabattant sur Moscou, ville impériale, qu'il a brûlée pour se chauffer en déjeunant... Sais tu que... que tu as également l'honneur de parler devant un fameux vainqueur... le conquérant futur de la Palestine... devant un n'héros qui doit un jour soutenir le trône chancelant de... de...

Et celui qui devait être le soutien d'un trône trébucha en ce moment, et eût entraîné son camarade dans sa chute, si celui-ci n'eût embrassé le comptoir, qu'il faillit renverser. Sara et ses ouvrières jetèrent un cri d'effroi : Wurtzmann s'avança. — Que signifie donc, messieurs, dit-il avec sévérité, que signifie donc une pareille insolence... savez-vous que je puis vous en faire repentir! — Ah! le vieux chouan, reprit l'homme à moustaches, je le reconnais... je l'ai vu à... à... Je suis sûr que c'était lui avec sa petite barbiche qu'était le missionnaire de ces enragés de pousse-cailloux de Vendéens! — Camarade, répliqua l'autre, c'était bas un jhouan... c'était un resbectable batriarche... c'était lui que je t'ai dit qui zera patriarche de Chérusalem quand la conquête il va être finie... c'était lui qui zera le grand prêtre par ma prodection. — Ah! oui, les grands prêtres! Tiens, voilà qui me convient, en fait de patriarche... mon cœur, voulez-vous agréer l'hommage respectable d'un ancien dragon?

Et il allongeait vers une des demoiselles de comptoir ses deux grands bras, dont il essayait de l'envelopper, tandis que Wurtzmann et Sara regardaient l'autre personnage avec une espèce de stupéfaction.

— Est-ce bien toi, Jéricho, dit enfin le rabbin avec une surprise toujours croissante, est-ce bien toi que je vois en cet état? ô abomination! — L'apomination il être bas de mon côté, répliqua Jéricho, il était du côté de ceux qui m'ont trompé!... qui ont préféré un goï au serviteur du vrai Dieu! — Que veut-il dire? demanda le rabbin. — Mon père, repliqua la jeune juive, tremblant que Jéricho ne parlât : mon père, vous voyez dans quel état est ce malheureux. — Che suis tans un meilleur état que fous, dans une beaucoup meilleur état, fous savez bien... fous savez tous. — Mais, malheureux, reprit le rabbin, c'est toi qui es devenu un goï, un impie, tu as péché contre la loi, tu t'es mis au niveau des brutes, tu es un nouveau Nabuchodonosor. — Qu'est-ce que c'est, dit alors le compagnon de Jéricho, qu'est-ce qui ose contrarier mon ami intime? par ta gorge, vieux singe, ne lui manque pas de respect, je t'ai déjà dit que c'était un vainqueur. — Silence, camarate, silence, che t'en brie, che fas lui barler moi-même.

Et Jéricho prit une attitude aussi imposante que possible.

— Foui, dit-il, c'est vrai, che suis un nouveau Nabuchodonosor, che suis un Nathan, un Coré, un Abiron, che suis tout ce que fous foudrez, mais c'était bas mon faute, c'était bas mon faute, c'était celui de fotre fille, elle m'afait trompé, elle s'est tournée à un enfant de Baal, elle s'est livrée à un infidèle comme Chudith à Holopherne. — Misérable, s'écria le rabbin exaspéré, par les tables de la loi, je te défends de continuer. Oses-tu bien calomnier mon enfant, la lumière de ma vie, ma gloire, ma félicité... Raca! Raca! sors d'ici! — Foui, foui, insultez-moi, reprit Jéricho, et moi che fous tirai toujours que l'apomination il était entré dans fotre maison, che fous tirai que ch'ai vu la tisolation à tracers les murs du temble, ch'ai vu un goï...

— La jalousie et l'ivresse t'égarent, imposteur, tais-toi! —

Non che suis bas imbosteur, che us la térité, mais le crime il restera bas impuni, tous les fléaux tomberont sur fotre maison, l'anche exterminateur la fisitera, elle sera frabbée de la lèpre, de la beste, de la famine, de la guerre, de tous les plaies d'Egypte, et che zerai triomphant barmi les forts d'Israël, che serai caboral des cent-suisses du roi de Sion...

Le rabbin avait repris son sang-froid; examinant attentivement Jéricho, il vit bien que quelque chose d'extraordinaire s'était passé en lui, mais il vit bien aussi qu'il était inutile de lui demander en ce moment l'explication de sa conduite. — Jéricho, lui dit-il, mon ami, je ne sais quel motif peut t'engager à te comporter de la sorte, mais crois-moi, reviens à la maison, tu te reposeras, et lorsque la tête sera un peu calmée, alors tu m'expliqueras ce que tout cela signifie. — Che rendre plus chamais à la maison; ma maison, à brésent, c'étaient les tentes de Juda, che suis soldat. — Tu es soldat! — Eh bien, pékin, qu'y a-t-il là de surprenant? dit l'ancien dragon. — Serait-il vrai? mais, non, non! — C'était frai, che vous dis, che afais hier matin le désespoir dans l'âme, che foulais me tuer, che foulais mourir, et che me zuis engaché, c'est-à-tire que je me suis fendu, par resbect pour les saints commandements, et je dois bartir tout suite, tout suite, à le dépôt, pour Toulon. — Oui, reprit le troupier, il sert maintenant le roi de France, et à présent, l'ami, que tu as fini ton coute, alions-z-ut, en route. — Jéricho, je te défends de sortir! dit le rabbin. — Che vous temante bien parton, mais che fas rechoindre le réchiment. — Et si vous avez des réclamations à faire, reprit le camarade, passez au bureau de M. Beausoleil, marchand de chair humaine, rue Jean-Pain-Mollet, au premier en descendant du ciel, vous verrez la chose. — Et fous verrez les camarates qui fous diront tous que che zuis à brésent le fainqueur des fainqueurs. Ah! Dieu! ça faut bien mieux que de fendre des lorgnettes, et puis on chante toute la chournée :

> **Y** a blus d' blaisir que d' beine,
>   La prique dondaine
> **A** border le mousquet,
>   La prique dondé...

Et Jéricho s'accompagnait des pieds et des mains en chantant ce refrain qu'il accommodait à sa guise. Wurtzmann le regardait avec compassion. — Tu ne sortiras pas, Jéricho, répéta-t-il, je te le défends encore. — Qu'est-ce que c'est, vieux satrape? répondit le troupier; tu oses t'opposer à la marche triomphale du vainqueur de la Palestine! — Mon père, mon père, laissez-les, laissez-les, je vous en supplie, vous irez à l'endroit que l'on vient de vous indiquer, là vous saurez tout, mais ne vous exposez pas aux mauvais traitements de ces hommes! s'écria la jeune lingère effrayée. — Foui, foui, reprit Jéricho, fenez, papa Wurtzmann, fenez demain, fous trinquerez avec les camarates, et, si fous foulez, fous entrerez dans les cent-suisses du roi de Chérusalem. Adieu, adieu, au refoir!

Et il sortit avec son compagnon qui s'éloigna en chantant :

> Ah! quel plaisir d'être troupier!
> Ah! quel plaisir d'être troupier!

Wurtzmann désespéré les laissa partir, puis se levant tout à coup, il s'écria : — Mon fils est tombé dans la fosse aux lions, je ne quitterai pas mes sandales que je ne l'en aie tiré. Et il suivit de loin Jéricho.

XLIII. — LA PROVINCIALE ET L'AMI INTIME.

Au second étage de l'*Hôtel de Bourgogne*, rue Montmartre, dans la chambre à coucher d'un appartement assez bien meublé, était étendu, sur une dormeuse, un jeune homme qui lisait le *Constitutionnel*.

Devant une glace, un peu plus loin, une jeune femme fort jolie, mais dont les mines annonçaient plus de coquetterie et de vanité que d'esprit et de raison, essayait un chapeau neuf; elle avait l'air très-satisfait de son emplette, se tournait dans tous les sens pour en admirer l'effet, et jetant de temps à autre un coup d'œil sur le jeune homme au journal, disait entre ses dents : — Mon Dieu, que c'est ennuyeux un mari... ça ne fait pas plus attention à vous... Je suis sûre que si M. Deschamps, notre galant substitut, voyait mon chapeau, il m'en ferait mille compliments...

Lasse de se parler à elle-même et d'admirer seule sa coiffure, la jeune femme apostropha le lecteur : — Mais, mon ami, regarde donc... et dis-moi donc comment me va mon chapeau... — Eh!... bien! parfaitement bien! ma bonne amie, répondit le mari sans lever les yeux, et en continuant sa lecture... — Oh! que tu es détestable... tu ne l'as pas seulement vu... — Mais si... mais si... ah! que le diable emporte les femmes avec leur coquetterie... je tenais là un article extrêmement intéressant... qu'elle insipidité... — C'est toi qui es insipide.

Et la jeune femme continua ses mines en se drapant avec un châle, dont l'acquisition paraissait aussi récente que celle du chapeau... puis elle reprit : — Ah çà, dis-moi... où irons-nous, ce soir ?... — Mais, ma chère, si je n'ai pas la visite de mon bon et ancien camarade Octave, que j'ai fait prévenir de mon arrivée, nous nous coucherons tout de suite après le dîner... — Comment... plaisantes-tu... est-ce que tu crois que je suis venue à Paris pour rester renfermée dans un hôtel garni ?... Je voudrais bien voir ça, par exemple... j'espère aller ce soir au spectacle... — Eh bien ! vas-y... du diable si je remue, rompu comme je le suis... ne m'as-tu pas fait arpenter les douze arrondissements dans tous leurs sens, depuis trois jours... et ce matin pour tes colifichets... au Palais-Royal... aux boulevards... à tous les bazars de cette maudite ville. — Comme tu te fais valoir, parce que je n'ai que toi pour me conduire... Ah! si M. Deschamps était venu comme il en avait le projet, je ne te prierais pas tant... — M. Deschamps m'aurait fait grand plaisir... au reste, nous ne partons pas demain... nous avons le temps de voir ce qu'il y a de curieux... — Souviens-toi que tu me payeras cela... je me ferai accompagner par M. Deschamps, notre substitut, quand nous serons chez nous... je me moquerai de tes airs de jalousie, et nous irons seuls, tous deux, nous promener au *Grand-Cousin* et à l'*Étang-des-Minimes*.

En disant cela, la jeune femme fit un geste d'impatience et renversa un vase de fleurs artificielles... le mari se leva en colère et poussa un jurement des plus énergiques. — Tant mieux, dit la jeune femme, cela t'apprendra à me contrarier... je voudrais avoir cassé l'autre... — Si tu l'eusses fait... je t'enfermerais ici pendant huit jours... il ne manquerait plus que cela pour me donner l'envie de repartir tout de suite...

Et la dispute allait s'échauffer et devenir sérieuse, lorsqu'on entendit un équipage entrer dans la cour de l'hôtel, et un domestique demander si M. Casimir Leblond, arrivé tout récemment de Bourgogne, était chez lui. Sur la réponse affirmative, deux jeunes gens descendirent de l'élégante voiture et se disposèrent à gagner l'appartement de M. Casimir, car c'était lui et sa femme qui occupaient le second étage où la dispute conjugale était déjà si fortement engagée. Un des jeunes gens disait à l'autre en montant l'escalier : — Souviens-toi bien de ne pas me nommer d'abord... je gage que Casimir ne me reconnaîtra pas. — Tu crois !... — Tu verras !

Ils entrèrent, et à leur aspect les disputeurs se turent tout à coup, mais des signes trop évidents d'irritation annonçaient clairement ce qui se passait ! Cependant Casimir se calma à l'instant même, et, courant au-devant de l'un des arrivants, s'écria : — Te voilà, mon cher Octave !...

Et il l'embrassa affectueusement, après quoi il regarda celui qui l'accompagnait, et lui fit un salut cérémonieux. — Mon ami, dit Octave, permets-moi de présenter mes hommages à madame... car c'est elle sans doute que j'ai l'honneur... — Oui, et qui, au moment où tu entrais, me faisait donner à tous les diables... — Voilà comme sont tous les maris, dit Jossu. — Veux-tu bien que je te présente à mon tour un de nos anciens camarades de collège !... le reconnais-tu ?...

Casimir examina le compagnon d'Octave qui pendant ce temps se donnait tous les airs et toutes les attitudes d'un dandy, se couvrait la figure de son énorme binocle en vermeil, et faisait des mines tout à fait étranges. — J'ai beau chercher dans ma mauvaise mémoire, dit Casimir, je ne me rappelle pas le nom de monsieur... cependant sa figure ne m'est point inconnue... c'est étonnant. — Vraiment, mon cher, répliqua l'inconnu en continuant de prendre les poses affectées, et le langage d'un merveilleux, vraiment, mon cher, il faut que l'air de la province t'ait été étrangement fatal pour t'avoir ainsi faussé les idées... Et ce qui me prouve que cet air si épais de province a répandu sur toi sa déplorable influence, c'est que j'observe que tu n'as plus ce tact qui caractérise l'homme du monde ; ce tact qui consiste à reconnaître à l'instant même pour ami, ne l'aurait-on jamais vu, celui qui se présente chez nous en cette qualité avec un équipage, comme celui qui est à la porte, et des laquais taillés comme ceux que tu peux voir d'ici. — Tous les laquais et tous les équipages du monde ne feront pas que je puisse... — Ingrat, reprit l'inconnu en baissant son lorgnon... ingrat, qui ne se rappelle ni les sérins que j'ai sacrifiés pour lui... ni les leçons de philosophie pratique que je lui ai données... ni... — Jossu !... s'écria Casimir, en se frappant le front. Allons donc !... c'est une mascarade ! — Ta parole d'honneur ! reprit Jossu en quittant ses manières de dandy. ta parole... c'est une mascarade ? — Mais enfin... si tu étais à ma place... voyons, qu'en penserais-tu ? — Je penserais qu'un homme qui a eu le talent de donner à un sérin assez d'habileté

et de savoir-faire pour lutter avec avantage contre le premier venu des quarante... contre le plus intrépide orateur ministériel, aurait-il cent livres de truffes dans le ventre... je penserais, dis-je, que cet homme a bien pu trouver les moyens de se créer cent mille écus de rente... et c'est exactement la cruelle position dans laquelle je me trouve. — Mais ton histoire doit être plus merveilleuse qu'aucune de celles des *Mille et une Nuits*... tu me conteras cela. — Oui... oui... mais ce n'est pas l'instant... que fais-tu ce soir... j'imagine que tu conduiras madame aux Bouffes ou dans quelques-uns de nos brillants *routs*? — Ah ! monsieur, dit alors madame Casimir avec un air de minauderie, je risque bien de repartir comme je suis venue. Lorsque vous êtes entré, mon mari me querellait parce que je voulais aller ce soir au spectacle. — C'est affreux... cela sent la province d'une manière extraordinaire... Comment, Casimir, toi que j'ai connu porteur de si bonnes manières... tu te compromets ! — Ah ! mon ami, je suis éreinté ! depuis notre arrivée, d'un crépuscule à l'autre je suis debout... je ne sais comment elle peut y tenir. — Allons, mon cher, tout le tort est de ton côté, il faut que madame contente ses fantaisies... il ne faut rien refuser... tu te donnerais un ridicule horrible. — Ah ! parbleu, tu en parles à ton aise, toi avec ton équipage. — Mon ami, il est à la disposition de madame... hein ! tu n'as plus de prétexte maintenant? — Mille remercîments ! tu me débarrasses là d'une rude corvée ! — Madame, dit Jossu, ce sont là des propos de mari auxquels on ne doit attacher aucune importance... ainsi voilà qui est chose convenue... ma voiture sera constamment à vos ordres... et moi-même...

En prononçant ces mots il s'inclina et baisa la main de madame Casimir et lui lança une œillade. La jeune femme rougit de plaisir et balbutia un remercîment.

Pendant ce temps Octave et Casimir s'étaient retirés dans l'embrasure d'une fenêtre, et s'adressaient ces mille questions, souvent insignifiantes, que deux amis ont toujours à se faire après un longue séparation. Casimir apprit à Octave que le séjour de la province lui pesait horriblement ; que sa chère moitié l'ennuyait déjà beaucoup et qu'il avait fait le voyage de Paris autant pour promener sa femme, qui ne lui laissait pas un moment de repos, que pour voir s'il ne pourrait pas se fixer lui-même dans un pays qui pour lui était le premier de tous. Et, comme leur conversation se prolongeait, Jossu en profita pour encenser à toute outrance la vanité et les prétentions de madame Casimir, dont il avait reconnu le côté faible. Il lui répéta vingt fois qu'avec sa figure et sa tournure elle ne pouvait manquer de faire sensation dans les promenades et les spectacles, si elle voulait seulement écouter pendant quelques jours les conseils d'un homme qui comme lui voyait tout ce que Paris a de mieux, et pouvait lui rendre moins fatigant cet apprentissage des belles manières, qui coûte tant aux provinciaux, et qu'une jolie femme doit, avant tout, faire à quelque prix que ce soit.

Madame Casimir parut pénétrée de reconnaissance pour l'extrême obligeance de l'ami de son mari : elle accepta toutes les offres.

On monta en voiture, les chevaux brûlaient le pavé ; madame Casimir était ravie : l'équipage et les compliments de M. Jossu lui tournaient la tête ; le luxe et la délicatesse du dîner l'achevèrent. Elle décida in petto que ce n'est qu'à Paris que l'on trouve des hommes charmants, et M. Deschamps, l'aimable M. Deschamps, l'avocat du roi de son endroit, lui parut bien épais à côté de M. Jossu.

M. Jossu voyait bien cela et il se disait : — Je ne suis pas spéculateur et philosophe pour rien... Spéculateur, je ne dois pas user mes chevaux et ma voiture sans qu'il m'en revienne quelque chose... Philosophe, l'accident si commun aux maris me serait à moi parfaitement indifférent si j'avais une femme, ce n'est à mes yeux qu'une misère à laquelle un sage ne doit pas prêter la moindre attention... or je ne fais rien ici d'anti-philosophique, puisque je ne fais à autrui qu'une chose qu'il m'importerait peu que l'on me fît... et puis d'ailleurs, je le répète, Casimir est mon ami intime, et comme la petite a des dispositions, et que tôt ou tard ça ne pourrait manquer à ce pauvre Casimir; comme je suis son camarade de collège, autant moi qu'un autre !

XLIV. — PAISARH.

— Aussi pourquoi diable t'avises-tu de t'amouracher d'une femme que tu ne peux épouser ! cela n'a pas le sens commun... Fais comme moi, mon cher... fais comme moi... prends une maîtresse, donne-lui un hôtel, des chevaux, des valets, un beau chasseur ; ne va la voir que tous les huit jours, et tu verras que cette femme-là sera folle de toi, et tes pauvres idées ne seront pas à la torture jour et nuit comme il t'arrive... Voilà comme je suis, moi, avec Adrienne ; je la vois à peine maintenant, je ne la considère que comme un meuble qui me fait honneur par son éclat... Eh bien, elle m'adore, elle cherche mille prétextes pour se rapprocher de moi ; tantôt c'est un écrin dont elle feint d'avoir envie, tantôt c'est une voiture nouvelle qu'elle désire, à ce qu'elle dit... une autre fois c'est une loge à l'année qu'elle veut prendre à quelque théâtre. Pour m'en débarrasser je lui accorde tout ce qui lui passe par la tête... eh bien ! c'est à recommencer le lendemain... et pourtant je la mène bien durement... je suis sûr que si cela était nécessaire, cette femme-là se tuerait pour moi. — Tes conseils sont assurément admirables pour quelqu'un qui comme toi aurait cent mille écus de rente... mais fais donc attention, mon ami, que je ne suis encore qu'un médecin ignoré... que, reçu depuis quinze jours seulement, je ne puis avoir des maîtresses... Je le pourrais d'ailleurs que je ne le voudrais pas... j'aime Sara, c'est elle que je veux... sans elle ma vie entière serait malheureuse... Enfin je t'ai confié ma position... celle de Sara est cruelle... elle redoute les suites de sa faiblesse... tout pourrait se réparer... mais son père, son père est inflexible... — Tout cela est bien absurde... un père fanatique, une jeune fille sentimentale, un amant amoureux comme on l'était au temps du beau Médor... parole d'honneur, vous êtes tous bien bêtes. Ah çà ! maintenant que ce drôle de Jéricho n'est plus un obstacle à tes projets, et qu'il ne reste plus que le fanatisme du bonhomme de grand-père, peut-être pourrait-on essayer une nouvelle attaque... Qui sait si par l'appât d'une fortune assez ronde et d'un état honorable, car te voilà avec l'un et l'autre, qui sait si le vieux juif ne s'attendrirait pas ! Ton père vient de te laisser douze mille livres de rente... ton état t'en vaudra un de ces jours autant, et pour une petite lingère, c'est diablement honnête... A propos, je viens d'acheter la presque totalité des actions d'un théâtre de boulevard. J'ai la haute main dans cette entreprise ; je veux demain te présenter et j'exigerai que tu ne nomme à l'instant même médecin de ce théâtre... cela te convient-il ?... — Assurément... je te remercie mille fois... mais Sara... Sara... — Ah ! laisse-moi respirer un moment... j'y vais songer... mais pourquoi ne serais-je pas ton ambassadeur auprès de ce vieil entêté de rabbin ? oui, certes, je veux le voir moi-même... je veux lui démontrer l'avantage incontestable qu'il y a pour sa fille à t'épouser... je ferai sonner tes écus, ton état, et le devot est juif... juif avant tout ; il pèsera ses dogmes, ses systèmes, ses abstractions, d'une main, et la valeur positive que tu lui offres, de l'autre... et il cédera... Holà ! hé... Bayonnais, Philippe !... mes chevaux à l'instant !.. je sors... — Mais, mon ami, écoute-moi, j'ai mille observations à te faire... il faudra bien lui dire... bien lui faire observer...— Ta ! ta ! ta !... si je voulais t'écouter, tu me rabâcherais cent fois la même chose... tiens, voilà ma voiture prête.. dans une heure je serai chez toi... tu connaîtras ton sort... sans adieu...

Telle est la fin d'une conversation assez longue qui avait eu lieu entre Octave et Jossu quelques jours après leur visite chez Casimir. Octave qui craignait, et avec raison, les suites de sa liaison avec Sara, voulait aller au-devant des conséquences qu'elle pouvait avoir. Comme tous les gens qui ne savent plus où donner de la tête, il avait tout dit à Jossu, qui, voyant dans l'affaire de son ami un côté original, au moyen duquel il pourrait amener une de ces dissertations bizarres pour lesquelles il avait une véritable passion, s'était monté l'imagination et courait chez le rabbin.

Arrivé dans l'antichambre de Wurtzmann, il fut reçu par la vieille Judith qui lui dit que le grand-père de Sara ne pourrait certainement pas le recevoir, car il avait chez lui une réunion de ses plus proches parents, qui célébraient la pâque en ce moment, et qui devaient ensuite avoir avec le rabbin une conférence relative à une affaire de famille importante. — Raison de plus pour que j'entre, dit Jossu. Je viens justement pour une affaire de famille qui est aussi d'un intérêt assez sérieux... il s'agit de la fille de M. Wurtzmann, de son avenir, de son bonheur, dites tout cela à votre maître, et je suis sûr qu'il m'admettra... dites-lui aussi que je me nomme Jossu, que j'ai cent mille écus de rente... cela ne peut pas nuire...

Judith ne savait trop si elle devait interrompre son maître, occupé à présider le repas des fêtes de Pâques. Tout, dans la maison du rabbin, avait un air de fête qui n'était pas accoutumé. Depuis huit jours la bonne juive s'était évertuée à faire les préparatifs de cette solennité si importante ; la maison de Wurtzmann avait été lavée d'un bout à l'autre. Le pain ordinaire, tout objet de pâtisserie, toutes autres pâtes, avaient été sévèrement proscrits et remplacés par le pain d'azyme, fabriqué sans levain avec des grains recueillis et même moulus par des Hébreux, et dont le consistoire central a jugé convenable d'exploiter le monopole, au prix modique de cinquante centimes par livre, sauf cependant à faire délivrer gratis aux pauvres israélites, munis d'un certificat d'indigence, le pain d'azyme

nécessaire à leur consommation pendant les fêtes de Pâques.

Stimulée cependant par l'idée que la visite de Jossu pouvait être utile à sa chère Sara, Judith se rendit auprès du rabbin. A l'instant où elle ouvrait la porte du salon, un enfant s'en échappa et vint étourdiment se jeter dans les jambes de Jossu, qui roula avec lui au milieu de l'antichambre. — Peste soit du marmot, dit-il en se relevant d'assez mauvaise humeur ; voilà une chute de mauvais augure pour le succès de mon ambassade.

L'enfant était occupé à ramasser les morceaux, répandus sur le parquet, d'un pain d'azyme qui s'était brisé. Judith revint sur ses pas. — Monsieur, dit-elle, excusez cet enfant... c'est en remplissant une des cérémonies de la sainte Pâques qu'il a causé cet accident... ne lui en veuillez pas. Dans le repas que donne aujourd'hui le rabbin, le chef de la famille, il est d'usage, en commémoration de la fuite d'Égypte et du vol des vases de ces maudits Égyptiens par nos pères, il est d'usage qu'un enfant dérobe un pain d'azyme à la table à laquelle il est admis, qu'il fuie et que l'on fasse semblant de courir après lui... Tenez, voici qu'on le poursuit... c'est encore l'usage... c'est encore l'usage...

En effet trois ou quatre israélites sortirent de la salle à manger et coururent après le marmot qui, pour échapper à leur poursuite, tournait tout autour de Jossu, s'attachait aux pans de son habit, le forçant presque à suivre tous ses mouvements. — Que l'enfer confonde la pâque, la fuite de l'Égypte et les sottes traditions ! criait Jossu. Messieurs, pour l'amour de Dieu, finissons cet absurde badinage...

Mais les juifs se souciaient fort peu de ses imprécations, et ne le laissèrent en repos que lorsqu'ils eurent saisi l'enfant qu'on amena de force devant le rabbin, qui lui dit gravement : — Mon fils, pourquoi as-tu emporté le pain d'azyme ? où l'as-tu mis ? tu sais bien cependant que je ne puis en manger d'autre, et qu'il est nécessaire que je ne consomme aucune pâte, si ce n'est cette nourriture sacrée... remets-moi donc ce que tu as enlevé. — Non, répondit l'enfant, vous ne l'aurez pas... d'ailleurs je ne sais où il est... — Tu mens, enfant !... tu le sais... allons, rends-le-moi et tu seras récompensé. — Eh bien, promettez-moi une belle redingote à la mode, et un beau chapeau neuf pour ce printemps, et vous l'aurez ! — Je te promets cela par les tables de la loi !

Aussitôt l'enfant tira de dessous son vêtement le pain d'azyme dont le rabbin s'empara, et dont il rompit un morceau qu'il mangea. — Maintenant, dit-il à l'enfant, maintenant, mon fils, comment vas-tu faire ? tu dois aussi manger de ce pain, et certes je ne t'en donnerai pas si tu ne me dégages de ma promesse. — Oh ! vous serez forcé de la tenir, car j'ai pris mes précautions.

Et il montra un fragment du pain d'azyme qu'il avait caché dans sa poche. Puis tous les assistants applaudirent à ce dénoûment prévu, et à la malice, toute de tradition, de leur jeune coreligionnaire ; et le repas se termina.

— Monsieur, dit enfin Jossu en s'approchant du rabbin qui, prévenu par Judith, s'était levé de table, veuillez avoir la bonté de me donner un quart d'heure d'audience... il s'agit d'affaires sérieuses... de l'avenir de votre fille... pouvez-vous quitter un moment les personnes que je vois ici ? — Vous pouvez parler devant elles... tous ces messieurs sont mes parents ou mes amis... leur présence ne sera peut-être point inutile. — Comme vous voudrez, s'écria Jossu, que l'air froid et sévère du rabbin avait d'abord indisposé, comme vous voudrez !

Il suivit le rabbin qui le fit entrer dans un salon où l'accompagnèrent lui-même tous les israélites invités, à l'exception des femmes qui restèrent dans la salle à manger. Le rabbin fit signe à Jossu qu'on était prêt à l'entendre.

— Messieurs, leur dit celui-ci brusquement, croyez-vous que la loi naturelle, que Dieu a gravée au fond du cœur de toutes les créatures, n'est pas aussi sainte, aussi sacrée que celles qui ont été couchées sur le bois, la pierre et le cuivre ? — Quel rapport cela a-t-il avec le sujet qui vous amène ?... répondit le rabbin. — Un rapport immédiat. Vous prétendez que vos usages vous interdisent toute alliance avec des étrangers, c'est-à-dire avec ceux qui ne professent pas votre religion... et pourtant Dieu a jeté dans le cœur d'une fille israélite et dans celui d'un chrétien le désir ardent, le besoin impérieux d'un rapprochement, d'une union sans lesquels il n'est plus pour eux de bonheur possible. La loi naturelle, cette loi imposée à l'homme, le jour de la création, veut que mon ami Octave Commerci, jeune médecin, aussi intéressant par son talent que par une honorable fortune, et mademoiselle Sara, qui de son côté me paraît infiniment recommandable, par la force morale et la véritable philosophie qui lui ont fait secouer les préjugés ridicules et surannés des opinions religieuses... ici le discoureur fut interrompu par un cri d'improbation que jetèrent les assistants. — Si vous voulez que nous vous écoutions plus longtemps, dit gravement le rabbin, cessez de blasphémer... — Messieurs, messieurs, raisonnons et ne nous fâchons pas. Un de mes amis, homme estimable à tous égards, aime une de vos coreligionnaires, et il en est aimé : ce jeune mécréant lui offre sa main, et je viens solliciter le consentement des grands parents; qu'ont-ils à m'objecter ou à me répondre? — Jeune homme, reprit encore le rabbin, connais-tu nos lois, nos mœurs, nos usages, pour oser me faire une telle proposition... Jamais une fille d'Israël, issue de mon sang, ne s'abaissera à l'alliance d'un fils de Baal. — Bien! bien! s'écrièrent les membres de cette espèce de sanhédrin. — Oh! oh! mes maîtres, reprit Jossu, vous êtes bien fiers... en quoi diable voyez-vous donc qu'une fille d'Israël s'abaisserait en épousant un catholique? — La nation qui date du jour où Dieu tira l'univers du chaos ne tombera jamais assez bas pour s'allier avec des infidèles sortis d'hier de la poussière et de l'obscurité. — Oui-da... et vous vous croyez, vous autres, le peuple le plus ancien de la terre... dites-moi donc alors d'où sortaient les Égyptiens, les Chaldéens, les Syriens, les Phéniciens, les Chinois, et dix autres peuples chez lesquels à l'époque où vous n'étiez encore qu'une misérable horde de voleurs de grands chemins, de pillards de caravanes, les arts, les sciences et les lettres étaient portés au plus haut degré de perfection... — Les traditions et les tables de la loi sont plus anciennes que tout cela. — Vous croyez... et le zodiaque de Denderah, les Pyramides et cent autres monuments qui attestent l'existence d'une civilisation fort avancée à l'époque où vous couchiez encore en plein air, faute d'avoir su vous construire un abri! et vous osez nous dire, à nous, qui vous avons marché sur le ventre il y a quinze ou vingt siècles... vous osez nous dire que nous sommes des gens d'hier!.. Allons donc, vous êtes trop plaisants, mes maîtres!... Mais pour en finir en un mot comme en mille, pour revenir à l'objet de la délibération à laquelle ce vieillard a cru devoir vous faire participer... répondez!... Consentez-vous au mariage de votre parente et de votre coreligionnaire avec un catholique honnête homme, et place dans une situation honorable? — Jamais! dit Wurtzmann d'une voix forte et sonore. — Vieillard, tu t'en repentiras, réfléchis!... pense à la fille bien-aimée!... — Je serai inébranlable, dussé-je voir mon unique enfant, l'espoir de mes vieux jours, tomber morte à mes pieds; dussé-je, comme fit Jephté, la déchirer de mes propres mains! — Amen! s'écrièrent les juifs. — Pour les bons, les fidèles israélites, jamais d'union avec les goï, dit encore le rabbin. Jamais! jamais! répondirent tous les assistants avec exaltation et fureur. — Et voilà votre tolerance!... ô juifs! juifs! vous serez toujours juifs!

Il s'éloigna en tirant la porte avec une telle violence qu'il faillit la faire voler en éclats.

XLV. — LE MONSIEUR JETÉ PAR LA FENÊTRE.

—Sur mon âme, si toutefois j'en ai une, disait Jossu en retournant chez lui, voilà d'abominables gens... quel stupide fanatisme! quel révoltant orgueil! quelles misérables intelligences!... Mais ce pauvre Octave, le voilà tout à fait repoussé, rejeté sans espoir... Après tout, si mes deux amoureux veulent me croire, ils se passeront de prêtre et de rabbin... est-ce que l'on a besoin de tout cela pour faire bon ménage et de bonnes affaires... Toute réflexion faite, cela ne doit pas empêcher que mon bal ait lieu.

Lorsque Casimir et sa femme arrivèrent à Paris, il y avait déjà deux mois que Jéricho s'était engagé : malgré les instances de Wurtzmann et les prières des autres membres de la famille, il avait persisté dans sa résolution; et comme Jossu voulait à tout prix en débarrasser Octave, il avait tout mis en œuvre pour hâter le départ du remplaçant de son chasseur; aussi Jéricho était-il déjà sous les drapeaux quand notre philosophe monopoleur se rendit chez le rabbin pour la négociation dont on vient de voir l'issue. Depuis quinze jours aussi M. Jossu et Casimir s'étaient peu quittés : seulement l'ancien étudiant, respirant un air qui lui rappelait des souvenirs de folie et de plaisanterie que sa position actuelle ne lui permettait plus de goûter ouvertement, s'esquivait quelquefois pour aller jouir à la sourdine d'une heure de la vie de garçon : on pourrait même affirmer que le boudoir délicieux d'Adrienne, avec laquelle il fait la paix au moyen de l'intervention de M. Jossu, avait été témoin de scènes qui avaient enflammé la jalousie de M. Bayonnais, beau chasseur qui prenait dans ce cas les intérêts de son maître comme les siens propres : de son côté madame Casimir Leblond, peu soucieuse des faits et gestes de son mari, disposait largement de la voiture de M. Jossu, mettait ses chevaux sur les dents, et satisfaisait sans obstacle son goût effréné pour la toilette et les plaisirs ruineux, car M. Jossu courait au-devant de ses moindres desirs. Aussi, aux yeux de tout autre que d'un mari, il devenait patent que le fruit de tant de soins et de complaisances ne devait pas tarder à être recueilli :

telle était la pensée de Jossu, et rarement il se trompait dans ses aperçus. La femme de son ami était devenue une élève d'une docilité surprenante; elle s'était formée aux belles manières beaucoup plus vite, dans un espace de huit jours, que mille autres ne l'auraient fait en un an : mais Casimir ne voyait pas tout cela.

Cependant le mentor de madame Casimir avait résolu de lui porter le dernier coup. Il voulait en finir et avait annoncé qu'en l'honneur de cette dame, et pour la présenter à toute sa société, il donnerait une soirée dont il affirmait qu'elle serait le plus bel ornement. Son offre avait été acceptée et la vanité de la jeune provinciale avait été singulièrement flattée de cet hommage rendu à ses charmes. M. Jossu avait donc adressé des invitations à tout ce que Paris renferme d'artistes distingués, à beaucoup d'officiers supérieurs auxquels il ouvrait de temps à autre sa bourse, à plusieurs financiers avec lesquels il était lié d'intérêt, et qui le regardaient comme un aigle. Enfin cette soirée devait être surtout embellie par un essaim de ces femmes riches, galantes, se montrant excessivement sensibles devant une parure sortie des ateliers de Franchet, et même devant un cachemire de mille écus... bref, l'*assemblée* du grand spéculateur devait être délicieuse.

Adrienne, qui était devenue pour mademoiselle Dufrény une cliente des plus intéressantes, et qui s'était fait appeler madame de Saint-Denis, avait exigé que son ancienne maîtresse fût mise sur la liste des invités, car madame de Saint-Denis n'était pas fière malgré son nouveau titre; puis, elle avait toujours sur le cœur le malheureux bal de la rue Vivienne qui s'était terminé si tristement pour elle un an auparavant. Elle voulait écraser mademoiselle Dufrény de tout le poids de son importance et de sa splendeur actuelle, et lui faire voir qu'à son tour, si le caprice lui en passait par la tête, elle pourrait au beau milieu du rout lui faire éprouver quelque bonne et sanglante humiliation. Mademoiselle Dufrény avait donc été priée et elle s'était empressée d'accepter une invitation dont elle se vantait à tout venant.

Octave avait appris avec fureur l'inutilité de la démarche de Jossu : Sara en avait été profondément affectée : mais une fois les premières impressions passées, on s'était jeté dans les bras de l'avenir, on avait espéré quelque événement heureux, on s'était juré un amour éternel, et les tendres rendez-vous avaient continué : Octave avait même promis à Jossu de se rendre à son bal, où la jeune lingère refusa d'accompagner son ami.

Enfin l'heure tant désirée par madame Casimir sonna: déjà les cours du vaste hôtel du capitaliste Jossu, situé sur le quai d'Orsay, étaient remplies d'équipages, les salons encombrés d'invités, lorsque parut l'héroïne de la fête, brillante de jeunesse, de fraîcheur et de grâces, resplendissante de toilette, et faite, comme le lui avait dit M. Jossu, pour captiver l'attention de tous les agréables et de tous les plus fins connaisseurs de Paris. Un murmure flatteur d'admiration s'éleva à sa vue; les femmes se mordirent les lèvres de dépit, et les hommes firent cercle autour de la jolie provinciale à qui Jossu donnait galamment la main. Mille propos adulateurs circulaient autour d'elle et charmaient ses oreilles si avides de louanges et de flatteries : madame Casimir était dans un enchantement inexprimable, et ses yeux remerciaient vivement son cavalier du triomphe qu'il avait eu la galanterie de lui ménager. Bientôt l'orchestre se fit entendre, les quadrilles se formèrent, et madame Casimir, constamment invitée, ne manqua pas une contredanse. M. Jossu eut l'attention de la faire valser aussi souvent que l'occasion s'en présenta, et la coquette put remarquer sans peine l'effet que ses charmes produisaient sur le maître de la maison. Elle vit avec orgueil que la philosophie et le stoïcisme dont il faisait parade ordinairement ne tenaient pas contre les traits de feu que lançaient les yeux de sa protégée, animés par la danse, la joie d'une vanité satisfaite et les hommages dont on l'environnait. Madame Leblond profitait habilement des leçons de M. Jossu et devenait rapidement une femme à la mode. Son maître lui avait tant répété que c'était à cela seul que devaient tendre toutes ses pensées, qu'il n'était rien qu'elle ne fût décidée à faire pour y parvenir.

Casimir, mademoiselle Dufrény et Adrienne causaient tous trois dans un coin, parlaient de leurs anciennes aventures...

— Dieu! la belle réunion! s'écriait la maîtresse lingère. Dieu, la belle réunion... C'est aussi brillant que le bal *des victimes*; ah! s'est-on amusé dans le temps à ce bal des victimes... — Il faut espérer, dit tout à coup Adrienne qui était bien aise de rappeler un événement dont le souvenir en ce moment pouvait embarrasser mademoiselle Dufrény, il faut espérer que ce soir il ne nous arrivera pas de billet au porteur. — Ah! ma chère... que dites-vous là... assurément... oh!

Dieu !... quand je me rappelle cette ridicule et malheureuse affaire... mais j'étais terrorisée par la crainte du scandale affreux... c'est-à-dire... au contraire... mais enfin... vous avez oublié cela... je l'espère... — Oui... oui... à peu près... rassurez-vous... je ne prendrai pas ma revanche... vous n'avez rien à craindre de pareil de la part du lieutenant des pompiers ni du capitaine de cuirassiers... et vous, monsieur Casimir, continua-t-elle sans avoir l'air de remarquer la rougeur et l'embarras de mademoiselle Dufrény, et vous, est-ce que vous ne craignez pas ma vengeance... hein ?... je suis vindicative et *rancuneuse*, quand je m'y mets... — Tu m'as pourtant pardonné, lui dit tout bas Casimir, voudrais-tu renouveler cette vieille querelle ?... avec moi, tu n'as pas besoin de cela pour amener les suites d'un raccommodement... — Nous verrons... nous verrons.

Et en prononçant ces derniers mots, Adrienne suivait avec attention tous les mouvements de Jossu et de madame Casimir, dont la conversation, en cet instant, était des plus intimes, puis elle porta son regard sur un autre point de la salle en murmurant : — Sara a encore fait la bégueule, elle n'a pas voulu être de notre *société*... elle laisse aller son amant comme ça à veau-l'eau, et puis il lui fait des traits ; voyez-vous comme il fait le gentil auprès de cette actrice que monsieur a fait débuter à ce théâtre dont il est *stationnaire*. — Actionnaire !... — C'est bon, toujours contrariant !... et elle est jolie cette petite femme, on dit pourtant qu'elle a *cabotiné* au commencement chez madame Siqui. — J'imagine bien que M. Octave, dit mademoiselle Dufrény, a trop de mœurs pour s'oublier au point de quitter cette pauvre Sara pour une pareille femme... Moi, ça me fait toujours une révolution quand on me parle des gens de théâtre... — Tiens, pourtant vous avez fait la déesse de la Raison, du temps de la Terreur et de M. Robespierre... C'était aussi la comédie, ça !

En effet, Octave comblait de prévenances la jeune et jolie femme dont parlait Adrienne, et semblait s'être constitué son cavalier pour toute la soirée et, quoique son amour pour Sara fût toujours dans toute sa force, il ne trouvait pas moins un certain plaisir à débiter quelques galanteries à une figure nouvelle ; peut-être pensait-il déjà qu'un caprice satisfait auprès d'une femme qui ne flattait que ses sens, ne pouvait en rien porter atteinte à son attachement pour la bien-aimée, pour celle qui, devant sa conscience, était la compagne de toute sa vie.

Il était minuit, et dans les réunions de bonne compagnie c'est l'heure où la cohue et le brouhaha sont à leur comble ; madame Casimir avait tant dansé, sauté, valsé, qu'elle n'en pouvait plus, et son cavalier, toujours attentif, lui proposa de se reposer un moment et de se faire servir quelques rafraîchissements qui lui devenaient indispensables. L'offre fut acceptée, et M. Jossu entraîna madame Casimir loin des salles de danses, dans un boudoir où tout ce dont elle pouvait avoir besoin se trouva comme par hasard. Tout était enchantement dans ce lieu de délices, et le charme agissait puissamment sur la jeune femme.

— Combien de remerciments ne vous dois-je pas ! dit-elle à Jossu lorsqu'ils se furent reposés un moment ; en vérité je ne sais comment je pourrai reconnaître vos aimables attentions.— En profitant de mes leçons, madame ; j'ai voulu qu'en retournant en province vous y portassiez ce ton, cette manière parfaite, qui ne se trouvent qu'à Paris, j'ai voulu que vous fussiez tout à fait adorable... — Pourquoi faut-il quitter cet heureux pays pour retourner dans une misérable province... — Mais j'y pense ! qui vous y force !... Pourquoi Casimir ne viendrait-il pas se fixer à Paris ? — Mais il a ses propriétés, son état, sa clientèle... — Qu'est-ce que cela fait... je connais ici cent fois plus de monde qu'il n'en pourrait médicamenter, expédier, enterrer dans toute sa vie : en six semaines je veux lui créer une clientèle de vingt mille francs par an. — Quoi ! vous pourriez faire cela pour moi... je ne quitterais pas Paris ! Oh ! alors ma reconnaissance n'aurait pas de bornes. — Je le jure... par ces beaux yeux, par ces mains charmantes, oui, vous nous resterez, vous ferez l'ornement d'une ville qui s'enorgueillira de vous posséder... et ce sera mon ouvrage. — Vous me flattez... mais j'en conviens, je vous dois les plaisirs les plus vifs que j'aie encore éprouvés. — Vous avez débuté aujourd'hui de la manière la plus brillante... oh ! que d'adorateurs vont s'attacher à votre char... me permettez-vous d'en augmenter le nombre ? — Ai-je quelque chose à vous refuser !... — Vous me voyez le plus heureux des hommes... si je pouvais espérer que votre choix tombât sur moi... car vous ne pouvez échapper à la tyrannie d'un usage sans l'adoption duquel une femme à la mode ne peut se présenter dans la bonne compagnie, d'un usage qui veut qu'une femme destinée à faire de si grandes passions désigne celui auquel elle daignera accorder quelque préférence.

— Comment, il faudrait que j'eusse un amant, que je fusse infidèle à mon mari ! — Ah ! je vous en conjure... ne parlez pas si haut... si quelqu'un nous entendait, vous et moi serions perdus de réputation ; ne savez-vous donc pas que dans le monde où vous vous proposez de vivre, il est d'un ridicule indélébile de prononcer ces mots surannés de fidélité, de devoirs conjugaux, et mille autres naïvetés semblables ? Croyez-moi, ne vous exposez pas aux épigrammes de nos gens du monde, aux moqueries de nos dandys.. je vous le répète, ce serait fait de vous. — Quoi ! je serais frappée de ridicule parce que je ne voudrais pas...—Chut... je vous en supplie .. que l'on ne nous entende pas ; chacun ici me croit votre heureux amant, chacun m'a comblé de félicitations sur un bonheur que je ne possède pas, et qui, je le sens, me devient nécessaire. Vous me voyez à vos pieds, repousserez-vous mon amour... les vœux d'un homme qui jure de vous aimer jusqu'à la mort, pour lequel le moindre de vos désirs sera un ordre ? charmante Hortense... dites un mot... un seul mot, et les cieux vont s'ouvrir pour moi.

M. Jossu, en débitant encore mille balivernes de cette même force, avait autant de hardiesse que d'éloquence érotique ; il joignait la démonstration aux discours, et la jeune femme enivrée des louanges qu'il lui prodiguait, de l'avenir enchanteur qui s'ouvrait devant elle, étourdie de tout ce qui lui arrivait, n'opposait qu'une faible résistance.

Et le pauvre Casimir fut un mari complet...

Tandis que ces choses se passaient, le nouvel agrégé à l'immense confrérie, que nous connaissons pour un joueur déterminé, venait de quitter une table d'écarté où il avait perdu vingt-cinq napoléons qu'il avait sur lui, et il s'enquérait de tous côtés de son bon ami Jossu, pour lui en emprunter vingt-cinq autres, afin de prendre sa revanche.

Après avoir inutilement parcouru les pièces où l'on dansait, Casimir, présumant que son ami était peut-être dans quelque pièce écartée de son hôtel, se décida à l'y chercher. Adrienne, qui s'était aperçue de la disparition de son protecteur et de celle de madame Casimir, courut au-devant de l'honnête mari. — As-tu vu Jossu ? lui dit-il, je voudrais lui parler. — Suis-moi, je vais te conduire auprès de lui, dit Adrienne, puis elle ajouta tout bas : — Pour le coup je vais me venger du bon au porteur.

Et elle l'entraîna au fond de l'hôtel, dans un petit appartement où M. Jossu faisait faire à madame Casimir une troisième répétition de la théorie du sentiment de canapé, lorsque Casimir se présenta.

Le pauvre homme resta stupéfait. Il se frotta les yeux, madame jeta un cri en se débarrassant des bras de son éloquent séducteur, et Jossu essaya de réparer le désordre de sa toilette. — Misérable ! s'écria enfin Casimir.— Mon ami, dit tranquillement Jossu, es-tu philosophe ? — Je ne sais si je suis philosophe, s'écria Casimir, mais assurément je suis un *sot*... et tu vas me le payer.

Saisissant alors Jossu, avant que celui-ci pût se remettre de sa surprise, il l'enleva et le lança par la fenêtre qui était ouverte, sans que le pauvre diable de monopoleur eût pu trouver le moment de riposter à cet argument *ad hominem*. Madame Leblond jeta des cris affreux ; monsieur, malgré sa colère, réfléchit qu'il venait probablement de tuer un homme, et qu'il serait fort embarrassant et fort désagréable pour lui de prouver le motif qui l'avait porté à ce petit acte de violence. Il entraîna donc sa chaste moitié, traversa rapidement avec elle l'appartement et franchit l'escalier sans demander son reste. Les domestiques attirés par le bruit accoururent de toutes parts, le tumulte se communiqua aux salles de jeu et de bal, et chacun se dirigea vers le boudoir pour s'informer de ce qui se passait.

En une minute la nouvelle fut mise en circulation par les soins d'Adrienne. — Ce n'est que cela, dit un des spectateurs, on voit bien que c'est à un provincial que la chose est arrivée !...

Enfin un domestique s'avisa de songer à descendre pour ramasser son maître, mais il eut beau chercher entre les pavés et derrière toutes les bornes, il ne trouva aucune trace d'homme tué ou blessé. Puis quand on sut qu'il était impossible que le galant monopoleur ne se fût pas rompu le cou, on songea à fuir bien vite une maison où la police ne pouvait manquer d'effectuer une descente afin d'y faire une enquête. Ce fut un bruit, un désordre effroyable. — Oh ! Dieu ! s'écriait mademoiselle Dufrény, que je regrette d'avoir accepté cette invitation ! si on savait que je me suis trouvée dans une pareille bagarre ! Et elle grimpait dans son sapin en conjurant le cocher de s'éloigner aussi vite que possible.

— Madame, disait Octave à la jeune actrice qu'il n'avait pas quittée de la soirée, souffrez que je vous accompagne ; tout ce désordre, tout ce fracas, vous ont peut-être indisposée... je ne serai tranquille que lorsque je vous saurai rendue chez vous sans accident.

Une voiture emmena le jeune médecin et sa nouvelle cliente.

— Je serais vraiment désolée qu'il fût arrivé quelque événement *major* à M. Jossu, disait Adrienne avec un très-grand sang-froid à un monsieur dont la boutonnière portait une brochette de décorations, et qui lui donnait galamment la main jusqu'à sa voiture... il était vraiment très-bon enfant... et puis il avait le cœur droit comme un I... ensuite nos caractères *symphonisaient* ensemble admirablement... — Si le hasard voulait, madame, que celui que vous honoriez de votre estime vous fût enlevé, croyez que mille autres se présenteraient pour recueillir sa précieuse succession, et moi-même je serais le premier à déposer mes hommages à vos pieds... me permettez-vous, madame de vous accompagner jusqu'à votre hôtel ?

Et Adrienne monta lestement en voiture, accompagné de l'homme aux décorations.

Un moment après il ne restait plus dans les vastes appartements de M. Jossu que quelques laquais achevant de se griser à la lueur incertaine des bougies près de s'éteindre.

XLVI. — RÉVEIL.

Un faible rayon de lumière pénétrait à travers les rideaux de soie et de mousseline de l'entre-sol de la jolie lingère de la rue Vendôme : le bruit qui se faisait dans la rue indiquait même que l'heure était déjà fort avancée : Sara dormait d'un profond sommeil. Les scintillations matinales du soleil de printemps qui frappait les vitres de la croisée éblouirent les yeux de la jolie enfant . elle s'éveilla. — Octave, dit-elle, en prenant le bras de son amant qui semblait plongé dans une léthargie profonde ; Octave, il est tard ! — Floreska ! Floreska ! murmura assez distinctement Octave que la voix de Sara ne pouvait tirer de son assoupissement. — Toujours ce nom ! s'écria-t-elle. Trois fois cette nuit il est venu errer sur ses lèvres.

Et ce nom était celui de la jeune actrice à qui l'infidèle Octave avait fait la cour, le jour du bal du pauvre Jossu... Enfin, il finit par ouvrir les yeux, étendre les bras, et poussa un long et bruyant bâillement ; Sara lui porta vivement la main sur la bouche comme pour la lui fermer ; le jeune homme lui saisit le bras et le couvrit de baisers. — Ah ! ah ! monsieur, vous voici donc éveillé ; certes, cela n'est pas sans peine : vous pensiez probablement à mademoiselle Floreska ; son souvenir occupait seul vos rêves. — Floreska ! s'écria Octave un peu troublé, que veux-tu dire ? — Que vous avez prononcé ce mot trois ou quatre fois ce matin, assez haut pour troubler mon sommeil. — J'ignore réellement pourquoi ce nom... tu te trompes, Sara, c'est le tien que j'aurai prononcé. — Non, monsieur, non, ce n'est pas le mien. Ah ! mon ami, dit la jeune fille en pressant Octave contre son cœur, si vous m'étiez infidèle, maintenant surtout, ce serait affreux pour moi. — Sara, mon ange, à quoi penses-tu ? — Je ne puis plus me le dissimuler, mon ami, les craintes que j'avais conçues sont définitivement changées en certitude. — Serait-il vrai ? ah ! que je suis heureux ! — Ainsi, vois ; quel malheur, si tu n'aimais plus ta Sara... — Moi, ne plus t'aimer !... quelle idée !

Et il la serra contre son cœur, mais la jeune fille s'échappa des mains de son amant, et courut vers la croisée dont elle tira précipitamment les rideaux. — Ciel, huit heures ! dit Sara en se penchant vers la pendule, nous sommes perdus ! — Que veux-tu dire ? — Ces demoiselles... Elles doivent être au magasin ; oui, il est ouvert : que devenir... comment te faire sortir d'ici ? — Mon Dieu ! pour peu que ça t'embarrasse, je ne sortirai pas du tout ; je m'y trouve si bien !

Et le mauvais sujet suivait tous les mouvements de la jeune fille, qui commençait sa toilette ; et quand elle passa devant le lit, il la saisit par sa robe et l'attira vers lui. — Ah ! vilain ! dit Sara en continuant sa toilette, vous ne pensez pas que c'est aujourd'hui le grand jour ; aujourd'hui que je suis décidée à tout dire à mon père. — Aujourd'hui !... — Il le faut, mon ami, puisque votre ambassadeur Jossu n'a pas réussi dans sa mission. — Jossu ! s'écria Octave en songeant à l'aventure du bal, le pauvre diable, quel saut il a fait, et qu'est-il devenu ? — Oui, mon ami, continua Sara, aujourd'hui même, je l'ai résolu, je dirai tout à mon père... je n'ai plus que ce dernier moyen pour l'attendrir. S'il allait résister, si son inflexible obstination ne pouvait céder devant la crainte de voir sa fille déshonorée ! — Ne frappe pas d'une aussi funeste prévision ; quand ton père connaîtra ta position... — Et s'il refusait !... ah ! mon Octave ! m'aimeras-tu toujours ?... ne me mépriseras-tu pas ?... — Te mépriser, moi !... enfant !... ne t'es-tu pas donnée à moi volontairement, afin de n'être à nul autre qu'à ton Octave ? tu es la plus délicieuse et la plus adorée des femmes ! — Oui, mais cette autre femme dont vous prononcez

le nom dans votre sommeil, qui est-elle ? — Allons... taisez-vous, petite fille, avec vos accès de jalousie !... vous vous êtes si bien arrangée que dans ce cœur il n'y a de place que pour vous. — Oui, mon Octave, je suis certaine de ton amour quoique je n'aie plus maintenant rien à te refuser. Auprès d'une autre femme, tu pourrais trouver plus de beauté, plus de grâces, plus de charmes, mais jamais autant d'amour. Du côté du cœur, je ne crains pas de rivalité.

Et ils allaient encore s'oublier, quand la porte du petit appartement fut ébranlée par un violent coup. — Mademoiselle ! mademoiselle ! s'écria-t-on à travers la porte, êtes-vous malade ? nous sommes inquiètes ; il est neuf heures, et vous ne descendez pas ! — Neuf heures ! s'écria Sara. Il faut absolument que je te quitte, mon ami, mais attends, attends pour t'éloigner ; aussitôt que je serai libre je viendrai te rejoindre, je saisirai l'instant où tu pourras sortir sans être vu. — Ma Sara, je n'ai pas d'autre volonté que la tienne, je resterai même ici toute la journée si tu le veux, douze heures d'attente ne me paraîtront pas longues pour douze heures de bonheur ; le veux-tu ? — Non, non, je veux que tu t'en ailles... il ne faut pas que la satiété pénètre ici, et, quelque peu d'expérience que je possède, je sais que l'attachement le plus vif, le plus sincère, ne résiste pas à de trop longs tête-à-tête. N'en tentons pas l'épreuve : reste, je vais t'enfermer, mettre cette clef dans ma poche... je reviendrai aussitôt que je le pourrai.

Un dernier baiser fut donné... puis la jeune juive traversa lestement son petit entre-sol, ferma sur elle toutes les portes, et l'étudiant resta seul dans la chambre témoin de son bonheur... — Que vais-je faire ? se dit-il alors, lisons... Qu'est-ce que cela ?... un exemplaire de la Bible... ah ! ma foi, non. Voyons autre chose... *le Mérite des femmes*... Oh ! bah, ce n'est qu'un livre assez médiocre... j'ai trop feuilleté le véritable poëme du mérite des femmes, pour m'attacher à une pâle théorie... Aïe... ah ! je bâille... dormons... c'est ce qu'il y a de mieux à faire quand on est seul, et ce sera autant de pris sur l'ennemi, c'est-à-dire sur le sommeil de la nuit prochaine.

Et l'amant de Sara se rejeta sur la couche qu'il venait de quitter ; puis, au bout de quelques instants, ses yeux se fermèrent de nouveau. Au bout de deux heures la jeune lingère ayant fini ses affaires remonta chez elle. Octave dormait toujours. — Il repose, se dit-elle en le regardant avec tendresse... il repose... laissons-le... peut-être un songe lui retrace-t-il les caresses de sa Sara. Et elle ajouta tout bas en se penchant sur lui : — Adieu, mon Octave... à tantôt.

Et ses lèvres effleurèrent le front du jeune médecin. — Flore !... Sara !... murmura celui-ci en faisant un léger mouvement, Floreska ! — Toujours cette femme !... mais cela n'a rien d'inquiétant pour moi, oh ! non, rien... pourtant elle occupe ses rêves avec moi.

Et la jeune fille prit un crayon, traça sur un petit papier qu'elle laissa sur son somno, ces deux noms : *Sara, Floreska*, ferma la porte à double tour et s'éloigna, le cœur serré par un sentiment de tristesse. En descendant elle rencontra Judith qui venait de la part de Wurtzmann dire à sa petite-fille que le rabbin désirait lui parler. — Je vais me rendre chez mon père, ma bonne Judith, et cela se trouve bien, car je voulais... je désirais beaucoup... le voir aujourd'hui.

Au bout d'une heure Sara, après avoir donné quelques ordres dans son magasin et réglé l'ouvrage de la journée, était dans le cabinet du rabbin, qui la reçut plus cordialement que de coutume, et lui annonça qu'il avait quelque chose d'assez intéressant à lui communiquer. — Et moi aussi... et moi aussi, mon père, dit la jeune juive, qui rassemblait toutes les forces de son âme pour ne pas se laisser ébranler dans sa résolution... et moi aussi j'ai quelque chose d'important à vous confier... — Et moi aussi, répliqua le rabbin en jetant sur elle un regard scrutateur, que le Dieu éternel dirige tes pensées et les miennes. Écoute-moi. . . . .

. . . .

Sept heures du soir avaient sonné, et l'ami de la jeune juive, si brillant de force et de santé la veille à la même heure, se promenait en ce moment dans la chambre à coucher de sa douce amie, les joues creuses, la figure pâle et l'estomac travaillé par des tiraillements insupportables. — Sept heures et demie, disait-il, elle ne remonte pas... perd-elle donc la tête !... Si j'osais, j'enfoncerais cette porte... et moi qui ai dormi comme un loir... Mais j'ai faim... faim comme trente mille hommes.... Il n'y a plus rien ici... voyons cette armoire... un pot de confiture... c'est toujours cela... Dieu ! qu'elles sont bonnes, les confitures !... Avalons toujours... c'est fini ! le pot est à sec !... au diable ! je n'en ai plus que plus d'appétit. Mais où peut être Sara... qui la retient ainsi... je me meurs d'impatience... encore si j'avais mangé... j'ai l'estomac creux comme une tête de mort.

Et l'impatient jeune homme continua à se promener comme un désespéré... Cependant il aperçut le petit billet que Sara avait laissé sur le somno. — Qu'est-ce que cela? ces deux mots sont tracés de sa main... elle est donc entrée ici pendant mon sommeil... allons, j'aurai encore rêvé tout haut de cette Floreska... et c'est peut-être pour me punir qu'elle me met à la diète et aux arrêts forcés... une femme trouve tous les moyens bons pour se venger... se venger! de quoi?... Mademoiselle Floreska ne m'a rien accordé... rien encore... cependant elle a quelque penchant pour moi, sans fatuité... elle ne le cache pas... Je dois convenir que cette résistance chez une femme de théâtre, qui surtout a une réputation... c'est drôle... et le caprice dont je me suis pris pour elle n'en est que plus fort... oui, ce n'est réellement qu'un caprice, et s'il était une fois satisfait... Sara, Sara! tu ne m'entendrais plus alors prononcer ce nom dans mes rêves... Mais, toi seule possèdes et posséderas toujours mon affection sans partage... oui, mon amour pour toi... ma constante tendresse... ma... Malédiction! que j'ai faim!... Allons, il faut en finir... il est nuit... je mourrai si j'attends encore une heure... essayons de sortir.

Et il se mit à secouer la porte de toutes les forces qui lui restaient... Il voulut forcer la serrure... impossible... les ferrements étaient neufs, solides et à l'épreuve d'une pareille tentative. L'imagination du prisonnier se montait à mesure que son estomac devenait plus exigeant. — C'en est trop, s'écria-t-il, puisque la porte résiste, la fenêtre me livrera passage.

Il ouvrit une des croisées qui donnaient sur la rue : une hauteur de quinze pieds seulement le séparait du pavé. Il calcula qu'en s'accrochant au balcon il diminuerait de six pieds le saut qu'il lui fallait faire. — Vaut mieux cela, dit-il, que de rester ici à expirer d'inanition... qui sait à quelle heure rentrera Sara... elle est sûrement chez son père... peut-être lui est-il arrivé quelque chose de fâcheux... l'inquiétude et la faim me dévorent... il y a peu de monde dans la rue... le réverbère du coin n'est pas encore allumé... sautons.

Pendant ce temps, un honnête chiffonnier exerçait paisiblement un acte de sa profession sous les fenêtres de l'entre-sol, et l'attention qu'il donnait à ses recherches ne lui permettait pas d'en prêter beaucoup à ce qui se passait au-dessus de sa tête. — Chien de métier, disait-il entre ses dents; métier de chien... Du chiffon... rien qu' du chiffon et toujours du chiffon! Y a près d'un an que j'ai pas trouvé une méchante loque d'argenterie... Les cuisinières y d'viennent trop regardantes... ça n'a pas d' bon sens.

En cet instant, un corps énormément lourd tomba dans la hotte du chiffonnier, la creva, et fit rouler le pauvre diable au milieu du ruisseau. — Au secours! à l'assassin! au voleur! criait le malheureux, tout meurtri. — Tais-toi, coquin, lui disait, à demi-voix, un homme qui avait roulé avec lui, et qui, les jambes embarrassées dans les débris de la hotte, faisait tout son possible pour s'en dépêtrer et arrêter les clameurs du chiffonnier. Tais-toi, ou je t'assomme. — Scélérat, tu m'ruines.. t'as détruit mon établissement... tu m'ôtes mon état et mon existence... Tu vas me suivre et d'chez l' commissaire. — Je vais t'étrangler, misérable. Lâche-moi.

Deux ou trois personnes s'étaient assemblées : dans cinq minutes il pouvait en survenir cinq cents : Octave, car c'était lui qui, se glissant par la fenêtre, était tombé sur le chiffonnier, Octave tremblait de causer un attroupement, et d'être arrête. Il fit un dernier effort, parvint à se dépêtrer du fond de la hotte, se débarrassa de son adversaire, et, se mettant à courir à toutes jambes, fut bientôt hors de toute atteinte.

Il était temps : des sergents de ville arrivaient. — Qu'est-ce? dit celui qui paraissait commander l'escouade du guet. Qu'as-tu à crier, drôle? — Mon capitaine-sergent de ville, je faisais ma profession; j'étais à chiffonner au coin d'une borne, où que je ramassais des culs de bouteille!... V'là qu'un être malfaisant quiconque incarné m'a zété précipité de lui-même dedans mon hotte, du sixième étage au-dessus de l'entre-sol... et qui m'a l'assassiné comme vous le voyez, mon colonel-sergent de ville... Que c'est un fameux scélérat... Aïe!... j' suis' un homme perdu... mon hotte est enfoncée.

M. l'officier de paix, flatté des trois ou quatre brillantes qualifications dont l'avait gratifié le chiffonnier, se mit à sourire agréablement et, ouvrant sa tabatière avec importance, il se prit à réfléchir. — Un homme qui tombe du sixième au-dessus de l'entre-sol... qui ne se blesse pas... qui court après ça comme un lièvre... ça n'est pas naturel... je n'y comprends rien... mais il ne faut pas en avoir l'air, et, puisqu'il n'y a pas moyen d'empoigner le délinquant... sauvons les apparences.

Et il se retourna vers le plaignant. — Je sais ce que c'est, dit-il. — Ah! mon brigadier... on a bien raison de dire... c'est l'agent d' police qui sait tout. Et vous allez me faire rétablir

mon hotte... — Va-t'en au diable avec ta hotte, je vais dresser mon procès-verbal. — Mais mon hotte, mon caporal! — Si tu ajoutes un mot... à la salle Martin! Messieurs, suivez-moi.

Et l'officier de paix s'éloigna gravement en ayant l'air de discuter chaudement avec ses sergents, sur les conséquences infaillibles de cet incident qui allait leur fournir le sujet d'un rapport fort remarquable.

— Tiens!... y n' me cherche pas mon guerdin, afin qu'y m' fasse remplumer mon cachemire à ses frais et déuens! disait piteusement le pauvre chiffonnier la mort dans l'âme.

XLVII. — LE RABBIN.

— Écoute-moi, ma fille, avait dit le rabbin à la jeune juive, écoute-moi... et que le Dieu qui a si glorieusement tiré nos pères de la captivité nous aide à sortir de même de l'esclavage où nous retient le mauvais esprit qui depuis longtemps souffle sur notre malheureuse maison. Tu sais quelle folie a faite ton cousin Jéricho en s'enrôlant : ta conduite, a-t-il dit, en a été la cause, et, sans spécifier aucuns faits, je ne puis m'empêcher de croire à quelque motif sérieux de mécontentement que lui aura donné une imprudence commise par toi... pourtant, pour l'honneur de ma maison je ne veux pas chercher à savoir la vérité... — Mais, mon père... — Ne m'interromps pas... mes moments sont comptés... ma santé s'affaiblit, et la force nécessaire à cette entrevue me sera peut-être refusée plus tard. Je ne chercherai donc pas à découvrir la vérité... mais je l'ordonne, par tout ce que tu connais de plus sacré en ce monde, de ne plus opposer de résistance à mes volontés actuelles, qui sont probablement les dernières que je manifesterai sur cette terre avec autant d'énergie : ton union avec ton cousin est encore possible... il faut qu'elle ait lieu! — Comment!... mon père... vous voulez... mais Jéricho n'est pas libre. — Il le sera bientôt : Stephann mieux éclairé sur ses véritables intérêts consent à se faire remplacer, et j'ai un homme tout prêt. — Et vous exigez...—Telle est mon inébranlable et dernière volonté...

La jeune fille se leva : elle voulut s'approcher du vieillard, mais ses jambes tremblaient, elle ne put avancer ; elle joignit les mains qu'elle tendit suppliantes vers le rabbin dont le visage se couvrait d'une expression de sévérité que rarement il avait déployée.

— Mon père... mon père... ce que vous me demandez... ce que vous exigez de moi... n'est plus possible... non, cela n'est plus possible... — Cela n'est plus possible!... et quel obstacle peut donc s'opposer à ce que j'ai irrévocablement décidé? s'écria le rabbin en se levant de la chaise longue sur laquelle le retenait habituellement sa faiblesse. — Cet obstacle... continua la jeune juive d'une voix qui s'affaiblissait sensiblement... cet obstacle est insurmontable. — Tu mens... fille tourmentée par l'esprit malin... ou plutôt c'est l'ange des ténèbres qui ment par ta bouche... Quel est donc cet obstacle... je le veux connaître... à l'instant même... parle... — Oh! ciel... calmez-vous... ne m'accablez pas de ce regard qui me tue... je parlerai... je le dois... non... non... je ne puis plus être à Jéricho... je ne puis plus me donner... je ne m'appartiens plus... bientôt... bientôt... je... je serai...— Eh bien!...— Je serai... mère!!!... — Misérable!...

Et le rabbin, emporté par le plus violent courroux, repoussa avec fureur sa fille, dont il venait de saisir la main : la malheureuse recula de quelques pas, et ses forces l'abandonnant tout à fait, elle alla tomber contre une cheminée, sur la tablette de laquelle sa tête frappa avec force... puis ce corps charmant, animé le matin d'une vie si fraîche, si belle, si pleine d'amour et de volupté, et maintenant presque sans mouvement, tomba sur le parquet, que teignit le sang coulant à grands flots d'une large blessure que l'infortunée avait reçue au front.

Le vieux rabbin, épuisé, était de son côté retombé sur sa chaise... Sa bouche ne laissait plus échapper qu'un murmure confus, une sorte de râle, qui ressemblait presque à celui de la mort : une paralysie, aussi subite que terrible, venait de frapper une partie de son corps. Sa langue demeurait attachée à son palais : une moitié de ce corps épuisé appartenait déjà à la terre.

Judith était accourue; l'affreux tableau qui frappa les regards de la bonne nourrice ébranla la bonne raison. Elle se jeta à genoux en poussant des cris déchirants. Au même instant, la porte s'ouvrit, et le regard rapide d'un jeune homme, sur le visage duquel était peinte une vive anxiété, parcourut l'appartement : il aperçut la jeune fille étendue et baignée dans son sang. Sara... Sara... s'écria-t-il, avec l'accent d'un désespoir terrible. Sara!... Dieu!... ils l'ont tuée... Sara, écoute-moi, écoute ton amant... ton mari...

Et le jeune homme soulevait le corps inanimé de sa maîtresse, dont le sang continuait à ruisseler et inonda les mains et les vêtements d'Octave. A son aspect, le rabbin avait fait un dernier effort pour se soulever. L'indignation dont son âme était saisie sembla rendre un peu de vie à ses membres déjà frappés de mort : il étendit vers les deux amants une main tremblante de fureur, et de sa bouche, contractée par les convulsions de la colère et du mal, s'échappaient avec effort les mots d'ana-thème. — Malédiction ! malédiction sur l'infâme et sur le goï qui l'a séduite... Malédiction !... à jamais malédiction sur toute ma race !

Il retomba sans connaissance... Judith et Octave emportè-rent Sara dans son appartement.

XLVIII. — LE CIMETIÈRE.

Il était neuf heures du soir, et quatre hommes attablés dans un cabaret, près du pont de Saint-Cloud, buvaient et s'entre-tenaient de choses relatives à leur profession. Trois d'entre eux étaient mariniers, et le quatrième fossoyeur du pays. Sur la figure des deux plus jeunes, était épanouie une grosse et rude franchise ; mais le troisième était porteur d'une de ces physio-nomies dont on est toujours disposé à se défier au premier coup d'œil. Son air faux et soucieux, sa figure jaune et sèche, par-faitement en harmonie avec celle du fossoyeur, inspiraient une sorte de dégoût difficile à maîtriser. — Tiens, dit l'un des deux jeunes lurons à l'autre, regarde donc la mine de Bardou, il a encore manqué sa vocation, celui-là... il aurait ben dû s'enga-ger aussi dans les croque-morts.

Celui auquel s'adressait cette grosse plaisanterie leva lente-ment sur le jeune marinier un œil terne, et le baissa sans répondre. Son acolyte le fossoyeur répondit pour lui. — Eh ben ! est-ce que tu crois qu'i ferait z-un mauvais marché en changeant son aviron contre une pioche, et son bachot contre un corbillard ? — C'est encore un fameux commerce que celui-là qui ne va que quand un pauvre diable vient faire un plongeon d'six pieds dans un cimetière ! y a d'l'agrement, c'est pas l'embarras. — Y a z-agrement z-et profit. — Oh ! profit... j'savons ça. Quand tu peux subtiliser un *cadavre*, et puis l'trafiquer aux carabius... — Qu'veux-tu ? z-on n'vit que de ce qu'on mange. — Quoi que tu dis ?... est-ce que t'en mangerais, sauvage, par hasard... — Eh non ! c'est z-une figure que j'emploie, comme dit M. le cure. — Eh ben ! merci de tes fi-gures... saint Nicolas m'préserve d'eu rencontrer. Chien !... une figure de déterré... Pouah ! — C'est que tu n'es pas phi-losophe, toi ! — Tiens ! lui, un homme d'église, qu'est philo-sophe à c't heure... suffit... j'ai soupé ! — T'es-t-encore un incrédule, toi un jacobin. — Ah çà, dis donc, mauvais rat, vieux déterreur de guenilles et de saints suaires, veux-tu que j'te casse le mufle ? un jacobin !... quoi qu'c'est qu'un jacobin ? explique-toi, ou sinon...

Le jeune marinier irrité voulait frapper : son camarade le retint. — Vas-tu pas te fâcher pour une bêtise ! il a entendu dire ça à son curé qu'appelle jacobins tous ceux qui sont pas d'son avis ! — C'est égal, je n'bois pas avec un particulier qu'a des expressions esquivoques... viens-tu ?

Les deux jeunes gens se levèrent, payèrent leur écot et sor-tirent. — Quand j'disais que c'était z-un jacobin ! as-tu vu qu'il aurait z-osé frapper z-un homme de mon rang ! — Qu'est-ce que ça fait ? dit alors le marinier restant... mais parlons d'aut'chose... du sérieux. Est-ce que nous ne ferons rien à c'te nuit ? — Rien ! y a pas eu une inhumation z-un peu propre c'te semaine. — Pour lors si j'voyissions un peu dans les filets... tu sais que la dernière fois y a eu gras. Tiens, y fera noir c'te nuit... à une heure sois sur t'talus. J'ai dans l'idée que l'filet est bon... tous ceux qui s'jettent à l'eau, ou qu'on y jette, n'ont pas les poches vides. — Tu m'tentes. — Eh ben ! pour lors, convenu. En cas d'événement, va toujours préparer un trou dans ton joli cimetière.

Ils se séparèrent, et vers une heure et demie du matin, les deux mêmes individus s'abordèrent silencieusement sous la première arche du pont.

— Y sommes-nous ? dit à voix basse le marinier. Monte vers le tourniquet... et moi, j'vas passer sous la grande arche... j'te sifflerai quand il sera temps.

Il entra dans un batelet qu'il détacha et qu'il poussa au large ; le fossoyeur s'approcha de la manivelle et la fit jouer. Le filet s'éleva lentement du sein du fleuve, et arrivé à la sur-face, il présenta aux yeux exercés du marinier deux corps pri-vés de mouvement. — Bon ! dit-il, il y en a un là qui ne me paraît pas mauvais.

Il donna un coup de sifflet : le fossoyeur détacha un second batelet et gagna le premier. — Eh bien !... quoi ? — Deux ! — Y a-t-il z-un coup de commerce pour nous ? moi, j'ny vois goutte. — Un bon !... mais celui-là, à iau !... c'est une vieille femme en guenilles... pour les goujons !

On entendit un bruit sourd, le bruit que fit en frappant les flots le premier cadavre. — A l'autre, maintenant... mettons-le dans mon bachot... Oh ! oh ! il est plus lourd qu'une plume. — A présent, filons, et gagnons le cimetière ; personne ne viendra nous y déranger.

Ils laissèrent le bachot suivre le fil de l'eau, et au bout de quelques minutes ils se trouvèrent dans les domaines du fos-soyeur. Celui-ci tira alors de sa poche un briquet et une petite lanterne sourde. La bougie jeta une faible lueur, et les deux associés dirigèrent avec empressement la lumière vers le cadavre auprès duquel ils venaient de s'agenouiller.

Vers une heure et demie aussi, un cabriolet, qui était sorti par la barrière de l'Etoile, entraînait rapidement, à travers le bois de Boulogne, trois jeunes gens largement repus de bonne chère, de punch et de liqueurs : ces trois jeunes gens étaient un médecin de Saint-Cloud et deux étudiants anciens amis de Jossu, et qu'une même invitation avait réunis à sa soirée : leur conversation roulait sur le singulier événement qui avait ter-miné le raout du philosophe monopoleur. Ils se perdaient, au-tant que le leur permettait le peu de lucidité de leurs idées, en conjectures toutes plus fausses les unes que les autres sur l'inconcevable disparition de Jossu. — Après tout, dit un des interlocuteurs, il vaut mieux que cela soit arrivé à minuit qu'à midi... le diner en aurait souffert, et il était bon le diner. — Au reste, nous lirons demain le *Journal de Paris*, et il est probable qu'au nombre des accidents de la journée, nous trouverons la perte de notre ami. Que cela ne nous empêche pas de finir la nuit comme nous l'avons commencée... nous la terminerons autour d'un bol de punch. — Oui... Il faut nécessairement noyer dans le rhum le chagrin mortel que nous cause la malheureuse affaire de ce pauvre garçon... Ah !... houp !...

Et un coup de fouet vigoureusement appliqué sur l'échine du cheval coupa court aux réflexions sentimentales : bientôt ils se trouvent derrière les murs du cimetière où le fossoyeur et son camarade venaient d'entrer. — Messieurs, dit un des étudiants, ou le vin de M. Jossu me donne des vertiges, ou je vois clairement là, dans le cimetière, un feu follet, un farfa-det... une âme en peine, peut-être, qui demande des priè-res... Voulez-vous arrêter pour lui réciter un *De profundis* ? — C'est, ma foi, vrai ; il y a là bas une lumière. — Je gage, dit le médecin, que c'est mon pourvoyeur, qui fait là quelques tours de son métier. Est-ce que le drôle fournirait des sujets à d'autres que moi ?... Il est bon que vous sachiez, mes amis, que le fossoyeur du pays me procure, toutes les fois que j'en ai besoin, et qu'il y en a, s'entend des cadavres pour mes tra-vaux anatomiques... mais aujourd'hui, je ne lui ai fait aucune commande... que peut-il faire là ? C'est lui, sans doute... car j'aperçois distinctement un homme tenant une lanterne... Descendons et approchons.

Les médecins se glissèrent tout doucement du côté de la lumière ; les deux hommes agenouillés auprès du cadavre étaient tellement occupés qu'ils n'entendirent pas approcher les arrivants. — Dis donc, Bardou, et mon homme, disait le fossoyeur, i n'faut pas vendre ce *cadavre*-là... c'méchant mé-decin nous en donnerait vingt francs au plus, et ça n'vaut pas la peine de nous exposer. Si l'propriétaire du corps mort z-était reconnu, on nous f'rait p'tètre rendre les bijoux qu'j'ons trouvés à ses doigts et à ses breloques — C'est pas l'embarras, j'ons jamais fait une pêche pareille... des pierres r'luisantes plein les doigts... et le gousset donc... y a de l'oignon dedans... un bel habillement noir... du beau linge et de belles épingles... ça doit valoir plus de cent écus... tout ça... — Oui, c'était un queque-z-un de cossu de son vivant. — T'as ben tout serré les joyaux... pas d'triche au moins. — Allons donc, est-ce que t'as jamais eu z-à t'plaindre de moi ? — Oh ! c'te fois qu'l'as vendu une jambe... tu t'rappelles... que t'as été la boire tout seul... j'l'ai encore sur l'cœur... — T'y penses toujours !... viens ; perdons pas du temps à dire des bêtises... enterrons l'objet... y a qu'à le mettre dans c'te bière toute neuve, ous qu'était ce gros Anglais qu'était venu z-à Saint-Cloud, pour tricoter avec une danseuse de l'Opéra, et qu'est mort d'indi-gestion pendant la chose... — Il est décédé en joie, celui-là, au moins... A propos, ça me rappelle que tu me redois dix-neuf sous sur la carcasse que j'ons été porter à ce ladre de carabin. — Parlons pas de ça !... tiens, le v'là comme y faut pour régaler les asticots, le noyé... voyons, finissons-en...

Et les deux hommes, qui avaient tout à fait dépouillé le ca-davre, prirent le mort par la tête et par les pieds, et le cou-chèrent dans un cercueil qui était tout prêt, et que l'un d'eux ferma en frappant avec le manche de sa bêche les clous qui avaient déjà servi à assujettir le couvercle du coffre. Puis, pas-sant deux cordes sous chaque extrémité de la bière, ils la des-cendirent sans bruit au fond de l'une des fosses toujours ouvertes à l'avance; ensuite, saisissant chacun une pelle, ils poussèrent avec précaution la terre amoncelée sur le bord du trou. En ce moment, le fossoyeur sentit une main qui tombait sur son épaule : il resta comme pétrifié, croyant que c'était un de ses administrés qui venait réclamer quelqu'un des membres qu'il avait pu lui voler. — Ah! mes drôles, dit une voix, vous faites du commerce sans ma participation, et pour le compte d'un autre : vous allez me payer cela. . Paul, fais comme moi...

Et le médecin poussa devant lui le fossoyeur renversé; l'étudiant en fit autant du marinier, et ces deux derniers tombèrent dans la fosse en poussant un cri de terreur. — Et si vous ne me dites pas toute la vérité sur l'expédition que vous terminiez là, continua le docteur, je vous enterre tout vifs...

— Ah! Dieu! c'est vous, monsieur Prudhomme, dit le fossoyeur, qui reconnut la voix du médecin. Quelle frayeur que vous m'avez causée... et puis j'me suis fait z une *luxure* à l'épaule, en tombant... c'est donc le Satan qui vous possède... — Réponds à ma demande... Que faisais-tu là? — Dame! vous voyez ben!... Mais laissez-nous r'monter... Enfin, monsieur l'docteur, puisqu'il faut tout vous dire, c'est z-un sujet que j'ons trouvé dans les filets, et que j'enterrions, parce que j' vous ons pas trouvé cheux vous pour vous l' proposer... Comme vous n'en aviez pas demandé... — Il fallait attendre... d'ailleurs je crois que tu mens. Je vais te laisser remonter, à condition que tu déterreras à l'instant même ce corps, et que tu me le livreras...

— Mais, monsieur, c'est un fameux sujet, allez!... ça ne vous convient pas... C'est maigre comme un n'hareng saur... — Pas de raisons... ou je t'envoie tenir compagnie au défunt. — Monsieur, j' ferai tout ce que vous voudrez... j' vous l' promets...

Et les deux amis tendirent au fossoyeur et au marinier chacun le manche d'une pelle : ceux-ci remontèrent. — Ah çà, bourgeois, dit le fossoyeur, ça sera, comme d'ordinaire... vingt francs!... Ça va pas être facile, faut r'sortir l'individu de d' là dedans... enfin c'est égal; faut pas y r' garder d' si près z-avec vous; vous êtes trop bon enfant, monsieur Prudhomme.

Le cadavre fut donc tiré de la fosse, extrait du cercueil et placé sur la pierre d'un tombeau qui se trouvait près de là. — Oh! oh! dit l'un des médecins, il est tout nu. — Ah! coquins, dit-il en se tournant vers les fossoyeurs, vous avez dépouillé ce pauvre mort de son dernier vêtement. — Dame! not' bourgeois, écoutez donc, à que ça aurait servi de laisser pourrir ça avec lui? Il avait de belles z'hardes en casimir et en Elbeuf : j'ons des petits à qui que ça fera à chacun une belle culotte et une veste ronde pour le beau temps. Quant à sa chemise, elle est de fine batiste, et c'est Bardou qui l'a prise pour faire des collerettes à sa femme. — Quel beau sujet! s'écria l'un des jeunes médecins, en admirant la force musculaire et les formes herculéennes du cadavre. Et ce faquin-là qui nous disait que c'était une haridelle! — Ah çà! nous disons donc que toi, Julien, tu veux la tête pour faire des expériences cranioscopiques; j'ai besoin d'étudier le cœur, car j'ai un de mes clients attaqué d'un anévrisme aortal; j'emporterai cet organe avec les gros vaisseaux qui l'avoisinent. — Quant à moi, dit le troisième, je serais bien aise d'avoir une cuisse, car, dans quelques jours, je vais pratiquer une amputation, et je ne serais pas fâché de m'essayer pour être sûr de mon coup de scie. — Allons, à l'ouvrage, voici ma trousse.

Les trois médecins entouraient le cadavre gisant sur la pierre verdâtre du tombeau, qui ne ressemblait pas mal à une table de dissection; et la lune, perçant les nuages qui l'avaient obscurcie jusqu'alors, éclaira cette scène bizarre de son pâle et triste reflet. — Tes scalpels ne valent pas le diable. — C'est que tu ne sais pas les faire couper; regarde!

Et il fit à la peau du cadavre une légère incision par laquelle sortirent quelques gouttes de sang. Le noyé fit un mouvement violent et poussa un cri. — Oh! qu'est-ce que c'est que cela? s'écrièrent les médecins. — Maître Bardou, tu nous voles, tu nous vends du vivant pour du mort, toi!

Mais Bardou et son associé s'éloignèrent en poussant des hurlements affreux, et laissèrent tomber la lanterne, qui roula dans la fosse et s'éteignit. — Au diable soient des poltrons qui nous laissent sans lumière!

Le cadavre fit un nouveau mouvement. — Ah çà, est-ce que notre mort va se sauver? Parbleu, voilà qui devient divertissant : voyons donc si ce gaillard est un homme ou un démon!

Le docteur s'approcha du cadavre : il écarta de longs cheveux humides qui couvraient la figure du noyé : en ce moment les rayons de la lune vinrent tomber perpendiculairement sur la pierre où on avait placé le prétendu défunt. — Eh mais, je ne me trompe pas, c'est M. Jossu! — Jossu! Jossu! qui nous a donné un si bon dîner? — Moi-même, messieurs, dit le mort en se mettant sur son séant.

Les trois médecins partirent d'un éclat de rire... — Moi-même! oui, moi qui ai entendu vos jolis petits projets de

m'arracher le cœur et de me couper les jambes et la tête; et sans monsieur qui a voulu essayer son scalpel, je courais grand risque de me voir disséquer tout vif, sans pouvoir me plaindre. Mais je meurs de froid; je n'ai rien pris depuis plusieurs heures, et je me sens une faim dévorante. Qu'un de vous me prête son manteau; car vous le voyez, je suis *in naturalibus :* nous ferons ouvrir le prochain cabaret, et là je vous conterai mes aventures, et, comme je n'en doute pas, cela peut vous être agréable.

XLIX. — HISTOIRE D'UN HOMME MORT ET ENTERRÉ RACONTÉE PAR LUI-MÊME.

A l'aide de la faible clarté due aux pâles rayons qui traversaient les nuages, les trois médecins et le ressuscité purent distinguer l'enseigne d'un cabaret à la porte duquel ils frappèrent. Jossu fit allumer un grand feu; après avoir préalablement emprunté une chemise et un pantalon à l'aubergiste, qui ne fut pas peu surpris en voyant la simplicité du costume avec lequel son nouvel hôte paraissait avoir fait des excursions nocturnes, et quand Jossu, devant la flamme pétillante du sarment et surtout devant un bol d'excellent vin chaud, eut suffisamment absorbé de calorique pour que l'exercice de la parole lui revint libre et facile comme devant, il comença le narré de sa lamentable histoire.

— Or, vous aurez probablement su, messieurs, comme quoi mon ami Casimir, me trouvant à causer avec sa femme en tout bien et tout honneur, jugea à propos de me jeter par la fenêtre, par excès de reconnaissance probablement pour les soins que j'avais pris en enseignant à cette petite provinciale le ton et les belles manières du grand monde. Mais ce que vous ne savez pas, c'est comment il se fit que je ne me rompis pas les os en tombant de la fenêtre de mon hôtel du quai d'Orsay; je n'ai qu'un souvenir bien confus de ce qui se passa d'abord, tant j'étais échauffé, et par le dîner copieux que j'eus l'honneur de vous donner ce jour-là, messieurs, et en outre par la grande quantité de punch que j'avais bu dans la soirée. Pourtant il me semble que je tombai tout juste sur une voiture de tapissier qui passait sous la fenêtre. Le cheval effrayé parut prendre le mors aux dents, suivit le quai et arriva à une ouverture pratiquée dans l'embarcadère, près d'un endroit où sert d'abreuvoir aux bêtes de somme. Furieux, effrayé, il se précipita dans la rivière; j'essayai de sortir de la position gênante et dangereuse dans laquelle j'étais placé; mais outre quelques contusions que je devais à ma chute, il me fut impossible de me dégager d'entre les matelas, les armoires et les oreillers, sous le poids desquels j'étais étouffé. La voiture fut submergée, le cheval fut noyé, les meubles et moi nous allâmes à veau-l'eau. D'abord je surnageai pendant quelques secondes, mais les forces venant à me manquer j'allai au fond, je remontai; puis deux fois de suite encore je plongeai et je revins à la surface, puis je fus définitivement englouti; me voici donc noyé. Ce genre de mort, messieurs, est beaucoup moins terrible qu'on ne le pense, si toutefois mort j'ai jamais été. D'abord j'ai senti de légères titillations dans les organes auditifs; puis une sorte de bourdonnement semblable à celui qu'on entend quand on approche un coquillage de son oreille; puis une sorte de retentissement dans le cerveau, ressemblant au roulement sourd d'un tambour, ou au bruit du ressort d'un tournebroche qu'on a lâché. Après quelques minutes de cette lutte intérieure, le calme arriva, et je tombai dans une sorte d'extase qui n'était point sans charmes et sans volupté. C'était comme une affection soporeuse, qui n'était à proprement parler ni la léthargie, ni le sommeil, mais qui tenait le milieu entre la vie et la mort.

Il serait peut-être curieux pour la médecine que j'entrasse dans une profonde dissertation sur toutes les phases de ce phénomène; car réellement j'étais asphyxié par l'absorption du liquide, j'étais défunt enfin, puisqu'il y avait près d'une heure que je gisais sous les eaux, et cependant je n'avais pas totalement perdu connaissance. Je sentais parfaitement le choc des corps dont je ne pouvais éviter le contact, car il m'était impossible de faire aucun mouvement. Je me rappelle fort bien avoir touché le fond de la rivière : mon corps, entraîné avec force par un courant rapide, fut même froissé par les cailloux qui garnissaient le lit du fleuve. Je heurtai une arche du pont d'Iéna, et ne pus lever le bras pour m'y accrocher. Plus loin, je faillis être écrasé par un bateau normand qui remontait la Seine. J'entendis le pas des chevaux galopant sur la berge, le cri des charretiers, le frémissement du câble auquel étaient attelés ces chevaux, et qui de temps en temps coupait l'eau en sifflant, et la voix du patron donnant des ordres dans sa levée. J'arrivai dans les filets de Saint-Cloud, dont je sentis le vaste réseau m'envelopper; alors mes sensations devinrent moins vives; j'allais probablement perdre le peu de connaissance qui m'était resté, et enfin mourir tout à fait de mort, quand je me sentis enlevé à quelques pieds de la surface des eaux. Deux hommes me retirèrent du filet et me déposèrent dans leur bachot. Les premières gorgées d'air atmosphérique que j'aspirai me rendirent l'usage des facultés que j'avais conservées pendant la longue immersion que j'avais subie, mais il me fut toujours impossible de faire aucun mouvement qui décelât la vie. Je compris pourtant qu'il s'agissait, entre les deux acteurs nouveaux, le marinier et le fossoyeur, de me dépouiller et de m'enterrer ensuite. Effectivement on me transporta dans le cimetière où ces deux hommes se partagèrent mon argent, mes vêtements et mes bijoux. Je me sentis mettre dans le cercueil, sans qu'il me fût possible de sortir de cet état de torpeur dans lequel j'étais plongé. Être enterré vivant, messieurs, voir son supplice s'apprêter, entendre les coups de marteau, sentir la pointe des clous vous effleurer l'épiderme, avoir même l'oreille frappée du bruit horrible de la pelletée de terre, son lugubre et retentissant d'une manière atroce, et ne pouvoir crier, appeler à son secours... penser qu'on va se trouver seul entre quatre planches comprimées par six pieds de terre, et qu'il faudra bientôt se dévorer les bras, sucer son propre sang!... oh! cela est horrible, cela est affreux! Et quand, une seconde fois, je fus rendu à la lumière, quand mes membres glacés et roidis furent déposés sur la pierre du tombeau dont vous vouliez faire pour moi un banc de dissection; quand j'entendis l'exécrable marché que vous veniez de conclure avec mes deux résurrectionnistes; quand vous vous adjugeâtes mes membres, et que vous vous préparâtes à m'arracher le cœur pour en faire l'objet de vos études; quand je compris que, vivant encore, j'allais être admis à la longue et cruelle intimité de vos impitoyables couteaux; quand j'entendis le scalpel, tiré de la trousse, frôler la main de l'un de vous qui cherchait à lui donner le tranchant nécessaire pour que mes chairs fussent plus facilement hachées; et moi, jouissant encore de toutes mes intellectualités; moi, pensant, réfléchissant, entendant parfaitement, distinguant même un peu ce qui se passait autour de moi; mais paralysé au point de ne pouvoir donner aucune preuve extérieure de vie, de ne pouvoir remuer la paupière, et même de ne pouvoir tirer aucun son de mon pharynx; concevez-vous, messieurs, toute l'horreur de ma position!...

— Voilà une singulière histoire, dit un des médecins, et si vous n'étiez là, vous, le héros de cette déplorable aventure, vous, que nous-mêmes avons exhumé, je vous avoue que je ne croirais pas un mot de tout ce que vous venez de dire. — Vous auriez tort, monsieur, reprit Jossu, car la léthargie a produit les plus étonnants phénomènes, et jusqu'ici les rares observations de la médecine ne sont pas parvenues à en classer définitivement les différentes espèces. Rien n'est plus vague, plus incertain que ce que les auteurs ont écrit sur cette maladie. On l'a confondue plus souvent avec l'apoplexie et les diverses espèces de coma, ne la distinguant des affections que comme une nuance, un degré. Qu'ont cependant de commun, entre elles, je vous prie, l'apoplexie, certaines fièvres ataxiques, intermittentes, des fièvres inflammatoires, et la léthargie, sinon le sommeil stercoreux dans l'une, le coma des autres, le carus de quelques fièvres, et le sommeil profond mais calme des léthargies? et quand ce sommeil cesse, il peut être remplacé par une paralysie de tous les autres organes, à l'exception de ceux du cerveau. C'est alors que l'individu peut présenter tous les symptômes les plus effrayants de la léthalité, bien que la léthargie ne soit qu'un sommeil profond et excessivement prolongé, qui n'est accompagné d'aucune lésion spéciale des fonctions. Le sommeil léthargique peut affecter une périodicité très-marquée. Wan Swieten rapporte qu'un homme s'endormit pendant un mois, sans que rien pût l'éveiller; qu'il sortit spontanément de cet état pour y retomber, deux ans après, pour près de quatre mois. En vain, pendant ces accès, on le remuait, on le pinçait, on lui pratiquait même de légères incisions à la peau; aucun moyen ne put faire cesser son sommeil. Et dernièrement, dans le département de l'Allier, un homme fut trouvé dans une grotte où il s'était réfugié pour n'être troublé par personne pendant le cours de son sommeil léthargique. Nouvel Épiménide, il ne se réveilla qu'au bout de deux mois; sa chaussure ayant arrêté la circulation du sang, ses pieds étaient rongés par la gangrène. Ce qu'a dit votre Bichat de la fatigue qu'éprouvent les organes soumis au système nerveux, et du besoin qu'ils sentent de suspendre leur action, est ingénieux et vraisemblable; mais ce n'est que l'annonce d'un fait et non l'explication de ce fait. Si l'on a pu, dans le plus grand nombre des cas, découvrir par l'autopsie cadavérique les désordres auxquels était dû le sommeil léthargique, dans quelques autres, on a dû avec vraisemblance rapporter la tendance au sommeil, à des tumeurs indolentes des parois osseuses, membraneuses du cerveau, parce

que l'idée de la léthargie n'admet pas positivement celle d'une maladie actuellement pressante. Quoi qu'il en soit, l'histoire des affections soporeuses est une de celles qui doivent nous mettre le plus en garde contre la propension à inhumer trop précipitamment les corps, puisqu'il arrive souvent, qu'alors la réunion de toutes les circonstances symptomatiques de la mort peut tromper l'œil le plus exercé. C'est ainsi que Chifflet rapporte, dans son Observation huitième, qu'une jeune fille étant tombée en léthargie pendant deux jours mourut après son réveil, et qu'ouverte immédiatement, on trouva des vers logés dans une portion d'intestin, où leur présence avait déterminé de l'inflammation.

Tandis que Jossu faisait le singulier narré de ses aventures, les deux resurrectionmen, Bardou et son compagnon qui avaient fui à toutes jambes, s'arrêtèrent enfin pour respirer. — En v'là-t-il un événement! s'écria le marinier. — M'en parle pas, répliqua le fossoyeur, c'est l' diable. — Eh! non, c'est un fantôme. — Not' mort n'est ni diable, ni z'un revenant parce que les morts ne revenons jamais; not' mort n'était pas mort : v'là l'affaire!... Et ça va nous mettre dans de vilains draps, parce qu'il ne va pas manquer de redemander ses épingles, ses bagues et sa chemisette de batiste, et faudra que ta femme se passe de collerettes. — V'là qu'est vexant. — Oh! la bonne ruse! dit Bardou : écoute Jérôme : il n'a ni ses habits, ni ses papiers. Je m'en vais embêter l'adjoint qui est un imbécile, et je ferais empoigner ce bourgeois qui fait le mort, avant qu'il ait le temps de réclamer. — Fameux! mais tu ne sais pas de quel côté qu'ils sont allés. — Ils seront peut-être entrés se restaurer dans quelque café, ou quelque auberge, peut-être même dans le cabaret de Carpentier; on les retrouvera ben, va!...

— Oh! oh! monsieur Leblanc, dit le fossoyeur en frappant violemment à la porte d'un épicier, qui cumulait les fonctions de marchand de chandelles, de sacristain, d'entreposeur de tabac et de papier timbre, et celles d'adjoint du maire. — Qu'y a-t-il? s'écria l'estimable fonctionnaire. Ah! c'est vous, maître Bardou; est-ce que vous venez me déclarer un décès, ou venez-vous me chercher pour procéder à une inhumation? il est de bien bonne heure! — Au contraire, not' adjoint, c'est pas de ça qu'il s'agit : c'est un mort qui fait le récalcitrant, et que tout à l'heure, moi et mon camarade que voici présent, en passant près du cimetière, nous avons vu enlever par des carabins, et comme nous n'étions que quatre et qu'ils étaient quatre y compris le mort, qui paraissait d'accord avec eux, j'ons pas cru devoir faire résistance. — C'est bien, mes enfants, je vais aller éveiller mes gardes champêtres pour courir à la recherche de ces drôles; et malheur à eux, s'ils n'obéissent pas aux injonctions légales de l'autorité.

Jossu discutait encore avec les deux médecins sur les causes et les singuliers effets de sa léthargie, et afin de se rendre plus présentable, il était en train de se vêtir d'une chemise et d'un pantalon que lui avait prêtés l'aubergiste, quand on frappa à la porte — Au nom de la loi, ouvrez, cria-t-on du dehors. — Qu'est-ce que cela? s'écrièrent Jossu et ses deux amis. — Ouvrez, ouvrez! répéta-t-on. — C'est notre imbécile d'adjoint, dit le cabaretier, je reconnais sa voix. Il vient me mettre à l'amende, parce qu'il donne à boire trop avant dans la nuit.

En même temps il ouvrit la porte. L'officier municipal décoré de son écharpe, et portant un registre sous le bras, entra dans la salle, suivi de ses deux recors; puis s'arrêtant devant le groupe de buveurs, il leur dit : — Pourriez-vous me faire l'amitié de m'apprendre, messieurs, qui est celui d'entre vous qui est mort à Saint-Cloud, à l'auberge de la Tête-Noire, pour avoir trop mangé de l'anguille à la tartare; dont le décès a été légalement constaté par le docteur et ce commis, et qui a été bien et dûment inhumé et enterré, moi présent, dans le cimetière de notre endroit?

Tous les assistants ne purent s'empêcher de rire au nez de l'adjoint.

— Çà, messieurs, qu'on se dépêche; car il me faut un mort. Au défaut du défunt, je prends un d'entre vous pour le remplacer. — Mais vous n'y pensez pas, monsieur Leblanc, aucun de ces braves messieurs n'a été mort et n'a envie de mourir; vous voyez qu'ils boivent et qu'ils mangent comme des bons vivants. — Prenez-y garde, maître Carpentier, outre l'amende légale que vous encourez, pour ouvrir votre cabaret de trop bonne heure, et pour y recevoir des vagabonds, vous ne savez donc pas, malheureux, que, parmi les quatre hommes qui sont assis la tranquillement devant votre foyer, il y a un revenant? ce dont je suis légalement bien certain. — Un revenant! s'écria l'aubergiste, presque effrayé; vous vous trompez, monsieur l'adjoint. — Mon cher ami, l'autorité ne se trompe jamais, quand elle agit légalement, et comme l'a dit un estimable fonctionnaire lors des troubles de Grenoble, en 1816, elle se tromperait, qu'au lieu d'avouer son erreur, il lui faudrait, au contraire, l'enfouir dans les entrailles de la terre ; ainsi vais-je faire en renterrant ce brave homme, de gré ou de force. — Monsieur l'adjoint, dit Jossu, il n'y a point de revenant parmi nous ; voici le fait, j'ai été mort et enterré un instant. — Entendez-vous, s'écria l'adjoint à ses recors, et à l'aubergiste, il vient de l'avouer à haute et intelligible voix ; il a été enterré ; il n'y a plus de doute, c'est mon mort, qu'on l'arrête ! — Un instant, que diable ! s'écria Jossu, un instant, que l'on s'explique. — Mon cher ami, un mort n'en a pas légalement le droit ; ainsi donc... — Il est vrai, monsieur l'adjoint, comme je vous le disais, que j'ai été mort et enterré ; mais c'est par erreur.— C'est toujours par erreur qu'ils sont morts ces gens-là ! Mon cher ami, voici la loi et les prophètes ; votre décès est couché ici, dans le registre de l'état civil, et vous n'avez plus rien à réclamer. Écoutez l'article : « Page 72, Willams Cokbourg de Manchester, mort à l'auberge de la Tête-Noire, à six heures du matin, inhumé le lendemain dans le cimetière de cette ville, et déposé dans la fosse classée sous le n° d'ordre 81. » Ayant donc été averti par le fossoyeur, Bardou, qu'un mort, qu'il supposait être le dernier enterré, avait été enlevé du cimetière, qu'il avait jugé à propos de s'enfuir lui-même, moi l'autorité, accompagné de mes agents, et agissant légalement, en vertu des pouvoirs qui me sont conférés par l'écharpe municipale, je me suis transporté au susdit cimetière où j'ai vu effectivement que la susdite fosse n° 81 avait été évacuée et que le cercueil en était vide. D'après les renseignements que j'ai recueillis, je me suis dirigé vers cette auberge, où je vous arrête, vous, Willams Cokbourg, à celles fins de vous faire réintégrer dans votre dernier domicile légal, c'est-à-dire le cimetière.

Les trois médecins se tenaient les côtes ; Jossu seul ne riait que du bout des dents. — Au diable ! s'écria-t-il, je ne suis pas plus Williams Cokbourg que vous n'êtes un homme d'esprit, et je ne sais pas ce que vous voulez dire ! — Oh ! je m'attendais à cette réponse : tout mauvais cas est niable. Alors, monsieur, puisque vous n'êtes pas Williams Cokbourg, vous devez être porteur de papiers qui indiquent votre état civil. — Puisqu'on m'a dépouillé de tout dans ce maudit cimetière, je ne puis avoir de passe-port. Vous le voyez, j'ai même été obligé d'emprunter une chemise et un pantalon à ce brave homme. — Ah ! ah ! troisième aveu !... le délinquant déclare qu'il est sorti de sa fosse nu comme un ver et sans passe-port. Son arrestation est donc légale, de toute légalité : il n'y a pas d'arbitraire dans mon fait, et on ne pourra m'accuser d'avoir porté atteinte à la liberté individuelle, vu qu'un mort ne peut être réellement considéré comme un individu...

Et il fit un signe à ses gardes champêtres qui hésitaient à se jeter sur Jossu, tant la vue du prétendu revenant leur inspirait de frayeur. — Allez vous promener, dit Jossu, je ne suis pas plus mort que vous. — Mon cher ami, voici une discussion bien oiseuse, il faut avouer réellement que je suis un bon enfant d'argumenter avec un être qui n'est plus de ce monde. Mais quoique adjoint, je ne suis pas despote et j'aime assez à donner des raisons, quand cela m'est possible. Or, mon cher ami, vous saurez qu'on ne se joue pas ainsi de l'autorité et du registre de l'état civil. Vous êtes mort, bien mort, vous avez été déclaré à la mairie, enregistré et inhumé, comme tel ; d'après cela je ne sais pas ce que vous avez à réclamer. Toutes les formalités ont été légalement observées, et vous n'avez plus rien à dire. — Mais enfin, si l'on s'est trompé, si je n'étais qu'en léthargie ! — Tout ça ne me regarde pas. D'ailleurs, la médecine et l'autorité ont décidé que vous étiez réellement défunt ; et vous ne me ferez jamais croire que l'autorité et la médecine puissent divaguer au point de se tromper simultanément, et aussi grossièrement sur ce qui est de leur ressort. — Il a raison, monsieur l'adjoint, dirent en pouffant de rire les jeunes médecins, il a raison, et vous n'avez rien à répliquer. — Vous le voyez, monsieur, vos amis eux-mêmes vous condamnent : allons, faites les choses de bonne grâce. D'ailleurs, bien qu'épicier droguiste et débitant de tabac des manufactures royales, je lis l'*Apostolique* de M. Jozon et la *Gazette* de M. de Genoude, et je connais les choses. Vous ne pourriez plus, mon cher ami, sortir de votre sphère d'homme mort et enterré, sans qu'il en résultât une grande perturbation pour le mécanisme social. Par exemple, que diraient vos héritiers s'ils vous voyaient revenir au milieu d'eux pour leur enlever votre héritage qu'ils sont peut-être déjà en train de se partager? Si votre réclamation était écoutée, ce serait un exemple très-pernicieux pour l'avenir, et qui porterait atteinte à l'honneur, au repos et à la fortune des familles. Il n'est pas permis comme cela de venir réclamer un état, une position dont on a été expulsé par la force des choses. Vivant, vous avez pu jouir de tous les avantages de la vie ; mort, restez dans le domaine de la mort, et ne venez pas troubler le repos et la tranquillité des vivants.

Ainsi, mon cher ami, comme il me faut un décédé, soyez raisonnable, suivez-moi, et que ça finisse. — Allez chercher votre mort où vous voudrez, dit Jossu, en avalant un verre de vin chaud ; ce n'est pas moi qui le remplacerai, car je n'ai jamais eu autant envie de vivre. — Je ne dis pas le contraire : aussi libre à vous, plus tard, d'adresser une réclamation à l'autorité. Par exemple, vous pourrez envoyer une pétition à M. le substitut, qui l'enverra à M. le procureur du roi, qui l'enverra à M. le procureur général, qui l'enverra au ministre, qui la présentera au conseil d'État, et dans cinq ou six mois au plus, on songera à statuer sur votre demande ; mais préalablement, il faut que les choses soient remises *in statu quo*, c'est-à-dire que vous retourniez prendre votre place dans le cimetière. — Il y a cet animal-là, dit Jossu. — Pour le coup c'est trop fort, s'écria le fonctionnaire public ; être insulté par un mort ! Allons vite, messieurs, qu'on empoigne cet individu ; qu'il soit recloué dans sa bière, et jeté dans sa fosse.

Les gardes champêtres, enhardis par la confiance et les gestes menaçants de l'adjoint, s'avancèrent pour saisir Jossu. — Un instant, messieurs, dit un des médecins ; j'ai donné vingt francs à vos coquins de fossoyeurs, pour le corps de monsieur, il m'appartient donc bien *légalement*, comme le dit M. l'adjoint. J'y tiens ; et, mort ou vif, je veux le disséquer puisque j'ai payé pour cela. — Qu'il me rende donc la chemise et le pantalon que je lui ai prêtés, dit à son tour l'aubergiste, en tirant Jossu par la brayette de son haut-de-chausse. — Il faut que la loi soit préalablement satisfaite ; allons, gardes fidèles et champêtres, faites votre devoir. — Vous ne l'aurez point, s'écrièrent les médecins ; il nous appartient, c'est notre sujet, et nous allons procéder à son autopsie. Qu'il me restitue auparavant mon pantalon et ma chemise, et qu'il me paye le bol de vin chaud qu'il a consommé. — Au cimetière, s'écria l'adjoint. — Ah ! c'est comme cela, s'écria Jossu ! eh bien, attrapez-moi, si vous pouvez !

L'aubergiste voulut le retenir, mais la moitié de la culotte et de la chemise lui resta dans la main ; puis Jossu, renversant d'un coup de poing le valeureux adjoint qui tentait de s'opposer à son passage, donna quelques crocs-en-jambe aux gardes champêtres, sauta par-dessus une table, et s'échappa dans un état de nudité presque égal à celui dans lequel l'avait laissé le fossoyeur Bardou. Croyant toujours avoir le maudit officier municipal à ses trousses, et tremblant d'être enterré vivant, il courut sans reprendre haleine jusqu'aux environs de Versailles, où il fut rencontré par des gendarmes, qui, voyant un homme nu, et parcourant la campagne, le prirent pour un malade, échappé de quelque maison d'aliénés, l'arrêtèrent, le conduisirent devant une autre autorité du pays, presque aussi bête que l'autorité de Saint-Cloud. Laquelle autorité ne voulut pas faire enterrer une seconde fois Jossu ; mais cependant jugeant, d'après l'état dans lequel il avait été rencontré, qu'il avait perdu la raison, fit *légalement* conduire l'ex-marchand de serins savants à Bicêtre, où il fut mis en cage, traité, médicamenté et regardé comme fou.

Pendant ce temps, l'hôtel du quai d'Orsay fut livré au pillage. Les échéances arrivèrent : les créanciers nombreux du monopoleur, les capitalistes, actionnaires, brocanteurs, faiseurs d'affaires, marchands d'argent, qui avaient passé des marchés avec lui, obtinrent sentences sur sentences ; tout fut bientôt vendu, volé et gaspillé ; et, en moins de six mois, il ne resta pas une obole de l'immense fortune de l'ex-millionnaire Jossu.

L. — LE MÉDECIN DU THÉATRE. — L'ACTRICE.

La blessure que s'était faite la jeune juive n'était pas mortelle, comme on l'avait cru d'abord, mais elle avait mis ses jours en danger. Pendant quelques semaines, une fièvre ardente l'avait dévorée, et ses rêves, constamment agités par le souvenir de l'affreuse malédiction qui pesait sur sa tête, ajoutaient à son mal, et nourrissaient le délire presque continuel qui s'était emparé d'elle. Le rabbin, de son côté, n'était plus qu'une ombre. Aucune plainte ne sortait de sa bouche ; mais un regard presque toujours fixe, sa figure sillonnée, ses yeux creusés, annonçaient que le fanatisme inexorable qui l'avait dominé pendant sa longue et religieuse existence ne s'éteindrait qu'avec sa vie. Il n'avait pas revu sa fille : il ne devait plus la revoir.

Un mois après ces funestes évènements, Sara, la tête encore enveloppée de compresses, était cependant assise sur son lit : Judith était auprès d'elle. — Ma bonne, s'écriait la jeune fille, comment va mon père, aujourd'hui ? — Comme à l'ordinaire, toujours plongé dans un morne silence. — Il n'a pas demandé à me voir ? — Non... d'ailleurs, je crois que la paralysie l'a réduit à ne pouvoir prononcer un seul mot... Que veux-tu, mon enfant, il a ses quatre-vingt-sept ans, et... et dame ! à tout instant il faut s'attendre... — Tu crois que je ne le reverrai plus? j'emporterai donc avec moi l'horrible anathème dont il m'a frappée. — Allons, ne vas-tu pas encore songer à cela! Je te dis, moi, qu'il en a regret, je vois bien ça dans ses yeux... Quand je viens le voir, et que je suis un long temps absente, il ne montre pas d'impatience, quand même il aurait eu besoin de mes services... il se doute bien que ce temps-là, je le passe auprès de son enfant; ses yeux alors interrogent les miens, et s'il s'aperçoit à ma gaieté que tu te portes mieux, il paraît plus tranquille. — Pauvre vieillard!... Et pourtant, cette malédiction, que notre impitoyable religion fait si terrible... — Je te défends d'y penser. Veux-tu donc te faire mourir? Ce qui est fait est fait. Tu dois songer que tu n'es plus seule dans le monde à présent, et qu'une pauvre créature aura besoin de toi un jour.

Ici un tressaillement, jusqu'alors inconnu à la jeune fille, agita son sein, une sensation nouvelle parcourut tout son être. — Oh! mon Dieu! dit-elle en joignant les mains avec une expression remplie tout à la fois d'amour, de tendresse et d'amertume.

Puis elle resta presque accablée sous le poids du sentiment qui l'agitait. Au bout d'un quart d'heure, elle reprit: — Mais dis-moi, ma bonne... Octave... Octave est-il venu pendant mon sommeil?... Il me semble qu'il y a plusieurs jours que tu ne m'en as parlé. — Tu sais qu'il ose à peine se présenter chez toi. La crainte d'y rencontrer des parents ou des gens qui aillent faire quelque rapport à ton grand-père l'a probablement retenu; plusieurs fois cependant, le soir bien tard, il s'est glissé ici, tu dormais ou bien la fièvre troublait un peu ta raison. — Mais enfin, depuis quelques jours... — Je ne l'ai pas vu... écoute donc, dans son état... on n'est pas toujours maître de soi... jour et nuit il faut être sur pied. — Il n'aurait pas eu le temps, lui, de venir un moment... oh! non, Judith... ou tu me trompes, ou bien... Mais lui serait-il arrivé quelque malheur? — Un malheur... non... je t'assure... mais tranquillise-toi... tu le verras bientôt... Allons, couche-toi... le voici avec le teint rouge, animé... la fièvre va te reprendre... j'ai eu tort de te laisser parler.

Et la bonne nourrice fit rentrer la malade dans son lit: mais une inquiétude cruelle s'était emparée de la pauvre Sara; elle avait vu Judith hésiter, s'embarrasser dans ses réponses; elle s'imagina qu'on la trompait. En effet, Judith lui cachait une partie de la vérité; Octave, depuis cinq à six jours, ne s'était pas montré au magasin de la rue de Vendôme, la vieille nourrice en avait conçu de l'inquiétude, elle était allée chez Octave, on lui avait répondu que depuis quatre jours il était parti pour une ville du Midi avec une dame à laquelle il donnait des soins assidus, mais qu'on l'attendait sous peu de jours. Judith n'avait pas jugé à propos de communiquer cette nouvelle à sa chère enfant, car les soins de M. Octave pour la cliente qu'il avait accompagnée dans le Midi lui paraissaient excessivement suspects.

Voici ce qui avait eu lieu. On se rappelle que Jossu avant sa chute, sa mort, son enterrement et sa résurrection, avait promis à Octave de le faire nommer médecin d'un théâtre; il avait tenu parole enfin, et Octave était depuis un mois en possession du privilège de régler l'importance des rhumes, des migraines et de toutes les indispositions de coulisse, lorsque arriva l'événement qui avait été si fatal à la jeune lingère. On se rappelle aussi que, chez M. Jossu, le jour du bal à la suite duquel il alla faire une promenade dans les filets de Saint-Cloud, Octave avait accompagné chez elle une jolie actrice qui faisait partie de la réunion, et qui était attachée au théâtre dont il était le médecin. Depuis ce temps il lui avait rendu des soins et fait des visites auxquelles l'art de Magendie et des Pelletan était complétement étranger, et par un de ces caprices que la bizarrerie du cœur humain seule peut expliquer, Octave avait conçu pour cette femme une sorte de passion frénétique, qui n'avait aucun rapport, aucune ressemblance avec le sentiment profond, inaltérable, qui l'unissait à Sara. L'une possédait son cœur, son âme, tout ce que son être intelligent avait de plus pur, mais l'autre avait fasciné ses yeux, séduit ses sens, et faisait peser sur lui tout le charme du basilic. L'homme physique était enlacé d'un réseau que la possession seule de l'objet tentateur pouvait briser; mais la coquette entendait trop bien ses intérêts pour accorder des faveurs qui eussent bientôt désillusionné son nouvel amant. Elle savait qu'Octave avait de la fortune; elle avait reconnu l'empire qu'elle exerçait sur les sens de l'ardent jeune homme; elle s'était promis d'en tirer parti, et ne négligeait aucune occasion de rendre plus puissant le prestige qui aveuglait son fol adorateur. Et ces occasions ne lui manquaient pas; en outre des visites qu'elle recevait d'Octave en particulier, celui-ci la rencontrait à tout instant au théâtre où s'écoulait la plus grande partie de ses journées; car indépendamment du plaisir qu'il avait à s'y rendre

pour y voir la femme dont il était épris, ce genre de vie convenait beaucoup au jeune docteur.

Et, en effet, que l'on ne s'imagine pas que le médecin d'un théâtre est un médecin comme un autre. Non, l'hygiène des coulisses n'est pas celle du monde; les indispositions des comédiens ont un caractère particulier qui, le plus souvent, les présente sous un côté comique; et leurs résultats, rarement inquiétants, font des fonctions d'un médecin de théâtre une sinécure fort agréable, non très-productive numérairement, mais du moins très-lucrative dans un autre genre, grâce à la reconnaissance de ces dames et de ces demoiselles. L'heureux mortel ne signe donc le plus souvent des ordonnances, que pour des malades qu'une augmentation de feux, une représentation à bénéfice, ou un congé de deux mois, rendront les gens les mieux portants du monde. Aussi quand mademoiselle Floreska voulait se reposer, aller se promener, ou passer quelques jours à la campagne, vite le complaisant docteur lui signait un certificat, lui formulait une préparation pharmaceutique insignifiante, et le pauvre directeur était forcé, souvent au moment de l'ouverture, de mettre une bande sur l'affiche, et de changer son spectacle.

Personne au théâtre ne donnait donc plus d'occupation au jeune docteur qui avait, en outre, l'honneur d'être le médecin particulier de la jolie *prima donna*, que mademoiselle Floreska. A toute heure du jour et quelquefois même de la nuit elle le faisait appeler, et alors si quelquefois la main brûlante du docteur s'égarait, la coquette se fâchait et se retranchait derrière une sévérité de principes qui désespérait le pauvre Octave. Et cependant on lui avait fait un aveu enchanteur: on lui avait dit en rougissant qu'il avait plu, mais il ne devait rien espérer au delà; et lui, émerveillé des vertus incommensurables de la princesse de théâtre, perdait chaque jour quelque chose du peu de raison qui lui restait. Et pourtant cette beauté sévère, et qui ne voulait d'un adorateur que pour le *bon motif*, était tout simplement une de nos anciennes connaissances, mademoiselle Flore des *Vendanges de Bourgogne*, laquelle, après avoir parcouru les théâtres de la banlieue et des départements, avait apporté une légère modification à son nom depuis qu'elle avait l'honneur de jouer les troisièmes amoureuses sur un théâtre de vaudeville, et se faisait appeler mademoiselle Floreska. Cependant elle n'avait pas abandonné son cher ami, M. Michel, l'écuyer figurant du Cirque, qui l'aidait à dépenser ses appointements et les rentes que faisaient à mademoiselle Floreska ses bienfaiteurs successifs. Or, à ça près de son affection pour l'intéressant M. Michel, mademoiselle Floreska avait les goûts nobles et le cœur bien placé. Elle avait même beaucoup d'ambition et visait à se créer un avenir indépendant, et à faire une fin honorable à l'aide d'un beau mariage. La fortune et le nom d'Octave lui semblaient donc très-enviables sous ce rapport, et c'est dans ces bons et loyaux principes qu'elle travaillait à les mettre en sa possession.

Un matin le jeune médecin trouva sa cliente toute contristée. — Cher docteur, lui dit-elle, je vous quitte pour bien longtemps, j'ai obtenu un congé de deux mois, je vais les passer à Marseille ou à Bordeaux, enfin je vous quitte... ma santé l'exige. — Votre santé... mais jamais elle ne fut plus brillante... dites que c'est un caprice, que vous voulez me désespérer... Ne suis-je pas moi-même assez désolée... Ah! si vos occupations ne vous retenaient ici, avec quel enchantement ne ferais-je pas ce voyage si vous en étiez! — Mais pourquoi ne vous accompagnerais-je pas?

Ici, l'horrible pensée d'abandonner Sara, de la laisser en proie à ses souffrances, à son chagrin, vint soulever le cœur d'Octave. — Non, ajouta-t-il, je ne le puis... un devoir sacré... je veux dire des devoirs de mon état me retiennent ici... je... je ne puis.

Le rouge du dépit colora d'abord le visage de la sensible Floreska, puis la rusée actrice poussa un profond soupir. — Au moins, dit-elle, si vous pouviez m'accompagner pendant le parcours de quelques postes, la séparation serait moins pénible... — Comment pourrais-je vous refuser ce qui deviendra pour moi une précieuse faveur? répondit le jeune médecin, qui espérait bien qu'en route sa Minerve s'humaniserait un peu. — Oui, mais je pars aujourd'hui... à l'instant même... — A l'instant même!... M'éloigner sans voir Sara! pensa Octave. — Vous hésitez?... — Moi hésiter!... vous ne le pensez pas... D'ailleurs, des affaires m'appellent en Bourgogne, où j'ai à ratifier la vente de mes propriétés, je profiterai de cette circonstance pour donner une signature indispensable et toucher une centaine de mille francs!...

Ici, un rire odieux, semblable au ricanement infernal de Méphistophélès échappa à l'actrice... Octave frémit, mais il était fasciné. Et le jour même Octave partit avec Floreska, en annonçant qu'il ne serait absent que cinq à six jours. Il avait fait une dernière visite à Sara, qu'il ne vit qu'un intant pendant son sommeil, puis il était remonté en voiture.

Une semaine s'était écoulée; Judith n'avait pas vu reparaître l'amant de sa chère fille. Elle alla chez lui, y retourna une seconde, une troisième fois, et le voyageur n'arrivait pas. Enfin, trois semaines s'écoulèrent : il n'avait pas reparu. Judith fut obligée de dire la vérité à la jeune juive; la pauvre Sara crut que quelque malheur, qu'une maladie grave retenaient son ami en Bourgogne, où elle savait qu'il devait se rendre. Elle écrivait souvent, mais ses lettres restaient toujours sans réponse. Elle était bien loin de soupçonner la vérité. Elle se contenta de pleurer et d'envoyer chaque jour sa nourrice chez Octave; et chaque jour Judith rentrait avec cette réponse désespérante : « Il n'est pas revenu !... »

LI. — L'INFANTICIDE.

Sept mois s'étaient écoulés depuis le jour où Sara avait cru élever un obstacle insurmontable entre elle et le judaïsme; depuis le jour où, dans les bras d'Octave, elle avait cru fixer à jamais son amant : le terme approchait où elle allait bientôt devenir mère, et malgré l'absence de son ami, dont elle n'avait pas reçu de nouvelles depuis près de deux mois, elle ne redoutait pas un événement qui, pour elle, allait être un nouveau lien à l'affection qu'elle portait au père de son enfant. Et pourtant elle gémissait, elle pleurait, car son Octave n'était pas présent pour adoucir ces peines, qui sont si légères quand on a là, près de soi, à ses côtés, celui qu'on aime. Son état l'avait contrainte à quitter son magasin de la rue de Vendôme : non pas que Sara rougit de sa position, au contraire elle en était fière, elle s'était donnée à l'homme qu'elle aimait, et cet homme elle le regardait comme son époux.

La grossesse de la jeune juive était pénible, les différentes émotions qu'elle avait éprouvées avaient considérablement altéré sa santé, jadis si forte et si brillante : elle ne quittait pas sa chaise longue, et quand la bonne Judith la laissait seule pour aller soigner le rabbin, qui avait banni sa petite-fille de sa présence, elle passait le temps à s'occuper de son amour, à songer à son Octave, à rêver de ses caresses. Elle relisait ses lettres si brûlantes, puis elle s'écriait : — Non, non, il ne peut m'abandonner; aujourd'hui, demain peut-être, il reviendra... quel plaisir... quel bonheur de le revoir ! Et quand Judith rentrait : — Eh bien ! ma bonne, quelle nouvelle ? — Rien de bon... M. Wurtzmann ne va pas très-bien... — Eh quoi ! craindrait-on... — Non, mais... — Parle... parle... ma bonne... De grâce, ne me cache rien... Si quelque danger... ah ! je braverais son courroux, j'irais me jeter à ses pieds... — Garde-t'en bien... le médecin a bien recommandé qu'on éloignât de lui toute émotion. Hier, j'ai parlé de toi... ses yeux se sont animés... il a paru tellement irrité... — Mon Dieu, mon Dieu... je suis donc abandonnée, repoussée de tout le monde ! — Abandonnée de tout le monde ! Et moi, ma fille, et moi... — Oh ! oui, toi, tu es ma seule amie. Tu me restes avec Octave... car il reviendra. Certainement, il reviendra...

Et la vieille juive secoua la tête avec un air d'incrédulité, et elle partit pour aller passer la nuit auprès du vieillard.

Le jour suivant, elle ne revint que fort tard. Puis, quand elle rentra, elle était pâle, abattue, souffrante. La jeune malade lui demanda, comme à l'ordinaire, comment se portait son père. La vieille détourna la tête, essuya furtivement une larme, et répondit : — Il va... mieux...

. . . .

Le directeur des inhumations israélites avait été prévenu dès le matin : on acheta une fosse dans l'enceinte réservée pour les juifs au cimetière de l'Est. Le lendemain, vers midi, un corbillard, accompagné d'une troupe nombreuse de piétons et suivi de plusieurs voitures, roulait dans la rue du Chemin-Vert. C'était celui d'un notable israélite : le deuil était conduit par le chef des enterrements de sa religion. Un homme marchait la tête baissée derrière le char funèbre. A travers l'espèce d'idiotisme qui semblait paralyser sa figure, on pouvait apercevoir l'empreinte d'une profonde tristesse. Son pantalon bleu à passe-poil jaune, qui avait appartenu évidemment à l'uniforme militaire, était recouvert d'une redingote dont les revers avaient été décousus en signe de deuil.

Quand on fut arrivé à l'ancien jardin du Père-Lachaise, le cercueil fut descendu. On l'entra dans un petit bâtiment consacré aux dernières ablutions; le corps fut sorti de la bière; on le dépouilla de son linceul; il fut soigneusement lavé et revêtu de l'un des plus beaux habillements du défunt. Puis on descendit l'israélite dans sa dernière demeure, et la terre se refoula sur lui pour toujours. Et l'homme à la redingote noire et crasseuse, dont les revers étaient décousus, resta le dernier. Il jeta un regard d'adieu sur la tombe de celui qui avait été son père, son ami. Une larme, une seule larme, roula sur sa joue; il tourna **une dernière fois** ses yeux vers la fosse, puis l'impassibilité, la

résignation, reprirent place sur sa physionomie : il s'éloigna.

C'était le soir de ce jour-là : les brouillards d'un automne humide avaient hâté la chute de la nuit : Sara attendait Judith sortie depuis quelques heures : elle se perdait en conjectures sur l'affliction qui accablait sa bonne nourrice... Puis, tout à coup, son âme se laissa aller à ce découragement qui est affreux dans la solitude; puis aussi je ne sais quels horribles pressentiments de douleurs atroces, insupportables, vinrent assaillir et briser son pauvre cœur; puis encore je ne sais quelle terreur fantastique vint lui créer des images hideuses : l'étroite chambre de la nourrice se transforma en une vaste scène où se réunissaient toutes les monstruosités : c'était, pour ainsi dire, la ronde du sabbat. La jeune fille, bien que douée d'un caractère fortement trempé, sentit son sang figé par un froid de mort. En vain elle voulut chasser cet horrible spectacle. Quand ses yeux se fermaient, la représentation de ce cauchemar épouvantable venait encore travailler son cerveau. Elle crut un instant entendre lentement ouvrir la porte; elle crut voir un spectre s'avancer et étendre vers elle ses mains menaçantes.

. . . .

La jeune fille poussa un cri déchirant, revint à elle et s'écria : — Dieu ! quel horrible songe... Octave !... Octave !... — Tu l'appelles en vain, s'écria une voix qui n'appartenait point à un spectre, mais bien à une créature vivante. — Qui parle... s'écria la jeune fille avec une nouvelle terreur. — C'est moi... moi, dit Jéricho en employant le langage juif-allemand, c'est moi, Sara, l'homme que vous avez méprisé, repoussé, et qui pourtant n'aurait jamais voulu vous causer un seul chagrin... — Quoi ! c'est vous, Jéricho... Croyez, mon cousin, que j'ai du plaisir à vous revoir, et puisque vous avez renoncé à des prétentions... — Et toi, as-tu renoncé à ton fol amour... Voilà donc où il t'a réduite ! — Stephann ! murmura faiblement Sara, il est mon époux devant Dieu; il le sera bientôt devant les hommes. — Ton époux... insensée... il ne le sera jamais ! — Jéricho ! vous m'outragez. — C'est lui qui, après t'avoir outragée, t'abandonne lâchement. — Que voulez-vous dire ? — Oui... il a séduit la pauvre juive, il l'a séparée de son vieux père, il l'a ravie à son *Raussen*, et maintenant il suit les pas d'une vile courtisane.

L'émotion de Sara était au comble : elle attendait au passage les moindres paroles de Jéricho, comme si elles eussent été un arrêt de mort. — Eh quoi ! vous l'ignorez, poursuivit-il... tout le monde en est pourtant instruit, et nos frères eux-mêmes connaissent votre affreuse situation et l'abandon dans lequel vous laisse ce goï infâme. — Jéricho, vous me trompez... ou l'on vous a trompé vous-même. — Tiens, vois cette feuille... le scandale est public.

Il tira de son sein un journal qu'il présenta à sa cousine : la jeune fille le saisit avec vivacité : ses mains tremblaient en le déployant; elle l'approcha de la lampe. Jéricho, comme le démon déployant devant le réprouvé l'acte de sa damnation éternelle, était là, debout, impassible. Son œil fauve et hagard était fixé sur Sara, et il lui indiquait du doigt des lignes qu'elle dévora. Puis, comme pour confirmer la vérité de l'horrible événement, que la jeune fille apprenait pour la première fois, il reprit : — Et je l'ai vu moi-même, bien loin d'ici, là-bas, sur les bords du Rhône, dans les promenades, au théâtre, partout enfin accompagner cette femme dont il semblait l'esclave.

Une morne stupeur accabla la pauvre amie d'Octave... elle ne croyait pas encore, et cependant un bruissement intolérable ébranlait tous ses organes... sa tête était bouillante, son sang s'y portait avec force... puis elle levait les yeux, elle fixait sur le marchand de lorgnettes d'un air interrogateur et hautain comme pour s'assurer s'il n'avait pas cherché à se jouer de sa crédulité. Au même instant Judith entra... Sara, en la voyant et malgré sa faiblesse, quitta précipitamment son fauteuil et se jeta à sa rencontre. — Ma bonne ! ma bonne ! s'écria-t-elle, cet homme vient de me déchirer le cœur... non ! ce qu'il m'a dit est faux... Octave ! mon Octave ! — Malédiction sur lui, répondit Judith, malédiction sur lui, qui apporte de mauvaises nouvelles à ma fille, dans la position où elle est... Maudite soit mon absence... le misérable aura tout dit... — Quoi ! qu'a-t-il pu dire ?... Judith... c'est toi qui m'as trompée !... Octave ! Octave !... qu'as-tu appris ? — Mais, dit en balbutiant la nourrice, rien de nouveau, que nous ne sachions déjà... — Tu hésites... ah ! par pitié !... la vérité.

Et elle se jeta dans les bras de sa nourrice qu'elle embrassa avec une effrayante énergie... — Parle ! parle !... tes réticences me tueraient... Parle ! parle ! dis-moi tout ce que tu sais : j'aime mieux mourir que de douter encore... M. Commerci... est il... parti... parti avec cette femme ?

Judith, pressée par son enfant, et croyant qu'il était dangereux et cruel de lui déguiser plus longtemps la vérité, fit un signe affirmatif !... — Il est parti... avec elle !...

Elle retomba lourdement dans son fauteuil... Une sueur

froide inonda son front... Ses dents se serrèrent... son teint se couvrit d'un rouge subit auquel succéda une effrayante pâleur... — Lui! lui! m'abandonner!... ils me l'avaient tous prédit... lui! avoir commis une aussi vile action... O mon père!... mon pauvre père, tu auras donc la douleur de la voir accomplie, la funeste prédilection... oui, tu auras la douleur de savoir ta fille méprisée, avilie, délaissée...

Judith frémit. — Sa tête se perd, dit Stephann... Que parles-tu de Wurtzmann, malheureuse cousine? ne sais-tu pas que, le dernier, j'ai prié hier sur la tombe du vieillard... — Que dit ce démon? — Je dis que le rabbin est mort... tu l'as déjà oublié... ô toi... jadis sa fille... as-tu donc oublié aussi sa malédiction?... — Judith! Judith! c'est trop d'angoisses... fais cesser ce bourreau... — C'est toi qui es son bourreau... c'est toi qui l'as tué... Oui, oui, ton aïeul est mort... c'est moi qui lui ai clos la paupière... Avant de rendre le dernier soupir... il m'a béni, et m'a chargé de te renouveler sa malédiction... il a dit encore Rhadarhás! Rhadarhás! sur la fille impie! — Retire-toi! retire-toi, possédé, s'écria Judith, à qui son indignation avait prêté une force surnaturelle, et qui chassa violemment le juif... Retire-toi... Le scélérat! il va la faire mourir.

Les yeux de Sara se fermèrent... sa figure devint violette... ses dents claquèrent... ses muscles se contractèrent horriblement... un mouvement extraordinaire agita son sein... Les terribles secousses qu'elle venait d'éprouver hâtèrent le terme... Une heure après elle était mère!...

. . . .

Un calme profond avait succédé, dans l'appartement où reposait Sara, aux embarras, aux tortures d'un enfantement pénible; et, tandis que Judith était allée chercher une garde-malade, la jeune mère était assoupie; près d'elle était sa fille... La veilleuse jetait sur le lit une lueur sombre et funéraire. Le sommeil de la jeune juive semblait horriblement agité; de sa bouche s'échappaient des mots entrecoupés, de ces mots où il y avait tout à la fois de la haine, du mépris, de la supplication, de l'amour et de la vengeance. Puis enfin, par une de ces catastrophes terribles qui vous précipitent au sein d'un songe atroce, dans un abîme, ou au milieu des flammes, elle parut sortir violemment des angoisses du hideux cauchemar qui l'écrasait de tout son poids. Son enfant poussa un cri... Sara s'éveilla enfin, le front couvert de sueur, le cœur palpitant avec une insupportable vitesse, comme si elle venait d'échapper à un péril imminent... Puis elle vit sa fille... Elle jeta la première exclamation de mère : — Mon enfant!... mon enfant!...

Et elle couvrit la pauvre petite de ses larmes et de ses baisers... Puis, tout à coup, elle chercha comme à rassembler ses souvenirs.... elle porta à son visage enflammé par un nouvel accès fébrile ses mains brûlantes... Ses regards tombèrent sur le journal que lui avait laissé Jéricho... elle se frotta les yeux, et parut enfin être revenue à la vie du malheur... — Octave! Octave!... Oui, oui, je me rappelle maintenant... Il est parti... Il a lâchement abandonné Sara... Il a méprisé, délaissé la pauvre juive... Non, cela n'est pas... Si! si! ils me l'ont assuré... Ce Jéricho!... Ma nourrice... ma bonne nourrice... Elle ne voudrait pas me tromper, elle!... Octave! Octave!...

Sa tête s'égara de nouveau. Elle crut voir danser autour d'elle tous les objets qui se trouvaient dans l'appartement... La jeune femme fut saisie d'horreur et d'épouvante... Elle saisit les draps avec ses dents et les lacéra dans un mouvement de terreur et de désespoir... En ce moment, la lampe se ranima... jeta une vive clarté et s'éteignit... La plus complète obscurité régna dans l'appartement. Mais aussi, les figures bizarres qui avaient tourmenté Sara se présentèrent encore devant elle. Elle vit glisser le long des murs un fantôme ayant tous les traits d'Octave, et qui se plaça devant elle en affectant un ricanement de démon!... Puis elle le vit enlacer dans ses bras une femme jeune et jolie.

Sara, malgré ses souffrances et sa faiblesse, s'élança hors de son lit, et voulut suivre le spectre... Il s'abîma avec son odieuse compagne, et jeta sur son amante un regard insultant. — Misérable!... dit-elle... ce n'est donc pas assez pour toi de m'avoir réduite à l'opprobre, au désespoir... tu m'outrages!... lâche!... ah! que ne puis-je me venger!...

Ici un faible vagissement se fit entendre... La juive tourna la tête. — Que veux-tu?... Que me demandes-tu? ta naissance fait mon malheur... ma honte... Tiens! tiens! vois-tu ton père... ton infâme père qui me foule à ses pieds, qui me poursuit de ses sarcasmes et de ses rires outrageants!

L'enfant cria de nouveau. — Tais-toi!... misérable créature, tais-toi! tu seras un jour aussi perfide que cet Octave... un jour tu déchireras le sein qui t'aura nourri... écoute!... il vaut mieux mourir!... tu ne souffriras pas comme ta malheureuse mère... Tu pleures... tu gémis... Tais-toi! tais-toi!... tu m'impatientes... tu m'* ?tigues!

Elle se précipita sur le lit qu'elle venait de quitter, saisit l'oreiller qu'elle posa sur la poitrine et le visage de sa fille, et sur lequel elle appuya fortement son genou. — Mon père l'a dit : malédiction! malédiction sur sa race!... Que sa prophétie s'accomplisse... Octave! Octave! tu ne jouiras jamais des caresses de ton enfant.

En ce moment, on entendit du bruit sur le palier. — Ils viennent ici! ils me tueront, s'écria-t-elle... où fuir?

Elle se cacha dans la ruelle de son lit... Le docteur, Judith et la garde-malade entrèrent précipitamment... Une vive lumière éclaira bientôt toute la chambre. Judith et la garde-malade s'approchèrent de la couchette, et poussèrent un cri d'effroi... le docteur souleva le coussin... l'enfant était sans mouvement... la figure du cadavre était violette!

LII. — UN CRIEUR PUBLIC.

Quelques mois après ce déplorable événement, un homme, jeune encore, mais dont les traits altérés, la figure pâle et amaigrie, annonçaient que naguère de cruelles souffrances l'avaient torturé, cet homme, revêtu de la livrée de la misère, parcourait la rue Notre-Dame-des-Victoires, en criant : — Voici l'arrêt de la cour d'assises qui condamne à la peine de mort une jeune fille, convaincue d'avoir tué son enfant... cela ne coûte qu'un sou... achetez l'arrêt de la cour d'assises... C'est aujourd'hui qu'elle sera exécutée... ça ne coûte qu'un sou.

En ce moment, les chevaux d'une élégante berline qui descendait la rue furent forcés de se mettre au pas, par suite d'un encombrement de charrettes. — Nous n'arriverons jamais, s'écria une jeune et jolie femme richement vêtue, en avançant la tête à la portière, et qui était avec un homme d'une soixantaine d'années, décoré de plusieurs ordres, qui paraissait être son mari. — Allons donc, Pierre, allons donc! — Mais, madame la baronne, il m'est impossible...

Et comme madame la baronne paraissait fort peu patiente, un grand et beau chasseur quitta le derrière de la voiture et lui expliqua comme quoi Pierre ne pouvait décemment faire passer ses chevaux par-dessus les charrettes et les haquets qui barraient le passage... — Que c'est guignonnant! s'écria la noble dame, je reviens donc exprès de la campagne pour assister à cette représentation extraordinaire de l'Opéra, et nous n'arriverons pas assez tôt pour que j'aie le temps d'envoyer chercher un coupon et de faire ma toilette... Toutes les places seront prises, bien sûr... c'est bien embêtant... Oh! ils ne sortiront pas de là... quelle scie! Mais pourquoi donc cette foule, et que vend cet homme? — C'est qu'il y a une exécution aujourd'hui, répondit le beau chasseur. — Une exécution... quelle horreur! — Si madame voulait y assister, j'ai un cousin qui est établi marchand de vin à la Grève, et qui pourrait donner à madame une fenêtre d'où elle pourra voir sans être vue. — Au fait! c'est possible, s'il n'y a plus de place pour la représentation de ce soir...

En ce moment, le crieur se haussa pour offrir son prospectus; la dame s'avança pour le saisir, mais quand elle se retourna, le crieur resta stupéfait, et s'écria : — Adrienne!

A cette exclamation, madame la baronne se rejeta précipitamment au fond de la voiture, qui partit aussitôt comme un trait, et la roue, en coupant le ruisseau, lança un déluge de boue sur le visage et les vêtements de Jossu. Mais il avait eu le temps de s'assurer que la belle baronne était identiquement la même personne que mademoiselle Adrienne, son ex-amante, l'ex-amante de Casimir, l'ex-amante de beaucoup d'autres encore, sans compter le beau chasseur, M. Bayonnais, qui était toujours resté fidèle à sa belle maîtresse, et qui avait suivi toutes les phases de sa fortune. — Parbleu, voilà qui est fort, dit le crieur public, quand la berline eut disparu... éclaboussé des pieds à la tête par une coquine que j'ai retirée moi-même du ruisseau!... C'est ici que la philosophie doit servir, ou jamais... On l'a appelée baronne... Ce monsieur, à figure plate et niaise, qui était à côté d'elle, est sûrement le noble personnage qui en a fait une noble dame... O justice, que l'on appelle divine, éternelle, tout ce que l'on voudra, que tu es étonnante!... le char où s'étale insolemment une femme perdue qui a passé entre les mains de vingt laquais va peut-être se croiser tout à l'heure avec l'ignoble charrette qui mène ignominieusement à la Grève une autre femme que toutes les misères humaines, et non ses crimes, conduisent à la guillotine... O justice éternelle, parfois tu es bien injuste!...

Le discoureur fut interrompu par l'arrivée de la diligence de Marseille qui entrait en ce moment dans la cour des messageries royales : le crieur public courut après la lourde voiture et se mit à offrir aux voyageurs ses tristes bulletins. Tout à coup il cessa ses propositions et ses offres, en voyant descendre de la rotonde un jeune homme qui paraissait souffrant et très-fatigué. Il serra à la hâte, sous sa veste déchirée, ses prospectus du drame sanglant de la soirée, et il aborda le voyageur : — Commerci! lui dit-il assez bas.

L'autre se retourna. — Que me voulez-vous? répondit-il avec aigreur, et comme fâché qu'on le dérangeât, ou qu'on l'arrêtât un seul instant. — Tu ne me reconnais pas... le malheur m'a donc bien défiguré!... — Quoi!... est-ce l'ombre de Jossu, ou Jossu lui-même?... — C'est Jossu lui-même... — Dans cet état!... je te croyais mort. — On l'a cru pendant quelques mois, et ce n'était pas sans une sorte de raison, car on avait d'abord poussé la plaisanterie jusqu'à m'enterrer tout vivant, ce qui ne laissait pas que d'être excessivement desagréable. Mais je me suis tiré de ce mauvais pas, comme de bien d'autres.. seulement j'ai laissé dans ma fosse mon hôtel, mes millions, mes entreprises, mes monopoles, mes maîtresses, enfin tout ce qui faisait de moi l'homme important aux yeux du monde... je n'ai sauvé du naufrage que ma philosophie, ma chère philosophie... je me suis fait crieur public... — Tu seras toujours l'homme étonnant par excellence... mais je désire savoir tout ce qui t'est arrivé; viens demain déjeuner avec moi, tu me raconteras tes aventures, je te dirai les miennes... les miennes! elles ont été bien cruelles... Est-ce que tu saurais ce qui est arrivé à... — A qui... — Mais à... Au surplus, mon cher, tiens, ne te presse pas de rentrer chez toi... viens un moment dans la salle des voyageurs, il faut que je te parle... — Mon ami, je ne puis, il y a si longtemps que je n'ai donné de mes nouvelles à personne... et j'ai laissé quelqu'un ici, à qui mon silence, mon indigne conduite auront sans doute causé bien des chagrins... laisse-moi... à demain. — Non, non, il faut que je te parle... il le faut absolument... Je veux te communiquer un peu de ma philosophie... tu en auras besoin... — Que veux-tu dire?... — Entrons! tandis que l'on descend tes malles, je t'apprendrai ce qui s'est passé en ton absence...

Ils s'assirent dans un coin, et Jossu raconta ses tribulations, sa ruine complète, et termina en assurant que tout cela lui était indifférent. — Maintenant, ajouta-t-il, pourrais-tu me dire, à ton tour, ce qui a occasionné ta longue absence de Paris? — Un acte de la plus absurde folie, une sorte d'aliénation mentale qui s'était emparée de moi. Tu sais combien j'aimais Sara, je ne vivais, je ne respirais que pour elle... Eh bien! malgré cet amour qui n'a pas cessé une seule minute d'occuper mon cœur, je me suis laissé séduire, subjuguer par la coquetterie, la feinte tendresse de cette Floreska dont j'avais fait la connaissance à tes soirées, et que, pour mon malheur, j'ai revue depuis au théâtre dont, grâce à ta protection, j'avais été nommé le médecin. Cette femme me fascinait, dominait mes sens avec une tyrannie inconcevable; enfin, chez moi, l'homme physique était devenu son esclave, son ilote de la manière la plus dégradante, je ne me comprenais pas moi-même... Un jour elle partit, elle voulut que je la suivisse, je fus assez faible pour y consentir; je croyais la quitter à quelque distance de Paris, mais elle m'entraîna de lieue en lieue, de ville en ville. J'arrivai à Bordeaux, j'y passai quelques mois avec elle; de forts recouvrements que j'avais fait faire en Bourgogne me mettaient à même de satisfaire à tous les caprices de Floreska. Je me jetai pour elle dans des dépenses énormes... Elle s'aperçut que mes ressources baissaient... Elle devint acariâtre, maussade; je fis un dernier effort pour contenter une fantaisie qui lui passa par la tête, je retirai cinquante mille francs qui étaient à ma disposition chez mon banquier; je voulais, le jour de sa fête, lui offrir un écrin qu'elle m'avait demandé, mais forcé de m'absenter dans la soirée, en rentrant, je ne trouvai plus Floreska : elle venait de quitter Bordeaux, et m'annonçait par un mot qu'elle prevoyait entre nous une incompatibilité d'humeur dont elle redoutait les conséquences, et qu'elle préférait me quitter sans me voir, pour nous épargner à tous deux des adieux déchirants. Elle ajoutait que, n'ignorant pas l'emploi que je voulais faire des fonds que j'avais pris la veille chez mon banquier, elle avait cru pouvoir les emporter avec elle sans scrupule, puisqu'ils lui étaient destinés : du reste elle me souhaitait mille prosperités. Je fus confondu, foudroyé par cette abominable perfidie; je fis pendant plusieurs jours des recherches pour savoir ce qu'était devenue Floreska; enfin, je découvris qu'elle était passée en Italie avec un sauteur, faisant partie d'une troupe d'acrobates et d'écuyers. Je me mis à la poursuite de la misérable qui m'avait si cruellement joué, je gagnai l'Italie, je parvins à saisir ses traces, mais un jour que, près de la rejoindre, je traversais les marais Pontins, je fus assailli par des brigands qui me dépouillèrent, me laissèrent criblé de coups sur la route; et, sans les soins généreux d'un Anglais dont la chaise passa quelques moments après, je serais mort des suites des mauvais traitements que j'avais éprouvés. La honte, le chagrin, les blessures que j'avais reçues, me causèrent une maladie de plusieurs mois, qui faillit m'emporter. Pourtant je

revins à la vie. Mon fol attachement pour Floreska avait disparu, je vis alors toute la profondeur de l'abîme dans lequel je m'étais précipité. Je maudis mon aveuglement, je maudis le jour où j'avais pu quitter une femme digne de tout mon amour, pour une coquine qui ne valait pas même la peine qu'un honnête homme arrêtât un seul instant ses regards sur elle... Enfin, je repris la route de France, et je viens solliciter de Sara, que j'ai voulu surprendre par un retour qu'elle est peut-être bien loin d'espérer, un pardon que je ne merite pas et que, peut-être, elle me refusera. — Tu es bien coupable envers cette pauvre enfant, car tu l'as rendue bien à plaindre... — Quoi!... serait-elle malade?... la situation dans laquelle je l'ai laissée... les suites de cet état... Oh! Dieu! je meurs d'inquiétude ; dis-moi... dis-moi... mon ami... Serait-elle morte? — Plût à Dieu!... — Ciel! explique-toi... je t'en conjure... — Oui... je m'expliquerai... Il le faut, le temps presse... Sara... l'infortunée... — Eh bien!... eh bien! achève... — Sois homme... tu as été assez longtemps un être faible et méprisable... Ecoute... tu as conduit Sara à la mort... à une mort ignominieuse, comme disent tous les imbéciles... elle va périr... dans quelques heures... sur un échafaud... Tiens, lis ce bulletin.

Une affreuse convulsion saisit le jeune médecin; il retomba sur le siege qu'il venait de quitter. Cela n'est pas possible, s'écria-t-il... je suis le jouet d'un rêve horrible... — Lis!...

Et l'infortuné parcourut, avec des yeux hagards et qui sortaient de leurs orbites, l'arrêt terrible que Jossu lui avait présenté... Puis, tout à coup, il se leva, agité d'une horrible frénesie, et s'élança hors de la salle en s'écriant : — Je la sauverai... ou je périrai avec elle... — Pauvre insensé, qui va lutter contre une haie de soldats, contre le sabre des gendarmes ; qui veut arracher aux bourreaux une proie que la puissance de la loi leur a jetée... Il a le courage et la force nécessaires pour tenter une aussi folle entreprise, et il n'a pu maîtriser un misérable caprice, il n'a pu briser le joug que lui imposait une drôlesse... Homme de la civilisation... que tu es pitoyable!

Et Jossu se mit à courir sur les pas de son ancien camarade de collège. En approchant de la place du Châtelet, il rencontra de nombreuses bandes d'ouvriers qui désertaient leurs boutiques et leurs ateliers pour courir à la Grève. Les abords des quais devenaient difficiles, et un tilbury assez élégant était engagé près de la rue Saint-Jacques-la-Boucherie, dans un embarras dont le conducteur essayait en vain de le tirer. Cependant, resolu d'en sortir, il frappa son cheval avec violence et voulut le forcer à avancer : mais deux forts de la halle, qui se trouvaient en avant, saisirent ses rênes et repoussèrent l'animal si vigoureusement qu'il rua, se cabra et finit par jeter son maître sur le pavé, où il resta presque sans connaissance. — C'est bien fait... c'est bien fait, cria-t-on de toutes parts...

Et quand Jossu vit l'homme au tilbury, il s'écria : — Parbleu, voilà qui est extraordinaire... et de trois!... c'est donc le jour aux reconnaissances!

Cependant quelques âmes charitables transportaient l'homme tombe dans un estaminet voisin. Jossu, qui avait vu l'événement, y entra aussi et demanda du vinaigre pour frotter les tempes de celui qu'on venait d'apporter, et qui bientôt revint de son étourdissement. — Mon ami, lui dit Jossu, si tu étais assez philosophe pour aller à pied, au lieu de te dandiner dans un tilbury, tu ne courrais pas la chance de te faire disloquer tous les membres, comme cela aurait bien pu arriver tout à l'heure.

L'autre se frottait les yeux et regardait son interlocuteur d'un air tout ébahi : — Comment, gredin, c'est toi... et tu oses me parler... — Allons donc, mon pauvre Casimir... tu penses encore à la misérable niaiserie qui nous a brouillés dans le temps... Comme je te le disais le jour où arriva cet accident que tu trouves si désagréable, sois philosophe!.. Songe donc, mon cher, que c'est moi qui ai fait le marché le plus sot dans tout cela... j'ai payé de toute ma fortune cette minute d'agrément... et toi, tu n'as perdu qu'une femme qui, tôt ou tard, t'aurait toujours trompe avec un premier venu... et ce doit être pour toi un grand sujet de consolation que la chose se soit passée d'amitié entre nous... Çà! point de scandale!... allons, touche là, et qu'il n'en soit plus question. . — Eh bien, soit, je ne veux pas te montrer moins philosophe que toi... j'ai appris tes aventures, et comme tu dis, tu as paye un peu cher le témoignage d'amitié que tu m'as donné... Au reste, j'aurais eu grand tort de me desespérer, je me suis débarrasse de ma femme... c'est toujours ça! — Tu vois donc bien que tu es mon obligé... Ah çà, qu'est-elle devenue ta femme?... — Je l'ai rendue à ses parents... Mais il faut que je te quitte ; viens me voir, voici mon adresse. Depuis que je suis presque veuf, j'ai recommencé ma vie de garçon, et nous rirons encore... — Non, je ne te laisserai pas partir; renvoie ta voiture et reste ici... Tu ne sais pas que je viens de quitter le pauvre Octave dans un état affreux,.. il arrivait de bien loin et ignorait complétement le malheur de cette pauvre petite... Tu sais qu'on l'exécute aujourd'hui... — Oui... oui... c'est une aventure terrible. — Je crains qu'il ne se porte à quelque extravagance, lorsque la fatale charrette passera... attendons ici. Nous essayerons d'empêcher qu'il ne se compromette. — Je le veux bien... je me mettrais au feu pour lui... cher Octave... Garçon, du punch! tiens, vois-tu ces trois hommes qui entrent? — Que nous importe! — Ces hommes sont le bourreau et ses deux aides. — Sortons! — Es-tu fou?... jamais je n'ai rencontré plus belle occasion ni sujet plus précieux de dissertation... reste, ou si le préjugé te chassait d'ici, je te renierais toujours pour mon ami... je suis philosophe, moi! — Mais... mais... — Reste, te dis-je... bien! les voilà qui se placent à côté de nous.

LIII. — L'APPRENTI BOURREAU.

En effet, les trois hommes qui venaient d'entrer s'attablèrent près des deux amis. — Un coup, mais pas plus, Jacot, dit l'un des personnages, car l'ouvrage doit nous trouver de sang-froid. — Qu'est-ce que c'est donc que la besogne d'aujourd'hui, papa? — C'est une femme, je crois. — Une femme!... est-elle jeune, est-elle jolie, Jacot? — Est-ce que j' sais? répliqua le plus vieux des aides du bourreau, qui paraissait avoir à peu près soixante-cinq ans, et dont la figure et la mise hétéroclite contrastaient avec celles du maître bourreau, dont les traits nobles et imposants, et dont la toilette peu affectée, mais propre et même recherchée, devaient étonner ceux qui avaient pu se former de sa personne une tout autre idée, et croire que l'exécuteur des hautes œuvres était une sorte de Han d'Islande. L'homme que le plus jeune des compagnons du bourreau avait nommé Jacot était doué d'une de ces physionomies impassibles qui sont le type de la matière organisée, restée à son plus haut point d'inertie et d'abrutissement possible. Aucun mouvement des muscles ne décelait plus chez lui la pensée. Son costume n'était pas moins extraordinaire que sa physionomie; il était vêtu d'une redingote gris noisette, dont les poches bourrées de cordes et alourdies d'instruments propres à son métier entraînaient par leur poids le collet; dessous cette redingote, une espèce de gilet militaire usé, et un pantalon guêtre en coutil olive, qui dessinait des formes grêles et sèches; le front de l'individu était fortement déprimé; ses yeux, bien que caves et hagards, s'animaient pourtant quelquefois quand il parlait de sa profession qu'il idolâtrait : tel était Jacot, depuis quarante-quatre ans premier aide de l'exécuteur des jugements criminels du département de la Seine. — Jacot, reprit le jeune homme, tu ne veux donc pas me dire si elle est jeune et jolie? — J' vous dis que je n' sais pas, encore une fois!... est-ce que ça me regarde... je viens ici pour faire l'ouvrage... on nous donne la pratique au moment... nous lui faisons la barbe, et c'est fini... est-ce qu'on a le temps de faire connaissance? — C'est donc aujourd'hui notre dernière exécution, mon pauvre vieux?... nous voici à la retraite. — Sans compter que nous ne l'avons pas volée. — Il est vrai que nous ne sommes plus jeunes... toi surtout, mon ancien... tu n'es plus aussi ingambe que dans le temps de la Terreur, où tu faisais des cabrioles devant les charrettes des condamnés! — Bah! il était farce dans son temps, Jacot. — Tiens, j' crois bien... ah! je les faisais-t'y rire, ces aristocrates! et puis y trouvaient que nous faisions bien la chose. Vous rappelez-vous ces bourgeois, ces Girondins?... Ces malins-là... trente et une minutes pour abattre vingt et une têtes! — Eh! quelles têtes, Jacot! dit le maître en poussant un soupir. — Trente et une minutes! s'écria le jeune homme. — Pas davantage, mon fils... et encore y avait-il ce Dufriche Valazé, qui s'était tué exprès. Il croyait nous épargner de la besogne; ah! bien oui!... Le citoyen Fouquier-Tinville n'a voulu que son affaire lui fût faite comme aux autres conspirateurs. Quoique ça, c'était de la vilaine ouvrage que de couper la tête de ce cadavre... L'opération terminée, pas de sang, pas de ces mouvements convulsifs auxquels on est habitué! En ce moment, Jacot laissa tomber de sa poche une espèce d'étui en fer-blanc. — Qu'est-ce que ceci? dit le jeune homme. — Jeune bourgeois, si vous ne sortiez pas du collège, vous sauriez que c'est la pierre à repasser le rasoir national, comme on disait dans le temps de la révolution, comme on disait dans le temps de la révolution, pour donner le fil... Ah ça! monsieur Edouard, faut pas faire comme les autres fois... faut pas bouder, aujourd'hui. — Sois donc tranquille, Jacot : *Justum et tenacem propositi virum.* — Oh! oh! est-il savant, le p'tit bourgeois! — Il est donc bien décidé, mon fils, dit le plus âgé des trois, que tu veux prendre mon état? — Ma foi, oui, mon père... j'aurais tout aussi bien choisi une autre profession, celle d'avocat, par exemple; mais vous savez les bêtises qu'ils m'ont faites, l'autre jour, aux cours. — Eh! vous avez bien raison de prendre la partie de votre

père, c'est Jacot qui vous l' dit. Puisque vous devez toujours empocher une partie du blâme, autant que vous ayez le profit... un bon emploi, mordieu!... et cinquante écus de feux par pièce... ça n'est pas trop déchiré. — Et puis, la place est douce! — Rien, ou presque rien à faire, répliqua Jacot; car, au fait, c'est sur nous autres pauvres aides que retombe toute la besogne; vous, bourgeois, vous n'avez simplement qu'à venir voir si votre mécanique est bien montée, si vos compagnons ont mis du saindoux dans les coulisseaux, et des balles d'avoine dans les paniers; puis il ne vous reste plus qu'à venir chercher le client, à ôter le cadenas et à lâcher la déclique; après quoi vous retournez tranquillement manger la soupe.

L'apprenti bourreau frémit à ce dernier mot. — Allons, Edouard, pas de faiblesse, mon fils... persuade-toi donc bien que tu rends service à la société. Et quand, au moment fatal, tu sentiras ta main trembler, ton cœur défaillir, rappelle-toi les moqueries et les insultes de tes camarades, et que les outrages dont ils ont abreuvé *le fils du bourreau* reviennent à ta mémoire et raffermissent ta volonté. — Méchants muscadins, va! comme si nous n'étions pas des hommes comme d'autres, et ils se disent indépendants! — Que veux-tu, mon pauvre Jacot, aux yeux de tous ces gens-là, nous sommes des parias, des lépreux! — Et ces gens-là ont tort, grandement tort, monsieur l'exécuteur!

Les trois bourreaux tournèrent la tête, et regardèrent avec stupéfaction Jossu, car c'était lui qui venait de parler. — Oui, messieurs, tous ces gens-là qui vous fuient, qui vous blâment, et qui quelquefois vous méprisent, ont grandement tort, car souvent vous valez mieux que beaucoup d'entre eux. Mais c'est une étrange contradiction, une bien stupide anomalie, quand la peine capitale, blâmée du reste à si juste titre par tous les gens qui ont le sens commun, rencontre encore tant de chauds prôneurs; c'est une contradiction bien étrange, que de voir les quatre-vingt-dix-neuf centièmes des citoyens montrer tant d'éloignement et d'horreur pour le fonctionnaire chargé de mettre en mouvement le glaive dont la loi est armée. Ou la peine de mort est légale ou elle ne l'est pas, et malheureusement elle le sera peut-être longtemps encore chez nous. Si donc nos institutions la sanctionnent, pourquoi flétrir si absurdement l'homme qui représente la loi d'une manière si terrible et si omnipotente. Puisque cette loi lui dit : tue!... il faut bien qu'il y ait un *tueur*. Selon les panégyristes ardents de la hache et du billot, le sang versé est indispensable pour la consolidation de l'édifice social; pourquoi donc, alors ce mépris ridicule et impolitique pour l'officier judiciaire, sans le bras duquel cette belle loi n'a plus d'existence? Nous voyons, dans une ville de province, un propriétaire électeur plaider contre le bourreau, afin que celui-ci ne souille pas sa maison de sa présence. Et pourtant ce même homme, qui se croira forcé de purifier ses pénates, si l'exécuteur a passé sous son imposte, et pourtant cet homme, nommé chef d'un jury, dira plus tard, lorsqu'il s'agira de la tête d'un pauvre diable, homme comme lui, dira d'une voix ferme et avec une tranquillité d'âme effrayante : « Sur mon honneur et ma conscience, devant Dieu et les hommes, *oui*, l'accusé est coupable! » Quoi! vous pouvez avoir assez de laisser-aller, assez d'insouciance, pour *jurer* de sang-froid qu'un prévenu est coupable, et pour jeter sa tête au ministère public qui la réclame toujours comme organe de cette loi que vous respectez si fort, ô philanthropes de guillotine, et vous n'osez ouvrir votre porte à celui qui exécute votre arrêt, à celui qui met en action votre exécution morale, comme le comédien met en scène les idées de l'auteur? Et vous viendrez à grand honneur de recevoir chez vous le président des assises qui a appliqué la loi; et vous serez trop heureux si, petit bourgeois que vous êtes, M. le sous-préfet veut bien vous admettre dans ses salons, en société avec M. le procureur du roi, qui a requis l'horrible peine! Ma foi, messieurs les exécuteurs, je suis plus conséquent et plus philosophe que tous ces gens-là, et je tiens votre compagnie aussi honorable que toute autre. Je ne veux voir, dans un exécuteur des hautes œuvres, que le Code pénal qui s'est fait homme, et je refuserai de m'asseoir à la table de maint haut et puissant personnage faquin ou coquin, tandis que je n'hésiterai pas à prendre place à celle d'un bourreau, pratiquant religieusement ses devoirs de citoyen et de père de famille. En résumé, celui qui verse le sang dont la loi compte les gouttes est, dans l'état actuel de notre législation, un personnage important. Que si la sottise et le préjugé repoussent encore longtemps cette réhabilitation du plus puissant organe de cette loi homicide qu'ils s'obstinent à défendre, qu'ils conviennent du moins qu'un bourreau qui paye sa dette à l'État en acquittant ses contributions, en élevant ses enfants dans le respect des institutions et du gouvernement établi, et qui remplit exactement son terrible ministère, doit être enfin regardé comme un citoyen fort estimable. — Il est trois heures, dit l'exécuteur en tirant sa montre; allons, amis, on nous attend là-bas. Du courage, mon fils.

Il se leva et s'éloigna, saluant Jossu avec un air de modestie et de reconnaissance. — J'aperçois Octave, dit Casimir, dont les regards n'avaient pas quitté la grille du palais. Il paraît exaspéré, hors de lui... Viens, viens vite!... dit-il en entraînant Jossu, tâchons de le joindre. — Il a vraiment l'air d'un fort galant homme, ce père bourreau, murmura Jossu, en suivant presque machinalement les pas de Casimir.

LIV.— LA TOILETTE.

Elle arrivait de Bicêtre... elle était là, dans le préau, attendant que ses bourreaux vinssent préluder à leur terrible jeu et procéder à ces horribles préparatifs que les vautours de prison ont, par une ironie sanglante, surnommés LA TOILETTE...

La toilette!!!... Voyez-vous pour une jeune femme quel sens renferment ordinairement ces deux mots!... Toilette pour une fille jeune et belle, toilette dans son langage de tout aimable coquetterie, signifie bonheur, joie, vie active et entourée d'hommages... Ah! comme il bat le cœur de fillette de quinze ans qui jette les yeux sur la robe du premier bal... les fleurs artificielles qui forment la garniture de ce léger vêtement lui paraissent même plus fraîches que des fleurs naturelles... A ce mot magique de toilette, combien aussi d'autres femmes dont l'âge est plus avancé rattachent de puissants souvenirs de tendresse et de volupté... Mais là, c'est un apprêt de mort... le supplicié se pare pour son mariage avec la guillotine, les bourreaux sont ses valets de chambre...

Elle est donc à la Conciergerie... on l'a déposée dans le salon lugubre... Depuis le rejet de son pourvoi en cassation, on n'a pas jugé à propos de lui mettre la camisole de force, ainsi qu'il est d'usage... elle est si douce, si calme, si résignée... c'est toujours cette Sara, si bonne, si dévouée pour son Octave et si fière d'une maternité qui devait rendre encore plus vive l'affection de son amant... Elle attendait l'heure fatale et paraissait tout entière livrée à ses méditations d'amour : elle s'occupait tranquillement à terminer un petit ouvrage de femme qu'elle avait commencé dans sa prison.

Trois heures sonnent! Jacot et le fils du maître ébranlèrent le marteau du premier guichet, puis on entendit le pas lourd du Nestor des aides exécuteurs, qui parut bientôt dans la salle, suivi de son jeune compagnon. — Eh! mons Jacques, vous êtes venu un peu tard aujourd'hui. — Jacot en retard!... tu serais malin, toi, si tu pouvais prouver ça. Juste trois heures à la ville, mon fils!... — Il n'y a rien à dire... Ah ça, le gros bourgeois ne vient donc pas aujourd'hui? — Il sera à nous dans un quart d'heure... Il est allé là-bas donner le coup d'œil du maître, et voir si les deux jumelles sont solides sur leurs jambes. — C'est-il vrai, Jacot, on dit qu'il a donné sa démission, et qu'il recède à son garçon?... — Comme tu dis, il recède son établissement... Ah! dame! nous sommes un peu dans les arriérés, et le patron aime mieux quitter le métier que le métier ne le quitte... c'est pas qu'il soit feignant, mais il veut faire un état à ce beau jeune homme-là. — C'est d'un bon naturel de père... Il est gentil tout de même le successeur... — Ah ça, où est l'ouvrage? — La voici la pratique, dit froidement le guichetier en montrant Sara qui, malgré la conversation des deux hommes, n'avait pas même levé les yeux. — Çà, la pratique... pas de bêtises, maître Coquelicot, reprit d'un ton sévère l'aide exécuteur, pas de bêtises, mon ancien!... c'est que nous ne rendons jamais ce que nous avons pris, même par erreur, comme dit le bourgeois... la justice des hommes en sait quelque chose... — Quand je te dis, vieil obstiné, que c'est ta cliente! — Cette jeune fille?...

Et le jeune bourreau jeta sur la belle tête de la juive un regard de commisération. — Qu'elle est belle!... — Le fait est, dit froidement Jacot, que c'est dommage de déformer un joli petit être comme ça... Ah ça! mais dis-moi donc, Coquelicot, elle a l'air aussi tranquille, aussi content, que si c'était aujourd'hui son jour de noce! — Voici le fait... Quelques jours après son jugement, immédiatement après son pourvoi et à la suite de quelques-unes de ces syncopes qui sont très-dangereuses pour les femmes, à ce que m'a dit le médecin qui l'a vue encore ce matin avant son départ de Bicêtre, cette pauvre fille a totalement perdu le souvenir des événements qui l'ont amenée là... et n'a conservé que celui de son amant qui l'a si indignement trompée et de son enfant qu'elle a étouffé, comme vous devez savoir, et qu'elle croit cependant allaiter encore. Il paraît que sa position a vivement excité la curiosité de tous les docteurs de la capitale qui sont venus la voir. On a prétendu même que l'on aurait pu la sauver si la déclaration des médecins avait été faite avant le rejet du pourvoi. Mais il faut que justice se fasse, et la médecine ayant déclaré qu'il n'y avait pas aliénation mentale, mais seulement altération des facultés

de la mémoire, M. le procureur du roi a ordonné que l'on passât outre. — Monsieur! monsieur! dit alors Sara qui leva les yeux de dessus son ouvrage, ayez donc la complaisance de dire à ma bonne Judith qu'elle amène ma fille, ma petite Octavie... il y a longtemps qu'elle n'a pris le sein... je suis inquiète... la pauvre enfant!...

Des larmes roulèrent dans les yeux de l'apprenti bourreau... — Pauvre jeunesse, dit Coquelicot, l'entendez-vous?... elle demande son enfant... cette Judith c'était une vieille amie, une ancienne domestique de son père, qui l'avait recueillie chez elle... la bonne vieille servante est morte de douleur en entendant M. le président des assises de la Seine prononcer l'arrêt de mort... — Dites, monsieur, reprit Sara avec douceur, dites, serez-vous assez bon pour appeler une seconde fois Judith?... Mon Dieu, qu'elle tarde!... ma petite Octavie doit avoir bien soif... — Si ce n'est pas un meurtre, dit Coquelicot, de tuer une femme comme ça... C'est comme en 1813 ou en 1814, quand j'étais employé à la prison de Caen... du temps de la révolte pour la famine... — C'est bon! c'est bon! tu n'es pas ici pour faire de la politique, sentimental guichetier... à la besogne!... attention, notre jeune bourgeois.

Jacot tira une énorme paire de ciseaux de sa poche, s'approcha de Sara dont il déroula la belle chevelure. — Vous allez me coiffer, dit-elle... pour le bal?... Vous venez bien tard. Oh! que je suis contente... Octave y sera... Je vais continuer mon ouvrage... n'est-ce pas... — A votre aise, à votre aise, ma petite. — C'est que voyez-vous, c'est pressé... c'est un bonnet pour ma chère petite Octavie... je veux le finir... en aurai-je le temps? — Ma foi, je sais pas trop. — Oh! je suis habile... ne suis-je pas lingère de mon état... J'avais la réputation d'être assez bonne ouvrière chez mademoiselle Dufrény... c'est dans ce temps-là qu'il me parla pour la première fois... Mais il y a bien longtemps que je ne l'ai vu, ajouta-t-elle, en soupirant. — Quelle pitié! s'écria Coquelicot... ça a commis un crime, c'est vrai!... La loi est pour tout le monde... mais c'est aussi innocent que l'enfant qui vient de naître.

Et les cheveux de jais, longs de trois pieds, qui naguère tombaient en torsades ondoyantes sur les épaules de la juive, restèrent dans les mains de Jacot... Sara se sentit dépouillée de sa chevelure, et se tourna vivement. — Quoi! monsieur, vous avez coupé mes cheveux!... lui qui aimait tant à les voir épars et qui en réclama jadis une boucle avec tant d'instances!... Qu'il parut heureux quand je la lui donnai!... Oui, vous avez raison... une pauvre fille... une pauvre fille abandonnée comme moi... Et puis nos lois l'ordonnent... la fille de Ierschlaim est dans la douleur... Ah! du moins, du moins, monsieur, donnez ces tresses à mon Octave... — Plus souvent, dit Jacot, il y en a au moins une demi-livre.., j'en aurai cinq francs chez le perruquier du bourgeois. — Tiens, les voici, tes cinq francs... dit le jeune bourreau.

Et il arracha violemment la chevelure des mains de l'aide exécuteur. — Soyez tranquille, pauvre fille! soyez tranquille... votre Octave, n'importe où il soit, recevra ce dernier présent. — M. l'abbé! M. l'abbé! s'écria Coquelicot.

Et un homme, vêtu d'une soutane et d'un surplis, entra. Sa figure était calme et froide. — Ma fille, lui dit-il, la justice des hommes est souvent faillible, et celle de Dieu est impitoyable ; cependant la clémence du souverain des souverains est infinie... Vous allez paraître devant son trône ; et, si vous êtes coupable, le repentir seul, en ce moment suprême...

Sara leva la tête, et regarda l'homme au surplis ; elle ne paraissait pas le comprendre. — Pourquoi résister à l'action efficace de la grâce... ô ma fille !... regardez ce signe divin. Que ce contact avec la Divinité...

Et il tira de dessous ses vêtements un crucifix qu'il approcha des lèvres de la patiente. Sara le repoussa doucement. — Que me voulez-vous, monsieur ?... ceci est bon pour les gens de votre religion... je ne suis pas catholique... je suis juive. — Juive!... s'écria le prêtre, juive !... il n'est plus temps d'entreprendre une conversion... Coquelicot, pourquoi ne m'avoir pas fait avertir ? — Ma foi, monsieur l'abbé, je ne savais pas la différence. Que faut-il donc faire maintenant ? — Ce que vous voudrez... envoyer chercher un rabbin... tout ceci ne me regarde plus.

Et le prêtre s'éloigna. — Eh bien, est-ce fait? dit en entrant le maître... et il tira sa montre : quatre heures moins vingt. Jacot!... elle n'est pas liée !... — Oh ! c'est la moindre des choses, not' bourgeois... c'est doux comme un agneau.

Et il saisit les bras de Sara pour les garrotter. Elle venait de terminer son petit bonnet qu'elle regardait avec complaisance et tendresse.—Je n'ai jamais si bien réussi... aussi c'est pour ma chère petite... ah ! monsieur ! vous me faites mal.— Laisse, Jacot, laisse-moi faire... dit le jeune homme, tu y vas trop brutalement.

Et l'apprenti bourreau lia faiblement les mains de la patiente.
— La voiture du rapporteur est partie... la charrette est à la porte... on vous attend, messieurs, dit un inspecteur de police. — Nous y sommes... dépêchons, Jacot, dépêchons !... et toi, mon fils, du courage, voici le moment !...

LV. — UNE GUILLOTINADE.

J'aime la guillotine !... eh ! pourquoi ne l'avouerais-je pas ? toutes nos lois ne sont-elles pas excessivement morales, et la guillotine, comme l'a fort énergiquement prouvé Jossu le philosophe, n'est-elle pas l'expression d'un article du Code. Oui, j'aime la guillotine, j'aime ses émotions de sang et de mort, ses titillations qui font vibrer encore les cordes d'un cœur, dont l'ennui, la misère, les petites passions ou un découragement spleenique avaient assourdi la primitive sonorité ; elles remuent mon *moi* à l'instant où j'allais douter même de mon existence, la guillotine agit sur mes nerfs avec une puissance électrique effrayante. Et pourtant qu'est-ce que la guillotine ? un amas de charpentes et de voliges de bois de chêne, un peu d'ocre rouge avec de l'huile passée sur ces planches... quelques livres de plomb et de fer ; ce fer, ce bois, ce plomb, m'émeuvent, me fouettent le sang, me font voir que je vis, parce qu'un autre va mourir : tout cela dépend pourtant de l'agencement ; et que l'homme se plaigne de sa faiblesse !... Un misérable ouvrage sorti de ses mains, un grossier assemblage de poutres et de merrains deviennent une source bouillonnante d'où jaillissent des commotions profondes et terribles. J'aime la guillotine !

Oui, la guillotine est une pyramide immense qui rapproche l'homme de la création, car détruire est aussi une puissance, une puissance terrible !... Mais le peuple, ce peuple toujours avide des spectacles où il y aura du sang, est là... il s'impatiente, il murmure... respect au peuple ; il ne faut pas le faire attendre ! Une femme d'une trentaine d'années traverse le quai aux Fleurs. Son fils, enfant de sept ou huit ans, qu'elle tient par la main, veut hâter le pas et se plaint de la lenteur de sa mère... il pleure. — Veux-tu te taire, Coco ? lui dit-elle, sois tranquille ; va, si tu *gueules*, t'ira pas voir guillotiner !

A la Grève, on se dispute, on se bat pour être le plus près possible de l'échafaud. — Qui veut acheter une bonne place ? s'écrie un jeune drôle, à l'air impudent et au regard ignoble. — Combien, gamin ? — Dix sous ! — Dix sous ! j'en ai donné que cinq pour les assassins de Charonne, et pourtant ils étaient trois pour être rognés... — Oui ; mais c'étaient des hommes : aujourd'hui c'est une jeune femme ! c'est bien plus intéressant. — Moi, j'aimerais mieux que ce fût un homme ; les femmes, ça m'affecte. — Dites donc, la fruitière, vous venez donc aussi voir la chose ? — Ah ! vous v'là, père Milon, vous laissez garder vot' porte par la bourgeoise ; et moi aussi je m'ai échappée, j'ai laissé mon sujet à la boutique ; c'est pas qu'y ait rien de curieux aujourd'hui : si c'était une parricide à la bonne heure, on coupe le poing, ça dure plus longtemps... mais je ne sais pas, j'ai pris l'habitude de venir voir passer les patients, et il me manquerait quèque chose, si je ne pouvais pas venir à la Grève le jour d'un jugement à mort. — La v'là ! la v'là ! v'là !

A ce cri, un hourra de plaisir se fit entendre dans la foule qui tenta de se rapprocher de l'échafaud et resserra le cercle que la gendarmerie formait autour de la guillotine ; les gendarmes brandirent leurs sabres, comme s'il s'agissait d'aller charger l'ennemi. Ils élargirent le cercle et firent respecter l'emplacement réservé pour la libre circulation de la charrette fatale, qui bientôt se montra au coin du quai de Gèvres.

— Ah ! la voici donc cette scélérate qui a étouffé son enfant... — Elle n'a pas l'air effrayé du tout, on dirait qu'elle ne se doute pas de ous-ce qu'elle va. — Pauvre petite femme... c'est plutôt son amant qu'on devrait *périr*, c'est lui qu'a tout fait... s'il l'avait pas abandonnée ! oh ! les hommes, les gueux d'hommes !... — Tiens, qu'y donc qu'est avec elle ? quoique c'est que c't homme-là, avec sa petite barbe pointue et son chapeau à lampion ?... — Eh ben, c'est un abbé ! — Eh non, c'est pas un abbé chrétien ! comme la condamnée est juive, c'est le curé des youtres qui vient pour l'exhorter. — Elle a l'air de pas mal s'en ficher du curé de la sainte synagogue... elle y fait pas attention.

L'ignoble chariot était arrivé au pied de l'échafaud : soudain un jeune homme sort de la foule malgré les gendarmes, et s'élance... — Sara ! Sara !

La jeune juive tourne les yeux... c'est Octave... elle hésite d'abord à le reconnaître : elle porte la main à sa tête où semble se livrer un combat terrible, puis tout à coup elle fait un mouvement violent, se débarrasse facilement des cordes avec lesquelles le jeune bourreau l'avait faiblement liée, et, en dépit des exécuteurs surpris de cet incident inattendu, se jette dans les bras d'Octave qu'elle couvre de ses baisers et de ses larmes. Son cerveau dégagé par ce torrent de pleurs a recouvré toute l'énergie de ses facultés, elle se rappelle tout maintenant,

mais pour l'instant son bien-aimé seul l'occupe. — Sara ! dit Octave hors de lui même, fuyons ! fuyons !...

Il essaye de l'enlever de la fatale charrette, mais Jacot saisit Sara avec force et veut lui prendre les bras pour les garrotter une seconde fois. Sara vit alors cette multitude, ce chariot où elle était, et le prêtre juif qui l'accompagnait, et la hideuse machine rouge. — Où suis-je ? s'écria-t-elle.

Puis elle se rappela sa fille, sa fille morte et morte par ses mains, et son jugement et sa condamnation ; puis elle vit encore la guillotine devant elle, et poussa un cri affreux ! — Il faut mourir, fille de Sion, lui dit le rabbin, montrez du courage, de la résignation, notre père Abraham vous recevra dans son sein. — Mourir et pourquoi ?... Non, non ! je ne fus qu'égarée !... mourir, moi !... que leur ai-je fait ?... Non, non ! je ne veux pas mourir !... je ne mourrai pas !... Octave ! Octave ! sauve-moi !

Octave voulut s'élancer une seconde fois vers elle, mais des spectateurs officieux l'arrachèrent aux mains des agents de police, qui déjà s'étaient emparés de lui et le rejetèrent de force dans la foule ; et pendant que l'on faisait gravir l'escalier à Sara qui luttait contre ses bourreaux, elle s'écriait : — Non... non... je ne veux pas mourir... je ne veux pas mourir... misérables ! une faible femme !... lâches !... Octave ! Octave ! me laisseras-tu à la merci de ces assassins ?

Et Octave, du sein de la foule où ses amis le contenaient, répondait par un cri de fureur et de désespoir ; et quand elle fut arrivée sur la terrible plate-forme, et que Jacot s'empara d'elle, elle l'implora. — Monsieur ! encore un moment... un seul petit moment ! pourquoi vouloir me tuer ?... que vous ai-je fait ?... bourreau ! qui t'a donné cette puissance sur une pauvre créature comme moi... ah ! laisse-moi vivre, je suis si jeune encore... laisse-moi vivre pour mon Octave, pour mon enfant... ils m'ont trompée... il n'est pas mort, mon enfant... non... cela n'est pas vrai... je ne l'ai pas tué... Ah ! ne me saisissez pas avec tant de force, vous me faites souffrir... Rends-moi à mon amant... à ma fille... pourquoi me faire pleurer ?... permets-moi seulement d'allaiter mon enfant... je l'ai pressé contre mon sein toute la nuit et tout à l'heure encore... ils me l'ont pris pour me faire de la peine...

Elle fut poussée sur la bascule. — Ma fille, dit le rabbin, il en est temps encore, implore le Dieu d'Israël ! — Le Dieu d'Israël !... répondit-elle avec un frémissement de fureur et d'indignation... le Dieu des juifs !... jamais, jamais !... plutôt celui des chrétiens... plutôt celui de mon Octave !...

Le vieux bourreau ouvrit le cadenas et lâcha la déclique, mais les deux poutres perpendiculaires, dérangées par la lutte énergique que Sara avait soutenue contre les exécuteurs, furent ébranlées, s'inclinèrent sur leur base, et le couperet, s'arrêtant dans sa course, mordit dans le coulisseau à trois pouces de la tête de la juive. — Grâce ! grâce ! s'écria le peuple.

Les gendarmes tournèrent leurs chevaux et leurs sabres vers la multitude, afin de la tenir en respect. — Grâce ! grâce !

Mais les exécuteurs se hâtèrent de remonter le couteau. Sara put voir encore dans la foule son amant furieux et écumant de rage, cherchant en vain à s'échapper des mains de ceux qui le retenaient. L'apprenti bourreau, voyant faire à la patiente un mouvement convulsif, porta la main à la traverse du cintre pour l'assujettir sur le cou de la malheureuse Sara qui appelait encore son ami. — Octave ! mon Oct...

La hache fila, fila, et tomba cette fois sans dévier ; le fils du bourreau poussa un cri terrible, montra à son père un bras mutilé, et se laissa aller dans les bras de Jacot.

Une heure après, une foule de misérables couverts de haillons se pressaient à la porte du cimetière de Clamart ; bientôt un tombereau rouge parut, et cette foule se rua avec lui dans le cimetière ; arrivés près d'une fosse creusée à l'un des angles de ce lieu de repos, les conducteurs tirèrent du tombereau un lourd panier, le posèrent sur le bord de cette fosse, l'ouvrirent négligemment et laissèrent tomber de tout leur poids un tronc, une tête et une main. Un homme, pour contempler ces hideux débris, s'avança sur le revers du talus formé de la terre amoncelée près du trou : quelqu'un de la foule le heurta ; il fut précipité dans la fosse, au fond de laquelle il roula avec les membres encore palpitants de la suppliciée !... tous les spectateurs poussèrent un cri de joie féroce qui se perdit comme en jouant autour des tombeaux. — Bonté divine !... Dieu d'Israël !... tu me punis... je suis un misérable... ô Sara !... ô Sara !... De grâce, retirez-moi, retirez-moi !...

Un fossoyeur lui tendit une corde, il sortit de la fosse couvert de sang et de poussière, et s'éloigna poursuivi par les huées et les rires insultants de la populace.

FIN

VERSAILLES. — IMPRIMERIE DE CERF ET FILS, DU PLESSIS, 59.